Armin Klein

Besucherbindung im Kulturbetrieb

Armin Klein

Besucherbindung im Kulturbetrieb

Ein Handbuch

2. Auflage

VS VERLAG FÜR SOZIALWISSENSCHAFTEN

Bibliografische Information Der Deutschen Nationalbibliothek
Die Deutsche Nationalbibliothek verzeichnet diese Publikation in der Deutschen Nationalbibliografie; detaillierte bibliografische Daten sind im Internet über <http://dnb.d-nb.de> abrufbar.

1. Auflage 2003
2. Auflage 2008

Lektorat: Frank Engelhardt

Der VS Verlag für Sozialwissenschaften ist ein Unternehmen von Springer Science+Business Media.
www.vs-verlag.de

Umschlaggestaltung: KünkelLopka Medienentwicklung, Heidelberg
Umschlagbild: Pinakothek der Moderne, München
Druck und buchbinderische Verarbeitung: Krips b.v., Meppel
Gedruckt auf säurefreiem und chlorfrei gebleichtem Papier
Printed in the Netherlands

ISBN 978-3-531-15469-5

Inhaltsverzeichnis

1. „Damit Sie gerne wiederkommen!"

„Es ist schon eigenartig mit dem Theaterpublikum. Ist es da, interessiert sich keiner dafür. Bleibt es weg, sprechen alle von ihm. Erst wenn es sich verweigert, ist es wieder wer. Ein ‚Phänomen'. Ein Problemfall. Jetzt ist es wieder wer. Und nicht mehr nur eine Art besseres Bühnenzubehör" (Jörder 2001). Was hier unlängst der Theaterkritiker Gerhard Jörder in der Wochenzeitung *Die Zeit* speziell für das Theaterpublikum feststellte, kann für das Kunst- und Kulturpublikum insgesamt gelten.

Lange, allzu lange standen und stehen bei Kunst- und Kulturproduzenten nahezu ausschließlich das eigene künstlerische Produkt, die eigene Kulturorganisation, der eigene Kulturbetrieb im Mittelpunkt des Interesses und der Aufmerksamkeit, wurde und wird dem Besucher, dem Publikum viel zu wenig Beachtung geschenkt. Und diese Feststellung bezieht sich nicht nur auf die aktuellen Besucher (bzw. Nicht-Besucher), sondern viel mehr noch auf die möglichen, die zukünftigen Besucher. Ein systematisches *Audience Development*, also eine vorausschauende, strategisch orientierte Entwicklung der „Besucher von Morgen" (in den USA in den meisten Museen und anderen Kultureinrichtungen längst gang und gäbe und in eigenen Abteilungen institutionalisiert), steckt bei uns allenfalls noch in den Kinderschuhen.

Diese für die deutschen Kultureinrichtungen so typische „Organisationszentrierung" (Klein 2001: 64-68), also die vorrangige Konzentration auf den eigenen Kulturbetrieb und dessen Produktion(en) und somit eine Sichtweise, die die eigene Umwelt mehr und mehr ausblendet, kommt indes keineswegs von ungefähr. Denn erstens sind Aufgabe und vielbeschworener „Auftrag" öffentlich getragener bzw. geförderter Kulturarbeit im sog. Non-Profit-Bereich im Kern ja gerade, zu „fördern, was es schwer hat" (so seit vielen Jahren das Motto des *Kultursekretariates Nordrhein-Westfalen*). Die öffentlich getragene bzw. geförderte Kultureinrichtung widmet ihre Anstrengungen und Bemühungen hauptsächlich jenen künstlerischen und kulturellen Hervorbringungen, die sich nicht dem Publikumsgeschmack anpassen und sich somit nicht ohne weiteres auf dem (Kultur-)Markt behaupten können. Und gerade durch diese Nichtangepasstheit gewinnen sie erst die Legitimation, öffentlich gefördert zu werden. Dies ist richtig und wichtig und muss auch in Zukunft so bleiben. Doch die nahezu ausschließliche Konzentration auf das künstlerische Produkt und dessen Qualität führt in der Praxis leider viel zu häufig dazu, dass sich viele Kultureinrichtungen im Laufe der Jahrzehnte zunehmend vom „Markt" – und dies sind nun einmal ihre Besucher – abkoppeln konnten.

Neben der Marktabkoppelung auf Grund des öffentlichen Auftrages (und hiermit verbunden großzügiger öffentlicher Zuwendungen) führte eine zweite, häufig übersehene Ursache in den zurückliegenden Jahren dazu, dass die einzelne Zuschauerin, der einzelne Zuschauer in vielen öffentlichen Kulturbetrieben allzu sehr aus dem Blick gerieten bzw. viel zu wenig über Besucherbindung nachgedacht wurde. Eine ehrgeizige und sich am Gebot der *Demokratisierung der Kultur* orientierende *Neue Kulturpolitik* wandte sich seit Mitte der siebziger Jahre mit besten Absichten und in feinster aufklärerischer Tradition mit ihren Angeboten unter dem Schlagwort einer *Kultur für alle* ausdrücklich an *jede* Bürgerin, an *jeden* Bürger.

In der mittlerweile klassischen Formulierung von Hilmar Hoffmann aus dem Jahre 1979 heißt es dazu: „Jeder Bürger muß grundsätzlich in die Lage versetzt werden, Angebote in allen Sparten und mit allen Spezialisierungsgraden wahrzunehmen, und zwar mit (einem) zeitlichen Aufwand und einer finanziellen Beteiligung, die so bemessen sein muß, daß keine einkommensspezifischen Schranken aufgerichtet werden (...) So verstandene Kultur ist zum einen natürlich für alle da, weil grundsätzlich alle durch ihre Arbeit zu ihrer Verwirklichung beitragen und die Teilhabe an der Kultur eine Form sinnvollen Konsums gesellschaftlichen Reichtums ist. Zum anderen ist Kultur für alle da, weil sie für den gesamtgesellschaftlichen Diskussions- und Entwicklungsprozeß von großer Bedeutung ist“ (Hoffmann 1981: 29).

Was als normative Zielsetzung eines demokratieorientierten, kulturpolitischen Konzeptes einer *Kultur für alle* sicherlich nach wie vor zu begrüßen und weiter zu verfolgen ist, hat in der kulturmanagerialen Praxis paradoxerweise fatale Konsequenzen für die Besucherorientierung. Denn wer sich mit seinen Angeboten explizit „an alle“ wendet, ist von der Aufgabe (und der Pflicht!) entbunden, konsequent über „die Einzelnen“ und deren Rezeptionsverhalten von Kunst und Kultur nachzudenken. Ja, er muss noch nicht einmal Kenntnis dieses Publikums haben, denn angesprochen sind ja ausdrücklich *alle*! Wahrscheinlich ohne dass die Akteure sich dessen überhaupt bewusst sind (und von daher zumeist verbunden mit den allerbesten Absichten), treten so neben die oben angesprochene rein qualitativ begründete Produkt- bzw. Organisationsorientierung alle negativen Konsequenzen eines Massenmarketings, das sich ziel- und wahllos an alle richtet!

Doch auch für den spezifischen Kulturmarkt lässt sich feststellen, was für die Marktsituation in westlichen Industrieländern generell gilt:

- Der Massenmarkt der sechziger und siebziger Jahre ist längst weitgehend in ein Mosaik von Teilmärkten zerfallen.
- Viele Märkte, insbesondere im Freizeitbereich, sind gesättigt und die Produkte oftmals austauschbar.
- Der Mensch hat eine (neue) Entscheidungsfreiheit – Stichwort *Multioptionsgesellschaft* (Gross 1994) – gewonnen. Dadurch „rückt das Publikum in eine strategische Position auf dem Erlebnismarkt“ (Schulze 1993: 516), wie der Kultursoziologe Gerhard Schulze schreibt – es hat die große Auswahl und es trifft sie – zum Verdruss vieler Kulturanbieter manchmal gnadenlos!
- Allgemeine Informationen an die Masse werden vom Individuum immer weniger wahrgenommen; der und die Einzelne fühlen sich subjektiv informationsüberlastet.
- Informationen an die Masse können daher keine individuellen Bedürfnisse ansprechen.
- Informationen an die Masse sind gleichartig und austauschbar.
- Folglich: Das Massenmarketing hat seine Effizienz verloren (Gündling 1997: 232).

Lange, viel zu lange wurde von vielen, allzu vielen Kultureinrichtungen der fatale Fehlschluss gezogen, dass es ausschließlich auf die Qualität des eigenen Produktes ankomme und man sich um den einzelnen Besucher, die einzelne Besucherin nur wenig kümmern müsse, ganz nach dem Motto: „Im Mittelpunkt aller unserer Bemühungen steht der Mensch – und da steht er uns gehörig im Weg!“ Also behandelte man die Besucher, wie oben beschrieben, als eine „Art besseres Bühnenzubehör“. Oder man betrachtete ihn – im aufklärerischen Konzept einer *Kultur für alle* – mehr oder weniger als ein defizientes Subjekt, das durch kulturpädagogische Bemühungen erst „grundsätzlich in die Lage versetzt werden (muss), Angebote in allen Sparten und mit allen Spezialisierungsgraden wahrzunehmen.“

Diese unglückliche Konstellation lässt viele öffentliche Kultureinrichtungen – trotz aller ihrer Nöte – ein den besonderen Bedingungen angepasstes Kulturmarketing nach wie vor vehement ablehnen. Statt dieser undifferenzierten Verweigerung müsste die Losung freilich heißen: „Kunst für alle – aber viel mehr noch für den einzelnen“ (Plotzek 1997: 98-109)! Gerade weil öffentlich getragene bzw. geförderte Kunst und Kultur dem Zuschauer auf der künstlerisch-inhaltlichen Ebene so viel zumuten (und zumuten *sollen*, um sich zu legitimieren), müssen diese Kulturbetriebe alle Kraft darein setzen, den Besucher auch für das Schwierige und das Neue, das im wahrsten Sinne des Wortes „Unerhörte“, zu gewinnen. Sie sollten somit den – wie Bertold Brecht sagt – traditionell kleinen Kreis der Kenner zu einem großen Kreis machen, die Besucher hegen und pflegen, und versuchen, sie möglichst langfristig an die jeweilige Institution zu binden, um so ihre Bereitschaft zu wecken, sich auch auf Neues und Schwieriges einzulassen.

In den neunziger Jahre entwickelte sich bezüglich des Kulturmarketings – nicht zuletzt hervorgerufen durch die seinerzeit begonnene Umorganisation der Öffentlichen Verwaltung insgesamt (vgl. z. B. Bandemer 1998; Kommunale Gemeinschaftsstelle 1997; Richter u. a. 1995) unter den Stichworten der *Dezentralen Ressourcenverantwortung* und der *Budgetierung* – unübersehbar ein Umdenkungsprozess. „Ein verändertes Selbstverständnis – weg von der Kulturbehörde, hin zum Dienstleistungsunternehmen Kultur – begreift Bürger als Partner und mögliche Kunden der eigenen Angebote“ (Schmidt 1998: 11). Endlich wurde erkannt: „Auch der Kulturbereich ist auf den regelmäßigen Austausch mit den Nutzern und Nicht-Nutzern angewiesen, um Resonanz auf durchgeführte Maßnahmen bzw. um Angebotslücken festzustellen“ (Pröhl 1996: 6).

Die *Kommunale Gemeinschaftsstelle* – ein wissenschaftliches Beratungsgremium der deutschen Städte und Gemeinden – und die *Bertelsmann-Stiftung* unterstützten diesen Reformprozess und trieben ihn stetig voran. In einer entsprechenden Entscheidungshilfe heißt es, etwas technokratisch formuliert: „Die Zufriedenheit der Kunden (=direkte Abnahme von Leistungen) und Bürger einer Kommune kann über Befragungen ermittelt werden. Dazu ist es notwendig, Fragebögen zu entwickeln, diese bei Vergleichen mit anderen Kommunen abzustimmen und die Ergebnisse in die Produktdaten einfließen zu lassen. Bei den meisten Produkten im Bereich Kultur ist eine direkte Zuordnung der Kundenzufriedenheit möglich. Wenn keine direkte Ausweisung erfolgen kann, sollten diese Informationen produktübergreifend (Produktgruppe oder Produktbereich) ausgewiesen werden. Umfassende Erfahrungen mit Kundenbefragungen hat die *Bertelsmann-Stiftung* gesammelt. Entsprechende Unterlagen können dort angefordert werden“ (KGSt 1997: 23).

Diese Umorientierung im Kulturbetrieb hin zu mehr Besucherorientierung hat sicherlich in gewisser Weise Auswirkungen auch auf das Produkt bzw. die Programmpolitik der Kultureinrichtungen. Michael Spock, der Direktor des *Boston Children Museums*, hat dies knapp und präzise für den Museumsbereich auf die Formel gebracht: „A museum is rather for somebody than about something“; dem entsprechend fordert er ein konsequentes Denken nicht von der Sammlung, sondern vom Besucher her.

Hermann Schäfer, der Direktor des seit seiner Gründung konsequent besucherorientiert arbeitenden *Haus der Geschichte der Bundesrepublik Deutschland* in Bonn, formuliert es (für die Arbeit der Museen) so: „Die Kernkompetenz der Museen verlagert sich von der Wissensvermittlung – wenn sie denn je einseitig hier gelegen hätte – auf die Fähigkeit zur Kommunikation (...) Die ‚Ausstellungsmacher‘ müssen jedesmal aufs neue der spezifischen Grenzlinie der ‚Alltagsmenschen‘ zwischen Wissen und Nichtwissen nachspüren. Sie müssen Themen erahnen, potentielle Unklarheiten antizipieren und vorab zu erwartende Fragen in ihr Konzept einbeziehen (...) Bei all diesen Unterfangen steht wiederum der Besucher im Zentrum“ (Schäfer 1997: 92f.). Was hier für das Museum gesagt wird, kann für alle anderen künstlerischen und kulturellen Sparten gelten.

Gott sei Dank sind die Zeiten einer aktiven „Publikumsbeschimpfung“ (so der Titel eines Theaterstücks von Peter Handke aus den sechziger Jahren) durch die Theater bzw. ihre Schauspieler vorbei. Doch auch eine passive „Publikumsverweigerung“ (*Jörder*) können sich die Kultureinrichtungen heute weniger denn je leisten, denn man braucht das Publikum – und zwar „dringender denn je! Die elitären Jahre, in denen sich Theaterleute, bei Bedarf und frei nach Brecht, ein ‚besseres‘ Publikum als das real existierende ausdachten, sind längst vorbei. Das öffentlich subventionierte Theater hat hohen Legitimationsbedarf. Bis tief hinein in die bürgerliche Klientel hat sich, Herz über Kopf, ein beängstigendes Desinteresse an dieser Institution breitgemacht; immer stärker wird die Unterhaltungskonkurrenz, immer weiter rutscht das Theater im Bewusstsein der städtischen Kulturgesellschaft an die Peripherie (...) Nichts ist mehr selbstverständlich“ (Jörder). Was hier für das Theater gesagt wird, kann sicherlich pars pro toto für weite Bereiche des öffentlichen Kunst- und Kulturbetrieb insgesamt gelten.

Eine richtig verstandene, konsequente Orientierung am Besucher, am Zuschauer, am Kursteilnehmer usw. stößt allerdings in vielen Kunstsparten und Kultureinrichtungen noch auf Widerstand. Dies nicht nur bei den Kunst- und Kulturschaffenden selbst, sondern auch viele Feuilletons spielen weiter ihre Rolle, als habe sich in der Welt nichts verändert. So wird beispielsweise in einem aktuellen Zeitungsartikel großzügig zugestanden, „dass mehr Marketing-Know-How den Theatern nicht schaden würde.“

Im gleichen Atemzug wird allerdings die – künstlerisch weitgehend gelungene – Idee im Bochumer Schauspielhaus Harald Schmidt eine Schauspielerrolle in Becketts *Warten auf Godot* zu übertragen, so gekontert: „Kommt demnächst also Verona Feldbusch als ‚Fräulein Julie' und Thomas Gottschalk als ‚Cyrano de Bergerac', die in der Pause dann auch noch werben könnten für Blubber-Spinat und Haribo? Wird Wolfgang Clement gar selbst den Don Carlos geben? Oder eröffnet er einen Themenpark zu Tschechow und ein Goethe-Wunderland? Klar, vieles wäre möglich: Promis in Klassikern, Luder in Ausziehrollen, Quiz-Shows auf der Bühne..." (Theater muss wie Fernsehen sein 2002).

Angesichts des „Tiefgangs" und der „Ernsthaftigkeit" dieser Auseinandersetzung mit Fragen des Theatermarketings – immerhin im Feuilleton der *Süddeutschen Zeitung* – sollte sich niemand wundern, wenn die Theaterschaffenden selbst für Marketingüberlegungen kaum offen sind. „Das Reizwort der Branche heißt Marketing", resümierte noch 1999 die *Stuttgarter Zeitung* in ihrem Bericht zu einer Tagung mit dem Thema *Das Theater und sein Publikum*. Auf diesem Kongress verkündete unter – großem Beifall der Theatermacher – ein renommierter Theaterleiter, Marketing im Theater sei schlichtweg „Quatsch" (Müller 1999).

Doch dies gilt für die anderen Kunstsparten ebenso. „In Deutschland", heißt es noch 1992 in einer Darstellung der Marketingaktivitäten von Museen in Europa, „ist Museumsmarketing kein wesentliches Thema der Diskussionen – zumindest nicht der Museen selbst, bei denen man häufig das Gefühl hat, ‚Marketing' würde nicht nur als ‚schmutziges Wort' möglichst vermieden, sondern auch, die dahinter stehenden Konzepte würden als unmoralisch und sittenverderbend empfunden (...) In der Bundesrepublik Deutschland gibt es kein klares Marketingbild; der klarste Eindruck ist der, dass Marketing noch immer als ein ‚verpöntes Wort' gilt und man sich dem sich langsam aufbauenden Druck auf Seiten der Museen so weit wie möglich entziehen will (...) Das Museum jedoch ziert sich. Es scheint die deutlichste Bastion eines deutschen asketischen Kulturverständnisses zu sein (...) Wer kommt, kommt – und damit sind die meisten Museen zufrieden" (Schuck-Wersig / Schuck 1992: 8 bzw. 124ff.).

Doch steht nichts weniger als die (Wieder-)„Entdeckung des Zuschauers" (Fischer-Lichte 1997) auf der Tagesordnung. Aber wie kann dies gelingen, „wie kann man das Publikum zurückgewinnen – und doch nicht zum Quotennarren werden? Wie kann man Zuschauerbindungen erneuern, ohne den Spielplan in den Windkanal der Marktforschung zu hängen und die Kunst an Bedarfsprofile zu verraten? Wie kann dieser Spagat gelingen?", fragt Gerhard Jörder.

In diesem Buch wird davon ausgegangen, dass dieser Spagat durchaus gelingen kann, mehr noch: dass sich auch inhaltlich-ästhetisch anspruchsvolle Kunst durchaus entsprechender Publikumsgunst erfreuen kann. Dies erreicht man allerdings nur unter der Voraussetzung, dass der jeweilige gesamte Kulturbetrieb konsequent besucherorientiert arbeitet. Und dass der Spagat gelingen kann, beweist die Arbeit ambitionierter Häuser wie z. B. die bereits zum dritten Mal in Folge als *Opernhaus des Jahres* ausgezeichnete *Staatsoper Stuttgart*. Und dieses positive Beispiel macht auch deutlich, dass der Erfolg nicht von alleine kommt.

„Genauso wichtig wie die Breitenarbeit nach außen nimmt das Stuttgarter Führungsduo die hausinterne Kommunikation", schreibt hierüber *Der Spiegel*. „Alle sechs Wochen setzen sich Leute aus der Chefetage mit jenen Verkäufern zusammen, die an Telefon und Billettschalter den Kontakt zwischen Haus und Publikum herstellen. Auch unter den Schließerinnen und Garderobieren, ‚die es oft mit ratlosen oder auch wütenden Zuschauern zu tun haben‘, leisten Mitglieder der Direktion frühzeitig Aufklärungsarbeit. ‚Das alles‘, resümiert (der Operndirektor) Zehelein, sei ‚anstrengendes und risikoreiches Theater“. Aber ‚das Zeitgenössische‘ finde eben nicht nur im Spielplan statt, auch wenn der immer noch das wichtigste Aushängeschild eines Opernhauses ist“ (Umbach 1997).

Um an dieser Stelle auch gleich auf einen oft zu hörenden Einwand zu antworten: Das beste Kulturmarketing, die ausgeklügeltsten Besucherbindungsprogramme können fehlende inhaltlich-ästhetische bzw. künstlerisch oder kulturelle Qualität nicht wettmachen! Natürlich müssen die künstlerische, die kulturelle Qualität des jeweiligen Produktes so gut wie irgend möglich sein – eine Verpflichtung, die jedem Künstler, aber auch jedem engagierten Kulturmanager in aller Regel Voraussetzung ihrer Arbeit sind. Insofern kann nahtlos und durchaus positiv an die vorhandene und oben angesprochene „Produktorientierung“ angeknüpft werden. Und dass dies so ist und auch so bleiben wird, dafür sorgen eine funktionierende und hellwache Kritik, sei es in den Zeitungen und Zeitschriften, sei es im Hörfunk oder im Fernsehen. Und nicht zuletzt haben auch die Zuschauer in aller Regel durchaus ein sehr gutes Gespür dafür, was künstlerisch „gut“ und was „schlecht“ ist.

Um es also ganz klar und deutlich zu sagen: Der beste Service, die größte Besucherorientierung, die ausgeklügelten Kundenbindungsprogramme, wie sie hier vorgeschlagen werden, funktionieren nicht, wenn die Qualität der künstlerischen Hervorbringungen nicht „stimmt“. Daraus lässt sich – und das ist das für dieses Buch nun Entscheidende – allerdings nur in den allerseltensten Fällen der Umkehrschluss ziehen, der indes von allzu vielen Kultureinrichtungen bis heute unverdrossen gezogen wird: „Wir müssen nur auf ordentliche Qualität achten – und dann verkauft sich das künstlerische Produkt schon von allein!“

Der selbstbewusste Satz des Weimarer Hofintendanten Johann Wolfgang von Goethe „...und am Ende ist doch das schlechteste Theater besser als die beste Langweil“ (in einem Brief an Lily Parthey vom 23.7.1823), wirkt leider noch auf allzu viele Kulturproduzenten zu verführerisch. Er mag vielleicht im ereignisarmen Weimar seiner Zeit seine Berechtigung gehabt haben, doch in der heutigen *Erlebnisgesellschaft* funktioniert er sicherlich nicht mehr. (Auf die vielen Gründe, warum dies so ist, ist bereits an anderer Stelle ausführlich eingegangen worden; vgl. Klein 2001: 41-54).

Eine ganz wesentliche Ursache für diese Entwicklung ist völlig banal und sofort nachvollziehbar: Der Besucher von Kulturveranstaltungen, der im Rahmen einer globalisierten, flexiblen Güter- und Dienstleistungsbereitstellung erfreulicherweise immer mehr zwischen konkurrierenden Produkten und Dienstleistungen (recht mühelos auch aus anderen Ländern, etwa im erweiterten Wirtschaftsraum der *Europäischen Union* oder global per Internet) auswählen und bestellen kann, wird nicht am Sonntagmorgen im Museum oder am Abend an der Theaterkasse ein anderer, als der er tagsüber gewesen ist!

Wieso sollte er eigentlich im Konzert, im Theater, in der Volkshochschule mangelhaften Service und unfreundliche Behandlung, Inkompetenz und fehlende Flexibilität akzeptieren, wenn er sich dagegen tagsüber im Einzelhandelsgeschäft, bei der Post, bei der Bahn, im Restaurant usw. erfolgreich zu wehren gelernt hat? Und warum sollten ihm Annehmlichkeiten wie nutzerfreundliche Kundenkarten, vorteilhafte Kundenclubs, ansprechende Kundenzeitschriften, informative und unterhaltend gestaltete Homepages, ein kundenfreundliches Beschwerdemanagement usw. gerade im Kulturbetrieb vorenthalten werden, wenn sich dies mehr und mehr in allen anderen Lebensbereichen durchzusetzen beginnt?

„Daß der Kellner im Restaurant möglichst freundlich auf die Wünsche seiner Gäste eingeht, ist unsere selbstverständliche Erwartung. Er ist ihr erster Ansprechpartner und Repräsentant des Restaurants. Er setzt schon mit den ersten Gesten und Worten seiner Begrüßung Akzente, welche die Atmosphäre mitprägen. Wie selbstverständlich wird Freundlichkeit von der Dienstleistungsbranche erwartet. Dürfen wir diese Erwartungen – natürlich den unterschiedlichen Rahmenbedingungen entsprechend abgewandelt – auch auf Museen übertragen?“ fragt Hermann Schäfer (1997: 91). Und die allermeisten Nutzer von Kultureinrichtungen dürften seine – eher rhetorisch gestellte – Frage sicher vorbehaltlos bejahen.

Also: Unabdingbare Voraussetzung erfolgreicher Vermittlung künstlerischer Produkte an einen möglichst großen Kreis von (oft noch aufzubauenden) „Kennern“ ist, dass die bestmögliche künstlerische Qualität vorhanden ist – doch dies alleine genügt nicht! Vielmehr muss so weit wie irgend möglich auf den Besucher zugegangen und versucht werden, ihn langfristig zu binden – und dies kann nur durch optimale Besucherorientierung gelingen! „Damit Sie gerne wiederkommen“ – das sollte nicht nur das in diesem Buch hintergründig stets wirkende Motto, sondern auch das stets das Handeln leitende Ziel jeder öffentlichen Kultureinrichtung sein.

2. Was bedeuten „Besucherorientierung" und „Besucherbindung"?

Besucherbindungsinstrumente und Besucherbindungsprogramme sind für den Non-Profit-Kulturbetrieb keineswegs etwas völlig Neues. Traditionelle Formen der Besucherbindung (man denke beispielsweise an das Konzertabonnement, die Besucherorganisation im Theater, den Förderverein im Museum usw.; vgl. unten die entsprechenden Kapitel) sind in Deutschland teilweise schon seit über einhundert Jahren wirksam. Sie sind nicht zuletzt Ausdruck der Emanzipation bzw. Etablierung eines Bürgertums, die vornehmlich über die Kultur und die Gesellschaft, weniger über die politische Sphäre verliefen. (Hein / Schulz 1996; Maentel 1996). Diese Formen gibt es auch weiterhin und wird es auch in Zukunft geben, sie verlieren in ihrer tradierten Form allerdings zunehmend an Bedeutung. Deshalb ist zu überlegen, wie diese bereits vorhandenen Instrumente dahin gehend verändert werden können, dass sie auch weiterhin ihre Aufgabe erfüllen, Besucher an die Kultureinrichtungen zu binden.

Zu den traditionellen Besucherbindungsprogrammen treten allerdings neue Formen hinzu bzw. sind teilweise bereits an die Stelle der alten getreten. Diese neuen Instrumente und Programme sind oftmals in der kommerziellen Wirtschaft entwickelt worden und müssen für den speziell hier in Frage stehenden Bereich, den non-profit-orientierten Kulturbetrieb, umgeformt werden.

Über den Begriff der Qualität im Kulturbetrieb wurde bereits im Zusammenhang mit der Produkt- bzw. Organisationszentrierung öffentlicher Kulturbetriebe gesprochen. Im kommerziellen Sektor hat sich im Zuge der verstärkten Kundenorientierung vor allem in den USA und Japan, zunehmend aber auch in Europa immer mehr der Begriff des *Qualitätsmanagements* (bzw. des *Totally Quality Management*) durchgesetzt. Hierunter „ist eine auf der Mitwirkung aller ihrer Mitglieder beruhende Führungsmethode einer Organisation zu verstehen, die die Qualität in den Mittelpunkt stellt und durch Zufriedenheit der Kunden auf langfristigen Geschäftserfolg sowie auf Nutzen für die Mitglieder der Organisation und für die Gesellschaft zielt" (Deutsche Gesellschaft für Qualität 1995).

Für die hier interessierende Frage sind vor allem zwei Aspekte der Definition wichtig: zum einen der Gesichtspunkt der *alle* Mitglieder der Organisation einbeziehenden Führungskonzeption (dies bedeutet: Besucherorientierung ist nicht das Problem bzw. die Aufgabe irgendeiner Abteilung oder Gruppe innerhalb der Kulturorganisation, sondern sie geht ausdrücklich *alle* Mitarbeiterinnen und Mitarbeiter an). Zum anderen ist der Aspekt der Langfristigkeit bedeutsam, denn gerade unter den bereits angesprochenen Legitimationskriterien weht vielen Kultureinrichtungen zur Zeit ein rauer Wind ins Gesicht. Die Schließung eines Theaters, eines Museums, einer Musikschule, die zahlreiche und treue Besucher aufweist, lässt sich kulturpolitisch wesentlich schwieriger legitimieren als die eines Hauses, das unter permanentem Besucherschwund leidet!

Der o. a. umfassende Qualitätsbegriff ruht auf zwei Säulen: zum einen auf dem Leistungsangebot, das die jeweilige Organisation bereitstellt und zum anderen auf der Interaktion, die sie mit den Kunden pflegt. Richtet sich das Qualitätsmanagement zunächst auf die Produktqualität, so wird sehr rasch deutlich, dass gleichermaßen sowohl die sonstigen Serviceleistungen, die sich an dieses Produkt knüpfen (hierauf wird im nächsten Kapitel ausführlicher unter dem Begriff der Value Added Services eingegangen) wie auch die Qualität der gesamten Interaktion der Organisation mit dem Kunden (also alle Kundenkontakte, vom Beratungsgespräch über das Beschwerdemanagement bis hin zu speziellen Rückgewinnungsaktionen gegenüber Kunden, die die Organisation bereits verloren hat), an bestimmten Qualitätsstandards orientiert sein müssen, deren Einhaltung nur durch ein entsprechendes Qualitätsmanagement garantiert werden.

Graphisch lässt sich das grundlegende Konzept der Kundenorientierung so darstellen:

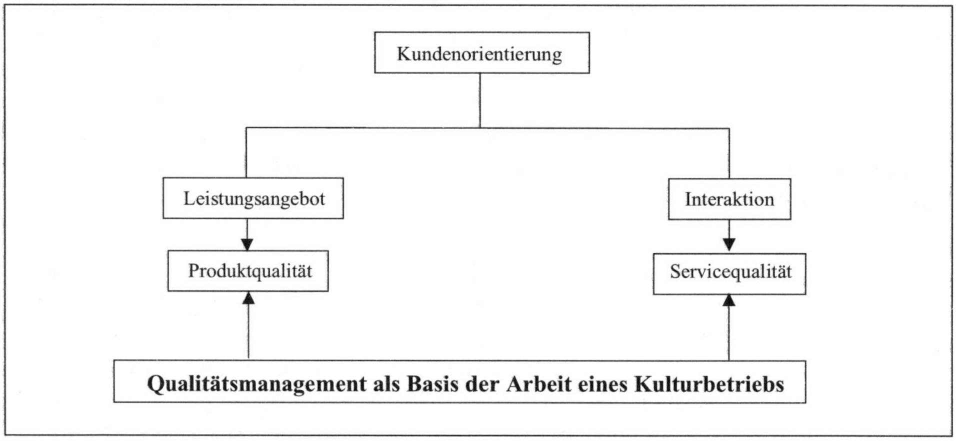

Abb. 1: Das Konzept der Kundenorientierung (nach Bruhn 1999: 20)

Richtig verstandenes Qualitätsmanagement einer Kultureinrichtung richtet sich also zum einen auf die Erstellung der entsprechenden *Produktqualität* (ein Ziel, das den allermeisten Künstlern und Kulturmanagern eine Selbstverständlichkeit ist oder zumindest sein sollte). Zum anderen hat ein entsprechendes Qualitätsmanagement genau so die entsprechende *Servicequalität* im Blick, die sich auf die Interaktion mit den Besuchern richtet. Das strategische und handlungsleitende Ziel einer besucherorientierten Kultureinrichtung sollte es daher stets sein, die bestmögliche künstlerische bzw. kulturelle Qualität mit einer möglichst konsequenten Servicequalität und Besucherinteraktion in Einklang zu bringen.

2.1 Kundenorientierung in der Wirtschaft

Philip Kotler, Autor des Standardwerks *Marketing-Management* (Kotler / Bliemel 1999) sowie höchst kreativer Koautor amerikanischer Grundlagenbücher zu den Themen Theater- und Museumsmarketing (Kotler / Scheff 1997; Kotler / Kotler 1998), plädierte unlängst für eine grundlegende Umorientierung innerhalb des Marketings generell. Sei in den siebziger Jahren angesichts des damals gültigen Massenmarketings die passende Metapher für den Marketingmanager das Bild des *Jägers* gewesen, der die Kunden fängt, so passe dieses Bild „heute nicht mehr. Das passende Bild ist eher das des *Gärtners*, der Kundenbeziehungen aufzieht und pflegt“ (Kotler 2000) – also ganz im Sinne jener oben dargestellten Interaktion. Diesem Wandel „liegt ein ‚neues‘ Marketingverständnis zugrunde: von der allgemeinen (anonymen) Marktorientierung zur spezifischen, individualisierten Kunden- und Kundenbindungsorientierung, für die eine Kundenintegration in Produkt- und Leistungserstellungsprozesse kennzeichnend ist“ (Stichwort: Beziehungsmarkting).

„Stand noch vor einigen Jahren die Gewinnung neuer Kunden im Vordergrund (...) so rückt in jüngster Zeit die langfristige Bindung der vorhandenen Kunden in das Zentrum der marketingtheoretischen Überlegungen“ (Bruhn 1999:107). Längst geht die Orientierung des kommerziellen Marketing in Richtung *One-to-One-Marketing* (vgl. hierzu Peppers / Rogers 1993; Peppers / Rogers / Dorf 1998). (Bezeichnenderweise schlägt der Theaterkritiker *Jörder* ganz Ähnliches vor: „Auch das Publikum will nicht nur gefordert, es will geliebt werden. Es will nicht nur Projektionsfläche und Experimentierfeld sein. Und ob es in seiner Emotion wirklich ernst genommen wird – dafür hat es ein ausgezeichnetes Gespür.“)

Es lohnt sich daher, stets einen Blick über den Tellerrand von Kunst- und Kulturmanagement zu werfen und zu fragen, was an Konzepten und Ideen aus dem Bereich der kommerziellen Wirtschaft vorhanden ist, um dann zu fragen, was von dort – bei allen vorhandenen Unterschieden und sicherlich notwendigen Differenzierungen – für den Kulturbetrieb übernommen werden kann. Denn der grundlegende Perspektivenwechsel im kommerziellen Marketing hat weitreichende Konsequenzen auch für ein zeitgemäßes Kulturmarketing. Die Ergebnisse von drei Untersuchungen aus der Wirtschaft sollten daher auch dem Kulturmanager zu denken geben.

Eine *Emnid*-Studie im Auftrag des *Spiegel* aus dem Jahre 1994 ergab zur Frage *Was Kunden in Deutschland stört* folgendes Bild:

- 72 %: Unfreundliches Personal
- 70 % Überzogene Preise
- 61 %: Mangelnde Hilfsbereitschaft
- 57 %: Schlampige Auftragserfüllung
- 56 %: Undurchsichtige Rechnungen
- 56 %: Lange Wartezeiten

(zit. nach Ederer / Seiwert 1998: 114)

Eine *Focus*-Studie zum gleichen Thema aus dem Jahr 1996 ermittelte:

- 80 % bemängeln, dass die Verkäufer mehr am schnellen Umsatz als an der Zufriedenheit der Kunden interessiert sind;
- 67 % haben den Eindruck, dass sie als Kunden wenig willkommen sind;
- 58 % ärgert, dass der Kunde im Handel so viel selbst machen muss und er sich deshalb wie der billigste Mitarbeiter vorkommt;
- 44 % finden Aufpreise für Lieferung oder Montage von Möbeln ausgesprochen ärgerlich;
- 33 % ärgern sich darüber, dass der Handwerker den vereinbarten Termin nicht pünktlich einhält.

(Niebisch / Betz 1996; zitiert nach Ederer / Seiwert 1998: 104)

Im *Einzelhandel* wurden folgende Gründe für das Abwandern von Kunden ermittelt:

- 1 % der Kunden stirbt einfach weg;
- 3 % der Kunden verschwinden durch Umzug aus dem Einzugsgebiet;
- 5 % verändern ihre Wertvorstellungen im Laufe der Zeit;
- 9 % gehen bei einer Preiserhöhung nicht mehr mit;
- 14 % akzeptieren einen Qualitätsmangel des Produktes oder der Leistung nicht mehr und gehen zur Konkurrenz, aber
- 68 % gehen wegen des Defizits an Kundenfreundlichkeit und der mangelnden Servicequalität. (Wilson 1991: 135)

Selbstverständlich lassen sich diese Ergebnisse nicht direkt auf den Kunst- und Kulturbetrieb übertragen. Deutlich wird jedoch, dass in allen Untersuchungen an erster Stelle der Ursachen für Kundenunzufriedenheit keineswegs Faktoren liegen, die mit der Produktqualität zu tun haben, sondern solche sind, die ausschließlich im Servicebereich liegen. Dies ist zweifelsohne ein Ergebnis, das auch Kultureinrichtungen zum Nachdenken bringen sollte, denn warum sollten die Besucher, die abends in ein Konzert oder eine Theateraufführung gehen, die ein Museum besuchen oder einen Volkshochschulkurs buchen, plötzlich dort andere Serviceansprüche stellen, als im sonstigen wirtschaftlichen Leben?

Die Wirtschaft reagierte auf diese Entwicklung schon vor Jahren mit neuen Konzepten der *Kundenorientierung*, der *Kundenbindung*, der *Kundenzentrierung* bzw. des *Relationship-Marketings* (Payne / Rapp 1999). „Von einer neuen Qualität der Kundenzentrierung oder – branchenüblich in Anglizismen verpackt – vom ‚Customer Centric Enterprise' – sprechen Marketingstrategen, Unternehmensberater und Software-Entwickler heute. Vor wenigen Jahren noch kaum bekannt, ist ‚Customer Relationship Mangement' in aller Munde – und lässt sich mit Kundenbindungs-Maßnahmen nur sehr unbefriedigend übersetzen. Denn CRM, im ganzheitlichen Sinne interpretiert, bedeutet weit mehr, als eine Datenbank für den Vertrieb einzuführen oder Verkaufskampagnen für selektierte Zielgruppen zu planen. In einem umfassenden Verständnis handelt es sich um eine neue Art der Unternehmensführung, die konsequent den Blickwinkel des Kunden einnimmt. CRM-Projekte gelten in ihren Dimensionen als unternehmenskritisch: Alle Fachbereiche und nahezu alle Abläufe kommen auf den Prüfstand. (...) Nur Unternehmen, die ihre Kunden personalisiert ansprechen und selbst in Zeiten der kostenoptimierten Massenfertigung noch individuelle Wünsche erfüllen können, werden auf Dauer reüssieren. Doch Software wird es kaum gelingen, das wirksamste Instrument der Kundenbindung zu ersetzen: den persönlichen Kontakt Mensch zu Mensch. Oder, wiederum Neudeutsch: den ‚One to One Approach" (Verlagsbeilage Customer Relationship Marketing der *Frankfurter Allgemeinen Zeitung* vom 30.10.2001).

Spätestens seit den bahnbrechenden Untersuchungen von Thomas J. Peters und Robert H. Waterman *Auf der Suche nach Spitzenleistungen* (Peters / Waterman 1995) von 1982, seit Hermann Simons *Die heimlichen Gewinner* (Simona 1996), seit Minoru Tominagas *Auf der Suche nach deutschen Spitzenleistungen* (Tominaga 1997), weiß man, welche zentrale Rolle die Faktoren Kundennähe und Serviceorientierung spielen. Kundenorientierung bedeutet hierbei die umfassende, kontinuierliche Ermittlung und Analyse der Kundenerwartungen sowie deren interne und externe Umsetzung in unternehmerische Leistungen sowie Interaktionen mit dem Ziel, langfristig stabile und ökonomisch vorteilhafte Kundenbeziehungen zu organisieren (Bruhn 1999: 10).

Maximale Kundenorientierung geht dabei von folgenden Überlegungen bzw. Zielsetzungen aus:

- den Kunden als Auslöser, nicht als Ziel der unternehmerischen Aktivitäten zu begreifen;
- die Kenntnis über die Kunden und deren Bedürfnisse zum Grundbaustein des unternehmerischen Handelns zu machen;
- mit zusätzlichen Services und Dienstleistungen, also einem echten Mehrwert, dem Käufer zu helfen, die Marke „x" und nicht etwa die genauso gute Marke „y" zu kaufen;
- Umsatzsteigerung durch das Konzept individuelles Partnerschaftsmarketing zu erzielen;
- neue Absatzwege und Absatzmärkte zu entwickeln;
- mit jedem einzelnen Kunden einen dauerhaften Dialog zu führen – auch mit denen, die es noch gar nicht wissen;
- dauerhafte Neukundengewinnung und langfristige Kundenbindung mit interaktiven Kontaktprogrammen zu betreiben (Gündling 1997: 3).

Maxime bei allen Überlegungen in der Wirtschaft ist dabei: „Durch den Aufbau einer echten Partnerschaft mit dem (potentiellen) Kunden, die sich durch ein hohes Maß an Kommunikation und hohe Kundenzufriedenheit auszeichnet, sichert das Unternehmen sich seinen wirtschaftlichen Erfolg von Heute und seinen Markt von Morgen – und dies ist immer günstiger und effektiver als die Bearbeitung des Marktes mit einem Konzept des Massenmarketings" (Gündling 1997: 258). Ausgangspunkt aller Kundenorientierung bzw. Kundenbindung ist also zunächst das Prinzip der *Kundennähe*. Dies lässt sich wie folgt differenzieren.

Christian Homburg (Homburg 1998) unterscheidet in seinem Konzept der Kundennähe (für Industriegüterunternehmen!) – ganz im Sinne der obigen Ausführungen – zunächst grundlegend zwischen der *Kundennähe des Leistungsangebotes* einerseits und *der Kundennähe des Interaktionsverhaltens* eines Betriebes andererseits und differenziert dann weiter, wie in der Abbildung dargestellt. Damit ist eine wichtige Unterscheidung getroffen, die einen entscheidenden Schritt weiter führt bei der Frage nach den Übernahmemöglichkeiten des Konzeptes Kundenorientierung in den nichtkommerziellen Kulturbetrieb.

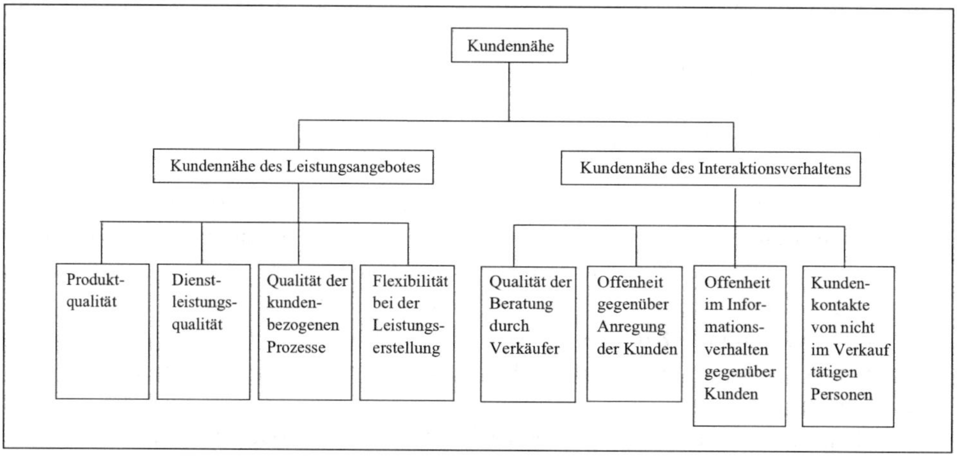

Abb. 2: Das Konzept der Kundennähe (nach Homburg 1998: 20)

2.2 Besucherorientierung und Besucherbindung im nicht-kommerziellen Kulturbetrieb

Bisher war von Kundenorientierung in der kommerziellen Wirtschaft die Rede. Was unterscheidet nun die kommerzielle Wirtschaft (und hierzu zählen zweifelsohne auch alle kommerziellen Kulturbetriebe wie Musicaltheater, Kunstgalerien, Filmindustrie, Buchverlage, Tonträgerproduzenten usw.) von explizit non-profit-orientierten Kulturbetrieben, seien sie nun staatlich getragen oder privatrechtlich-gemeinnützig organisiert und mit öffentlichen Zuwendungen unterstützt? (vgl. hierzu ausführlich Klein 2001).

Für kommerziell orientierte Kulturbetriebe ist das entscheidende Kriterium für ein aus ihrer Sicht erfolgreiches Handeln in aller Regel der realisierte finanzielle Gewinn. Denn der produzierende Betrieb wird das angebotene Produkt normalerweise auf Dauer nicht zum Herstellungs- bzw. Selbstkostenpreis (oder gar noch darunter) anbieten können, ohne unterzugehen (außer er wird durch außerbetriebliche Quellen finanziert bzw. subventioniert). Patrick Mc Kenna, die rechte Hand des weltweit erfolgreichen Musicalkomponisten Sir Andrew Lloyd Webber brachte dies unverblümt auf den Begriff: „Wir wollen soviel Geld verdienen wie irgend möglich“ (Schulz 1995).

Dieser Zielsetzung der finanziellen Gewinnmaximierung folgend wird der Kulturanbieter sein jeweiliges Produkt also stets so gestalten, dass der Kunde es möglichst oft und umfangreich nachfragt, denn desto höher und dauernder wird der Gewinn ausfallen. Nichtfinanzielle Argumente (wie etwa schlechte Pressekritiken), die sich nicht am übergeordneten Prinzip der Gewinnmaximierung orientieren, werden ihn kaum scheren. In diesem Sinne noch einmal über die bezeichnenderweise *Realy Useful Group* genannte Wirtschaftsorganisation von A. L. Webber: „McKenna ist von dem dauerhaften Erfolg von Andrew Lloyd Webber und seiner Gesellschaft überzeugt (...) Ihm ist es egal, dass die Kritiken schlecht sind (...): ‚Hauptsache, die Leute kommen in unsere Vorstellungen‘“ (Schulz 1995).

In gleichem Sinne äußert sich der langjährige Vorstandsvorsitzender der *STELLA MUSICAL AG*, Günter Irmler: „Der Auslöser für die Entscheidung zum Kauf eines Musicaltickets oder einer Musical-Städtereise liegt im Erlebniswert des Produktes selbst: Ein Musical kann das Bedürfnis des Besuchers zu lachen, zu weinen und zu träumen befriedigen. Erst wenn dies möglich wird, ist die Wertigkeit des Erlebten bestätigt, erst so wird der Kaufpreis gerechtfertigt und erst dann ‚macht Kultur Gewinn‘“ (Irmler 1997: 130).

In diametralem Gegensatz hierzu steht das Selbstverständnis des Leiters eines öffentlichen Theaters, Claus Peymann, der die Zielsetzung der öffentlichen Theater markiert: „Wir kriegen das Geld nicht, damit wir schön sprechen oder die Leute dauernd zum Lachen bringen. Das auch. Aber vor allem bekommen wir dieses Geld, um Widerstand zu leisten gegen die Macht, gegen die Mächtigen, gegen die schlechten Sitten, gegen die Korruption, gegen das Verbrechen, gegen den Faschismus, gegen die Xenophobie, gegen den Antisemitismus“ (Peymann gegen alle 1998). Die angesprochenen Ziele, mag man sie nun teilen oder nicht, liegen jedenfalls alle außerhalb des Ökonomischen und das eigene Handeln wird daher auch anders begründet.

Im kommerziellen Kulturbetrieb wird der Anbieter also prinzipiell stets von der Nachfrage her denken. Kommerzielle Kulturbetriebe gestalten ihre Produkte bzw. Dienstleistungen in aller Regel so, dass sie den Nachfragern gefallen, gemäß der alten Anglerweisheit: „Der Wurm muß dem Fisch schmecken, nicht dem Angler“. Und längst verfügt die Marktforschung über die entsprechenden Instrumente, nicht nur vorhandene Bedürfnisse aufzuspüren, sondern auch an der Kreation zukünftiger Wünsche tatkräftig mitzuwirken und die entsprechenden Produkte hierfür zu gestalten. Kommerzielle Kulturanbieter können somit direkt auf die Erkenntnisse des kommerziellen Konsumgüter- bzw. Dienstleistungsmarketings zurückgreifen.

Was definiert nun im Gegensatz hierzu im öffentlichen Kulturbetrieb den „Gewinn“ (Heinrichs 1997), was ist hier das Richtmaß für einen erfolgreichen Austausch zwischen Anbieter und Nachfrager? Auch im non-profit-orientierten Kulturbereich geht es, ebenso wie in der industriellen Produktion bzw. dem Dienstleistungsbereich, zunächst um den Austausch „manifester“ Werte, sei es von *Gütern* (z. B. das Bild eines Künstlers, die CD eines Orchesters, das Buch eines Dichters usw.), sei es von *Dienstleistungen* (z. B. das Konzert des Sinfonieorchesters, die Unterrichtsstunde in der Musikschule oder der Volkshochschule usw.) gegen Geld (z. B. die Eintrittskarte). Es ist darüber hinaus auch keineswegs ausgeschlossen, dass mit ursprünglich aus rein ästhetischen oder philantrophischen Gründen gekauften bzw. geförderten Kunstproduktionen ein erheblicher materieller bzw. finanzieller Gewinn (in einem öffentlichen Museum z. B. mit Gemälden, Graphiken, Skulpturen, oder in öffentlichen Bibliotheken mit Büchern, alten Tonaufnahmen, Antiquitäten usw.) erzielt werden kann – die ursprüngliche und zugrunde liegende Kaufintention war eine andere (Pommerehne / Frey 1993).

In öffentlich getragenen bzw. geförderten Kulturbetrieben kommt es – im Vergleich zu kommerziellen Kulturbetrieben – zu völlig anders motivierten Austauschbeziehungen, werden – neben materiellen Dingen wie Geld bzw. Gütern – andere „Dinge von Wert" ausgetauscht bzw. stehen dort im Mittelpunkt. So wollen die Anbieter öffentlich getragener bzw. unterstützter Kulturleistungen möglicherweise die Nachfrager kulturell bilden oder deren ästhetisches Urteilsvermögen stärken, wollen vielleicht deren soziales oder politisches Bewusstsein fördern oder einen kulturpolitisch vorgegebenen Auftrag erfüllen usw.

Ihr Zielsystem definiert sich also nicht vorrangig – wenn überhaupt – vom finanziellem Gewinn, sondern vom Grad der (vorgegebenen bzw. selbstgesteckten) künstlerischen bzw. kulturellen inhaltlichen Zielerreichung her. Gelingt es etwa dem Intendanten des Stadttheaters, seine künstlerischen Ziele im Laufe von einer Spielzeit erfolgreich zu realisieren? Kann die Musikschule ihre bildungspolitischen Zielvorgaben umsetzen? Kann der Kunstverein sein ästhetisches Programm verwirklichen? usw.

Öffentlichen Kulturbetrieben, die ihre Legitimation gerade nicht aus dem Prinzip der Gewinnmaximierung ableiten, ist also der Weg der beliebigen Produktanpassung an den jeweiligen Publikumsgeschmack versperrt, denn sie würden die Legitimation der öffentlichen Subventionierung verlieren, wenn sie ihre Produkte und Dienstleistungen an der jeweiligen Nachfrage orientierten! Im Vordergrund der Arbeit öffentlich getragener oder subventionierter Kulturbetriebe steht also immer die möglichst optimale Realisierung ihrer jeweiligen künstlerischen, kulturellen, ästhetischen, bildungspolitischen usw. Zielsetzung. Denn nur aus ihr heraus sind sie kulturpolitisch legitimiert und somit von dem Zwang befreit, gewinnorientiert arbeiten zu müssen. Damit ist der Grad der inhaltlichen bzw. ästhetischen Zielerreichung das entscheidende (wenn häufig auch nicht leicht zu fassende) Unterscheidungskriterium zwischen kommerziellem und nicht-kommerziellem Kulturbetrieb.

Kulturmarketing im Non-Profit-Sektor kann demnach als die Kunst definiert werden, jene Marktsegmente bzw. Zielgruppen zu erreichen, die aussichtsreich für das Kulturprodukt interessiert werden können, indem die entsprechenden Austauscheigenschaften (z. B. Preis, Werbung, Vertrieb, Service usw.) dem künstlerischen Produkt bzw. der kulturellen Dienstleistung möglichst optimal angepasst werden, um dieses mit einer entsprechenden Zahl von Nachfragern erfolgreich in Kontakt zu bringen und um die mit der allgemeinen Zielsetzung des Kulturbetriebs in Einklang stehenden Ziele zu erreichen (vgl. hierzu Klein 2001 und Colbert 1994).

Somit findet die Besucherorientierung, für die hier so nachdrücklich plädiert wird, ihre unüberschreitbaren Grenzen am jeweiligen „Produkt", d. h. den künstlerisch-ästhetischen, inhaltlichen, bildungspolitischen Zielsetzungen usw., die dem „kundenorientierten“ Zugriff ganz prinzipiell entzogen sind. Hermann Schäfer betont für den Bereich der Museen, dass die „Grenzen der Einflussnahme durch die Besucher klar umrissen sein“ müssen: „Der Boden der gesicherten historischen Forschung darf nicht verlassen werden. (...) Besucherorientierung darf nicht mit einer Art ‚Einschaltquoten-Denken’ gleichgesetzt werden“ (Schäfer 1997: 96).

Kommen wir unter dieser – allerdings entscheidenden Einschränkung – noch einmal zu dem oben dargestellten Konzept von Christian Homburg zurück und einigen wir uns darauf, dass künstlerische Hervorbringungen als Produkte im Sinne von materiellen Gütern bzw. als Dienstleistungen definiert werden können. Vor dem Hintergrund des soeben Gesagten wird rasch deutlich, dass nur eine Säule, nämlich die beliebige Disponibilität der Produkt- bzw. Dienstleistungsqualität („Es wird das produziert, was der Kunde wünscht!“), nicht übertragbar ist auf das Marketing öffentlicher Kulturbetriebe.

Alle anderen von ihm benannten Faktoren spielen jedoch im Kulturmarketing öffentlicher Kulturbetriebe ebenso eine wesentliche Rolle wie im Industriegütermarketing.

- *Qualität der kundenbezogenen Prozesse*; hier stellen sich beispielsweise wichtige Fragen hinsichtlich der Kommunikations- und Distributionspolitik einer Kultureinrichtung: Wie erhält der Konzertbesucher Informationen über Spielpläne und Aufführungen? Wie kommt er an Karten? Wie kann er möglichst umstandslos bezahlen (z. B. mit EC-Karte oder Kreditkarte)?
- *Flexibilität bei der Leistungserbringung*; Inwieweit sehen sich Theater in der Lage, kurzfristig Sonderveranstaltungen begehrter Konzerte durchzuführen? Inwieweit reagieren Museen durch verlängerte Öffnungszeiten auf Besucherandrang? Welche besonderen Zielgruppenangebote, wie z. B. Gesprächskonzerte, Spezialführungen usw. entwickeln die Kultureinrichtungen?
- *Qualität der Beratung durch Verkäufer*; Wie laufen Beratungsgespräche für Schüler und Eltern in der Musikschule ab? Gibt es „Schnupperkurse“? Wie beraten die Kursleiter Teilnehmer eines Kreativkurses in der Volkshochschule? Wie reagieren Vorverkaufsstellen eines Musikfestivals im Falle ausverkaufter Konzerte? Beraten Sie die interessierten Kunden kompetent hinsichtlich der Buchung eines anderen Konzertes?
- *Offenheit gegenüber Anregungen der Kunden*; Wie reagieren Volkshochschulen, Musikschulen, Jugendkunstschulen auf Anregungen der Teilnehmer oder ihrer Eltern? Wie gehen Theater mit der Kritik an ihrem Service um? Wie evaluieren Museen die Besucherzufriedenheit?
- *Offenheit im Informationsverhalten gegenüber Kunden*; Wie rechtzeitig informieren Theater und Konzertveranstalter über notwendige Umbesetzungen? Was (und wie) erfährt der Abonnent über Veränderungen in den Konditionen? Wie aktuell sind die Präsentationen im Internet?
- *Kundenkontakte von nicht im Verkauf oder Marketing tätigem Personal*; Wie stark interessieren sich beispielsweise Dramaturgen oder der Intendant eines Theaters für Publikumsmeinungen? Gibt es regelmäßige Befragungen des Publikums? Was

„weiß“ der Museumsdirektor über die Wünsche des Publikums seines Hauses? Was wissen die Museumskuratoren über das Publikum ihrer Ausstellungen?

In Großbritannien beispielsweise verleiht die Regierung sog. *Chartermarks* an öffentliche Bibliotheken, die sich durch besondere Nutzerorientierung auszeichnen. „Für Bibliotheken in Großbritannien, die sich um das Gütezeichen Chartermark beworben haben, ist es unumgänglich, sich auf eine sogenannte *Customer Charter* (Kundendienstcharta) oder eine Reihe von Servicegrundsätzen zu verpflichten. Chartermark-Bibliotheken wie die der Londoner Stadtbezirke *Croydon* und *Southwark* und die *West Lothian Library* in Schottland haben in Zusammenarbeit mit ihren Kunden eine solche Charta ausgearbeitet, die im Einzelnen darstellt, welchen Service man als Kunde dort erwarten kann. Die in diesem Dokument festgelegten Serviceverpflichtungen sind allesamt messbar, und die Chartermark-Dienste sind verpflichtet, der Öffentlichkeit über den Grad der Erfüllung ihrer Zusagen Bericht zu erstatten“ (Kerr 1999: 12).
Kandidaten für das Chartermark werden nach neun Kriterien beurteilt:

1) Leistungsstandards
2) Information und Offenheit
3) Kundenberatung und vielfältige Auswahl
4) Höflichkeit und Hilfsbereitschaft
5) Bereitschaft, Fehler zu beheben
6) Wirtschaftlichkeit
7) Benutzerzufriedenheit
8) Messbare und nachweisbare Leistungsverbesserungen während der letzten zwei Jahre
9) Innovative Hilfsmittel

Kerr listet im Rahmen seiner Auswertung verschiedener Fallstudien (vgl. Kerr 1999: 16ff.) beispielhaft Kritikpunkte der Nutzer und entsprechende Verbesserungsmaßnahmen Öffentlicher Bibliotheken auf:

Nutzerkritik	**Maßnahmen der Bibliothek**
· „Nicht genug neue Titel“, „Immer dieselben Bücher auf den Regalen“, „Viele beschädigte Bücher“, „Nicht genug Bücher über mein Interessengebiet“	· Eine völlig neue Verwaltungskultur wurde eingeführt. Computergestützte Verfahren zur Erfassung von Mängeln (Aussonderung ‚toter‘ Bestände und beschädigter Exemplare); Analyse von Sachbuchumsätzen als Grundlage für besseres Bestandsmanagement
· Zu lange Wartezeiten auf vorgemerkte Titel	· Überwachung der Wartezeiten; Rationalisierung von Erwerb und Akzessionierung in der Zentrale
· Erhöhung der Zahl von Titeln, die man vormerken darf	· Anhebung der Höchstgrenze von sechs auf zehn
· Schwierigkeiten insbesondere älterer Menschen im Umgang mit dem Online-Katalogsystem (OPAC)	· Morgendliche Kaffeeveranstaltungen für Senioren mit praktischen Erläuterungen und Übungsmöglichkeit

· Probleme bei der Katalogbenutzung	· Seminare über ‚effiziente Datenbank-Suchverfahren' für alle Mitarbeiter zur Verbesserung der Kundenunterstützung
· Zu lange Wartezeiten bei Vorbestellungen	· Einrichtung eines ‚Nachkauf-Alarms' bei hoher Nachfrage eines Titels; Erwerb von Mehrfachexemplaren, um Wartelisten zu verkürzen
· Mangelndes Wissen über das Leistungsangebot	· Planung neuer Informationsbroschüren durch Marketinggruppe; Mailing an inaktive Kunden; Versand von Infomaterial an neue Wohngebiete mit geringer Bibliotheksbenutzer-Dichte

Bisher konzentrierten sich die Überlegungen hinsichtlich des entscheidenden Unterschieds im Zielsystem von kommerziellem und nicht-profitorientiertem Kulturbetrieb vor allem auf das Kriterium der beliebigen Produktanpassung an die Kundenwünsche. Beim zweiten Blick stellt sich die Zielorientierung im Non-Profit-Kultursektor allerdings komplexer dar. Tatsächlich geht es (zumindest seit etwa den letzten zehn Jahren) darum, eine *Zieltrias* möglichst optimal zu erreichen.

(1) Erstens steht bei jeder öffentlich getragenen oder geförderten Kultureinrichtung – wie ausführlich dargelegt – die Erfüllung eines künstlerisch / kulturellen Zieles bzw. eines öffentlichen Auftrages (die *Mission* des Kulturbetriebs) im Vordergrund, denn nur dieser (und seine möglichst optimale Erfüllung) legitimiert die öffentliche Trägerschaft bzw. Zuwendungen. Die Zuschauer bzw. Besucher sind deshalb zentral, weil es im künstlerischen bzw. kulturellen Prozess stets darum geht, bestimmte inhaltliche Ziele zu erreichen, seien sie ästhetischer, bildungspolitischer, kultureller oder allgemein künstlerischer Art, d. h. jeder Künstler, jede Kultureinrichtung hat ein bestimmtes Wirkungsziel. Eine Ausstellung, die von niemand besucht wird, ein Buch, das keiner liest, ein Konzert, das niemand hört, ein Volkshochschulkurs, zu dem niemand kommt, finden somit zugespitzt gesagt „nicht statt", d. h. der künstlerische Prozess bzw. die kulturelle Produktion vollenden sich erst in der Rezeption durch die Besucher und Nutzer.
Leuchtet dies bei einem erfolgreich zustande gekommenen Volkshochschulkurs unmittelbar ein, so gilt dies auch für das Kunstwerk, insbesondere das moderne. Da „die Offenheit im Sinne einer fundamentalen Ambiguität der künstlerischen Botschaft eine Konstante jedes Werkes aus jeder Zeit ist" (Eco 1977: 11), vollendet es sich erst durch eine gelungene Rezeption! „In diesem Sinne produziert der Künstler eine in sich geschlossene Form und möchte, daß diese Form, so wie er sie hervorgebracht hat, verstanden und genossen werde; andererseits bringt jeder Konsument bei der Reaktion auf das Gewebe der Reize und dem Verstehen ihrer Beziehungen eine konkrete existentielle Situation mit, eine bestimmte Bildung, Geschmacksrichtungen, Neigungen, persönliche Vorurteile, dergestalt, daß das Verstehen der ursprünglichen Form gemäß einer bestimmten individuellen Perspektive erfolgt (...) In diesem Sinne also ist ein Kunstwerk, eine in ihrer Perfektion eines vollkommen ausgewogenen Organismus vollendete und *geschlossene* Form,

doch auch *offen*, kann auf tausend verschiedene Arten interpretiert werden, ohne daß seine irreproduzible Einmaligkeit davon angetastet würde. Jede Rezeption ist so eine Interpretation und eine Realisation, da bei jeder Rezeption das Werk in einer originellen Perspektive neu auflebt“ (Eco 1977: 30).

Dem Rezipienten, dem Besucher kommt in dieser von Umberto Eco dargestellten Konstellation also eine ganz besondere Bedeutung zu: In ihm erst vollendet sich ein künstlerisches oder kulturelles Produkt. Aus dieser Perspektive erhellt sich die grundlegende Bedeutung der Besucherbindung weit über jedes kulturmanageriale Nützlichkeitsdenken hinaus! Wenn sich, wie oben behauptet, das künstlerische Produkt, die kulturelle Produktion erst im Besucher vollenden, dann sind Besucherorientierung und Besucherbindung nicht etwas von außen an das ansonsten autonome künstlerische Produkt Herangetragenes, sondern sind ganz wesentlich mit ihm verbunden.

(2) Hierzu muss die Kultureinrichtung zweitens ganz bestimmte *Zielgruppen* erreichen. Diese können der Organisation zum einen vom Träger bzw. Auftraggeber quasi vorgegeben sein (z. B. Kinder und Jugendliche im Falle der *Jugend*musikschule, beim *Kinder*theater die Kinder, bei der Kulturarbeit mit *ausländischen* Mitbürgern eben diese, bei *Frauen*kulturprojekten Frauen usw.). Zum anderen wird jedes erfolgreiche Kulturmarketing von sich aus darauf drängen, Strategien für möglichst genau definierte Zielgruppen zu entwickeln und durchzuführen, um möglichst optimal sein Publikum zu erreichen (vgl. ausführlich Klein 2001).

(3) Mehr und mehr werden aber auch die öffentlich getragenen bzw. geförderten Kultureinrichtungen dafür Sorge zu tragen haben, mit den von den Bürgerinnen und Bürgern zur Verfügung gestellten oder den von ihnen selbst erwirtschafteten Ressourcen so auszukommen, dass es sie auch morgen noch gibt. Sie müssen also zu ihrer eigenen Bestandssicherung beitragen. Ohne jemals schwarze Zahlen zu schreiben, werden Kultureinrichtungen in der Zukunft mehr als bisher dazu beitragen müssen (und im Übrigen durch die Entwicklung entsprechender Konzepte und Strategien auch können!), ihren eigenen Kostendeckungsbeitrag zu erhöhen.

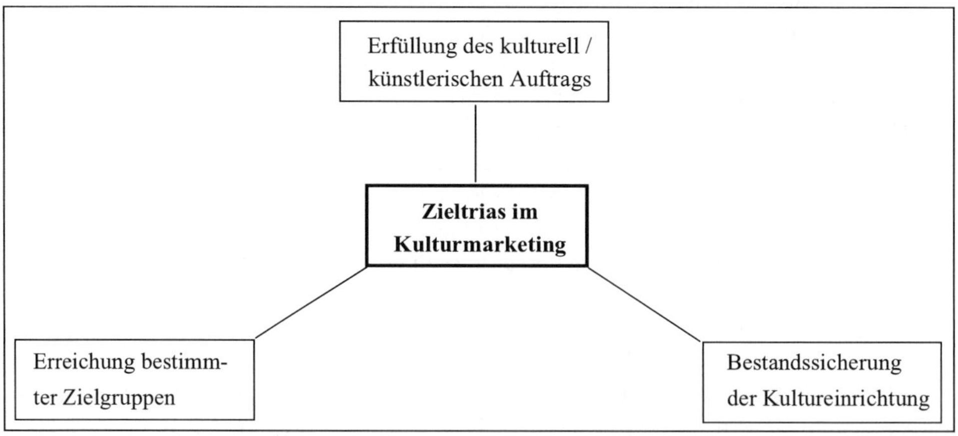

Abb. 3: Zieltrias im Kulturmarketing

Der bereits zitierte Kultursoziologe Gerhard Schulze hatte schon vor zehn Jahren das Problem der Bestandssicherung markiert, wenn er bereits 1992 schrieb: „Die Klage über unzureichende Kulturetats ist nicht etwa ein Zeichen kulturpolitischen Niedergangs, sondern Ausdruck eines Booms. Immer kulturhungriger und anspruchsvoller, wird die Öffentlichkeit allmählich sensibel gegenüber einem Politikbereich, der noch vor wenigen Jahrzehnten nicht einmal als eigenes Ressort eingerichtet war.“

Und weiter: „Zu sehr ist Kulturpolitik aber aus der ursprünglichen Marginalität herausgewachsen, als daß man sie folgenlos träumen lassen könnte, soviel sie will; zu sehr wird ihr inzwischen Verantwortung nicht nur zugestanden, sondern zugeschoben. Ein Rechtfertigungskonsens hat sich etabliert: Kulturpolitik ist gut. Kulturpolitik verdient jedoch dieselbe skeptische Distanz wie jeder andere Versuch, in das Alltagsleben oder in die Natur einzugreifen“ (Schulze 1992: 495f.). Wenn diese Überlegung zutrifft, dann müssen auch öffentliche Kultureinrichtungen sich zunehmend engagierter neue Legitimität beschaffen, die über das herkömmlich trotzige „Theater muss sein!“ hinaus reicht. Besucherbindung ist hierzu ein sehr viel geeigneteres Instrument.

Im öffentlichen getragenen bzw. geförderten Kulturbereich ist also von besonderer Bedeutung, dass Besucherbindungsstrategien nicht vorrangig zur Steigerung der Eigeneinnahmen beitragen (dies natürlich *auch*), sondern vor allem auch als Instrument der Legitimitätsbeschaffung gegenüber den öffentlichen Geldgebern dienen. So machen der zweite, vor allem aber der dritte oben genannte Gesichtspunkte die besondere Bedeutung der Besucherbindung im Kulturbetrieb noch einmal deutlich. Ohne einen bestimmten Prozentsatz an Stammbesuchern wird es keinem Theater, keinem Museum, keiner Musikschule auf Dauer gelingen, sorgenfrei die eigene Bestandssicherung zu gewährleisten.

Für den Non-Proft-Kulturbereich lässt sich Besucherorientierung (Kotler / Scheff 1997: 36) daher definieren: Eine Kultureinrichtung arbeitet dann besucher- / zuschauer- / teilnehmer-orientiert, wenn sie (im Rahmen ihrer künstlerischen, kulturellen und kulturpolitischen Zielsetzungen und finanziellen Bedingungen), jede Anstrengung unternimmt, sensibel Besucher- / Zuschauer- oder Teilnehmerwünsche und Bedürfnisse wahrzunehmen, zu bedienen und vor allem langfristig zu befriedigen.

Gerade weil die – in der kommerziellen Wirtschaft grundlegende – Möglichkeit der beliebigen Produktdisponibilität im nichtkommerziellen Kulturbetrieb entfällt, spielen um so mehr personen- bzw. mitarbeiterbezogene Aspekte eine besondere Rolle. Um die Besucherorientierung in der Kulturorganisation erfolgreich durchzusetzen, sollten daher (mindestens) drei Forderungen erfüllt werden:

(1) Besucherorientierung muss gelebter Teil der eigenen Kulturorganisationsphilosophie werden, d. h. alle Aktivitäten der Kulturorganisation orientieren sich – immer im Rahmen der vorrangigen eigenen künstlerischen bzw. kulturellen Zielsetzung! – an den Erwartungen, Bedürfnissen, Wünschen und Qualitätsauffassungen der Besucher. Dies ist das genaue Gegenteil jener oben angesprochenen Organisations- bzw. Produktzentrierung, die leider immer noch in vielen öffentlichen Kultureinrichtungen anzutreffen ist.

    In diesem Falle wird der sog. kulturpolitische Auftrag sehr hoch gehalten und sehr häufig unter Berufung auf diesen dem sonstigem Service viel zu wenig Beachtung geschenkt. Der Besucher – so die völlig falsche, aber immer wieder im Brustton der Überzeugung vorgebrachte Vorstellung – komme ausschließlich wegen der gebotenen Qualität; darüber hinaus habe er sich mit seinen Bedürfnissen (gefälligst!) der jeweiligen Organisation anzupassen. Völlig übersehen wird dabei die recht simple Tatsache, dass der Kunde nur sehr schwer, die Einrichtung, damit verglichen, aber recht einfach zu verändern ist!

(2) Dies bedeutet innerhalb der Kultureinrichtung die Überwindung des Funktionsegoismus. Jedwedes „abteilungs“- oder „funktions“orientierte Denken („Das ist nicht mein Job!“ „Dafür bin ich / sind wir nicht zuständig!“) muss durch entsprechende Weiterbildungs-, Schulungs- und Motivationsmaßnahmen abgebaut werden. Oberste Zielsetzung muss bei allen Mitarbeiterinnen und Mitarbeitern sein, sich konsequent an den jeweiligen Besucherbedürfnissen zu orientieren. Eine Abteilung allein, etwa die – wenn überhaupt vorhandene – Kulturmarketingabteilung oder die Presse- und Öffentlichkeitsabteilung kann nicht die entsprechende besuchergerechte Qualität garantieren. Jeder und jede sind an ihrem jeweiligen Platz verantwortlich für besuchergerechtes Handeln.

(3) Und dies erfordert schließlich ein koordiniertes Mitwirken von jeder und jedem in der Kulturorganisation, d. h. für die Verwirklichung der Besucherorientierung sind grundsätzlich alle Mitarbeiter zuständig. Deshalb ist es von zentraler Bedeutung, möglichst viele Mitarbeiterinnen und Mitarbeiter bereits von Anbeginn an am Marketingmanagementprozess zu beteiligen, vor allem durch aktive Einbindung in Zielfindungsprozesse (vgl. unten das entsprechende Kapitel über die Mitarbeitereinbindung). Dies erfordert ein hohes Maß an innerbetrieblicher Koordination durch die Entwicklung und den Einsatz entsprechender Koordinations- und Integrationsinstrumente und einen entsprechend kooperativen Führungsstil, z. B. das Konzept des Führen nach Zielvereinbarung (*Management by objectives*; Kotler / Bliemel 1999: 65; vgl. hierzu beispielsweise: Meier 1998).

Besucherorientierung, vor allem aber die intensive Besucherbindung – das zeigen entsprechende Untersuchungen aus der Wirtschaft ebenso wie im Kulturbereich – lohnen sich über die grundsätzliche Legitmationsbeschaffung hinaus aber auch ganz direkt, denn sie bringen eine ganz Reihe von direkten Nutzen für die Kultureinrichtung, sie „rechnen“ sich also tatsächlich.

Denn ein durch Zufriedenheit und Vertrauen verbundener Besucher

- bleibt länger ‚treu‘, d. h. wird nicht bei der kleinsten Kleinigkeit, die sein Missfallen erregt, zur Konkurrenz wechseln;
- ermöglicht eine genauere Einschätzung der Nachfrage, d. h. im Falle des Abonnements und der Besucherorganisation weiß z. B. das Theater im voraus ziemlich genau, wie gut welche Veranstaltungen voraussichtlich besucht sein werden und auf welche Aufführungen sich seine weiteren werblichen Aktivitäten entsprechend konzentrieren sollten;
- fragt auch neue Angebote von einer Kultureinrichtung oder der Marke, der er sich verbunden fühlt (*cross-selling*), nach; war er begeistert von einer klassischen Oper,

wird er – bei entsprechender Ansprache – wahrscheinlich auch einmal eine modernere bzw. zeitgenössische besuchen;

- denkt und spricht gut über die Kulturorganisation und ihre Angebote; dies ergibt zum einen direkte Werbeeffekte; dies kann aber auch ganz gezielt durch entsprechende von der Kulturorganisation zu entwickelnde Kampagnen weiter genutzt werden (z. B. „Zufriedene Besucher werben Besucher!“);
- verzeiht auch mal Pannen (wenn sie sich nicht häufen!); ein entsprechend ausgebautes Beschwerdemanagement sollte hier höchst sensibel reagieren;
- beachtet Marken, Werbe- und Preisangebote der Konkurrenz weniger stark;
- bietet der Kulturorganisation gern neue Ideen zu Angeboten und Services an, d. h. er kann direkt in die Neuentwicklung von Projekten eingebunden werden, wobei an den spezifischen Fachverstand appelliert wird (gezielte Einladungen zu Vorpremieren, Befragungen bei der Neuentwicklung von Projekten in der Musikschule, „Besucherparlament“ im Museum usw.). Die Walldorfer *SAP*, die betriebliche Anwendersoftware entwickelt und vertreibt, berichtet, dass gut zwei Drittel der eigenen Softwareprodukte auf Anregungen von Kunden basieren. Sehr frühzeitig bereits und oft schon, bevor die nötigen Hardwaresysteme auf dem Markt etabliert werden, hat sich die Walldorfer Gruppe auf die Bedürfnisse und Anforderungen ihrer Abnehmer eingestellt.
- ist kostengünstiger zu betreuen, da Beziehungen mit ihm im Laufe der Jahre zur Routine werden. So haben Untersuchungen ergeben, dass die Neu-Akquisition und Aufnahme in die Betreuungsroutine einer Organisation etwa fünf- bis siebenmal teurer sind als die Betreuung von Stammkunden (Kotler / Bliemel 1999: 28).

Die ‚Entdeckung‘ der Beziehungspflege auch und gerade im Konsumgütermarketing ist nicht zuletzt beeinflusst von der Einsicht in die betriebswirtschaftlichen Zusammenhänge zwischen Kundenbindung und Gewinnerzielung. So haben z. B. amerikanische Forschungsergebnisse von Reichheld und Sasser im Dienstleistungsbereich ergeben, dass ein Unternehmen, dem es gelingt, die Kundenabwanderung um 5 Prozent zu senken, seine Gewinne um 25 Prozent bis zu 85 Prozent steigern kann. Das hängt u. a. damit zusammen, dass für die Neukundengewinnung etwa das fünf- bis siebenfache dessen notwendig ist, was für die Erhaltung von bestehenden Kunden aufzuwenden ist. Darüber hinaus zeichnen sich Dauer- oder Stammkunden dadurch aus, dass sie im Zeitablauf häufiger und mehr kaufen (inkl. der Cross-Selling-Möglichkeit). Nicht zu unterschätzen ist außerdem der ‚Multiplikatoren-Effekt‘, der mit zufriedenen Stammkunden durch ihr Empfehlungen wirksam wird (Stichwort: Beziehungsmarketing).

2.3 Von der Gebundenheits- zur Verbundenheitsstrategie

Will die Kultureinrichtung vorhandene Besucher binden, so stehen ihr hierbei zwei grundlegende Handlungsmöglichkeiten zur Verfügung. Erstens kann sie entsprechende Hürden errichten, die dem Besucher einen Wechsel zur Konkurrenz schwer oder fast unmöglich machen und entsprechende *Gebundenheitsstrategien* entwickeln. Diese sind kennzeichnend für die traditionellen Besucherbindungsinstrumente (wie z. B. Abonnement, Besucherorganisation im Theater und Konzertwesen, langfristige vertragliche Regelungen wie z. B. in Buchclubs, Musikschulen usw.). Sie machen den Wechsel bzw. Ausstieg schwer, schrecken dadurch zugleich aber auch viele potenziellen Kunden vor dem Einstieg ab!

Deshalb empfiehlt es sich unter den heutigen Bedingungen der *Multioptionsgesellschaft* (Gross 1994) – d. h. der im Publikum weit verbreiteten Haltung, so viele Angebote wie irgend möglich wahrnehmen zu wollen und sich bei der Buchung so spät wie möglich entscheiden zu müssen – sehr viel eher, *Verbundenheitsstrategien* aufzubauen. Diese stellen die Besucher in so hohem Maße zufrieden, dass sie von sich aus gar nicht wechseln wollen. Es geht also um zwei grundsätzlich unterschiedliche Sichtweisen auf die Kulturorganisation bzw. die Besucher.

	Verbundenheitsstrategie	**Gebundenheitsstrategie**
Besucherbindende Aktivitäten des Anbieters:	• Management der Besucherzufriedenheit und des Besuchervertrauens	• Aufbau von Wechselbarrieren für den Besucher
Bindungswirkung:	• Kunde will nicht wechseln – weil er zufrieden ist!	• Kunde kann nicht wechseln – und ärgert sich!
Freiheit des Besuchers:	• Uneingeschränkt	• Eingeschränkt
Bindungsinteresse:	• Geht vom Besucher aus	• Geht vom Anbieter aus
Bindungszustand des Besuchers:	• Verbundenheit	• Gebundenheit
Resultat:	• Zufriedenheit	• (potenzielle) Unzufriedenheit

Abb. 4: Verbundenheits- / Gebundenheitsstrategie

- Die *Gebundenheitsstrategie* mit ihrer Einführung von entsprechenden Hürden denkt dabei vor allem von den Interessen des Anbieters her und nicht von denjenigen der Besucher. Wenn z. B. die Musikschule ein Kind in einen Kurs mit einer Jahresverpflichtung aufnimmt, so geschieht diese Bindung vor allem im Hinblick auf organisatorische Notwendigkeiten innerhalb der Musikschule: Ein Lehrer muss ausgewählt werden und dessen Unterrichtskapazität ist für ein Jahr blockiert. Der Vorteil eines Abonnements liegt für ein Theater darin, dass dieses auf ein Jahr hinaus weiß, welcher Platz an welchem Tag belegt ist (oder zumindest verkauft ist: Ob der Besucher dann tatsächlich kommt oder nicht, kann dem Theater unter rein finanziellen Gesichtspunkten – zumindest zunächst – gleichgültig sein).
- Mit der Gebundenheitsstrategie wollen Kulturanbieter ihre Besucher daher durch den Aufbau von Wechselbarrieren binden und somit ein Abwandern zur Konkurrenz erschweren. Unzufriedene Kunden, die gerne den Anbieter wechseln möchten, können dies nicht ohne gewisse Einbußen tun, die meistens finanzieller Art sind; die bereits im voraus bezahlten Abonnementplätze verfallen, der Musikschulvertrag muss bis zum Schuljahrsende weiterbezahlt werden usw. Die Bindung zum Anbieter beruht also weniger auf Loyalität der Kunden als auf hohen Wechselkosten, die vom Anbieter eingerichtet werden. Allerdings können organisatorische

Sachzwänge dazu führen, bestimmte Bedingungen obligatorisch zu machen. Die jeweilige Kultureinrichtung sollte sich aber immer bewusst sein, dass dies nur die zweitbeste Möglichkeit ist und sich anstrengen, die Besucher immer wieder neu zu gewinnen, damit sie gerne kommen.

- Im Gegensatz dazu zielt die *Verbundenheitsstrategie* darauf ab, dass sich die Besucher einer Kulturorganisation und ihren Angeboten gegenüber verbunden fühlen, dass sie diese im Vergleich zur Konkurrenz bevorzugen und beabsichtigen, die Austauschbeziehungen auch in Zukunft gerne und vor allem freiwillig fortzusetzen. Diese Beziehung kann nur durch den Aufbau von Besucherzufriedenheit, -vertrauen und vor allem -bindung erreicht werden. Die Kultureinrichtung denkt in diesem Falle immer und stets von dem Besucher und seinen Bedürfnissen aus. Der Kerngedanke ist es, loyale Besucher zu gewinnen und dauerhaft zu halten (Kotler / Bliemel 1999: 75; vgl. hierzu auch ausführlich: Bliemel / Eggert 1998).

Allerdings muss klar gesagt werden, dass die angestrebte Besucherbindung nicht am Anfang, sondern erst am Ende eines dreistufigen Entwicklungsprozesses steht – als strategisches Entwicklungsziel der Kultureinrichtung allerdings von Anfang an alle Entscheidungen beeinflussen sollte.

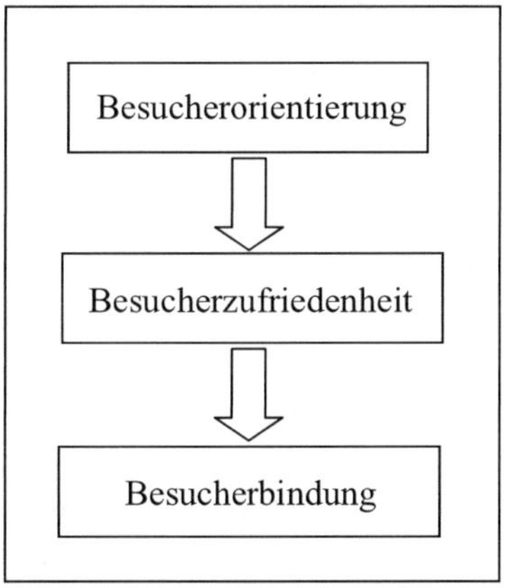

Abb. 5: Von der Besucherorientierung zur Besucherbindung

Am Anfang dieses Prozesses steht die bereits angesprochene *Besucherorientierung*. Eine ganz wesentliche Voraussetzung hierfür ist die möglichst genaue Kenntnis der eigenen Besucher (vgl. das folgende Kapitel).

Der nächste Schritt ist die Herstellung einer möglichst optimalen *Besucherzufriedenheit*. Ganz allgemein hat Kundenzufriedenheit in den letzten zwanzig Jahren im gesellschaftlichen und wirtschaftlichen Leben „einen unvergleichlich hohen Stellenwert gewonnen (...) und ihre Relevanz wurde in der Unternehmenspraxis um so stärker wahrgenommen, je mehr Käufermarktsituationen auftraten und die Notwendigkeit einer erhöhten Kundenbindung durch Kundenzufriedenheit immer offensichtlicher wurde“ (Stauss 1999). In sog. Käufermarktsituationen (Klein 2001: 28ff.) überwiegt das Angebot die Nachfrage und wer wollte ernsthaft bezweifeln, dass wir uns –

von wenigen Ausnahmen, wie etwa den *Bayreuther* oder den *Salzburger Festspielen* abgesehen – im Kultursektor in einem Käufermarkt bewegen. In dieser Konstellation ist der Käufer in der strategisch günstigen Position, wählen zu können – und er tut dies!

Daher kommt es darauf an, dass die jeweilige Kulturorganisation die Kundenzufriedenheit ihrer Besucher möglichst systematisch und regelmäßig misst, um festzustellen, wenn sich etwaige Veränderungen abzeichnen. Denn Kundenzufriedenheit ist eine nur notwendige, keineswegs aber eine hinreichende Bedingung tatsächlicher Kundenbindung. Untersuchungen aus der Wirtschaft (wie z. B. jene von Reichheld aus dem Jahr 1996), haben die Annahme, dass zufriedene Kunden automatisch auch gebundene Kunden seien und somit durch ihr Verhalten zu einer Ertragssteigerung des Unternehmens beitrügen, nicht als allgemeingültig erwiesen. Vielmehr nehmen Untersuchungen zu, welche von hohen Wechselquoten trotz guter Zufriedenheit der Kunden mit dem Unternehmen und seinen Dienstleistungen berichten. Zugespitzt spricht Reichheld (Reichheld 1996) sogar von einer „Zufriedenheits-Falle“ (*Satisfaction-Trap*).

Das tatsächliche Verhalten ist also komplexer, als man auf den ersten Blick meinen sollte. Zufriedene Kunden können wider alle Vermutungen Leistungen eines Unternehmens ablehnen und zu einem anderen Anbieter wechseln und im umgekehrten Falle können unzufriedene Kunden weiterhin die Leistungen eines Unternehmens nachfragen. Im ersten Fall, dem Absprung von zufriedenen Kunden, können beispielsweise die Mit-Wettbewerber eine bessere / günstigere Leistung anbieten: „Mit der *Lufthansa* werden viele Passagiere sehr gerne fliegen, doch mag das extrem preisgünstige Angebot der *Deutschen BA* auf derselben Strecke verlockender sein“ (Pohl / Dahlhoff 1998: 37). Der Fall, dass die Kunden trotz Unzufriedenheit „treu“ bleiben (müssen), ist ebenfalls einleuchtend. Das Monopol der *Deutschen Bahn* ist ein Grund dafür, dass Kunden ihr treu bleiben, einfach weil es „für zahlreiche Strecken keine (akzeptable) Alternative zu einer Bahnfahrt gibt“ (Pohl / Dahlhoff 1998: 37).

Daher gehört zum Thema Kundenzufriedenheit auch, dass die Kultureinrichtung angemessen reagiert, wenn die Besucher mit der Leistungs- oder Serviceerbringung einmal nicht zufrieden sein sollten bzw. sie sollte rechtzeitig Konzepte entwickeln, wie verloren gegangene Besucher wieder für die Angebote der Kultureinrichtung zurückgewonnen werden. Erst auf der Basis einer allgemeinen Besucherzufriedenheit – nur zufriedene Besucher kommen gerne wieder und lassen sich in diesem Sinne an eine Kultureinrichtung binden – kann daran gegangen werden, entsprechende Konzepte zur Besucherbindung zu entwickeln, d. h. „gegenwärtige und zukünftige positive Verhaltensweisen und Einstellungen – also eine stabile Kundenbindung – zu generieren“ (Homburg / Bruhn 1998: 24).

Kunden- bzw. Besucherbindung umfasst dabei einerseits „das bisherige Kauf- und Weiterempfehlungsverhalten und andererseits die zukünftigen Wiederkauf-, Zusatzkauf-(*Cross-Buying*) und Weiterempfehlungs-Absichten (*Goodwill*) eines Kunden gegenüber einem Anbieter oder dessen Leistungen, die aus psychologischen, situativen, rechtlichen, ökonomischen oder technologischen Bindungsursachen resultieren“ (Meyer / Oevermann 1995: Spalte 1341). Unter Besucherbindung (bzw. Besucherbindungsprogrammen) werden daher sämtliche Maßnahmen einer Organisation verstanden, die darauf abzielen, sowohl die bisherigen als auch die zukünftigen Verhaltensabsichten eines Besuchers gegenüber dieser Kultureinrichtung und ihren Leistungen positiv zu gestalten, um die Beziehung zu diesem Besucher für die Zukunft zu stabilisieren bzw. sogar auszuweiten (vgl. hierzu Bruhn 1999: 112).

Von Besucherbindungsprogrammen wird deshalb gesprochen, weil die (in den folgenden Kapiteln dargestellten) Instrumente nicht isoliert eingesetzt, sondern in umfassende und sich ergänzende Programme integriert werden müssen. Homburg / Werner (Homburg / Werner 1998) nennen folgende Hauptdefizite, die es nach Möglichkeit zu vermeiden gilt:

- *die isolierte Optimierung von Einzelaspekten der Kundenorientierung, ohne diese aufeinander abzustimmen.* Wie kontraproduktiv die fehlende Integration in ein entsprechendes Programm sein kann, mag folgendes Beispiel aus dem Kulturbereich verdeutlichen. In einer beispielhaften Rückholaktion (auf die unten ausführlich eingegangen wird), bemühte sich der *West Lothian Public Library Services* in Schottland darum, inaktive oder abgesprungene Bibliotheksnutzer zurückzugewinnen, u. a. durch Marketinggespräche und der Hergabe motivationsfördernder Werbegeschenke. Die unerwartete (und vor allem unerwünschte) Nebenwirkung dieser Aktion beschreibt der Projektleiter so: „Stammkunden erfuhren von den Werbeaktionen und den Geschenksendungen an die inaktiv gewordenen Kunden und reagierten verärgert. Es wurde angeregt, nicht die *inaktiven*, sondern die *aktiven* Kunden zu belohnen“ (Kerr 1999: 43).
- *konzeptionelle und methodische Defizite bei der Messung von Kundenzufriedenheit.* Diese Defizite können teilweise aus der fehlenden Kenntnis der entsprechenden Methoden der empirischen Forschung resultieren, teilweise aber auch ganz gezielt angestrebt werden: indem beispielsweise entsprechende Befragungen nur bei solchen Veranstaltungen durchgeführt werden, wo man schon im vornherein mit hoher Wahrscheinlichkeit davon ausgehen kann, dass die Resonanz positiv sein wird. Diese Form des Selbstbetrugs ist natürlich ziemlich sinnlos in Bezug auf das gesamte Angebot einer Kultureinrichtung.
- *Gleichsetzung von Kundenzufriedenheit und Kundenbindung.* Wie bereits oben gezeigt wurde, handelt es sich um unterschiedliche Stufen innerhalb eines Prozesses. Die Wahrscheinlichkeit, dass ein Besucher, der mit einer Kultureinrichtung zufrieden ist, durch entsprechende Kundenbindungsprogramme gebunden werden kann, ist sicherlich höher, als bei einem unzufriedenen Besucher. Dies bedeutet aber noch lange nicht, dass ein zufriedener Kunde quasi automatisch enge Bindungsgefühle an eine Kultureinrichtung entwickelt.
- *zu starke Fokussierung auf die operativen Maßnahmen der Kundenorientierung.* In diesem Falle wird der einzelnen Maßnahme (z. B. einem einzelnen Event, wie der in den letzten Jahren überall immer beliebter werdenden *Langen Museumsnacht*) alle Kraft und Energie gewidmet, ohne sich Gedanken darüber zu machen, wie die einmal angelockten Besucher langfristig an die jeweilige Kultureinrichtung gebunden werden können. Sinn macht ein solches Event demgegenüber nur, wenn es in eine langfristige Strategieplanung der Kultureinrichtung eingebunden ist.

- *Vernachlässigung der sog. soft skills*. In diesem Fall werden etwa den Faktoren Personalführung, Mitarbeitermotivation und Unternehmenskultur bei der Umsetzung der Kundenorientierung zu wenig Beachtung geschenkt. Wie bereits mehrfach angesprochen, wird Kundenorientierung und Kundenbindung nur dann erfolgreich verlaufen, wenn alle Mitarbeiter dies als ihre Aufgabe begriffen haben. Die ehrgeizigsten und ausgeklügelsten Programme können indes scheitern, wenn sie durch wenig motivierte Mitarbeiter nur unzureichend an die Besucher vermittelt werden.
- *fehlende Aktivitäten hinsichtlich der aktiven Gestaltung der Kundenstruktur*. Viele Kultureinrichtungen nehmen die aktuelle Besucherstruktur als eine ein für allemal unveränderliche Tatsache nach dem Motto: „Wer kommt, der kommt!“ Viel zu wenig werden strategische Überlegungen entwickelt, durch welche Maßnahmen ganz gezielt neue Zielgruppen erschlossen werden können, ganz im Sinne der eingangs erwähnten „Besucher von morgen“ bzw. eines langfristig angelegten *Audience Development*.

Ein ausgezeichnetes Beispiel für ein Vorgehen, das diese Fehler so weit wie möglich zu vermeiden sucht, gibt eines der herausragendsten Kunstmuseen der Welt, das *Art Institute of Chicago*, in seinem *Audience Development Plan*. Es geht darin ausdrücklich von einer Besucherwertschöpfungskette (*Visitors Value Chaine*) aus und entwickelt folgende auf einander aufbauende Strategien, um

- seltene Besucher innerhalb spezifischer Marktsegmente zu häufigen Besuchern zu machen,
- häufige Besucher zu Mitgliedern (*Members*, vgl. unten) zu machen und
- Mitglieder durch Einbindung und Appell an ihre *Philantrophie* („Menschenfreundlichkeit“) zu hochengagierten Museumsträgern (*Participants*) zu gewinnen.

Ziel dieser Strategie ist es,

(1) den potenziellen Besucher für einen ersten Besuch zu interessieren;
(2) dabei sicher zu stellen, dass alle Aspekte dieses ersten Besuches zu seiner Zufriedenheit verlaufen,
(3) um ihn so zu einem weiteren Besuch zu veranlassen,
(4) um ihm dann eine Mitgliedschaft (*Membership*) anbieten zu können bzw.
(5) für die Wahrnehmung anderer Angebote des Museums zu ermuntern,
(6) ihn darüber hinaus für eine erste Spende zu gewinnen und schließlich
(7) ihn möglicherweise zu einem dauerhaften Engagement (*philantrophic committment*) für das Museum zu begeistern (O'Neill 1998: 169).

Diese Kette macht deutlich, wie ein Element auf das andere aufbaut und wie vorhersehbar erfolglos es vermutlich wäre, den Kundengewinnungsprozess bei Stufe (6) oder (7) zu beginnen (was in der Praxis von vielen Kultureinrichtungen in Deutschland – mit entsprechenden Misserfolgen – allerdings immer wieder versucht wird, ganz nach dem Motto „Haste mal'ne Mark“ – oder nach Möglichkeit auch mehr!).

Im Rahmen von speziellen Besucherbindungsprogrammen lassen sich mehrere Intensivitätsstufen unterscheiden:

- *die reaktive Möglichkeit.* Das Angebot wird verkauft und der Besucher wird ermutigt, sich zu melden, wenn sich Fragen oder Beschwerdeanlässe ergeben. Das kann mit unterschiedlichen Verfahren erfolgen, wie z. B. Befragungskarten, Durchführung eines Elternabends in der Musikschule, Kursteilnehmerversammlungen in der VHS, Einrichtung einer Hot-Line bzw. einem interaktiven Internetangebot bis hin zu sog. Besucherparlamenten im Museum oder Theater usw. Der Kulturbetrieb stellt die entsprechenden Kanäle zur Verfügung, die Initiative muss hierbei allerdings mehr oder weniger vom Besucher ausgehen.
- *Verantwortung zeigend.* In diesem Falle wird der Besucher direkt von der Kultureinrichtung angesprochen, d. h. es wird nicht gewartet, bis dieser (möglicherweise) reagiert – oder eben auch nicht! Beispielsweise kurz nach Vertragsunterzeichnung (etwa in der Musikschule) oder nach dem Kauf eines Konzertabonnements wird der Besucher oder Teilnehmer von der Kultureinrichtung angeschrieben oder angerufen, um herauszufinden, ob das Angebot und die Kontakterlebnisse mit dem Anbieter seinen Erwartungen entsprochen haben (in der Musikschule beispielsweise nach der ersten Unterrichtsstunde des Kindes oder des Jugendlichen).
- Dies ist allerdings nur möglich, wenn die Adresse vorliegt, setzt also eine vernünftig geführte und ausgewertete Datenbank voraus! Im Falle einer längerfristigen Bindung – wie z. B. in der Verpflichtung zu einem Abonnement im Theater- oder Konzertbereich oder im Unterrichtsangebot einer Volkshochschule oder Musikschule – ist eine solche Strategie sicherlich recht sinnvoll. Der Besucher wird ermutigt, Verbesserungsvorschläge einzubringen und eventuell Einzelheiten über seine mögliche Unzufriedenheit zu äußern; diese Informationen helfen dem Unternehmen in der ständigen Verbesserung seiner Angebote und Besucherbeziehung.
- *Die proaktive Möglichkeit.* Der Besucher wird von Zeit zu Zeit immer wieder angeschrieben oder angerufen und auf erfolgreiche, auf neue oder auf Sonderangebote („Sondergastspiele: Noch einige Karten frei" usw.) aufmerksam gemacht. Dabei werden ihm (immer wieder) möglichst kundenfreundliche Servicewege aufgezeigt, um an das jeweilige Produkt oder die Dienstleistung zu kommen („Wählen sie einfach die ..." oder „Senden Sie uns einfach eine E-Mail, um den Rest kümmern wir uns."). Gleichzeitig kann bei dieser Gelegenheit immer wieder nachgefragt werden, inwieweit Zufriedenheit mit den wahrgenommenen Angeboten besteht oder wo sich Verbesserungsmöglichkeiten ergeben könnten. Hierbei ist allerdings sensibel darauf zu achten, den möglichen Besuchern nicht auf die Nerven zu fallen und seine Ablehnungen auch zu respektieren!
- *Die partnerschaftliche Möglichkeit.* Die Kulturorganisation arbeitet Hand in Hand mit dem Besucher daran, Angebote oder neue Distributionsmöglichkeiten zu entwickeln. Hierbei wird der Besucher – so weit dies die künstlerische Zielsetzung zulässt – in die Produktgestaltung mit einbezogen (z. B. in Form der Besucherorganisationen). Hierzu ist es unabdingbar, dass ein sehr enger Kontakt zwischen der Kultureinrichtung und ihren Besuchern besteht. So kann beispielsweise eine

Volkshochschule aus ihren Teilnehmern ein Teilnehmerparlament wählen lassen und mit deren Hilfe wichtige Fragen diskutieren. Auf diese Weise kann sie ihr Kursangebot im nächsten Semester in weiten Bereichen – allerdings nur so weit ihr das die entsprechenden Weiterbildungsgesetze bzw. Richtlinien bzw. ihr eigener Auftrag erlauben – teilnehmerorientiert gestalten.

Die folgenden Kapitel werden Schritt für Schritt die einzelnen Elemente bzw. Bausteine ausführlich beschreiben, die eine Kultureinrichtung nutzen kann und sollte, um hierdurch ihre eigene Orientierung stärker als bisher an den Besuchern auszurichten. Auf diese Weise kann sie mehr zur Zufriedenheit ihrer Besucher beitragen und sie so schließlich auch langfristig an sich binden. Die Intensität der Besucherbindung kann dabei über eine ganze Reihe von Stufen immer stärker werden:

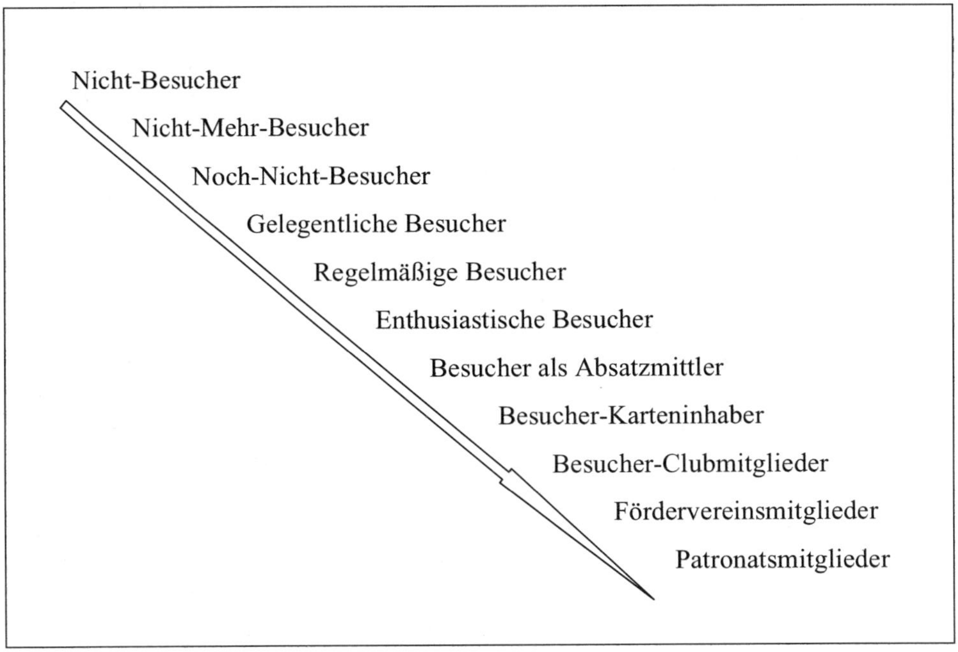

Abb. 6: Intensitätsstufen der Besucherbindung

2.4 Zur Systematik von Besucherbindung

Aus dem bisher Gesagten sollte deutlich geworden sein, dass Besucherbindungsprogramme immer in folgendem Spannungsdreieck stehen und aus diesem ihre Dynamik entfalten:

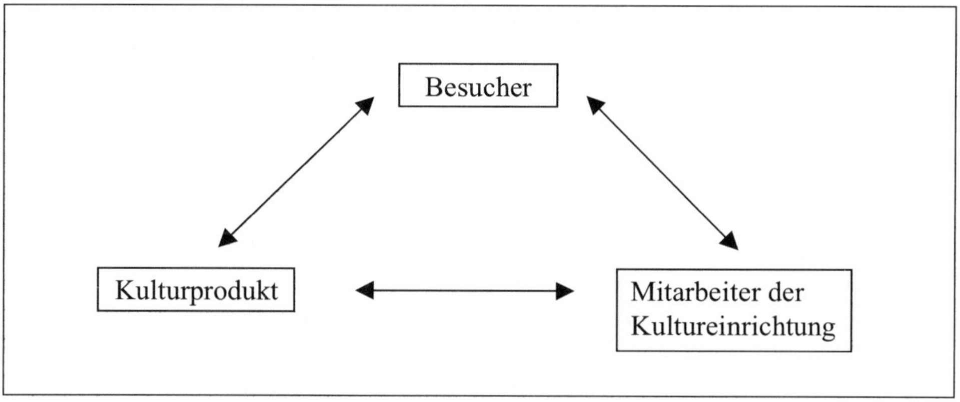

Abb. 7: Systematik der Besucherbindung

(1) Auf der einen Seite des Kräftefeldes steht das Kulturprodukt, das das Ergebnis eines künstlerischen Willens bzw. eines entsprechenden Kulturauftrages ist: z. B. eine Theaterproduktion, ein Konzert, eine Ausstellung, aber ebenso auch ein Volkshochschulkurs, eine Musikschulstunde, ein Malereikurs usw. Dieses künstlerische Produkt muss – zumindest im Non-Profit-Bereich – autonom, d. h. einzig und allein vom künstlerischen Willen und Können bestimmt bzw. dem kulturellen Auftrag verpflichtet hergestellt werden – und zwar zunächst ohne jede Orientierung an späteren möglichen Besuchern und Nutzern. So wäre es z. B. fatal, wenn ein Museumskurator z. B. die inhaltliche Konzeption einer von ihm geplanten Ausstellung dadurch aufweicht, dass er bestimmte Bilder nur deshalb mit aufnimmt, weil er vermutet, dass sie beim Besucher gut ankommen.
(2) Auf der anderen Seite stehen die Besucher bzw. die Nutzer einer künstlerischen Produktion, eines kulturellen Produktes: die Theatergänger, die Konzertbesucher, die Ausstellungs- und Museumsbesucher, die Teilnehmer eines Volkshochschulkurses oder des Musikschulunterrichtes usw. Sie sind die Adressaten der künstlerischen bzw. kulturellen Produktion, denn jeder Schauspiele möchte gesehen, jeder Musiker gehört, jeder Autor gelesen werden.
(3) Sehr häufig wird der Rezipient allerdings nicht unmittelbar und direkt mit einem Kunstwerk oder einer kulturellen Produktion konfrontiert, sondern es treten Mittler und Vermittler zwischen den Produzenten und den Rezipienten. Ein Buch wird zwar recht einsam von einer Leserin, einem Leser an einem möglichst stillen Ort gelesen, der der Konzentration förderlich ist. Bis der begierige Leser das ersehnte neue Werk des Autors in Händen hält, haben indes viele Vermittler ihre Arbeit geleistet: der Lektor, der das Manuskript liest, auswählt, wo nötig verbessert; der Hersteller, der für Satz, grafische Gestaltung und die Druckvorlagen sorgt; die Druckerei, der Sortiments- bzw. Großbuchhandel, die Presseabteilung, die das Buch überhaupt erst bekannt macht und letztendlich die Buchhandlung vor Ort: Sie alle sind notwendig, damit der Leser das Buch lesen kann.

Ganz ähnlich ist es im Theater (Deutscher Bühnenverein 2000), wo eine Vielzahl von Personen auf (vor allem aber auch hinter) der Bühne nötig sind, damit der Zuschauer voller Freude den Opernabend genießen kann. Und lernt der junge Musikschüler bei seinem Querflötenunterricht in der Regel nur seine engagierte Lehrerin kennen, so sind neben dieser doch eine Vielzahl weiterer Personen nötig, damit die Musikschulstunde erfolgreich stattfinden kann (und deren Wirken man meist schmerzhaft erst dann wahrnimmt, wenn sie fehlen: die alles so gut organisierende Sekretärin, der für die angenehme Heizung der Unterrichtsräume sorgende Hausmeister, der für die Finanzierung verantwortliche Musikschulleiter usw.).

Von daher ist „Kunst (...) immer auch Kommunikation, ist ein Sich-Austauschen, ein Mitteilen, etwas sagen wollen. Ein Kunstwerk zum Publikum zu bringen ist demnach – vor allem im Sinne eines Kulturmanagements – eine existenzielle Voraussetzung, um Kunst als ‚offen' zu erproben und damit als Kunst zu etablieren. Man ahnt es geradezu: Zwischen Autor, Interpret und Rezipienten bedarf es einer Vermittlung und des Überbringens; das Kunstwerk erreicht sein Publikum nicht ‘automatisch'“ (Heinrichs 1993: 13). Die verschiedenen Mitarbeiterinnen und Mitarbeiter von Kultureinrichtungen sind also die dritte wichtige Position in dem Spannungsdreieck der Besucherbindung, auch sie leisten einen ganz wesentlichen Beitrag, das das künstlerische Produkt sich möglichst optimal realisieren kann.

Dieser systematische Überblick hilft beim Entwurf von Besucherbindungsmaßnahmen, denn diese können zum einen direkt beim Kulturprodukt, bei seinen verschiedenen Nutzen, zum anderen aber auch bei den verschiedenen der Kultureinrichtung und den von diesen erbrachten Serviceleistungen ansetzen, wie in den folgenden Kapiteln zu zeigen sein wird.

2.5 Die Dimensionen eines Besucherbindungsprogramms

Entschließt sich eine Kultureinrichtung, ein Besucherbindungsprogramm (vgl. zum Folgenden Homburg / Bruhn 1998: 18) zu entwickeln, d. h. die einzelnen Bindungsinstrumente in ein umfassendes, besucherorientiertes Programm zu integrieren, so muss sie sich einige Fragen stellen und diese möglichst präzise beantworten (Bruhn 1999: 121ff.).

Bezugsobjekt **WAS?**	Zielgruppe **WER?**	Arten **WIE?**
	Besucherbindungsprogramm	
Instrumente **WOMIT?**	Umfang und Einsatzzeit **WIE OFT? WANN?**	Kooperationen **MIT WEM?**

Abb. 8: Planung von Besucherbindungsprogrammen

(1) Zunächst ist das *Bezugsobjekt* zu klären, d. h. die Frage zu beantworten, auf welche Objekte sich die zu entwickelnde Besucherbindungsstrategie beziehen soll. Soll der jetzige / zukünftige Besucher beispielsweise an das Theater insgesamt (mit allen seinen Sparten und Produktionen) gebunden werden oder wird ein gesondertes Programm nur für eine Sparte, z. B. die Oper, aufgelegt? So legte z. B. vor vielen Jahren der *Städelsche* Museumsverein in Frankfurt ein mittlerweile legendäres Plakat auf, auf dem sämtliche Kunstwerke des Hauses in Kleinformat abgebildet waren; der Titel lautete: *Mein Städel*, ein Besucherbindungselement, das die Identifikation des Besuchers mit dem Museum insgesamt stärken sollte. Oder soll der Besucher vielleicht nur an ein bestimmtes Programm innerhalb des Gesamtprogramms (z. B. die Premieren) gebunden werden? Wird ein Besucherbindungsprogramm für einen bestimmten Teil des Museums entwickelt (wie z. B. das *Junge Museum* innerhalb des *Historischen Museums der Pfalz Speyer*)? „Bei der Planung der Kundenbindungsstrategie ist es daher erforderlich, die Bezugsobjekte zu konkretisieren, in einem Strategiepapier festzuschreiben und inhaltlich aufeinander abzustimmen. Ziel dieses ersten Planungsschrittes muss es sein, Redundanzen und Diskrepanzen zwischen den einzelnen Maßnahmen der Kundenbindung (...) zu vermeiden" (Bruhn 1999: 122).

(2) In einem nächsten Schritt sind die *Zielgruppen*, an die sich das spezifische Besucherbindungsprogramm richten soll, festzulegen. Macht es Sinn, ein Besucherbindungsprogramm für die Besucher insgesamt zu entwickeln oder sollen zunächst verschiedene Zielgruppen segmentiert werden, für die einzelne, ganz spezifische Besucherbindungsprogramme entwickelt werden? Welches sind die für eine Kultureinrichtung strategisch besonders wichtigen Zielgruppen? Sind dies vor allem die jungen Besucher, weil sie das Publikum von morgen sind? So entwickelte beispielsweise das *Nationaltheater Mannheim* 1987 unter dem Namen *Enter* ein speziell auf Kinder und Jugendliche bezogenes Projekt mit dem Ziel, innerhalb eines Jahres 5000 Besucher dieser Altersgruppe ins Theater zu bringen (Bolte 1998).

Oder richten sich Besucherbindungsprogramme – aus ökonomischen Gründen – vorrangig an besser verdienende Besucher mit dem Ziel, den selbst erwirtschafteten Deckungsbeitrag zu erhöhen? Legt man Besucherbindungsprogramme für sog. V.I.P.s auf, um deren Multiplikatorenwirkung zu nutzen? Entwickelt man Besucherbindungsprogramme gezielt für ältere Menschen, um diese als mögliche Freiwillige (Volunteers) der Einrichtung zu gewinnen?

Orientieren sich solche Überlegungen im kommerziellen Bereich vorrangig am ökonomischen Kundenwert bzw. am Ertragspotenzial des Kunden (Eckert 1994), so haben wir es im Non-Profit-Kultursektor mit einem komplexeren Zielsystem zu tun, d. h. es stellt sich hier die Frage, *was* und *wer* soll mit den künstlerischen und kulturellen Anstrengungen erreicht werden? Soll beispielsweise mit der Kinderkulturarbeit des Kulturamtes ein bestimmtes inhaltliches (z. B. Aufklärung über bestimmte gesellschaftliche Phänomene wie Arbeitslosigkeit, Fremdenfeindlichkeit, Gewalt in der Gesellschaft) oder ästhetisches Ziel (z. B. Weckung des Interesses für Theater, Musik, Bildende Kunst usw.) Ziel erreicht werden? Sollen möglichst *alle* Kinder in einer Stadt erreicht werden oder konzentriert man sich auf bestimmte Zielgruppen? Sicherlich wäre es für die Mitarbeiterinnen und Mitarbeiter des Kulturamtes sehr viel attraktiver, Kinderkultur-Angebote in bürgerlichen Wohnvierteln als in sog. sozialen Brennpunkten anzubieten, weil hier ein bestimmtes Interesse bereits vorausgesetzt werden kann. Ob damit allerdings das selbstgesteckte Ziel, möglichst alle Kinder in der Kommune zu gewinnen, erreicht wird, ist aus dieser Sicht allerdings fraglich.

Je nachdem, welche Ziele man sich setzt, werden die beiden Achsen des sog. Kundenportfolios unterschiedlich beschriftet werden. Geht es, um ein einfaches Beispiel zu nehmen, um die Entwicklung eines Besucherbindungsprogrammes für die o. a. gut verdienenden Besucher, die dem Museum helfen sollen, seinen eigenen Ertrag zu steigern, so wird die senkrechte Achse des Portfolios sicherlich die Höhe der bereits gezahlten Spenden / Spendenkapazität des jeweiligen Besuchers darstellen, die waagrechte Achse die Spendenhäufigkeit. Aus diesen beiden Koordinaten ergeben sich dann folgende vier Felder:

Fragezeichen- Besucher	**Star-** Besucher
Selektions- Besucher	**Ertrags-** Besucher

Abb. 9: Besucher-Portfolio

- Für die ökonomische Zielsetzung des Museums am interessantesten sind die *Starbesucher*; diese haben in der Vergangenheit immer wieder sehr hohe Spenden gegeben und es ist zu vermuten, dass sie dies auch in Zukunft tun werden.
- Als *Fragezeichenbesucher* könnte man diejenigen Besucher bezeichnen, die in der Vergangenheit hin und wieder, also unregelmäßig, größere Beiträge gespendet haben. Es ist dabei allerdings nicht ausgemacht, ob man durch gezielte Besucherbindungsprogramme erreichen kann, dass diese Besucher ins Feld der Starbesucher wandern und regelmäßig hohe Summen geben werden.
- Die *Ertragsbesucher* sind solche, die ganz regelmäßig, aber stets nur kleinere Beträge geben. Mit ihnen kann das Museum auf lange Frist kalkulieren, aber auf Grund ihrer Einkommenslage wird es wenig sinnvoll sein, durch gezielte Besucherbindungsmaßnahmen auf einen höheren Ertrag zu hoffen.
- Als *Selektionskunden* schließlich werden all jene bezeichnet, die ganz unregelmäßig und stets nur kleinere Beträge spenden. Hier sollte das Museum sehr genau prüfen, ob zusätzlicher Aufwand (entsprechende Besucherbindungsprogramme) und zu erwartender Ertrag (tatsächlich geleistete Spenden) in einem vernünftigen Verhältnis stehen.

Hier sollte man nach der Faustregel des sog. *Pareto*-Prinzips vorgehen. Der italienische Nationalökonom Vilfredo Pareto konnte mit statistischen Untersuchungen belegen, dass 20 % der Bevölkerung 80 % des Volksvermögens besitzen. Dieses 20:80-Prinzip konnte zwischenzeitlich auch für viele andere Lebensbereiche nachgewiesen werden. Beispielsweise stellen 20 % der Adressaten, die zur Eröffnung einer Kunstausstellung eingeladen werden, 80 % der Vernissagenbesucher; 20 % derer, die das Konzertprogramm erhalten, stellen 80 % der Konzertbesucher; 20 % derer, die im Fundraising für eine Spende angeschrieben werden, bilden 80 % des Spendenaufkommens usw. (vgl. hierzu Heinrichs / Klein 2001: 307).

(3) Die dritte Frage, die sich eine Kultureinrichtung bei der Planung eines Kundenbindungsprogrammes stellen muss, ist die nach dem Wie?, d. h. den *Arten der Kundenbindung*. Hier können prinzipiell mehrere Arten bzw. Wirkungsebenen unterschieden werden (vgl. hierzu Meffert / Backhaus 1994 und Homburg / Bruhn 1999).

- *die emotionale Bindung*; hier geht es vor allem darum, den Besucher auf der emotionalen Ebene anzusprechen und ihn über eine entsprechende Zufriedenheit an die jeweilige Einrichtung zu binden. Oder wie es 1996 der damalige Bundespräsident Roman Herzog in seiner Rede anlässlich des 150-jährigen Bestehens des Deutschen Bühnenvereins deutlich machte: „Es geht darum, daß die Bevölkerung in einer Stadt sich permanent und fest mit ihrem Theater identifiziert. Es muss prononciert ‚ihres' sein, genau so wie ‚ihr' Fußballclub. Dazu muß man die Spielstätten systematisch zu einem als solchen empfundenen Mittelpunkt im Leben der Bürger machen. Was das Theater tut, auch was es nicht tut, müßte wieder Gesprächsstoff zwischen allen, Theater und Musikleben einer Gemeinde müßten buchstäblich jederzeit in aller Munde sein. Das kommt nicht von selbst. Dafür muß man etwas tun" (Herzog 1996: 496).
- *die ökonomische Bindung*; hier „erscheint dem Kunden ein Wechsel der Geschäftsbeziehung aufgrund tatsächlicher oder subjektiv wahrgenommener Wechselkosten als wirtschaftlich unvorteilhaft. Wechselkosten setzen sich aus Informations- und Anbahnungskosten sowie kognitiven Anstrengungen, verbunden mit finanziellen, sozialen oder psychologischen Risiken sowie zeitlichen Verpflichtungen zusammen" (Bruhn 1999: 128). Der Besucher eines Volkshochschulkurses Englisch beispielsweise könnte sich überlegen, ob er den gleichen Kurs bei einer privaten Sprachenschule absolvieren kann; er wird Preisvergleiche anstellen und dann ggf. auf das preisgünstigere Angebot der VHS zurückgreifen.
- *die vertragliche Besucherbindung*; diese hält durch die bloße Existenz eines Vertrages den Nutzer in einer entsprechenden Kultureinrichtung. In Musikschulen beispielsweise verpflichten sich die Eltern in der Regel für ein Schuljahr, ihre Kinder an einem entsprechenden Kurs teilnehmen zu lassen; ein Abonnement ist gewöhnlich auf eine Spielzeit ausgelegt; die Teilnahme an einem VHS-Kurs dauert gewöhnlich ein Semester lang usw. Insbesondere kommerzielle Buchclubs binden ihre Kunden durch längerfristige Verträge, auf Grund derer sie regelmäßig Bücher abnehmen (müssen).

- *die technisch-funktionale Kundenbindung*; sie spielt im kommerziellen Bereich sicherlich eine sehr viel größere Rolle als im Kulturbereich, etwa beim Kauf eines Fernsehgerätes und Videorecorders von einer einzigen Marke, um mit einer Fernbedienung beide Geräte benutzen zu können oder die Reparatur eines PKW bei bestimmten Vertragshändlern. Aber eine funktionale Bindung ist im Kulturbereich durchaus vorstellbar, wenn beispielsweise eine Musikschule teure Instrumente an ihre Schüler im Rahmen des Unterrichtes ausleiht, ein privater Musiklehrer den Besitz dieses Instrumentes beim Schüler dagegen voraussetzt.

Hier sei allerdings auf die Aussagen des zweiten Kapitels zur Verbundenheitsstrategie hingewiesen: Angesichts des heutigen Ungebundenheitsstrebens von Kunden und Besuchern sind die letztgenannten Bindungsstrategien immer weniger zeitgemäß. Vielmehr sollte versucht werden, über die Herstellung von Zufriedenheit eine emotionale Bindung der Besucher zu erreichen.

(4) Viertens richtet sich die Frage des Womit? auf die einzelnen *Kundenbindungsinstrumente*. Besucherbindungsinstrumente und -programme sind Teil des allgemeinen Kulturmarketings einer Kultureinrichtung (vgl. hierzu ausführlich Klein 2001). Daher sind alle Instrumente der Marketingpolitik einer Kulturorganisation von Besucherbindungsstrategien betroffen bzw. lassen sich hierfür nutzen. Dementsprechend lassen sich die Besucherbindungsmaßnahmen wie folgt typisieren (in Anlehnung an Homburg, Faßnacht 1998: 421).

Besucherbindungsinstrumente:				
Produkt-politische	**Preis-politische**	**Kommunikations-politische**	**Distributions-politische**	**Service-politische**
• Div. Produktnutzen • Zusatzleistungen • Individuelle Angebote • Gem. Produkt-entwicklung	• Prämiensysteme • Rabattsysteme • Finanzielle Anreize • Preisgarantie	• Werbung • Besucherkarte / -club • Newsletter • Mailings • Beratung • Service Hotline • Besucher-zeitschrift	• Online-bestellungen • Katalog-verkauf	• VIP-Service • Memberships • Value Added Services • Spezifische Service-leistungen
Interne Besucherbindungsmaßnahmen: **Besucherzufriedenheitsmessung (Evaluation)** **Besucherbindungsmessung** **Beschwerdemanagement** **Besucherrückgewinnungsaktionen**				

Abb. 10: Systematisierung der Besucherbindungsinstrumente

Die ausführliche Darstellung der einzelnen Instrumente wird in den anschließenden Kapiteln folgen.

(5) Fünftens sind der Umfang und Einsatzzeitpunkt, d. h. die Fragen des: Wie oft? und des: Wann? zu klären. Sollen die entsprechenden Besucherbindungsmaßnahmen permanent stattfinden oder nur zu ganz bestimmten Zeitpunkten? Will man einzelne, ausgewählte Maßnahmen (etwa zu Spielzeitbeginn im Theater oder bei der Neueröffnung einer Sonderausstellung im Museum) starten? In diesem Zusammenhang ist generell zu entscheiden, ob eine konzentrierte Kundenbindungsstrategie, bei der nur wenige, ausgewählte Maßnahmen realisiert werden, oder eine differenzierte Kundenbindungsstrategie, mit dem Einsatz mehrerer Maßnahmen, durchgeführt werden soll. Die strategische Planung muss in diesem Zusammenhang sicherstellen, dass eine Reizüberflutung der Kunden vermieden und die Schwelle zur Reaktanz der Kunden gegenüber Kundenbindungsmaßnahmen nicht überschritten wird.

(6) Und schließlich sollte auch überprüft werden, inwieweit sich *Kooperationen* mit anderen Kultureinrichtungen anbieten, mit denen die eigene Organisation nicht in einem Konkurrenzverhältnis steht, um so den Nutzen für den eigenen Besucher zu steigern. Eine gezielte Kooperation eines Theaters mit den Stadtwerken bietet sich beispielsweise dann an, wenn das Eintrittsticket gleichzeitig für die kostenlose Nutzung des ÖPNV gültig ist. Gleiches lässt sich auch mit Parkhäusern oder ausgewählten Einrichtungen der Gastronomie vorstellen.

Kooperationen sind aber auch zwischen einzelnen Kultureinrichtungen untereinander mit beiderseitigem Nutzen vorstellbar, z. B. erhalten die Abonnenten des Stadttheaters einen zehnprozentigen Preisnachlass beim Besuch des städtischen Museums usw. Je mehr Nutzen die jeweiligen Besucherbindungsmaßnahmen dem Kunden bringen, um so attraktiver werden sie für ihn und um so bereitwilliger wird er entsprechende Besucherbindungsprogramme nachfragen.

Die Kultureinrichtung, die sich entschließt, ein systematisch und strategisch, d. h. langfristig angelegtes Besucherbindungsprogramm zu entwickeln, sollte also Antworten auf die oben gestellten Fragen geben.

3. Wer sind unsere Besucher?

Im vorigen Kapitel wurde festgestellt, dass maximale Besucherorientierung davon ausgeht, den Kunden nicht als *Ziel*, sondern als *Auslöser* der Aktivitäten einer Kultureinrichtung zu begreifen. Der Besucher ist also nicht jemand, dem ein entsprechendes Angebot möglichst geschickt vermittelt werden muss (dies wäre der traditionelle Ansatz der herkömmlichen Museumspädagogik), sondern dass umgekehrt ganz prinzipiell vom Besucher her gedacht werden muss. Wer ist „er", wer ist „sie"? Was denken sie? Was bewegt sie? Was interessiert sie? Was interessiert sie nicht? Was wissen sie bereits, was nicht? Was wollen sie wissen und warum kommen er oder sie bzw. warum kommen sie nicht? Was hat die Kultureinrichtung anzubieten, was für potenzielle Besucher interessant, spannend, wichtig sein könnte?

Dies herauszufinden ist Aufgabe der *Besucherforschung*. „Untersuchungen zur Besucherstruktur dienen der Transparenzbeschaffung über Art und Grad der kognitiven Voraussetzungen bei Besuchern, über Besuchsbedingungen und Nutzungsmotive; ihre Ergebnisse betreffen vor allem die Außenbeziehungen von Museen und lassen Schlussfolgerungen über Besucherklientele sowie Besuchspotentiale und damit über die Gestaltung der Öffentlichkeitsarbeit zu" (Treinen 1997: 45).

Was hier für den Bereich der Museen gesagt wird, kann für Kultureinrichtungen generell gelten, denn „die Bereitschaft, auf die Bedürfnisse der Besucher einzugehen, ist einer der Schlüssel zum Erfolg geworden" (Kommunale Gemeinschaftsstelle 1989: 3). Dieser grundlegende Perspektivenwechsel weg vom Angebot hin zum Nachfrager kann recht anschaulich am Beispiel der Museen verdeutlicht werden, die als erste Kultureinrichtungen in Deutschland mit dem Begriff der Besucherorientierung zu arbeiten begonnen haben.

Zu den klassischen Aufgaben von Museen, wie sie sich in allen entsprechenden nationalen und internationalen Definitionen finden, gehören (1) das *Sammeln*, d. h. Museen sammeln systematisch alle diejenigen Gegenstände ihres Sammlungsgebietes, von denen angenommen werden kann, dass sie für den Nachvollzug von Abläufen und für das Verständnis von Zusammenhängen wichtig sind oder wichtig werden könnten; (2) das *Bewahren*, d. h. Museen bewahren und sichern das gesammelte Gut, restaurieren und konservieren es und erfassen es inventarisch; (3) die *Forschung*, d. h. Museen erforschen die Bedeutung der gesammelten Gegenstände und versuchen, deren Herkunft zu erschließen. Die Ergebnisse der Forschungstätigkeit werden in geeigneter Weise dokumentiert; (4) die *Vermittlung*, d. h. Museen vermitteln das Kulturgut, indem sie es sowohl in Schausammlungen präsentieren als auch die Forschungsergebnisse in Katalogen, Broschüren, Büchern und anderen Formen publizieren und somit der Öffentlichkeit zugänglich machen (Heinrichs / Klein 2001: 287).

Bei der Aufzählung wird deutlich, dass diese Aufgabenbestimmung weitestgehend von der *Sammlung* (also in der Regel von Gegenständen) her denkt; lediglich die vierte Aufgabe, das Vermitteln, richtet sich auf den Besucher, also auf Menschen. Selbstverständlich müssen Museen auch in Zukunft diese klassischen Aufgaben erfüllen, denn für diese Aufgaben wurden und werden sie eingerichtet. Allerdings können sie sich nicht länger dabei bescheiden, sondern müssen – im Sinne der im zweiten Kapitel dargestellten Zieltrias – weitere Aufgaben dazu übernehmen. *Michael Spock* vom *Boston Children Museum* hat die neuen Aufgaben knapp und präzise auf den Satz gebracht: „The museum is for somebody rather than about something", d. h. das Museum der Zukunft ist viel mehr *für jemanden* als *über etwas*.

Die Sammlung verliert dabei keineswegs an Bedeutung, ihre Relevanz wird aber zunehmend mehr aus dem Blickwinkel der (potenziellen) Besucher gesehen. *Neil* und *Philip Kotler* ergänzen daher die oben dargestellten vier klassischen Aufgaben des Museums um drei weitere, die in engem Zusammenhang mit der Besucherorientierung stehen: „Designing missions. Building audiences. Generating revenue and ressources" (Kotler / Kotler 1998), d. h.

- die Museen müssen ihre zentrale Botschaft klar bestimmen und entsprechend den potenziellen Besuchern vermitteln (im Sinne o. a. Zieltrias *Erfüllung des kulturell / künstlerischen Auftrages*);
- sie müssen sich um den Aufbau und die Weiterentwicklung von Zielgruppen kümmern (im Sinne o. a. Zieltrias *Erreichung bestimmter Zielgruppen*) und
- sie müssen verstärkt für die Gewinnung neuer Einnahmequellen sorgen (im Sinne o. a. Zieltrias: *Garantie des Bestandes der Kultureinrichtung*).

Kotler / Kotler stellen dazu eine interessante These auf, die den Besucher in den Mittelpunkt der Aktivitäten des Museums rückt. Historisch gesehen wurden die Museen als die mit Autorität ausgestatteten Bewahrer und Interpreten der Kultur und des Wissens betrachtet. Diese ihnen zugeschriebene Autorität beruhte auf ihren seltenen und authentischen Sammlungen und der Erfahrung der jeweiligen Kuratoren, diese Sammlungen angemessen zu interpretieren. Heutzutage bestehen die Sammlungen, die nach wie vor das Herzstück des Museums sind, neben erzählenden, interpretierenden und erzieherischen Begleitprogrammen der Kunst- und Kultur-Vermittlung als ebenfalls wichtigen und anerkannten Werten des Museums. Die Entwicklung der zentralen Museumskonzepte – von Sammlungen zu Informationsvermittlung und Erziehung und vom Lernen zum Erfahren – reflektieren eine schrittweise Veränderung von *der Kontrolle durch Experten* (Kuratoren, Wissenschaftler, Studierende) zu einer *Kontrolle durch das Publikum*. Traditioneller Weise kontrollieren Museen ihre Sammlung und deren Interpretationen, während das Publikum seine eigenen Erfahrungen kontrolliert. Daher reflektiert das Marketing, mit seinem Fokus auf die Museumserfahrung aus der Sicht des Besuchers, die jüngste Station in der Entwicklung der Museumsgeschichte (Kotler / Kotler 1998).

Der gleichen Aufgabenstellung, wie am Beispiel der Museen erläutert, sehen sich auch alle anderen Kultureinrichtungen ausgesetzt. Um diese neuen und für viele häufig noch ungewohnten Aufgaben adäquat erfüllen zu können, müssen die Kultureinrichtungen zunächst einmal möglichst genau wissen, wer ihre Besucher sind. Welche Merkmale haben sie? Wie lassen sie sich unterscheiden, wie in Gruppen zusammenfassen? Was weiß die Kultureinrichtung über ihr Verhalten? Was wollen die Besucher? Was erwarten sie von der jeweiligen Kultureinrichtung? Von was sind sie u.U. enttäuscht? Was beeinflusst ihr Entscheidungsverhalten? Und wer sind auf der anderen Seite die Nicht-Besucher? Und welche potenziellen, möglichen, d. h. Noch-Nicht Besucher gibt es, die vielleicht bzw. unter bestimmten Umständen kommen würden? Und wer sind die Nicht-Mehr-Besucher? Aus welchen Gründen kommen diese nicht mehr?

3.1 Besucherforschung

Das Instrument, das Antworten auf die o. a. Fragen zu finden hilft, ist die *Besucherforschung* (vgl. im Überblick hierzu: Noschka-Roos 1996). Hierbei kann zunächst ganz prinzipiell unterschieden werden zwischen der *Primärforschung* (field research) und der *Sekundärforschung* (desk research). Im Rahmen der *Primärforschung* (oder Feldforschung) werden von der Kultureinrichtung selbst oder von einer von ihr beauftragten Einrichtung die Daten originär, quasi aus erster Hand, mit den unterschiedlichen Methoden der empirischen Sozialforschung (vgl. hierzu beispielsweise die Standardwerke von Atteslander 1995; Diekmann 2002; Friedrichs 1990; Kromrey 1994; hilfreich auch: Kastin 1995) direkt beim Publikum erhoben. Mit einer bestimmten Methode (meistens per Fragebogen oder per mündlichem Interview) wird die interessierende Zielgruppe befragt und die Ergebnisse dann analysiert. Die naheliegenden Vorteile der Primärforschung sind vor allem, dass die Daten aktuell sind, dass sie in der Regel der Konkurrenz nicht zugänglich sind und dass sie (wenn methodisch sauber gearbeitet wird) genau auf das jeweilige Problem abgestimmt sind.

Sie kann – bei allem Aufwand – langfristig gesehen durchaus kostensenkend wirken, wenn beispielsweise hinsichtlich der Informationsgewohnheiten festgestellt wird, dass kostenträchtige Anzeigen in bestimmten Medien von den potenziellen Nutzern überhaupt nicht zur Kenntnis genommen werden. Aber auch die Nachteile sind unübersehbar: Primärforschung kann (je nach Aufwand) recht zeit-, personal- und damit entsprechend kostenintensiv sein. Sie macht nur Sinn, wenn sie methodisch sauber durchgeführt wird (was wiederum entsprechende Kenntnisse bzw. Schulung voraussetzt). Sie muss darüber hinaus – damit die Ergebnisse aktuell bleiben – in regelmäßigen Abständen durchgeführt werden.

Die *Sekundärforschung* (oder: Schreibtischforschung) hat die Beschaffung, Zusammenstellung und Analyse anderweitig bereits gesammelter Daten – sei es außerhalb, sei es innerhalb der Kulturorganisation – zur Aufgabe. Ihre Vorteile sind die (relativ) schnelle und kostengünstige Informationsbeschaffung, da auf bereits vorhandene Informationen zurückgegriffen werden kann. Darüber hinaus ergibt sich ein schneller Einblick in ein Untersuchungsgebiet sowie schließlich die Unterstützung der eigenen Primärforschung, etwa bei der Hypothesenbildung und dem Formulieren der entsprechenden Fragen. Mögliche Nachteile sind, dass die Informationen nicht immer genau für das in Frage stehende Problem geeignet sind, da sie ursprünglich für andere Zwecke erhoben wurden, dass die Daten oftmals zu alt sind und nicht mehr gegenwärtigen Problemsituationen entsprechen und dass auch die Konkurrenz Zugriff darauf hat.

Um die jeweiligen Vor- und Nachteile zu kompensieren empfiehlt sich daher recht häufig ganz pragmatisch eine Kombination aus beiden Methoden vorzunehmen. Um sich beispielsweise in ein Thema einzuarbeiten, ist zu raten, zunächst bereits vorhandene Erkenntnisse und Ergebnisse zu sichten und für die eigenen Zwecke auszuwerten. Ein Museum beispielsweise muss für eine geplante Besucherbefragung keineswegs mühsam einen entsprechenden Fragebogen selbst entwerfen (und alle dabei üblichen Fehler wiederholen), sondern sollte sinnvollerweise auf entsprechende Fragebogen ähnlicher Einrichtungen zurückgreifen und diese für die eigenen Untersuchungszwecke entsprechend einrichten.

Im Rahmen der Primärforschung werden mit verschiedenen Methoden (zumeist Fragebogen, Interview, Beobachtung, aber auch Test oder gar Experiment) bestimmte Daten erhoben, die für die Kultureinrichtung und ihre kundenbezogenen Entscheidungen tatsächlich relevant sind, wie z. B.

- *soziodemographische Daten* (hierzu zählen etwa Alter, Geschlecht, Wohnort, Einkommen, Schulabschluss, Nationalität usw.; diese Daten können direkt abgefragt werden);
- *verhaltensbezogene Daten* (hierzu zählen Nutzungshäufigkeit, Nutzungsanlass, Verweildauer, Informationsmedium, Verkehrsmittel usw. Entsprechende Fragen sind: „Wie oft kommen Sie...?“, „Mit wem kommen Sie...?“; „Wann kommen sie...?“ usw.);
- *einstellungsbezogene Daten* (hierzu zählen bestimmte Wertvorstellungen, Meinungen, Einstellungen, Vorlieben, Wissen, Vorkenntnisse usw. Entsprechende Fragen sind: „Was halten Sie von...“; „Was ist Ihre Meinung zu ...?“, „Was wissen Sie über...?“ usw.); diese Daten sind – aus naheliegenden Gründen – schon sehr viel schwieriger zu ermitteln.

Je nach Fragestellung richtet sich das Interesse auf andere Merkmale und werden andere Daten erhoben bzw. Fragen gestellt. Will man vorrangig Erkenntnisse über die *Struktur* der Besucher erreichen (d. h. wie bestimmte Besuchergruppen sich z. B. altersmäßig oder bildungsmäßig zusammensetzen), so wird man sich weitgehend auf die soziodemographischen Fragen konzentrieren. Will man Näheres über *Einstellungen* zu bestimmten Themen wissen, konzentriert sich das Interesse entsprechend hierauf. Geht es um das *Verhalten*, werden die diesbezüglichen Fragen gestellt und Merkmale erfasst. (Hierauf wird unten ausführlicher eingegangen). Als Grundregel für alle empirische Forschung gilt, dass nur *die* Daten tatsächlich erhoben werden sollten, die unmittelbar relevant für die Fragestellung sind. Daher ist die Konzentration auf das Wesentliche Grundvoraussetzung für erfolgreiche Datenerfassung und Auswertung.

Im Rahmen der Besucherforschung gilt es vor allem zwei Probleme zu lösen. Erstens geht es um die *Erhebungsmenge*, d. h. um die Frage, ob man eine Vollerhebung anstrebt (d. h. sollen alle zu untersuchenden Fälle in die Untersuchung einbezogen werden) oder ob eine Teilerhebung ausreicht (d. h. genügt es, wenn nur eine gewisse Anzahl von Fällen, also eine Stichprobe, herausgegriffen wird)? Zweitens gilt es, die für das in Frage stehende Problem adäquate *Methode* auszuwählen.

Zunächst soll auf die Frage der Vollerhebung bzw. Stichprobe eingegangen werden. Eine *Vollerhebung* ist immer auf die Grundgesamtheit ausgerichtet, d. h. auf diejenige Menge von Individuen, Fällen oder Ereignissen, auf die sich die Aussagen der Untersuchung beziehen sollen und die vor Untersuchungsbeginn klar abgegrenzt werden muss. Eine solche Grundgesamtheit wären z. B. *alle* Besucher einer bestimmten Theateraufführung, *alle* Mitglieder eines Volkshochschulkurses, *alle* Schüler eines Musikschulensembles usw. Werden diese alle (und zwar ohne irgend eine Ausnahme!) in die Untersuchung einbezogen, so handelt es sich um eine Vollerhebung. Der große Vorteil liegt zweifelsohne darin, dass sich nur durch eine Vollerhebung wirklich exakte Aussagen über die entsprechende Grundgesamtheit machen lassen. Der große Nachteil ist, dass sich nicht immer die einzelnen Fälle tatsächlich alle erfassen lassen; darüber hinaus ist eine Vollerhebung nur bei überschaubaren Grundgesamtheiten möglich, weil ansonsten der finanzielle und personelle Aufwand zu groß würde.

Dies ist z. B. dann der Fall, wenn man Aussagen nicht nur über die Teilnehmer eines einzelnen VHS-Kurses, sondern über *alle* Teilnehmer eines Semesters in der VHS machen möchte; Aussagen nicht nur über ein einzelnes Musikschulensemble, sondern über *alle* Musikschüler, über *alle* Ausstellungsbesucher, alle Abonnenten usw. angestrebt sind. Aufgrund der großen Zahl der zu Befragenden empfiehlt sich hier eine Teilerhebung, d. h. eine Auswahl aus der Grundgesamtheit. Das Ziel dabei ist, dass diese Auswahl möglichst repräsentativ für die vorab definierte Grundgesamtheit ist.

Entscheidet man sich für eine *Teilerhebung*, so gibt es wiederum eine Reihe von Folgeentscheidungen. Die Auswahl der einzelnen zu untersuchenden Elemente (Stichprobe) muss nach ganz bestimmten, festgelegten Regeln erfolgen. Die willkürliche Auswahl einzelner Elemente (z. B. unter dem Gesichtspunkt, wie aufgeschlossen und aussagefreudig die einzelnen Personen eingeschätzt werden, ob sie telefonisch erreichbar oder ob sie besonders hübsch sind o. ä.) würde die Stichprobe unzulässig verzerren; diese Form der Auswahl ist daher strikt untersagt.

Die einzelnen Elemente müssen also bewusst (d. h. nicht-willkürlich) ausgewählt werden. Eine Auswahlmöglichkeit ist dabei die reine Zufallsstichprobe. „Zufall“ ist dahingehend definiert, dass jedes einzelne Element der Grundgesamtheit exakt die gleichen Chancen wie alle anderen haben muss, in der Stichprobe aufzutauchen. (Beispiele hierfür sind die Lottokugeln bei der samstäglichen Ziehung; die umfassende Kartei des Einwohnermeldeamtes, aus der z. B. jede zehnte Adresse gezogen wird; jeder zwölfte Museumsbesucher u. ä.). „Zufall“ ist also keineswegs, wenn man jeden X-Beliebigen fragt, der einem auf der Straße „zufällig“ begegnet, denn hier wäre die Grundgesamtheit lediglich alle Personen, die sich zu dem Zeitpunkt der Befragung in dieser Straße aufhalten.

Außer der beschriebenen, exakten Stichprobenauswahl gibt es noch weitere Möglichkeiten der bewussten Auswahl. Neben der bewussten Auswahl typischer oder extremer Fälle bzw. nach dem Konzentrationsprinzip wird vor allem die sog. Quotierung angewandt. Hier erfolgt die Auswahl danach, dass bestimmte Merkmale in der Stichprobe möglichst eben so häufig vorkommen, wie in der Grundgesamtheit.

Die zweite Frage, die im Rahmen der Primärforschung zu klären ist, ist die nach der geeigneten *Methode* (vgl. hierzu ausführlich Klein 2001: 162-177). Dabei ist darauf zu achten, dass die der Fragestellung am besten entsprechende Methode ausgewählt wird. (Erinnert sei an die alte Weisheit: Wer nur den Hammer als Lösung kennt, dem wird jedes Problem zum Nagel, d. h. er wird auch Schrauben einschlagen statt sie mit dem Schraubenzieher einzudrehen). Die folgenden Abbildung gibt einen Überblick über die im Rahmen der empirischen Kulturforschung angewandten Methoden.

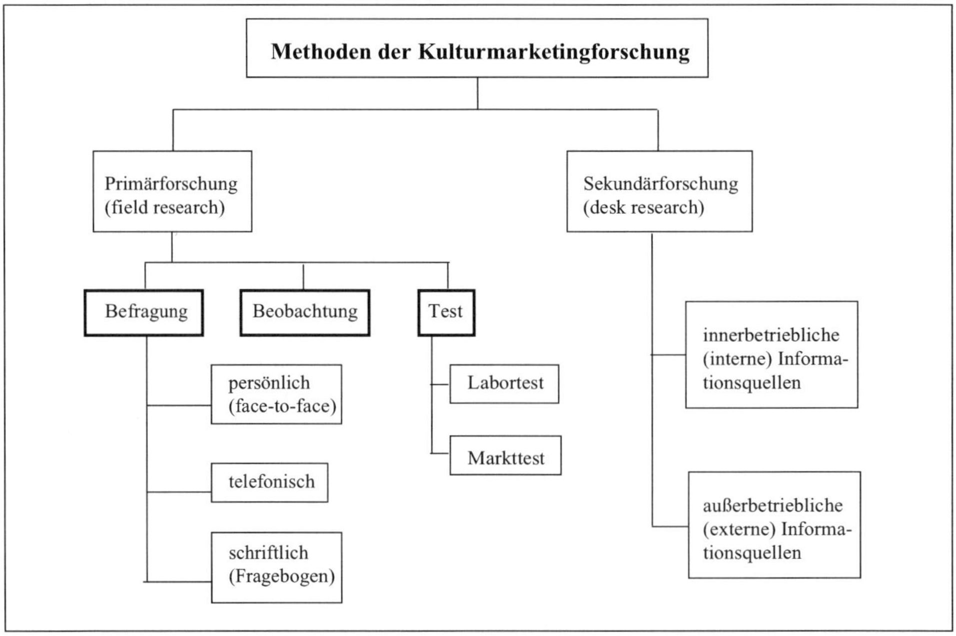

Abb. 11: Methoden der Kulturmarketingforschung

- Die Forschungsmethode der *Beobachtung* ist durch verschiedene Stufen der Formalisierung gekennzeichnet; sie reicht vom alltäglichen Bemerken von Tatsachen, Vorgängen und Abläufen und dem Festhalten derselben (z. B. durch Schrift, Bild, Ton usw.) bis hin zu hoch standardisierten Beobachtungen mit vorher festgelegten Protokollverläufen. Die Beobachtung kann *teilnehmend* sein (wenn der Forscher Teil der zu beobachten Gruppe ist), sie kann aber auch unter strengen *Labormethoden* von außerhalb erfolgen.
- Auf den ersten Blick scheint der *Test* ein ungewöhnliches Verfahren im Kulturbetrieb zu sein; auf der anderen Seite wird er vielfach – wenn vielleicht auch unter anderem Namen – tagtäglich verwandt. Jede Generalprobe ist ein Test in dem Sinne, dass auf der einen Seite geprüft wird, ob alle Bühnenabläufe hundertprozentig im Sinne des Regisseurs ablaufen; natürlich kommt es dabei aber auch auf die

Zuschauerreaktionen, mithin Nachfrageforschung, an. In den USA sind mehrere „Vorpremieren“ keineswegs selten, um die Zuschauerreaktionen zu testen und jahrzehntelang erprobte man Stücke erst in der Provinz, ehe man sie an den Broadway brachte.

- Das sicherlich wichtigste und deshalb häufigst angewandte Instrument in der Besucherforschung ist sicherlich die (Besucher-)*Befragung* (vgl. für den Einstieg ausgesprochen hilfreich: Heinrichs 1996). Da diese Methode auch im öffentlichen Kulturbereich immer mehr an Bedeutung gewinnt, hat der *Deutsche Städtetag* eine sehr informative Arbeitshilfe zum Thema *Methodik von Befragungen im Kulturbereich* herausgebracht; die *Kommunale Gemeinschaftsstelle (KGSt)* hat die sehr hilfreiche Publikation *Kundenbefragungen. Ein Leitfaden* (Kommunale Gemeinschaftsstelle 1997) veröffentlicht, um dem gestiegenen Bedürfnis nach von den jeweiligen Einrichtungen selbst durchgeführten Befragungen Rechnung zu tragen.

Die Befragung lässt sich zunächst in *mündliche* und *schriftliche* Befragungen differenzieren. Vorteile der mündlichen Befragung (Interview) liegen darin, dass schwierige Sachverhalte erläutert werden können und der Interviewer somit Regel- und Kontrollfunktionen hinsichtlich des Gesprächsablaufes hat. Nachteile ergeben sich aus den hohen (Personal-)Kosten und der Gefahr der Einflussnahme durch den Interviewer (Verzerrungseffekte). Die schriftliche Befragung ist dagegen in der Regel kostengünstiger, eine Einflussnahme des Interviewers ausgeschlossen. Darüber hinaus gewährt sie auch bei heiklen Themen Anonymität und erreicht hier Antworten, die einem persönlich anwesenden Interviewer ggf. verweigert werden. Nachteile liegen darin, dass nicht sichergestellt ist, wer den Fragebogen tatsächlich ausfüllt, d. h. eine Beeinflussung des Befragten durch Dritte durchaus möglich ist. Auch ist oftmals ein schlechter Rücklauf zu bemängeln und die Möglichkeit der Rückfrage (beim Interviewer) nicht möglich.

Egal, ob man sich für mündliche (Interview) oder schriftliche Befragungen (Fragebogen) entscheidet, auf jeden Fall sollte man eine Reihe von Grundregeln beachten.

- Bei jeder Frageformulierung muss man immer vom Bewusstsein bzw. Kenntnisstand der Befragten her denken (Kurze Sätze, Fremdworte und Abkürzungen vermeiden, geläufige Begriffe verwenden, einfacher Satzbau usw.).
- Jede Frage sollte sich nur auf ein einziges Qualitätsmerkmal beziehen (also keine und / oder-Verknüpfungen).
- Insgesamt sollte – um die Antwortbereitschaft zu wecken – auf eine persönliche Ansprache großen Wert gelegt werden.
- Beim Layout eines Fragebogens sollte Wert gelegt werden auf eine übersichtliche Anordnung der Fragen, klare Verweise (z. B. bei sog. Filterfragen wie: „Wenn dies nicht zutrifft, bitte mit Frage weitergehen“).
- Achten sollte man darüber hinaus auf klares Druckbild, deutliche Überschriften, eine, maximal zwei Schriftgrößen bzw. Schriftstärken, möglichst einheitliche Gestaltung der Fragen bzw. Antwortkategorien, angemessenen Umfang, den Verweis auf Anonymität sowie den Dank für die Antwortbereitschaft am Ende.

Hinsichtlich der Fragestellung kann man zwischen sog. *offenen* und *geschlossenen* Fragen unterscheiden. Die Vorteile der geschlossenen Fragestellung liegen darin, dass auch sprachlich weniger Geübte an der Befragung teilnehmen können, sie relativ schnell durchzuführen und auszuwerten sind und von daher auch recht kostengünstig sind. Nachteile liegen in den starken (Antwort-)Vorgaben durch den Befrager sowie in einer gewisse Unterforderung, da nur Kreuzchen gemacht werden müssen.

Vorteilhaft bei der offenen Fragestellung ist, dass sie den Befragten viel Raum für eigene Antworten lässt und dadurch an vielschichtige Informationen (Expertenwissen) gelangen kann; es bleibt die Gelegenheit zu unvorhergesehenen Antworten. Nachteilig kann die möglicherweise fehlende Vollständigkeit sein (Selbstverständliches wird vorausgesetzt und somit nicht mehr ausdrücklich gesagt). Zu einem Problem kann vor allem die schwierige Auswertung offener Fragen bzw. Antworten werden, da die gegebenen Antworten zu bewerten und zusammenzufassen sind und hier unwillkürlich Interpretationen und Wertungen seitens der Auswerter hereinspielen.

Um bei der durchzuführenden Hauptbefragung Fehler zu vermeiden, sollte vor der eigentlichen Befragung ein sog *Pretest* (also ein Vortest) vor dem eigentlichen Test, durchgeführt werden. Hierzu wird mit dem vorläufigen Fragebogenentwurf eine kleine Gruppe von Personen mündlich befragt, die der späteren Befragungsgruppe sehr ähnlich sein sollte, um festzustellen, wie diese Personen auf den Fragebogen reagieren.

Wenn das hier Dargestellte auf den ersten Blick auch sehr arbeitsintensiv und mühsam klingen mag, so ist dennoch auf die vielen langfristigen Vorteile zu verweisen, die sich aus primär erhobenen Daten für die jeweilige Kultureinrichtung ergeben. Und die moderne Datenverarbeitung hat mittlerweile ausgesprochen einfach zu handhabende und dennoch komfortable Auswertungssoftware (z. B. das sog. *SPSS = Statistical Package for the Social Sciences*) entwickelt, die auch dem Nicht-Fachmann schnell geläufig ist – und auf allzu komplizierte statistische Methoden wird die Kulturorganisation in der Regel sowie nicht zurückgreifen.

Während bei der Primärforschung die Kulturorganisation (oder eine von ihr beauftragte Einrichtung) die Daten selbst erhebt, werden im Rahmen der *Sekundärforschung* bereits vorhandene Daten, die aus bestimmten Gründen gezielt erhoben wurden oder quasi nebenbei anfallen, gezielt ausgewertet. Dabei kann unterschieden werden zwischen Daten, die innerhalb des jeweiligen Kulturbetriebs erhoben worden sind oder anfielen und außerbetrieblichen Daten.

Innerbetriebliche Daten sind solche, die innerhalb des jeweiligen Kulturbetriebs gezielt erhoben werden oder im Zuge der allgemeinen Betriebsabläufe (wie Ticketverkauf, Buchführung, Kostenrechnung, aber auch bei eingehenden Reklamationen und Beschwerden usw.) anfallen und entsprechend aufbereitet werden können. Dies sind zunächst quantitative Daten; hierzu zählen z. B. alle Arten von eigenen Statistiken:

- *Besucherstatistiken in Museen und Ausstellungshäusern* (Wie verteilen sich die Besucher auf die verschiedenen Tageszeiten bzw. die einzelnen Wochentage? Wie viele Besucher kommen jeweils am Anfang, in der Mitte oder zum Ende eines Ausstellungszeitraums? Wie reagieren die Besucher auf Verlängerungen von Öffnungszeiten bzw. Ausstellungszeiträumen usw.);

- *Abonnentenstatistiken im Theater und Konzertwesen* (Wie ist die Altersstruktur der Abonnenten? Wie ist die lokale, regionale Verteilung der Abonnenten? Wie verteilen sich die Abonnements hinsichtlich der einzelnen Sparten usw.);
- *Teilnehmerstatistiken*, z. B. in Volkshochschulen und Musikschulen (Welche Instrumente sind besonders gefragt, welche weniger? Wie ist die Altersstruktur der Kursteilnehmer? In welche Schulen gehen die Kinder? Mit welchem Lebensjahr beenden sie ihre Teilnahme am Musikschulunterricht usw.).

Ziel der Auswertung dieser Statistiken ist es, zum einen *Regelmäßigkeiten* zu erkennen (Gibt es z. B. bestimmte gleichbleibende Wochentage mit schwachem Museumsbesuch? Erhöht sich die Altersstruktur im Abonnement systematisch? Überwiegen in der Musikschule die Gymnasiasten? In welcher Altersphase ist mit hohen Abbruchsquoten der Schüler zu rechnen?). Zum anderen gilt es, auffällige *Unregelmäßigkeiten* bzw. Brüche zu erkennen (Gibt es aus der Entwicklungsreihe fallende besondere Besucheranstürme zu bestimmten Terminen? Was ist der Anlass hierfür? Gibt es auffallende Rückgänge im Abonnement in bestimmten Spielzeiten? Worauf könnte dies zurückzuführen sein? Brechen die Teilnehmer überproportional im 15. Lebensjahr ihre Musikschulkarriere ab?)

Unabdingbare Voraussetzung zur Erkennung solcher Verläufe bzw. Brüche sind daher sorgfältig geführte Statistiken und deren regelmäßig Auswertung. Erst wenn diese vorliegen und entsprechende Schlüsse gezogen werden, können entsprechende (Gegen-)Maßnahmen überlegt werden wie z. B. kostenloser Eintritt an traditionell besuchsschwachen Tagen; besondere Aufmerksamkeit und Betreuung im Abbruch-Alter in der Musikschule usw.

Aber im täglichen Betriebsablauf fallen auch jede Menge qualitativer Daten an, die leider viel zu wenig als solche erkannt und wahrgenommen werden. In den meisten Museen bzw. Ausstellungen liegen *Gäste- bzw. Besucherbücher* aus, in denen Besucher ihre Kommentare oder Anregungen festhalten. Diese bieten, richtig ausgewertet, gewöhnlich eine Vielzahl von überlegenswerten Hinweisen. An der Kasse, an der Garderobe, im Foyer äußern sich Besucher; die entsprechenden Mitarbeiterinnen und Mitarbeiter vor Ort sind zu motivieren, die wichtigen Informationen, die ihnen zugetragen werden, an die entsprechenden Stellen weiterzuleiten: Äußerungen über ungünstige Anfangszeiten, Verärgerung über den zum x-ten mal versagenden Parkscheinautomaten in der Tiefgarage, Kommentare über die völlig überteuerten Programmhefte usw.

Aber auch die *Reklamationen* und *Beschwerdeeingänge*, die im Rahmen des *Beschwerdemanagements* bearbeitet werden (sollten!), bilden wichtige quantitative Daten, die auf Schwachstellen innerhalb der Kultureinrichtung hinweisen, die erfasst und entsprechend verbessert werden müssen. Alle diese Daten fallen gewöhnlich mehr oder weniger nebenbei an, bilden aber eine gute erste Grundlage, um weiterreichende Überlegungen anzustellen. Sie können allerdings auch ganz gezielt erhoben und ausgewertet werden.

Außerbetriebliche Daten sind dagegen solche, die von Dritten gezielt erhoben, aufbereitet und allgemein zur Verfügung gestellt werden. Auch hier kann wiederum zwischen quantitativen und qualitativen Daten unterschieden werden. An erster Stelle bei den quantitativen Daten stehen die Statistiken, vor allem die allgemein, d. h. in öffentlichen Bibliotheken ohne großen Aufwand zugänglichen Statistiken, etwa von Bund, Länder und Gemeinden, wie das *Statistische Jahrbuch für die Bundesrepublik Deutschland*, die Veröffentlichungen der entsprechenden *Statistischen Ämter* der einzelnen Bundesländer oder das *Statistische Jahrbuch Deutscher Gemeinden*, die alle eine Reihe von für den Kulturbereich relevanten Statistiken enthalten.

Daneben gibt es eine Vielzahl von ausgesprochen nützlichen Monographien für den Kultursektor. Beispielhaft seien hier nur genannt der vom Verband Deutscher Städtestatistiker publizierte *Strukturbericht zum Thema Kultur und Bildung* (Städte in Zahlen 1998). Aber auch die einzelnen Gemeinden (z. B. die *Kölner Statistischen Nachrichten*) bzw. der *Deutsche Städtetag* als Zusammenschluss der deutschen Städte veröffentlichen regelmäßig Untersuchungen und statistische Daten.

Eine weitere wichtige Quelle für Datenmaterial sind die Publikationen der einzelnen Verbände. Zu nennen sind hier beispielhaft die alljährlich erscheinende *Theaterstatistik* des *Deutschen Bühnenvereins* oder die entsprechenden Veröffentlichungen der *Besucherzahlen in deutschen Museen* durch das *Institut für Museumskunde*. Wichtige Daten finden sich in den *Jahrbüchern* der beiden Fernsehanstalten *ARD* und *ZDF* bzw. im *Allensbacher Jahrbuch der Demoskopie*. Darüber hinaus werden von den einzelnen Marktforschungsinstituten (z. B. der *Gesellschaft für Konsumforschung* in Nürnberg, vom *SPIEGEL*-Institut u. a.) immer wieder allgemeine Untersuchungen bzw. Statistiken veröffentlicht.

Neben diesen mehr oder weniger rein quantitativen Daten gibt es eine Vielzahl von qualitativen Darstellungen und Untersuchungen. Hier spannt sich der Bogen von der allgemeinen soziologischen und psychologischen Literatur bis hin zum engeren Bereich kultursoziologischer Untersuchungen. Wiederum nur beispielhaft seien hier genannt der sog. *Pop-Corn-Report*, der in unregelmäßigen Abständen die neuesten Trends für unsere Zukunft (Popcorn 1999) darstellt oder von Gerken / Konitzer *Trends 2015. Ideen, Fakten, Perspektiven* (Gerken / Konitzer 1996); für den zweiten Bereich Albrecht Göschels *Ungleichzeitigkeit in der Kultur. Wandel des Kulturbegriffs in vier Generationen* (Göschel 1991) oder die kultursoziologische Studie von Gerhard Schulze über die *Erlebnisgesellschaft* (Schulze 1993).

3.2 Strukturelle und einstellungsbezogene Besuchermerkmale

Die die Kultureinrichtung interessierenden Besuchermerkmale lassen sich in zwei große Gruppen einteilen (Kotler / Bliemel 1999: 436ff.):

(1) *strukturelle* und *einstellungsbezogene* Besuchermerkmale. Hierbei steht im Vordergrund die Frage: Wer sind die Besucher der Kultureinrichtung, woher (im geographischen Sinne) kommen sie, welche soziodemographischen (z. B. Alter, Geschlecht, Beruf, Einkommen usw.) und psychographischen (z. B. Einstellungen, Interessen, Werte usw.) Merkmale haben sie?

(2) *verhaltensorientierte* Besuchermerkmale. Hierbei interessiert vor allem, warum die entsprechenden Kulturprodukte gekauft werden (Kaufziele), wann gekauft wird (z. B. zu bestimmten Festtagen, an Wochenenden usw.), wo gekauft wird (z. B. bestimmte Vorverkaufsstellen), mit wem gekauft wird (Kaufbeeinflusser) und wie gekauft wird (Kaufprozesse)? (vgl. Klein 2001: 120).

Besucht man beispielsweise die Vernissage einer freien Galerie oder geht man abends in eine Aufführung von *Aida* im Staatstheater, so wird man auf den ersten Blick feststellen, dass sich die jeweiligen Besucherinnen und Besucher durch eine ganze Reihe von bereits äußerlich feststellbaren Merkmalen unterscheiden. Die Galeriebesucher sind wahrscheinlich deutlich jünger als jene in der Oper. Schaut man etwas genauer hin, so wird man wahrscheinlich auch Unterschiede in der Kleidung bemerken. Bekommt man rein zufällig etwas von den Gesprächen mit, so drängt sich vielleicht der Eindruck auf, dass im Theater der heimische Dialekt dominiert, während in der Galerie eine große Bandbreite von Dialekten, ja sogar Fremdsprachen zu hören sind. Auf diese Weise bildet man sich einen ersten, flüchtigen Eindruck der jeweiligen Publika.

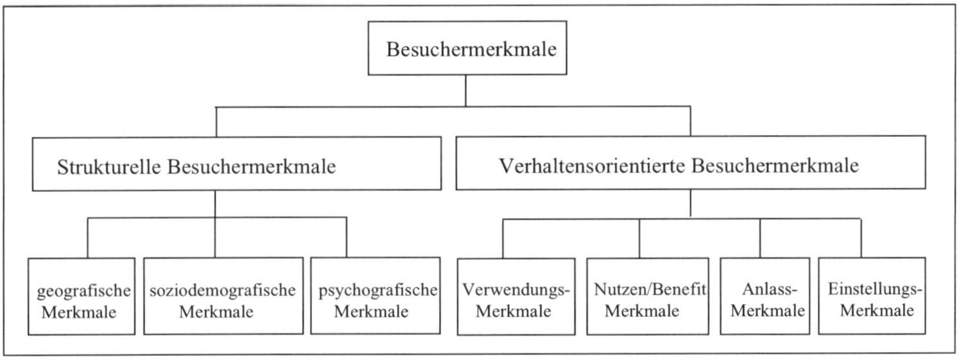

Abb. 12: Besuchermerkmale (systematisch)

Was man hier beobachtet, lässt sich unter dem Oberbegriff der strukturellen Merkmale von Kulturbesuchern zusammenfassen. Diese zunächst nur oberflächlich wahrgenommenen Eindrücke können von der Kultureinrichtung systematisch erfasst, gesammelt, systematisiert, ausgewertet und für entsprechende Marketingmaßnahmen aufbereitet werden. Die wesentlichen strukturellen Merkmale sollen im Folgenden kurz skizziert werden.

Das Merkmal der *geographischen Herkunft* befasst sich mit der Frage: Woher kommen die Besucher von Kultureinrichtungen regional? Durch das Zusammenwachsen Europas werden Ländergrenzen sehr viel leichter übersprungen als noch vor ein, zwei Jahrzehnten, so dass das Kriterium der nationalen Herkunft – etwa in Grenzregionen wie am Oberrhein, in der Region Belgien / Holland / Deutschland, im Raum SaarLorLux, aber auch in den östlichen Grenzgebieten Deutschlands eine immer wichtigere Rolle spielt. Die möglichst genaue Kenntnis darüber, aus welchen Ländern Besucher der Kultureinrichtung kommen, gibt für das Kulturmarketing wichtige Aufschlüsse. Sie liefert z. B. Informationen darüber, in welcher Sprache Informationen, Kataloge usw. sinnvollerweise gedruckt werden; in welchen Ländern ganz offensichtlich Besucher wohnen, die in Zukunft verstärkt angesprochen werden können (z. B. in Grenzregionen); wie sich allseits fruchtbare Kooperationen mit Hotelketten, Busunternehmen oder Fremdenverkehrsvereinigungen gestalten lassen usw.

Längst richten sich Museen, Theater, Konzertanbieter nicht mehr nur an das lokale Publikum, sondern an ganze Regionen bzw. Bundesländer. So kam eine Begleituntersuchung der Renoir-Ausstellung in Tübingen im Jahre 1996 u. a. zu folgenden Ergebnissen (Häusser / Friedrich 1998: 89):

- „41,3 % der Besucher reisten aus dem Distanzbereich von 200 km und mehr an,
- lediglich 19 % kamen aus der näheren Umgebung von Tübingen (Distanzbereich von unter 50 km).
- Der Anteil ausländischer Besucher war mit 5,3 % relativ gering.
- Ausländische Besucher kamen überwiegend aus angrenzenden Ländern wie der Schweiz (36,3 %), Österreich (13,8 %) und Frankreich (13,8 %)“.

Während der Begriff des Bundeslandes eindeutig definierbar ist, ist der der „Region“ nicht so exakt zu fixieren, gibt aber oftmals sehr viel besser als formale Einteilungen wie *Regierungsbezirk*, *Landschaftsverband* oder auch *Landkreis* bestimmte gemeinsame Mentalitäten bzw. über die Jahrhunderte gewachsene Traditionen und Orientierungen wider, die sich auch im Konsumverhalten spiegeln. *Der* Lindauer, so hört man, kauft nicht in Friedrichshafen ein, *der* Frankfurter geht nicht nach Offenbach ins Musical, *der* Marburger fährt viel eher ins viel weiter entfernte Kassel als nach Giessen usw. Auch wenn angesichts wachsender Mobilität solche Gewohnheiten mehr und mehr in den Hintergrund treten, zeigen sie im Konsumentenverhalten doch immer wieder die erstaunlichsten Ergebnisse.

Unter dem Gesichtspunkt der lokalen Verwurzelung in Stadt, Gemeinde oder Dorf ist vor allem von Interesse, welches Einzugsgebiet (rein quantitativ) eine Stadt hat. Musicalproduktionen mit ihren großen Sitzplatzkapazitäten gehen beispielsweise von einem Einzugsbereich von mindestens 200 km aus. Wie ist das Verhältnis der Ein- bzw. Auspendler zu werten? Wie kann man Berufseinpendler dafür gewinnen, auch das Kulturangebot einer Gemeinde nachzufragen? Welche Umlandgemeinden wollen sich mit ihrem Kulturangebot ganz bewusst von den Zentralgemeinden absetzen? Welche Rolle spielen welche Verkehrsflüsse? Wie ist der Öffentliche Personennahverkehr organisiert? Wann fahren die letzten Busse und Straßenbahnen? Welche Gebiete sind nur völlig unzureichend angeschlossen? Wie sind die Autobahnanbindungen? usw.

Schließlich kann auch die Herkunft aus bestimmten Stadtteilen für den Kulturanbieter von besonderem Interesse sein. Sind etwa bestimmte Stadt- oder Ortsteile in der Publikumsstruktur sehr stark unterrepräsentiert? Woran könnte dies liegen? Gibt es die o. a. mentalen Barrieren u. U. auch innerhalb einer Stadt und eingemeindeten Stadtteilen? Dieses Phänomen ist gerade in den durch die in allen Bundesländern in den siebziger Jahren durchgeführte Funktionalreform, die mehrere Kleingemeinden – oft gegen deren Willen – zu Verbandsgemeinden zusammenführte, entstandenen Orten nicht selten zu beobachten.

Wenn die Adressen der Besucher vorliegen (sei es, dass es Mitgliederdateien gibt, sei es, dass diese Adressen explizit erfragt wurden, um Informationen zuzusenden, sei es durch eine allgemeine Befragung ermittelt), so können diese systematisiert und entsprechend ausgewertet werden, indem sie z. B. mit Verkehrsverbindungen, durchgeführten Werbemaßnahmen, Verbreitungsgebiet von Printmedien, aber auch mit der Bevölkerungsstruktur usw. verglichen werden.

Neben den geographischen Kriterien zeichnen sich die Menschen aber auch noch durch eine ganze Reihe von anderen Merkmalen aus, die direkt mit ihrer Person verbunden sind, wie z. B. Geschlecht, Alter, Konfession, Nationalität, Beruf, Einkommen, Bildung usw., d. h. den sog. *soziodemographischen* Merkmalen. Dies kann ganz unmittelbare Relevanz für den Kulturveranstalter haben. So etwa, wenn das Theater ein Jugendstück produziert und über eine Adressenkartei verfügt, die nach Altersgruppen abrufbar ist oder das Museum eine Ausstellung zeigt, die sich explizit an Frauen richtet und diese direkt angeschrieben werden können oder das städtische Kulturamt *Internationale Wochen* durchführt und hierzu gezielt ausländische Mitbürgerinnen und Mitbürger einladen möchte.

Für die Marktforschung war die spezifische Kombination ganz bestimmter dieser Merkmale allerdings über viele Jahrzehnte noch aus einem anderen Grunde von großer Bedeutung. Denn für sie stellt sich ebenso wie für die Soziologie (aber anders als die Psychologie, die sich in der Regel am Individuum orientiert) im deskriptiven (ausdrücklich nicht im moralischen Sinne) die zentrale Frage nach der gesellschaftlichen *Gleichheit* bzw. *Ungleichheit*. Unter dieser Perspektive wird gefragt: Nach welchen Kriterien formieren sich Menschen innerhalb einer Gesellschaft zu erkennbaren (Groß-)Gruppen wie etwa Ständen, Kasten, Zünften, Klassen, Schichten usw.? Aus diesen Gruppenbildungen sowie der möglichst exakten Beschreibung ihrer spezifischen Merkmale und vor allem der diesen Großgruppen gemeinsamen Handlungsweisen wurde und wird versucht, deren zukünftiges Handeln, z. B. bei Wahlen oder bei Konsumentscheidungen, zu prognostizieren.

Um zukünftiges (Wahl- oder Konsum-)Verhalten von Großgruppen möglichst präzise vorhersagen zu können, arbeiteten bis in die siebziger und achtziger Jahre des 20. Jahrhunderts hinein die Soziologie ebenso wie die Markt- und die Wahlforschung in den westlichen Industriegesellschaften recht erfolgreich mit dem Konzept des sog. *Schichtenmodell* der Gesellschaft. Unter *Schichten* werden dabei übereinander liegende sog. *Statusgruppen*, die durch horizontale Grenzen voneinander geschieden sind, verstanden. Der *Status* der einzelnen Person wird dabei ermittelt durch die Kriterien *Bildung*, *Einkommen* und *Beruf(-sprestige)*. Also: Wer eine gute Schulausbildung hatte, der gelangte seinerzeit mit hoher Wahrscheinlichkeit recht leicht in einen angesehenen Beruf und hatte ein entsprechend hohes Einkommen. Umgekehrt: Wer über eine schlechte Schulausbildung verfügte, landete zumeist in einem Beruf mit niedrigem Ansehen und entsprechend schlechter Bezahlung.

Diesen Zustand bezeichnet man auch als *Statuskonsistenz*. In einer statuskonsistenten Lage befindet sich beispielsweise eine Inspektorin im Finanzamt, die über mittlere Reife, ein mittleres Einkommen und mittleres Berufsprestige verfügt (Hradil 1993: 151). Die übereinanderliegenden Schichten innerhalb der Gesellschaft gleichen etwa einer Zwiebel, die oben (*Oberschicht*) und unten (*Unterschicht*) relativ schmal ist und sich vor allem durch eine breite Mitte auszeichnet.

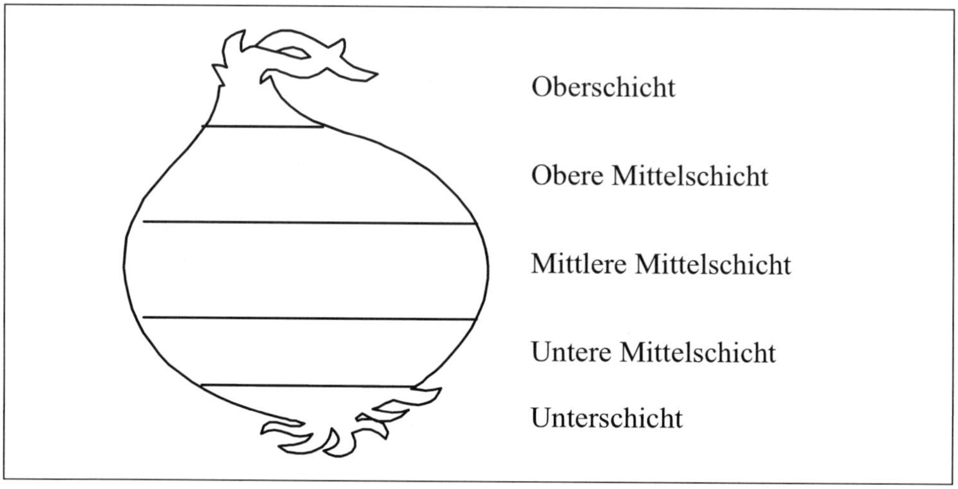

Abb. 13: „Zwiebelmodell" sozialer Schichtung

Das Marketing (ebenso wie die Wahlforschung) ging lange Zeit von der – seinerzeit sicherlich zutreffenden und somit brauchbaren – Hypothese aus, dass die Mitglieder der gleichen sozialen Schicht stärker zu ähnlichen Verhaltensweisen als Mitglieder unterschiedlicher Schichten neigen. Aus der jeweiligen Schichtzugehörigkeit wurden dann entsprechende Kauf- und Konsumgewohnheiten abgeleitet. So hieß es noch unlängst in einem Marketing-Grundlagenwerk: „Soziale Schichten zeigen eindeutige Produkt- und Markenpräferenzen bei Bekleidung, Wohnungsausstattung, Freizeitgestaltung, Automobilen und in anderen Bereichen. Die sozialen Schichten unterscheiden sich auch hinsichtlich der von ihnen bevorzugten Medien. Während Angestellte der oberen Schichten Zeitschriften und Büchern den Vorrang geben, ist bei den unteren Schichten das Fernsehen Medium Nummer eins. Selbst innerhalb eines spezifischen Mediums wie dem Fernsehen unterscheiden sich die von den verschiedenen Schichten bevorzugten Sendungen. Die Zuschauer der sozial hochstehenden Klassen schalten ihr Gerät in erster Linie für Nachrichtensendungen und Theaterübertragungen ein, während die unteren Schichten lieber leichte Unterhaltung wie ‚Seifenopern' und Ratespiele sehen" (Kotler / Bliemel 1992: 252).

In den ausgehenden achtziger Jahren stellte die Marktforschung aber zunehmend irritiert fest, dass die in einem Schicht-Segment zusammengefassten Personen zwar gleiche soziodemographische Merkmale aufweisen, sich aber dennoch in ihrem Konsumentenverhalten erheblich voneinander unterschieden (Banning1987: 35). Zunehmend erwies sich das herkömmliche Schichtenmodell als untauglich zur adäquaten Beschreibung der gesellschaftlichen Realität. Soziologie und Marktforschung begannen verstärkt erstens nach Gründen für die Untauglichkeit dieses Modells und zweitens nach besseren Beschreibungsformen zu suchen.

Bald stellte sich heraus, dass die oben dargestellte Statuskonsistenz, auf der das Schichtenmodell basierte, insbesondere durch die *Bildungsreform* der siebziger Jahre aufgebrochen worden war. Denn nun fanden die zahlreichen zunehmend mehr und besser ausgebildeten Schul- und Hochschulabsolventen des sog. *Bildungsbooms* (*Bildung für alle)* nicht in gleichem Maße entsprechende Stellen bzw. Einkommen wie noch in den sechziger Jahren. Der ‚Taxifahrer Dr. phil.' stellt ein eklatantes Beispiel von solcher Statusinkonsistenz dar. Er hat einen hohen Status formaler Bildung, aber einen niedrigen Berufsprestigestatus und einen mäßigen Einkommensstatus (Hradil 1993: 151).

Der Soziologe Ulrich Beck spricht recht plastisch von einem „Fahrstuhl-Effekt": „Die ‚Klassengesellschaft' wird insgesamt eine Etage höher gefahren. Es gibt – bei allen sich neu einpendelnden oder durchgehaltenen Ungleichheiten – ein kollektives Mehr an Einkommen, Bildung, Mobilität, Recht, Wissenschaft, Massenkonsum. (...) Gleichzeitig wird ein Prozess der *Individualisierung* und Diversifizierung von Lebenslagen und *Lebensstilen* in Gang gesetzt, der das Hierachiemodell sozialer Klassen und Schichten unterläuft und in seinem Wirklichkeitsgehalt in Frage stellt" (Beck 1996: 122). Im Klartext: Das Schichtenmodell, eng gebunden an die soziodemographischen Faktoren, taugt immer weniger zur Vorhersage tatsächlichen Verhaltens, sei es bei Wahlen, sei es bei Konsumentscheidungen.

Dieser sog. *Individualisierungsschub* und die Auflösung der traditionellen Schichten blieben allerdings nicht ohne weitreichende Konsequenzen für das Individuum: „Sehr schematisch gesprochen: an die Stelle von Ständen treten nicht mehr soziale Klassen, an die Stelle sozialer Klassen tritt nicht mehr der stabile Bezugsrahmen der Familie. Der oder die einzelne selbst wird zur lebensweltlichen Reproduktionseinheit des Sozialen. Oder anders formuliert: die Individuen werden innerhalb und außerhalb der Familie zum Akteur ihrer marktvermittelten Existenzsicherung und der darauf bezogenen Biographieplanung und -organisation" (Beck 1986: 119). Die Zugehörigkeit zu einer Gruppe wird dem oder der Einzelnen nicht mehr durch die Regeln und das Verhalten „seiner" Klasse oder Schicht vorgegeben (bzw. abgenommen), sondern er und sie ist – ob sie wollen oder nicht – gezwungen zu wählen. Jeder und jede Einzelne muss, „unter der Bedingung der Beziehungswahl" (Schulze 1992: 178), um sich gesellschaftlich zu integrieren, d. h. „irgendwo dazuzugehören" wählen und Entscheidungen treffen.

Trotz dieses festgestellten Individualisierungsschubs in der Gesellschaft der achtziger und neunziger Jahre zerfällt diese allerdings keineswegs in atomisierte Individuen. An die Stelle der Vergesellschaftung über Schichten tritt allerdings zunehmend die Sozialisierung über sog. *Lebensstile*, die ihrerseits milieubildend wirken. Soziale Milieus lassen sich dabei mit Gerhard Schulze als Personengruppen definieren, die sich durch gruppenspezifische Existenzformen und erhöhte Binnenkommunikation voneinander abheben. Mitglieder eines bestimmten Milieus haben also ganz ähnliche Lebensbedingungen (ähnliche Einkommen, ähnliche Wohngebiete, aber eben auch ähnliche Geschmacksvorstellungen, Moden, Konsumgewohnheiten usw. In der SPD entstand seinerzeit der Begriff der *Toskana-Fraktion*, mit dem automatisch Personen, politische Haltungen und ästhetische Einstellungen verbunden wurden; ähnliches gilt für die *IKEA-Generation* oder die *Generation Golf*).

In diesem Konzept der Lebensstile spielt Kultur im umfassenden Sinne eine zentrale Rolle, da die Fragen der Gruppenzugehörigkeit und Gruppenidentität nicht mehr über die Schichtenzugehörigkeit, sondern vornehmlich über kulturelle Symbole vermittelt werden.

Die Marketingforschung entdeckte, zunächst in den sechziger Jahren vornehmlich in den USA, seit Beginn der achtziger Jahre zunehmend aber auch in Deutschland, die spezifische Bedeutung des Lebensstils. Die Impulse für die Entwicklung dieses Modells kamen aus unterschiedlichen, voneinander weitgehend unabhängigen Forschungsansätzen. Gemeinsam war diesen allerdings, dass sie den Kunden in den Mittelpunkt der Untersuchungen und Modelle stellten, wobei die schlechte Erklärungs- und Prognoserelevanz der bis dahin verwendeten Modelle zum Anlass für die Suche nach aussagekräftigeren Forschungsansätzen zum Verbraucherverhalten wurde. Statt allzu simplenVorstellungen vom *homo oeconomicus* oder statt soziodemographischer Marktsegmentierungskriterien wurden in zunehmendem Maße unbewusste Determinanten des Verbraucherverhaltens oder psychologische Marktsegmentierungskriterien diskutiert (Banning 1987: 31).

Unter *Lebensstil* wird eine relativ stabile, reflexive (d. h. auf ständigen Überlegungen / Entscheidungen basierende) Lebensform eines Individuums verstanden, in dem es seine politischen, kulturellen und ästhetischen Vorstellungen vor allem symbolisch (d. h. durch entsprechenden Kleidung, Redewendungen, Wertvorstellungen, Sprachgewohnheiten usw.) ausdrückt. Diesen Lebensstil teilt es mit einer gesellschaftlichen Gruppe, deren Mitglieder sich ähnlich verhalten. Als solche gruppenbildenden Faktoren symbolisieren Lebensstile Identität und Zugehörigkeit und dienen zur Abgrenzung von anderen Gruppen (Wagner 1991: 197-206).

Aus dem Lebensstil-Konzept ergibt sich eine Vielzahl von Anregungen und Herausforderungen für die Besucherforschung und Besucherorientierung. Je besser der jeweilige Kulturbetrieb die Gruppen kennt, mit denen er in Austauschbeziehungen steht bzw. in Zukunft kommen möchte, um so besser kann er auf sie reagieren. Daher werden die Ergebnisse der Lebensstil-Forschung insbesondere in Zusammenhang mit der Marktsegmentierung angewendet. Den zweiten wichtigen Bereich der Nutzung der Lebenstil-Forschung für strategische Entscheidungen stellt die *Produktpositionierung* dar. In engem Zusammenhang hierzu sind Strategien der Imagebildung und des Imagetransfers zu sehen. Schließlich kann die Lebensstil-Forschung im instrumentellen Bereich genutzt werden, so für Entscheidungen zur Produktpolitik und zum Design oder zur Distribution (Banning 1987: 52ff.).

So verstanden, kann Marketing als ein Prozess verstanden werden, „bei dem man die Kunden mit Steinchen für ein potenzielles Mosaik versorgt, aus dem *sie* – die Gestalter ihres eigenen Lebensstils – die geeigneten Bausteine für den Aufbau der zum jeweiligen Zeitpunkt am besten erscheinenden Gesamtkomposition aussuchen können. Wer als Marketer seine Produkte unter diesem Gesichtspunkt betrachtet, will auch deren potenzielle Beziehung zu anderen Elementen des Lebensstils eines bestimmten Konsumenten erkennen, um dadurch die Zahl der Möglichkeiten für eine sinnvolle Einordnung seiner Produkte in das Muster weiter zu erhöhen“ (Boyd 1967: 38).

Das Heidelberger *Sinus*-Institut griff in Deutschland als eines der ersten sozialwissenschaftlichen Institute den unter Marketingaspekten entwickelten Lebensstilansatz auf und verdichtete einzelne Lebensstile zu sog. *Milieus*. Dieser seit 1979 verfolgte Ansatz stellt eine der mittlerweile bekanntesten Möglichkeiten der Marktsegmentierung anhand von Lebensstilen in Deutschland dar. In regelmäßiger Folge wird eine Segmentierung der bundesdeutschen Bevölkerung in kombinierte Werte- und Sozialschichtgruppen vorgenommen. Das überholte, eindimensionale Schichtenmodell, das lediglich von den drei Statuskriterien Ausbildung, Berufsprestige und Einkommen ausging, wird in diesem Ansatz durch eine zweite Dimension ergänzt, die die entsprechenden Grundorientierungen der Menschen berücksichtigt.

Erhebungskriterien der *Sinus*-Methode sind dabei u. a.: Lebensziel (Lebensgüter, Werte, Lebensstrategie, Lebensphilosophie); Arbeit / Leistung (Arbeitsethos, Arbeitszufriedenheit, gesellschaftlicher Aufstieg, Prestige, materielle Sicherheit); Gesellschaftsbild (politisches Interesse, Engagement, Systemzufriedenheit, Wahrnehmung und Verarbeitung gesellschaftlicher Probleme, technologischer Wandel, Umwelt, Frieden usw.); Familie / Partnerschaft (Einstellung zu Partnerschaft, Familie, Kindern; Geborgenheit, emotionale Sicherheit; Vorstellungen vom privaten Glück); Freizeit (Freizeitgestaltung, Freizeitmotive; Kommunikation und soziales Leben); Wunsch- und Leitbilder (Wünsche, Tagträume, Phantasien, Sehnsüchte; Leitbilder, Vorbilder, Identifikationsobjekte); Lebensstil (ästhetische Grundbedürfnisse; Alltagsästhetik, milieuspezifische Stilwelten) sowie schließlich soziale Lage (soziodemographische Struktur des Milieus).

Zielsetzung dieses Ansatz ist es, die Lebenswelt von Zielgruppen unter Berücksichtigung sich verändernder Einstellungen und Wertorientierungen möglichst adäquat zu erfassen. Unter *Lebenswelt* werden dabei alle relevanten Erlebnisbereiche verstanden, mit denen das Individuum tagtäglich zu tun hat (Arbeit, Familie, Freizeit, Konsum etc.) und die maßgeblich zur Entwicklung und Veränderung von Einstellungen, Werthaltungen und Verhaltensmustern beitragen (Meffert 1999: 192f.). Entscheidend für das Kulturmarketing ist nun, dass den einzelnen Milieus bestimmte Kunst- und Kulturpräferenzen zugeordnet werden können und sich somit eine gewisse Prognostizierbarkeit von Kulturverhalten ergibt. „Die *Sinus*-Milieus fassen also Menschen zusammen, die sich in Lebensauffassungen und Lebensweise ähneln. Man könnte die Milieus – salopp gesagt – als ‘Gruppen Gleichgesinnter’ bezeichnen. Die *Sinus*-Milieus sind Basis-Zielgruppen für das Marketing, die sich bereits in den unterschiedlichsten Märkten bewährt haben“ (Sinus-Sociovision 2001: 4).

Die in differenzierten Fragebögen ermittelten Einstellungen und Merkmalsausprägungen werden alle insgesamt miteinander korreliert; wo sich Häufungen abzeichnen (*Cluster-Analyse*), werden soziale Milieus vermutet, die in ihrer jeweiligen Auspägung beschrieben werden können. (In folgender Matrix entsprechen sie jeweils Kreuzungspunkten auf den beiden Achsen. So wird z. B. der Kreuzungspunkt von *Hedonismus / Genießen* und *Obere Mittelschicht* als *Intellektuelles Milieu* bezeichnet.

Oder der Kreuzungspunkt *Konservative Grundorientierung / Bewahren* und *Untere Mittelschicht* als *Traditionelles bürgerliches Milieu.*

Oberschicht						
Obere Mittelschicht						
Mittlere Mittelschicht						
Untere Mittelschicht						
Unterschicht						
Soziale Lage / *Grund-*orientierung	Konservative Grund-orientierung *„Bewahren“*	Materieller Status Besitz *„Haben“*	Grundorient. Konsum *„Verbrauchen“*	Hedonismus *„Genießen“*	Post-materialismus *„Sein“*	Post-modernismus *„Erleben“*

Abb. 14: Dimensionen der SINUS-Milieus West 2001

„Ziel der Milieuforschung von *Sinus-Sociovision* ist die Bereitstellung eines leistungsfähigen, praxisnahen Instrumentariums für die strategische Marketing- und Kommunikationsplanung. Der Weg zu diesem Ziel führt über das genaue Kennenlernen der marktrelevanten Verbrauchereinstellungen und -wünsche, die wir als Teil der gesamten Lebenswelt des Menschen betrachten. Denn nur derjenige kann sich in die Erwartungen und Vorstellungen des potenziellen Käufers, in dessen Produkterlebnisse und Kaufmotive hineinversetzen, der den Alltag kennt, aus dem sie erwachsen.

Die durch Struktur- und Wertewandel veränderten Freizeit- und Konsumorientierungen, die damit verbundene Entstehung neuer Werte und Lebensstile führen in allen Märkten zu grundlegenden Veränderungen, die die strategische Marketing-, Produkt- und Kommunikationsplanung vor neue Herausforderungen stellen. Vor diesem Hintergrund ergibt sich die Notwendigkeit zur Entwicklung sensibler Marktmodelle, die sich an der zunehmend komplexer werdenden Realität orientieren, das heißt an den sich ausdifferenzierenden Wünschen und Bedürfnissen der Menschen (...) Die althergebrachte Segmentation nach soziodemographischen Merkmalen oder sozialen Schichten reicht bei weitem nicht mehr aus, um diese Kunden kennenzulernen. Soziodemographische Zwillingen können sich manchmal überraschend und mit unangenehmen Folgen, als unterschiedliche Zielgruppen herausstellen“ (Sinus-Sociovision 2001: 3).

Für die alten und die neuen Bundesländer wurden von *Sinus* unterschiedliche Milieus festgestellt. So ergaben sich für die alten Bundesländer im Jahr 2001 folgende *Sinus*-Milieus (mit Kurzbeschreibung).

Sinus-Milieus in Deutschland *West* 2001

Bezeichnung	Kurzbeschreibung
Gesellschaftliche Leitmilieus	
Etabliertes Milieu	Die erfolgsorientierte Konsum-Elite unserer Gesellschaft mit ausgeprägten Exklusivitätsansprüchen 10 %
Intellektuelles Milieu	Die aufgeklärte, postmateriell orientierte Werte-Avantgarde unserer Gesellschaft 10 %
Postmodernes Milieu	Die individualistische, „multi-optionale" Life-Style-Avantgarde unserer Gesellschaft 6 %
Traditioneller Mainstream	
Traditionelles bürgerliches Milieu	Die Sicherheits- und Status quo-orientierte Kriegsgeneration, die an den traditionellen Werten wie Pflicht und Ordnung festhält 14 %
Traditionelles Arbeitermilieu	Die an den Notwendigkeiten des Lebens ausgerichtete Arbeiterkultur der Eckkneipen, Kleintierzüchter und Schützenvereine 4 %
Moderner Mainstream	
Adaptives Milieu	Der gut ausgebildete, mobile und pragmatische Mainstream der jungen modernen Mitte 8 %
Statusorientiertes Milieu	Die berufliche und sozial aufstrebende untere Mitte – die Erfolgsinsignien unserer Konsumgesellschaft im Blick 18 %
Modernes bürgerliches Milieu	Die konventionelle neue Mitte, die nach einem harmonischen, behüteten Leben in gesicherten Verhältnissen strebt 8 %
Moderne Unterschicht	
Konsum-materialistisches Milieu	Die stark materialistisch geprägte Unterschicht, die Anschluss halten will an die Konsum-Standards der breiten Mitte 11 %
Hedonistisches Milieu	Die unangepasste junge Unterschicht, die Spaß haben will und sich den Konventionen und Verhaltenserwartungen der Leistungsgesellschaft verweigert 12 %

Sinus-Milieus in Deutschland *Ost* 2001

Bezeichnung	Kurzbeschreibung
Ost-spezifische Milieus	
Bürgerlich-humanistisches Milieu	Das konservative Bildungsbürgertum, das noch die alten protestantischen Tugenden hochhält (Entspricht dem früheren Konservativen gehobenen Milieu im Westen) 7 %
DDR-verwurzeltes Milieu	Ehemals staatstragendes Milieu der „abgewickelten" Führungskader in Partei, Verwaltung, Wirtschaft und Kultur (Bis heute keine Angleichung an westdeutsche Lebenswelten) 8 %
Konvergenz-Milieus	
Linksintellektuell-alternatives Milieu	Idealistisch-konsumkritisches Intellektuellenmilieu mit konsequenten postmateriellen Ansprüchen (Konvergenz mit dem Intellektuellen Milieu im Westen) 7 %
Status- und karriereorientiertes Milieu	Die status- und prestigeorientierten „Wendehälse" der ersten Stunde, die sich mit den westlichen Lifestyle-Normen identifizieren (Konvergenz mit dem etablierten Segment des statusorientierten Milieus im Westen) 5 %
Aufstiegsorientiertes Pioniermilieu	Das Milieu der unkonventionellen neuen Achiever, die sich als „Gewinner der Einheit" verstehen (Konvergenz mit dem leistungsorientierten Segment des Postmodernen Milieus) 7 %
Traditionelles Arbeiter- und Bauernmilieu	Von den Nachwende-Verhältnissen enttäuschtes altproletarisches Milieu der Facharbeiter und Genossenschaftsbauern (Viele Ähnlichkeiten mit dem Traditionellen Arbeitermilieu im Westen) 13 %

Zu diesen mehr oder weniger ostspezifischen kommen noch gesamtdeutsche Milieus hinzu, die im Osten wie im Westen gleichermaßen vertreten sind, wie das *traditionell bürgerliche Milieu* (im Osten mit 14 %), das *konsum-materialistische Milieu* (im Osten mit 12 %), das *hedonistische Milieu* (im Osten mit 9 %), das *adaptive Milieu* (im Osten mit 9 %) sowie das *moderne bürgerliche Milieu* mit 9 %. Die obigen Beschreibungen sind allerdings nur ausgesprochen kurz. Will man im Bereich des Kulturmarketings mit diesen Milieus arbeiten, muss man von den ihnen zugrunde liegenden weitaus umfangreicheren Beschreibungen ausgehen. (Hierauf wird im nächsten Kapitel ausführlich eingegangen).

Mittlerweile haben diese und andere Lebensstiltypologien Einzug in die unterschiedlichen Marketingbereiche gehalten und werden ständig weiter differenziert. So operiert etwa die *ARD*-Kulturstudie 1999 (Dubrau u. a. 2000: 59) mit neun Lebensstilgruppen, um die Mediennutzertypen unter dem Aspekt ihrer kulturellen Interessen zu analysieren (vgl. unten ausführlicher).

3.3 Verhaltensmerkmale der Kulturnachfrage

Die zuletzt dargestellten *psychographischen* Merkmale gehen bereits weit über die bloß soziodemographischen Daten hinaus und nähern sich sehr stark dem aktiven Handeln bzw. Verhalten der einzelnen Menschen. Denn nicht nur durch seine strukturellen Merkmale, auch durch sein tatsächliches Besucherverhalten differenziert sich das Kulturpublikum. Manche Menschen gehen beispielsweise nur an Sylvester in die Oper, weil es ihrer Meinung nach eben dazugehört, wieder andere nur zu Premieren. Andere besuchen stets nur zusammen mit der Familie Museen und Ausstellungen. Die einen buchen ihre Eintrittskarten sehr langfristig, andere wiederum kaufen diese nur kurzfristig an der Abendkasse. Manche kaufen Bücher, um sie zu haben (ohne sie zu sofort zu lesen), manche kaufen Bücher und lesen sie, wieder andere kaufen Bücher vor allem, um sie zu verschenken usw. Und manche kaufen überhaupt keine Bücher, gehen nie ins Theater, hören keine Musik, besuchen kein Museum – und sind trotzdem ganz glücklich!

Zunächst kann also ganz allgemein differenziert werden zwischen *Besuchern* und *Nicht-Besuchern*. Über die tatsächlichen Besucher bzw. Nutzer von Kulturangeboten klären die Ergebnisse der Besucherforschung bzw. die eigenen Erhebungen (Primärforschung) auf. Schwieriger wird es da schon bei den Nicht-Besuchern, denn diese sind ja gerade dadurch definiert, dass sie keine Kultureinrichtungen besuchen bzw. Kulturgüter nachfragen. Analysiert man das Besucherverhalten von Kulturveranstaltungen, so kommen verschiedene (Klein 2002) empirische Erhebungen zu doch recht erstaunlichen, weitgehend übereinstimmenden Zahlenergebnissen (vgl. Klein 2002).

• Die *Nicht-Besucher*

Im März 2000 veröffentlichte die Hamburger *Gruner + Jahr AG* eine Studie (STERN-Bibliothek 2000), in der rund 10.000 Bundesbürger u. a. auch zur Wahrnehmung von Kunst- und Kulturangeboten befragt wurden. Dabei kam es zu folgenden, doch recht bemerkenswerten Ergebnissen:

„Sehr häufig“ besuchen:	
Klassische Konzerte	1 %
Museen / Kunstausstellungen	1 %
Kinos	2 %
Pop-/Rockkonzerte	1 %

„häufig" besuchen:	
Klassische Konzerte	3 %
Museen / Kunstausstellungen	5 %
Kinos	12 %
Pop-/Rockkonzerte	4 %

„Gelegentlich" besuchen:	
Klassische Konzerte	20 %
Museen / Kunstausstellungen	40 %
Kinos	45 %
Pop-/Rockkonzerte	25 %

„Nie" besuchen:	
Klassische Konzerte	76 %
Museen / Kunstausstellungen	55 %
Kinos	41 %
Pop-/Rockkonzerte	69 %

Interessant ist auch, welche Nutzungsgewohnheiten der Medien hinsichtlich Kunst und Kultur zu verzeichnen sind:

Häufig	
Lesen von Kunst und Kultur in der Tageszeitung	9 %
Sehen von Kulturmagazinen im Fernsehen	8 %
Ab und zu	
Lesen von Kunst und Kultur in der Tageszeitung	36 %
Sehen von Kulturmagazinen im Fernsehen	40 %
Nie / so gut wie nie	
Lesen von Kunst und Kultur in der Tageszeitung	55 %
Sehen von Kulturmagazinen im Fernsehen	52 %

Eine Untersuchung des *Bundesverbandes der Phonographischen Wirtschaft* kommt zu folgendem Ergebnis hinsichtlich der Kaufintensität von Tonträger-Käufern im Jahre 1999:

- 50,4 % der Bevölkerung kauften keine Tonträger (Nichtkunden)
- 30,2 % sind Extensivkäufer (1-3 Stück pro Jahr); diese schaffen 22,2 % des Tonträgerumsatzes
- 13,4 % sind Durchschnittskäufer (4-9 Stück pro Jahr) und verantworten 31,6 % des Tonträgerumsatzes
- 6 % der Bevölkerung sind Intensivkäufer (mehr als 9 Stück pro Jahr) und verantworten 46,1 % des Tonträgerumsatzes (Bundesverband der Phonographischen Wirtschaft 2000: 31/32).

Fasst man die Ergebnisse zusammen, so lässt sich festhalten:

- Auf der einen Seite des Spektrums dürfte es ein *Kernpublikum*, geben, das sich ganz nachdrücklich für Kunst und Kultur interessiert und das Angebote aus diesem Bereich intensiv nachfragt. Dieses dürfte, nach Kunst- bzw. Kultursparte unterschiedlich, deutlich unter 10 % der Bevölkerung liegen.
- Auf der anderen Seite gibt es einen harten *Kern von Nicht-Nutzern*, die nie oder selten kulturelle Angebote nachfragen und sich auch nicht hierfür interessieren. Deren Anteil dürfte bei deutlich über 50 % liegen.
- Und schließlich gibt es dazwischen eine Gruppe, die kulturelle und künstlerische Angebote *gelegentlich nachfragen*. Diese Gruppe dürfte bei etwa 35-40 % der Bevölkerung liegen.

Auf diese Gruppe, die zwischen den höchst aktiven und den völlig passiven Kulturnutzern angesiedelt ist, soll sich nun das weitere Interesse richten. Bereits 1991 publizierte die *ARD / ZDF-Medienkommission* eine umfangreiche Studie (befragt wurden seinerzeit über 3000 Besucher ab 14 Jahren in Deutschland aufgrund einer systematischen Zufallsauswahl), die sich u. a. mit den verschiedenen Publika von Kultur befasste und die vor allem in der Frage der gelegentlichen Besucher bzw. Nutzer weiterführt. In dieser Studie wurde in erster Linie nicht die tatsächliche *Nutzung* kultureller Angebote, sondern das bekundete kulturelle Interesse als der zentrale Ausgangspunkt gewählt. Das „kulturelles Interesse" wurde wiederum in drei Dimensionen erfasst:

- unter dem Aspekt der Objektbezüge (*Interesse woran*?),
- unter dem Gesichtspunkt der *Vielfalt*
- sowie schließlich unter dem Aspekt der *Intensität*.

Die Studie kommt zu dem zusammenfassenden Ergebnis, das den obigen Eindruck bestätigt: „Bei den Überschneidungsanalysen bestimmter bereichsspezifischer Interessen mit den Interessen an den jeweils anderen Kulturbereichen hat sich herausgestellt, dass die Intensität der Interessen die entscheidende, bereichsübergreifende Dimension ist. (...) Wer besonders ausgeprägtes Interesse zum Beispiel an Theater bekundet, hat mit sehr hoher Wahrscheinlichkeit auch ein ähnlich intensives Interesse an Literatur, an klassischer Musik oder anderen kulturellen Bereichen und umgekehrt. Wer sich für Literatur nur mäßig interessiert, hat in der Regel auch nur mäßiges Interesse an Musik, an Theater oder bildender Kunst" (Frank u. a. 1999: 340).

Um über diese Pauschalaussage hinaus die Nutzer bzw. Nicht-Nutzer genauer charakterisieren zu können, entwickelten Frank u. a. in ihrer o. a. *ARD / ZDF*-Studie auf der Basis ihrer empirischen Erhebungen eine Typologie, die das Gesamtfeld vor allem an den äußeren Rändern stark polarisierte. Diese Typologie lässt sich wie folgt quantitativ darstellen und qualitativ beschreiben.

- Das *Kernpublikum*, das nach Auffassung dieser Studie 12,7 % der Befragten umfasst, nimmt intensiv das institutionelle Kulturangebot (im Sinne des Besuchs von Theatern, Opern, Konzerten und Museen) wahr. Deren Besuch liegt in dieser Gruppe um das 2,7fache des Durchschnittswerts. In der Interessenstruktur dieses Publikumstyps dominieren die avancierteren Interessen, die Kenner und Liebhaber der verschiedenen Kulturbereiche. Hohe Teilnahme und intensives Interesse sind bei diesem Kernpublikum mit überdurchschnittlich günstigen kulturellen Sozialisationsvoraussetzungen und überdurchschnittlicher formaler Bildung verbunden. Während im Durchschnitt der Befragten rund 15 % angaben, mindestens gelegentlich als Kinder und Jugendliche schon mit den Eltern Theater, Museen und andere Kulturveranstaltungen besucht zu haben, sind es hier 40 bis 50 %.

- Für ein knappes Drittel der Befragten (31,2 %), die sog. *Gelegenheitsnutzer* ist eine mittlere, durchschnittliche Ausprägung der Interessenidentität und der subjektiven Zugangsvoraussetzungen charakteristisch, aber sie konzentrieren sich auf die infrastrukturell begünstigten Großstadtlagen und weisen eine leicht überdurchschnittliche institutionelle Teilnahme auf. Die Interessenstruktur dieses Publikumsmusters birgt alle Varianten und lässt insofern kein eindeutiges Profil erkennen. So sind hier einerseits die Anteile der vollkommen Desinteressierten in Sachen Theater oder bildende Kunst größer als in der Gruppe der Unterhaltungsorientierten, andererseits gibt es in einzelnen Bereichen aber auch stärkere Abweichungen wie cineastisches Filminteresse und Literaturinteresse auf dem Intensitätsniveau der Kenner. Die subjektiven Zugangsvoraussetzungen sind hier nur geringfügig günstiger als bei den Unterhaltungsorientierten, das heißt etwas höhere Anteile bei der kulturellen Sozialisation sowie bei mittleren und gehobenen Bildungsabschlüssen.
- Das mit 45,1 % der Befragten absolut häufigste Publikumsmuster ist durch eine unterhaltungsorientierte Beziehung zu populärkulturellen Bereichen bei weitgehender Vermeidung der Angebote von traditionellen Hochkultursektoren gekennzeichnet. Im Hinblick auf klassische Musik, Theater und bildende Kunst dominieren die Populär- und *Zufallsinteressentypen*, also Kenntnisse, die auf eine basale Allgemeinbildung verweisen, aber keine positiven Interessen anzeigen. Die institutionelle Teilnahme an kulturellen Angeboten bleibt in dieser Gruppe deutlich unter dem Durchschnittswert der Befragten insgesamt, hat also den Charakter eines mehr oder minder zufälligen Ausnahmeverhaltens. Bei der kulturellen Sozialisation ergeben sich unterdurchschnittliche Werte. Dabei fällt eine bemerkenswerte Diskrepanz zwischen dem annähernd durchschnittlichen Besuch von Sportveranstaltungen und Kinos und seltenen Besuchen (mit den Eltern) bei den traditionellen Kulturinstitutionen auf.
- 11,1 % der Befragten bilden einen Publikumstyp, die *Kulturfernen*, der die äußerste Kontrastgruppe zum interessierten Kernpublikum darstellt. 93 % dieser Gruppe haben keinerlei Berührungen mit den institutionellen Kulturangeboten und von einer kulturbezogenen Interessenstruktur kann kaum die Rede sein, weil der überwiegende Teil – zwischen 60 und 80 % – in allen fünf Kulturbereichen völliges Desinteresse bekundet. Das am weitesten verbreitete Desinteresse bezieht sich auf den Spielfilm (88 % kein Interesse), die Literatur und die Malerei (jeweils 65 %). Ein Interesse, wenn auch mit unterdurchschnittlicher Häufigkeit, ist in dieser Gruppe nur an Musik – und zwar an populärer Klassik – festzustellen. Rund drei Viertel entbehren jeder kulturellen Sozialisation, bei dem übrigen Viertel liegen alle diesbezüglichen Werte weit unter dem Durchschnitt (Frank u. a. 1999: 343ff.).

Vom geäußerten Interesse an kulturellen Angeboten klar zu unterscheiden ist die tatsächliche Nutzung. So wurden von den unterschiedlichen Gruppen folgende Angebote nach eigenen Angaben tatsächlich genutzt:

	Gesamt / Durchschnitt	**Kultur-Ferne**	**Unterhaltungs-orientierte**	**Gelegenheits-Nutzer**	**Kernpublikum**
Theater	20,2	6,0	14,7	23,5	44,0
Museen / Ausstellungen	24,0	6,4	20,7	26,6	45,2
Opern / Operretten / Ballett	10,1	3,8	11,9	12,8	28,3
Konzerte	10,5	4,2	6,0	11,3	30,7
Kino	43,4	15,8	43,3	50,5	50,5
Live-Musik in Kneipen	21,8	8,1	18,9	27,2	30,6
Vortragsabende	11,4	2,3	10,4	11,7	22,2
Volkshochschule	10,7	1,6	9,3	12,3	11,7
Öffentliche Bibliotheken	30,3	14,6	30,5	30,2	42,8
Rock / Popkonzerte	13,2	4,1	11,6	16,7	17,6

Quelle: Frank u. a. (1991: 358)

Fasst man die *traditionelle Hochkulturinstitutionen* auf der einen Seite und die *populärkulturelle und Basiseinrichtungen* auf der anderen Seite zusammen, so ergeben sich folgende kumulierte Daten:

	Gesamt / Durchschnitt	**Kulturferne**	**Unterhaltungs-orientierte**	**Gelegenheits-Nutzer**	**Kernpublikum**
Traditionelle Hochkulturinstitutionen	16,2	5,1	14,4	18,6	37,5
Populärkulturelle und Basiseinrichtungen	21,8	7,8	20,7	24,8	29,2
Kultur außer Haus gesamt	19,5	6,4	17,6	21,7	33,4

Quelle: Frank u. a. (1991: 358)

Deutlich wird, dass die Gruppe der Kulturfernen sowohl die traditionellen wie auch die populärkulturellen Angebote weit unterdurchschnittlich nachfragen. Aber auch die Unterhaltungsorientierten liegen deutlich unter dem Durchschnitt, während die Gelegenheitsnutzer, vor allem aber das Kernpublikum in beiden Bereichen deutlich über dem Durchschnitt liegen.

Voraussetzung, um kulturelle Angebote außer Haus wahrnehmen zu können, ist das abendliche Ausgehverhalten; deshalb ist es interessant zu analysieren, wie ausgehbereit die unterschiedlichen Nutzergruppen sind.

Häufigkeit des abendlichen Ausgehens:	**Gesamt / Durchschnitt**	**Kulturferne**	**Unterhaltungs-orientierte**	**Gelegenheits-Nutzer**	**Kernpublikum**
Mehrmals wöchentlich	17,7	5,7	19,7	15,0	22,3
Einmal in der Woche	21,5	13,3	23,8	20,3	23,4
Zwei- / dreimal im Monat	20,8	13,4	20,5	23,9	20,3
Mind. zwei- /drei mal im Monat	59,4	46,4	84,0	59,2	66,0
So gut wie nie	13,3	33,6	8,7	13,3	14,2

Quelle: Frank u. a. (1991: 354)

Knapp 60 % aller Befragten gaben an, dass Sie mindestens zwei- bis dreimal im Monat oder häufiger abends ausgehen. In den vier bereichsübergreifenden Publikumsgruppen variiert dieser Wert in weitgehender Entsprechung zu den durchschnittlichen Aktivitätsquoten des allgemeinen Freizeitverhaltens, das heißt das Kernpublikum und die Unterhaltungsorientierten auf der einen Seite gehen gleichermaßen überdurchschnittlich häufig abends aus (die Unterhaltungsorientierten aber eben explizit nicht zu Kunst und Kultur!), während sich die Gelegenheitsnutzer auch in dieser Hinsicht durchschnittlich verhalten. Nur bei den Kulturfernen stellt ein abendliches Ausgehen für die Mehrheit ein seltenes Ausnahmeverhalten dar; gut ein Drittel gibt an, so gut wie nie abends auszugehen.

Fasst man diese Untersuchung zusammen, so sind es demnach vor allen Dingen zwei Gruppen, aus denen vorwiegend die Nicht-Besucher kommen: die Kulturfernen einerseits, die generell nur wenig aus dem Haus gehen, und die Unterhaltungsorientierten, die zwar einen ähnlich hohen Aktivitätsgrad wie das kulturelle Kernpublikum haben, der aber ausdrücklich nicht auf Kunst und Kultur fokusiert ist. Die *ARD/ZDF*-Studie beschreibt diese beiden Gruppen so:

- Das soziodemographische (berücksichtigt werden vor allem die Faktoren Alter, Einkommen, Beruf, Bildung) Profil der *Kulturfernen* weist diesen Publikumstyp als stark überalterte und mehrfach sozial benachteiligte Bevölkerungsgruppe aus. Ihr allgemeiner Lebensstil ist durch ein auffallend niedriges Aktivitätsniveau, durch Immobilität und privatistisch-familiäre Orientierungen gekennzeichnet. Mit dem Kulturbetrieb außer Haus kommen sie so gut wie überhaupt nicht in Berührung, aber auch im Bereich der häuslichen Freizeit spielen mediale Kulturangebote (Lesen, Hörfunk) kaum eine Rolle; nur für den Fernsehkonsum wird überproportional viel Zeit aufgewendet.
- Ganz anders dagegen die sog. *Unterhaltungsorientierten*: In diesem Publikumstyp sind Jugendliche und junge Erwachsene (14 bis 29 Jahre) stark überproportional

vertreten, während alle sonstigen soziodemographischen Merkmale weitgehend durchschnittsnah verteilt sind. Das allgemeine Freizeitverhalten weist diesen Typ als überdurchschnittlich aktive Gruppe aus, wobei sich das Aktivitätsprofil altersbedingt auf Sport und auf informelle Geselligkeitsformen konzentriert, die sich im sozialen Nahraum abspielen. Kulturelle Angebote außer Haus werden dagegen nur sehr selten und zufällig wahrgenommen. Mit Ausnahme des Kinos gilt das auch für die meisten populären Angebotsformen. Das häusliche Fernsehverhalten ist dagegen durch einen extensiven Medienkonsum mit einer stark überproportionalen Nutzung aller medialer Unterhaltungsformen bei weitgehender Vermeidung expliziter Kulturangebote dominiert.

Beide dargestellten Gruppen umfassen zusammen rund 56 % der Befragten, womit wiederum relativ genau die oben dargestellten Ergebnisse bestätigt werden, dass gut über die Hälfte der Bevölkerung für Kunst- und Kulturangebote kaum bzw. nicht erreichbar ist. Wir wissen nun aber über die ersten dargestellten Befunde hinaus, dass es sich bei der Gruppe der Nicht-Besucher um zwei völlig verschiedene Typen handelt.

Zu fragen wäre, welche Marketingstrategien entwickelt werden könnten, um diese Gruppe der Nicht-Besucher zu erreichen. Im Falle der Kulturfernen wird sehr deutlich, dass die Nähe (bzw. Ferne) zu kulturellen Angeboten bereits in der Kindheit entwickelt (oder: eben *nicht* entwickelt) wird und wurde, eben jenes „kulturell anregende Milieu" (Dieter Kramer). Hier scheint es sich um einen Teufelskreis zu handeln: Wer selbst als Kind nicht mit Kunst- und Kulturangeboten in Kontakt kam, wird aller Voraussicht nach auch seine Kinder nicht hierfür begeistern können.

Die eine Frage ist, inwieweit die Schule hier kompensatorisch wirken und diesen Teufelskreis durchbrechen kann. Die andere und viel schwerwiegendere Frage ist indes, warum – trotz unübersehbarer Bemühungen in den letzten Jahren – die Kultureinrichtungen selbst immer noch so wenig tun (etwa im Vergleich mit den skandinavischen Ländern, aber auch Frankreich, den USA usw.), um verstärkt spezielle Angebote für Kinder zu entwickeln (vgl. ausführlich hierzu Klein 1993; bezeichnenderweise haben viele Museen in den USA eigenen *Audience Development Departments* eingerichtet, die sich um die Pflege des Publikums von Morgen bemühen).

Anders verhält es sich mit den Unterhaltungsorientierten. Das Verhalten (des zumindest teilweise kulturinteressierten Teils) dieser Gruppe hat der ehemalige Münchner Kulturrreferent Siegfried Hummel schon vor Jahren so charakterisiert: „Man geht eben heute in die Oper, morgen zu einem Avant-Garde-Spektakel, um sich übermorgen bei der Schaumparty zu treffen" (zitiert nach Makowsky 1995). Allerdings ist hier sehr kritisch nachzufragen, ob dieses Publikum(-sverhalten) von den Kultureinrichtungen, insbesondere den öffentlich getragenen bzw. finanzierten, tatsächlich bedient werden sollte.

Gerhard Schulze hat schon vor zehn Jahren kritisch angemerkt: Dieses Publikum „läuft nicht davon, sondern vergnügt sich an Angeboten, die offiziell nicht für das Vergnügen gedacht sind. Es behandelt die anspruchsvollen Angebote anspruchslos. Dabei kommen ihm die Anbieter entgegen. Orientiert an der großen Übereinkunft, Publikumswirksamkeit als Erfolg anzusehen, verhalten sie sich nach den Regeln des normalen Erlebnisanbieters auf dem Erlebnismarkt, auf dem sie doch eigentlich eine kulturelle Enklave bilden wollen. Je mehr der Erlebnismarkt ausufert, je mehr das Publikum zum knappen Gut wird, desto eher sind die Anbieter im kulturpolitischen Handlungsfeld bereit, ihre offizielle Anspruchshaltung durch eine inoffizielle Bereitschaft zu unterlaufen, sich auf das Spiel des Publikums einzulassen" (Schulze 1993: 516).

Neben den beiden oben dargestellten unterschiedlichen Gruppen von mehr oder weniger „harten" Nichtbesuchern und dem Kernpublikum, aus dem sich die aktiven Besucher rekrutieren, bleibt noch die vierte, große Gruppe der Gelegenheitsnutzer, denn diese umfasst ebenfalls viele Nicht-Besucher. Die Gelegenheitsnutzer von Kultur sind besonders stark in der Altersgruppe der 30- bis 49-jährigen sowie bei mittleren und gehobenen Bildungsabschlüssen vertreten. Im allgemeinen Freizeitverhalten ist dieser Publikumstyp nur unterdurchschnittlich aktiv, nutzt jedoch kulturelle Angebote außer Haus ebenso wie explizite Kulturangebote in den Medien etwas häufiger als der Durchschnitt der Befragten.

Im Unterschied zum Kernpublikum, das starke Präferenzen bei allen traditionellen Künsten zeigt, sind die Gelegenheitsnutzer eher auf das Kino und andere anspruchsvolle Erscheinungsformen von nicht-klassischer Kultur orientiert (Frank u. a. 1999: 370f.). Hier besteht zwar ein potenzielles Interesse an Kultur; allerdings liegt der Aktivitätsquotient deutlich unterdurchschnittlich. Somit stellt sich für den Kulturmanager die wichtige strategische Frage, wie aus diesen potenziellen Besuchern, aus diesen Noch-Nicht-Besuchern aktive Nutzer von Kulturangeboten gemacht werden können.

Denn zwischen der nach wie vor kleinen Gruppe des hochinteressierten und motivierten Gruppe des Kernpublikums von Kunst und Kultur auf der einen Seite und der sehr großen Gruppe von Nicht-Interessierten auf der anderen, liegt ein recht interessantes Spektrum von potenziellen Besuchern, die allerdings nur zu einem Teil tatsächliche Besucher sind, d. h. diese changieren zwischen potentiellen Besuchern bzw. Nicht-Besuchern! Unter dieser Perspektive geraten somit zwei weitere Gruppen von Nicht-Besuchern ins Blickfeld, denen von den Leitern vieler Kultureinrichtungen leider bislang noch viel zu wenig Aufmerksamkeit geschenkt wurde und die durch den Einsatz entsprechender Marketing-Strategien zu Besuchern gemacht werden können: die Nicht-Mehr-Besucher und die Noch-Nicht-Besucher.

- **Die *Nicht-Mehr-Besucher***

Unter Nicht-Mehr-Besuchern sollen alle jene verstanden werden, die irgendwann einmal – sei es als Erstbesucher, sei es als sog. Laufkundschaft oder gar als Stammkunden – mit der Kultureinrichtung in Verbindung standen und deren Angebot in irgendeiner Form nachgefragt haben, sei es als Schüler einer Musikschule, sei es als Besucher einer Ausstellung oder als Abonnent einer Konzertreihe. Hierzu können auch bloß Interessierte zählen, die sich irgendwann einmal Informationen, also beispielsweise den Jahresspielplan des Theaters, die Ausstellungsübersicht des Kunstvereins oder das Semesterangebot der Volkshochschule haben zusenden lassen. Entscheidend ist, dass sie nun nicht mehr Angebote der Kultureinrichtung nachfragen.

Allen Mitgliedern dieser Gruppe ist dabei gemeinsam, dass sie in der Kultureinrichtung quasi eine „Spur" hinterlassen haben, die diese – eine entsprechende Datenverwaltung und -pflege sowie ein bestimmtes „Interesse" oder gar „Liebe zum Publikum" vorausgesetzt – weiter verfolgen könnte. Ganz gezielt kann die Kultureinrichtung nachforschen, warum diese Besucher (bzw. Interessierten), die sie irgendwann einmal mit ihren Angeboten erreicht (bzw. mit Informationen versorgt) hatte, nicht mehr zu ihren Nachfragern gehören (bzw. das einmal gezeigte Interesse nicht realisiert haben) und die nun (zumindest für diese Kultureinrichtung) in die große, scheinbar so unbekannte Kategorie der Nicht-Besucher abgerutscht sind.

Die für eine Kultureinrichtung so interessante Gruppe der Nicht-Mehr Besucher lässt sich wiederum in vier Untergruppen weiter differenzieren:

- Unter die Gruppe der Nicht-Mehr-Besucher fallen zunächst alle jene Besucher, die *auf Grund äußerer Bedingungen* Angebote nicht mehr nachfragen können. Hierzu zählen zum einen diejenigen Besucher, die verstorben sind, zum anderen aber auch alle jene, die durch einen Wohnortwechsel in weit entfernte Regionen bedingt keine Möglichkeiten (oder nur auf Kosten hoher Ausgaben für Anreise, Übernachtung usw.) mehr haben, das Kulturangebot nachzufragen (gleichwohl finden sich deren Adressen sehr häufig noch in wenig gepflegten Adresskarteien von Kultureinrichtungen, die somit unnötig Porto- und Sachkosten vergeuden).
  Die Gruppe der Nicht-Mehr-Besucher auf Grund äußerer Bedingungen ist von der Kulturorganisation nicht oder kaum mehr erreichbar bzw. nur unter erheblichem Aufwand. Dieser kann allerdings dann durchaus vertretbar sein, wenn es um eine wichtige Aufgabe geht. Will etwa ein örtlicher Kunstverein für den Erwerb eines Gebäudes eine hohe Summe an privaten Spendengeldern aufbringen, um so die öffentliche Hand unter Druck zu setzen, ihren entsprechenden Beitrag zu leisten, so kann es durchaus sinnvoll sein, die Kartei der ehemaligen treuen Besucher zu analysieren, und zu prüfen, inwieweit diese gezielt und erfolgreich für eine Spendenaktion angesprochen werden können. Dann kann man ihnen gegenüber ggf. sogar eine Einladung mit Übernahme der Fahrt- und Hotelkosten für ein Kunstvereinsfest aussprechen, wenn man erhofft, dass die Spende die investierten Ausgaben deutlich übertrifft.
- Anders dagegen verhält es sich mit jenen, die früher treue Besucher waren, aber *auf Grund expliziter organisatorischer Bestimmungen der Einrichtung* das Angebot nicht mehr nachfragen können (obwohl sie es vielleicht gerne würden!). Begrenzt z. B. eine örtliche (Jugend-)Musikschule das Alter der Teilnehmer auf 21 Jahre, so scheiden automatisch alle Älteren aus. Gleiches gilt, wenn die Musikschule nur Kinder aus derjenigen Gemeinde aufnehmen würde, die diese Musikschule trägt. Aber auch jeder Volkshochschulkurs endet irgendwann einmal und der Kunde wird zum Nicht-Mehr-Besucher (natürlich nur bezogen auf diesen Kurs, nicht auf die VHS als Ganze).
  Ist die Kultureinrichtung daran interessiert, diese – aus welchen Gründen auch immer – dennoch weiter an die Institution zu binden, sollte darüber nachgedacht

werden, wie die entsprechenden organisatorischen Normen zu lockern sind (indem z. B. die Altersgrenze nach oben verschoben wird) oder welche weiteren, ganz speziellen Angebote für diese Zielgruppe entwickelt werden könnten. Darüber hinaus gilt alles das, was unten zu der vierten Gruppe gesagt wird.

- Drittens fallen unter die Kategorie der Nicht-Mehr-Besucher alle jene, die *unter negativen Vorzeichen die Kultureinrichtung verlassen* haben. Sei es, weil ihnen die Qualität oder / und Inhalte der Angebote nicht (mehr) gefallen haben, sei es, weil andere Elemente des Marketing-Mix nicht zu ihrer Zufriedenheit ausgefallen sind. Vielleicht sind ihnen beispielsweise die Eintrittspreise oder Teilnehmergebühren mittlerweile zu hoch; vielleicht hat sich die Erreichbarkeit (z. B. durch die Einstellung bestimmter Verbindungen im ÖPNV) deutlich verschlechtert; vielleicht hat der Service der Kultureinrichtung deutlich nachgelassen hat oder vielleicht kommen sie nur unter Mühen an die jeweils aktuellen Informationen und haben es einfach satt, diesen nachlaufen zu müssen. Häufig sind es aber nur die berühmten (vielen) Kleinigkeiten, die erst in ihrer Summe die Besucher veranlassen, bestimmte Angebote entweder gar nicht mehr oder bei der Konkurrenz nachzufragen.
  Diese Gruppe der Nicht-Mehr-Besucher auf Grund negativer Erfahrungen in der Kultureinrichtung ist für das Marketing einer Kultureinrichtung gleich aus mehreren Gründen von großem Interesse. Wenn es fünf- bis sechsmal teurer ist, einen neuen Besucher zu gewinnen, als einen Stammbesucher zu halten, so wird der Versuch der Rückgewinnung eines Besucher, der bereits in Kontakt mit der Einrichtung stand, bereits aus ökonomischen Gründen unmittelbar plausibel. Aber der Unzufriedene kann – sofern er gefragt wird (und diese Möglichkeit steht den meisten Kultureinrichtungen zur Verfügung, die ein entsprechendes Beschwerdemanagement haben) – der Kultureinrichtung auch mitteilen, welche Mängel ihn dazu bewogen haben, die Einrichtung oder ihre Veranstaltungen nicht mehr zu besuchen. Somit gibt er der Kultureinrichtung u. U. wichtige Warnsignale vor weiterer Besucherabwanderung sowie Hinweise auf mögliche Verbesserungsmöglichkeiten bzw. -notwendigkeiten.
- Die vierte Gruppe schließlich wird gebildet durch alle jene, die *im Guten von der Kulturorganisation geschieden* sind, z. B. weil sich ihr Interesse an einer bestimmten Veranstaltungsart erschöpft hat (ohne dass sie diese deshalb ablehnen oder auch nur in Frage stellen, z. B. beim Besuch von Kinder- und Jugendtheater, dem man in einem bestimmten Alter entwachsen ist) oder weil sich ihre Lebensbedingungen grundlegend verändert haben. Der einstige Theaterenthusiast, der keine Premiere ausließ, hat mittlerweile eine Familie gegründet und ist viel stärker als früher an Zuhause gebunden. Oder die berufliche Belastung hat so zugenommen, dass man am Sonntagmorgen lieber ausschläft, statt – wie früher – zur Vernissage in den Kunstverein zu gehen. Oder bedingt durch den frühen Dienstschluss fährt man lieber bereits am Freitagmittag zum verlängerten Wochenende in die Ferienwohnung an der See, statt in das ehemals so geschätzte Abendkonzert in der Stadthalle zu gehen.
  Diese Gruppe lässt sich u. U. als Besucher zurückgewinnen, wenn möglicherweise besser auf ihre veränderten Lebensbedingungen eingegangen wird. Längst haben

viele Kultureinrichtungen aus den Veränderungen der Lebensbedingungen in der Erlebnisgesellschaft ihre Konsequenzen gezogen und ihre Premieren, Vernissagen u. ä. Termine vom Samstag auf den Freitag oder sogar auf den Donnerstag vorgezogen, um ihre ursprünglichen Besucher – die ansonsten längst im verlängerten Wochenende sind – zurückzugewinnen. So wird in vielen Untersuchungen zu den Lebensstilen der deutschen Bevölkerung deutlich, dass Kulturnutzer durchaus familienorientiert sind: nicht nur die Eltern mit ihren Kindern, sondern auch die Großeltern-Generationen mit ihren Eltern und die Alleinerziehenden besuchen gerne am verregneten Wochenende das Museum! Hier ruhen noch große Potenziale, die von den Kultureinrichtungen gezielt erschlossen werden können.
Aber die Kulturorganisation kann von diesen ehemaligen, zufriedenen Besucher noch viel mehr profitieren. Denn diese Besucher können, wenn sie entsprechend angesprochen werden, durchaus als Botschafter bzw. Werber der entsprechenden Kultureinrichtung gelten. Auch als Mitglieder in einem Förderverein, als *Gate-Opener* bei Sponsoring-Maßnahmen und im Fundraising oder schließlich auch als Lobby im (kultur-)politischen Feld haben ehemalige zufriedene Besucher eine wichtige Unterstützungsfunktion für die Kultureinrichtung.

- **Die *Noch-Nicht-Besucher***

Zu unterscheiden von den dargestellten Nicht-Mehr-Besuchern sind die Noch-Nicht-Besucher bzw. die potentiellen Besucher. Hierunter werden alle diejenigen Nicht-Besucher verstanden, die noch keinen wie auch immer gearteten Kontakt mit der jeweiligen Kultureinrichtung hatten, d. h. weder eine Veranstaltung dieser Kultureinrichtung besucht haben noch bei dieser (oder bei einer ihrer Distributionsstellen, wie z. B. Vorverkaufsbüros) nach Informationen über sie gefragt haben. Sie haben also – anders als die Nicht-Mehr-Besucher – noch keine direkt verfolgbare Spur hinterlassen, könnten aber möglicherweise und unter ganz bestimmten Umständen erfolgreich für die Kultureinrichtung geworben werden.

Das klassische Marketing differenziert sinnvollerweise den potenziellen Markt noch weiter. Dieser wird zunächst definiert als die Gesamtheit derer, die an einem Produkt ein entsprechendes *Interesse* haben. Legt man die *STERN*-Untersuchung zugrunde, wäre dies die Gesamtheit derer, die „sehr häufig", „häufig" und „gelegentlich" Kulturveranstaltungen besuchen. Er wird negativ abgegrenzt durch die expliziten Nicht-Nutzer. Die potenziell interessierten Besucher müssen allerdings über eine Reihe weiterer Merkmale verfügen, um tatsächlich zu Besuchern zu werden.

So spielt etwa die *Kaufkraft* eine wichtige Rolle. Sicherlich haben sehr viele Menschen zwar ein großes Interesse an einem Besuch der *Salzburger Festspiele*, können sich aber wahrscheinlich die sehr hohen Eintrittspreis nicht leisten. Durch bestimmte weitere Zugangsbarrieren wird die potenzielle Marktgröße noch weiter reduziert. Manche Filme treffen höchstwahrscheinlich besonders das Interesse von Heranwachsenden, sind aus Gründen des *Jugendschutzes* aber erst ab einem bestimmten Alter zugänglich – eine juristische Zugangsbarriere. Manche Ausstellung, für die sich ein Kunstinteressierter in München oder Hamburg interessieren würde, wird aber nur in den USA gezeigt – für sehr viele eine *Mobilitätsbarriere*. Ein bestimmtes Theaterstück, dessen Inhalt viele Besucher interessieren würde, wird nur in russischer Sprache gezeigt – eine *sprachliche Barriere*. Für die Teilnahme an einem bestimmten Volkshochschulkurs ist die vorherige Teilnahme an einem das fundamentale Verständnis vermittelnden Grundkurs Voraussetzung – eine *kognitive Barriere*. Solche Faktoren reduzieren den potenziellen Markt weiterhin auf einen qualifiziert zugänglichen Markt, d. h. eine Beschränkung auf jene Marktteilnehmer, die tatsächlich „frei“ entscheiden können.

So ergab beispielsweise die erste Befragung der *Gesellschaft für Konsumforschung* in Nürnberg im Auftrag des *Interessenverbandes Deutscher Konzertveranstalter und Künstlervermittler e. V.* in der Zeit vom 1. Januar 1994 bis zum Juni 1995 (in der oben zitierten Untersuchung aus dem Jahre 2000 werden diese Daten leider nicht mehr erhoben) eine Reihe recht aufschlussreicher Daten zu den Interessen und zum Verhalten von Konzertbesuchern und deren Besuchsintensität. So bejahten die Frage, ob sie schon einmal nicht zu einer Veranstaltung gegangen seien, weil der Eintrittspreis zu hoch gewesen sei, entsprechend den einzelnen Musikrichtungen: 75 % Pop / Rockbesucher, 73 % der Besucher klassischer Musikveranstaltungen, aber nur 68 % der Musikclub-Besucher (GfK 1995 10).

Die Bereitschaft, entsprechende räumliche Entfernungen zu überwinden, ist nicht konstant, sondern differiert je nach dem inhaltlichen Angebot. So nehmen etwa 40 % der Pop- / Rockfans einen mehr als 100 km weiten Anfahrtsweg in Kauf, während hierzu nur 18 % der Besucher von Kirchenkonzerten und nur 12 % der Anhängern der Volksmusik bereit sind. Diese sind insgesamt am wenigsten mobil: 27 % geben an, maximal 10 km fahren zu wollen, gefolgt von den Kirchenkonzertbesuchern (24 %) und dem Publikum der Klassischen Musikveranstaltungen (21 %). Diese wiederum sind in großer Zahl (41 %) bereit, max. 50 km zu fahren, gleichauf mit den Volksmusikfans (Gfk 1995: 11). Der potenzielle Markt von Besuchern eines Popkonzerts in einer Größenordnung von 26 % der Bevölkerung wird also alleine durch die Zugangsschranken Höhe der Eintrittsgelder und Entfernung vom Wohnort bereits erheblich eingeschränkt werden.

Dieser qualifiziert zugängliche Markt, der das Besucherpotenzial einer Kultureinrichtung bildet, verkleinert sich allerdings noch einmal erheblich, denn selbst bei den größten Anstrengungen kann kaum eine Kultureinrichtung alle Besucher erreichen, die für einen Besuch in Frage kämen. Man kennt das aus eigener leidvoller Erfahrung als potenzieller Besucher von Kulturveranstaltungen: Leider erfährt man erst am Tage (oder sogar Tage danach aus der Pressekritik) von dem Auftritt eines geschätzten Jazzpianisten in der Nachbarstadt und ärgert sich, weil man gerne gekommen wäre, hätte man doch nur früher davon erfahren! So reduziert sich der tatsächlich bearbeitete Markt weiter.

3.4 Front-End-Evaluation und Produktplanung

Die bisher vorgestellten Ansätze der Besucherforschung, die Besucherstudien, fragten in erster Linie: Wer sind die Besucher einer Kultureinrichtung bzw. -veranstaltung? Wie unterscheiden sie sich voneinander in den unterschiedlichsten Dimensionen von Alter, Beruf, Geschlecht, Werteinstellungen, Verhalten usw.? Wie verhalten sie sich, *bevor* sie ein Kulturprodukt nachfragen? Warum kommen sie oder kommen sie nicht bzw. nicht mehr? „Der Begriff *Besucherstudie* soll zum Ausdruck bringen, dass (a) es sich um praxisorientierte Untersuchungen und nicht um Grundlagenforschung handelt, wobei nicht nur an (Einzel-)Fallstudien an einem Museum, sondern auch an vergleichende Erhebungen (Museen in X, Museen der Kategorie Y) gedacht werden kann; (b) Gegenstand dieser Ermittlungen der faktische oder potenzielle Besucher (inkl. der Nicht-Besucher!) vor allem das Publikum in seiner sozio-demographischen Struktur ist; ferner die Verteilungen von Besuchsmotivationen und -anlässen, planungsrelevante Einstellungen, Interessen und Kenntnisse sowie Verhaltenspraktiken (auch allgemeines Kultur- und Freizeitverhalten)“ (Klein 1999: 95).

Mittlerweile geht die Besucherforschung, insbesondere im Museums- und Ausstellungsbereich, allerdings noch ein entscheidendes Stück weiter und entwickelt Methoden der *Evaluation*, die *vor*, *während* und *nach* dem Aufbau einer Ausstellung, allgemein gesprochen also bei der Produktplanung (vgl. Almasan 1993) eingesetzt werden. Damit ist der engere Bereich der Besucherforschung überschritten und ein entscheidender Schritt hin zur Produktplanung (die im nächsten Kapitel ausführlich dargestellt werden wird) getan.

Die *Besucherbeobachtung* „erfaßt beispielsweise systematisch die Reaktions- und Interaktionsweisen von Museumsbesuchern, ihren Besuchsverlauf, ihre jeweilige Aufenthaltszeit usw. (...) Die Evaluation überprüft, ob mit dem Ausstellungsarrangement die Vermittlungsziele erfolgreich umgesetzt wurden. Gegebenenfalls werden Ausstellungselemente wie Texte, Bilder oder Objekte so lange variiert, bis die erwünschte Kommunikation zwischen Ausstellung und Besucher erreicht wird“ (Noschka-Roos 1996: 11). Es geht im Kern also darum, „inwieweit das Handwerkszeug der Besucherforschung für ausstellungsdidaktische Fragen genutzt werden kann und in dem entwickelten ausstellungsdidaktisch-systematischen Sinne genutzt werden muß“ (Noschka-Roos 1994: 165).

Die Besucherforschung als Grundlagenforschung fragt daher, wie Besucher mit künstlerischen, aber auch kulturellen Hervorbringungen umgehen, d. h. ob die angestrebte Kommunikation tatsächlich funktioniert bzw. welche Hindernisse ihr möglicher Weise im Wege stehen. Wie lange können sich Besucher in einer Ausstellung maximal konzentrieren? Können die Zuschauer den Hinweisen folgen? Verwenden sie die Exponate so, wie es von den Ausstellungs-Designern beabsichtigt worden war? Wie lange dauert es, bis sie die Aussage einer Ausstellung verstanden haben? Welche Wege gehen sie in Ausstellungen? Vor welchen Ausstellungseinheiten verweilen sie (*attracting power*)? Wie lange bleiben sie vor einzelnen Ausstellungseinheiten stehen (*holding power*)? Was lernen sie in der Ausstellung (*learning power*)? Wie lange dürfen Texte sein, damit sie verstanden werden (*semantische Optimierung*)? An welchen

Orten innerhalb von Ausstellungen werden Texte aufmerksam gelesen, an welchen Orten laufen die Besucher einfach daran vorbei? Wie lange Zeit nehmen sich Besucher, um ein interaktives Modell in Gang zu setzen? Wie reagieren sie auf audiovisuelle Angebote?

In Abgrenzung von den bisher skizzierten Besucherstudien machen *Evaluationsstudien* „(a) Sachverhältnisse zum Gegenstand der Untersuchung, also vor allem solche, die sich auf das Angebot von Museen und Ausstellungen beziehen, und benutzen (b) unter anderem die verbalen Aussagen bzw. das beobachtbare Verhalten von Besuchern als Zugriffsmittel, um entsprechende objektive Belege für die vorzunehmenden Bewertungen / Einschätzungen und deren Kommentierung zu gewinnen. Das Verfahren ist teilweise vergleichbar mit den (Be-)Nutzungstests der *Stiftung Warentest*, hat allerdings (...) weiter ausgreifende Anwendungs- und Erkenntnismöglichkeiten" (Klein, H.-J. 1999: 97).

In den letzten Jahren hat sich vor allem das Konzept der *Front-End-Evaluation* durchgesetzt. Es basiert auf einem permanenten Dialog zwischen den Anbieter von Kunst- und Kulturprodukten einerseits und den Besuchern andererseits, deren jeweilige Inputs aufeinander reagieren. Dabei stehen vor allem zwei Gedanken im Vordergrund: „Zum einen dürfen sich die Ausstellungsmacher und sonstige Experten nicht über die Besucher erheben. Zum anderen kann der Besucher mit Hilfe der gezielt angewandten Evaluation zum Anwalt in eigener Sache werden" (Schäfer 1997: 96). Vor allem das *Natural History Museum* in London hat seit Beginn der achtziger Jahre im Bereich der systematisch durchgeführten Vorab-Evaluation Pionierarbeit geleistet.

Bei diesen frühen Untersuchungen kamen primär Fragebögen und Tiefeninterviews zum Einsatz, die vor allem zwei Aufgaben erfüllten: „Zunächst einmal half die Evaluation bei der Definition des Zielpublikums, bei dem es sich weniger um ‚Fachleute', als eher um ‚Laien-Naturgeschichtler' handelte. Zweitens konnten dank der Evaluation Informationen über die potenziellen Besucher ermittelt werden – d. h. deren Interessen und Erwartungen in bezug auf die Ausstellung. Dabei stellte sich beispielsweise heraus, dass die Besucher die Präsentation der Ausstellungsstücke in deren natürlichem Lebensraum einer taxonomischen, also systematisch klassifizierenden Anordnung vorzogen" (Rubenstein 1993: 35).

Am besten lässt sich dies dialogische Wechselspiel anhand der Grafik von *Bitgood / Shettel* (Bitgood / Shettel 1993: 19) verdeutlichen. Die einzelnen Phasen lassen sich wie folgt beschreiben: In der *Vorplanung* wird zunächst in einer fachlichen bzw. technischen Analyse das allgemeine Ausgangsziel festgelegt. In der sog. *Botschafts- und Funktionsanalyse* wird das *Mission Statement* (vgl. hierzu ausführlich Klein 2001: 99-109) des Projektes formuliert. Es sollte Antwort geben auf folgende Fragen:

- Wer sind wir?
- Was tun wir (bzw. wollen / sollen wir in Zukunft tun)?
- Warum produzieren wir?
- Wo arbeiten wir (regionales Einzugsgebiet)?
- Wem bieten wir an, für wen sind wir da?
- Ggf.: Mit welchen wichtigen Partnern kooperieren wir?

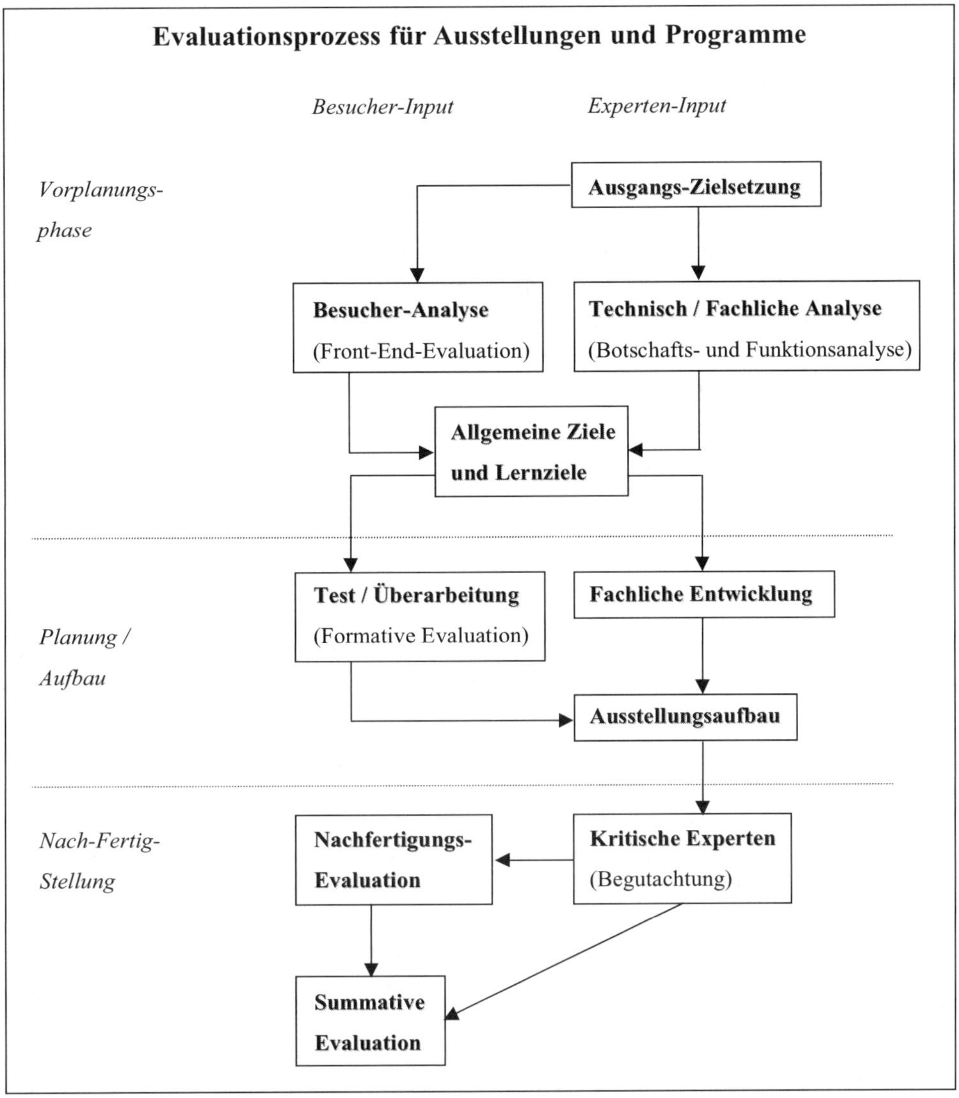

Abb. 15: Evaluationsprozess für Ausstellungen / Programme (nach Klein 1993: 19)

Die Formulierung dieses künstlerischen bzw. kulturellen Zieles, es sei noch einmal gesagt, ist absolut vorrangig vor allen weiteren Überlegungen! Nach dieser Festlegung aus ausschließlich inhaltlichen bzw. künstlerischen Gründen geht die *Vorab-* bzw. *Front-End-Evaluation* nun ihrerseits vom Besucher aus, sie stellt in gewisser Weise eine *Markterkundung* dar: „Sie kann dazu dienen, völlig losgelöst von dem noch gar nicht existierenden Produkt bzw. zu ‚bespielenden' Haus Grundlageninformationen einzuholen über verbreitetes Wissen oder Unwissen, Interesse am Thema, Voraussetzungen für eventuelle Besuche, Wünsche und Bedürfnisse hinsichtlich des zu gestaltenden Objekts" (Klein 1999: 106).

Aus der Kombination der beiden Komplexe (a) eigene Zielsetzung einerseits, (b) vermutete Ausgangsvoraussetzungen der Besucher andererseits ergeben sich eine Reihe von Fragen:

- „Welche Ziele werden mit der Ausstellungseinheit verfolgt, und wie lassen sich diese definieren: soll der Besucher etwas vergleichen, analysieren oder beispielsweise definieren können?
- Mit welchen Methoden soll diese Ziel erreicht werden, welche Medien und Methoden sind am geeignetsten: sind Bilder zur Veranschaulichung vonnöten, sind interaktive Elemente zum besseren Nachvollzug notwendig, muss das Thema in bestimmter Weise strukturiert, müssen Begriffe erklärt werden usw.
- Wie kann man wissen, ob die Methoden beim Besucher den erwünschten Effekt erzielt haben: können sie im Vergleich zu vorher etwas beschreiben, vergleichen, identifzieren usw.?" (Noschka-Roos 1994: 171).

Dies heißt, „die Vorab-Evaluation (bzw. Front-End-Evaluation) ist eine Methode, um sich einen Überblick zu verschaffen über die Kenntnisse, Vorstellungen und Gefühle eines potentiellen Publikums in bezug auf eine geplante Ausstellung oder ein Programm. Dieser Prozeß beginnt mit der Entwicklung einer vorläufigen konzeptionellen Skizzierung des zu behandelnden Themas. Im Rahmen von Interviews werden Besucher zu ihren Vorstellungen zu diesem Thema befragt: Welches Wissen ist bereits vorhanden, welches sind die am häufigsten auftretenden Mißverständnisse bzw. Fehlvorstellungen, die einem tieferen Verständnis im Wege stehen? Die Ergebnisse einer Vorab-Evaluation führen zu einer Modifikation des vorläufigen Ausstellungskonzepts und der geplanten Komponenten dahingehend, dass kritische Problembereiche gezielt angesprochen werden und die Ausstellung später sowohl Laien als auch fachlich bereits mit dem Thema vertrauten Besuchern etwas vermitteln kann. Ohne eine solche Analyse geraten Ausstellungen für den Durchschnittsbesucher oftmals viel zu komplex und überfordern ihn (...) Sie bestimmt einen konkreten Ausgangspunkt, läßt Grenzen erkennen und erlaubt die Festlegung des Kommunikationsniveaus" (Borun 1993: 21).

Minda Borun hat am Beispiel einer Ausstellungsplanung die einzelnen Schritte, die im Rahmen der Front-End-Evaluation durchzuführen sind, wie folgt beschrieben:

(1) Zunächst geht es darum, die *allgemeinen* und der *spezifischen Lernziele* festzulegen; diese Ziele müssen klar definiert und in messbare Zielvorgaben umgesetzt werden. Darin wird formuliert, was die Besucher tun oder sagen werden, wenn das Ziel erreicht wurde. In der Regel sind hierbei kognitive Lernziele von höchster Bedeutung.

(2) Dann muss das *geplante Thema* eingekreist werden; Hauptkonzepte, Fakten und Vokabular sowie die didaktischen Hilfsmittel (z. B. Graphiken, Tabellen, Diagramme) sind festzulegen.

(3) Danach gilt es, die geeignete *Datenermittlungsmethode* auszuwählen. Befragungsmethode und Vorgehensweise, mittels der die Reaktionen des Publikums abgeschätzt werden sollen sind festzulegen und Messinstrumente zu entwickeln (Umfragen, Fokus-Gruppen, Leistungstests), die zur Evaluation herangezogen werden können. Die Wahl der geeigneten Einschätzungsmethode(n) hängt sowohl von dem betreffenden Thema als auch von den Präferenzen des Evaluators ab.

(4) Anschließend sind die *Publikumsbefragungen* durchzuführen. Der erste Durchgang dient dem „Herantasten". Sobald sich bestimmte Denkmuster abzeichnen, empfiehlt es sich, gezielt strukturierte Instrumente zu entwickeln. Interviews mit stichprobenartig ausgewählten Besuchern dienen dazu, Informationen über den Kenntnisstand, über Falschauffassungen, das Vokabular, die Interessen und Vorlieben des potenziellen Publikums zu erschließen; auch lässt sich dabei ausloten, wie die Besucher mit den Standard-Lehrmethoden zurechtkommen.
(5) Die erhobenen Daten müssen nun *tabellarisch dargestellt* und *analysiert* werden. Anschließend werden die Daten in systematischer und interpretierbarer Form gezeigt und es wird eine Zusammenfassung bzw. ein *Bericht* darüber erstellt.
(6) Ggf. müssen ursprüngliche Zielsetzungen und das *Inhaltskonzept revidiert* werden. Die allgemeinen Ziel der Ausstellung werden nun unter Zugrundelegung der bei der Front-End-Evaluation gesammelten Informationen erneut überdacht und ein neuer Projektplan entwickelt (Borun 1992).

Bitgood / Shettel geben hierfür ein Beispiel: „Bei einem Workshop, der in einem Schau-Aquarium in Baltimore, USA, stattfand, sollte ein Team herausfinden, was die Besucher zu dem Thema ‚Regenwälder' bereits wußten, was sie noch nicht wußten, was sie meinten, darüber zu wissen, und was ihnen an diesem Thema gefiel bzw. mißfiel. Ein anderes Team beschäftigte sich mit den gleichen Fragen zum Thema ‚Meeressäuger'. Anschließend wurden die Ergebnisse dieser Interviews vor allen Workshop-Teilnehmern vorgetragen, so daß jeder von den Erfahrungen der anderen profitieren konnten. Beide Teams hatten bei ihrer Studie themenbezogene Mißverständnisse und Fehlvorstellungen seitens der Besucher aufgedeckt. Diese Informationen leisteten eine wertvolle Hilfestellung bei den in bezug auf Design und Inhalt der Ausstellungen und Programme anstehenden Entscheidungen" (Bitgood / Shettel 1993: 7).

Borun stellte beispielsweise „in einer Besucherbefragung fest, daß 30 % der Besucher die Wirkung der Gravitation mit der des Luftdrucks verwechselten, indem sie annahmen, eine Kugel würde in einem Vakuumglas bei einer Drehung schweben und nicht fallen. Vorrangiges Ziel in der Planung der Ausstellungssequenz war daher, zunächst dieses Mißverständnis auszuräumen, bevor weitere Informationen gegeben werden konnten" (Noschka-Roos 1994: 178).

Wird die Front-end-Evaluation vorrangig bei neu zu konzipierenden Sonderausstellungen bzw. aufzubauenden Dauerausstellungen in Museen eingesetzt, so empfiehlt Hans-Joachim Klein angesichts des zu beobachtenden Produkt-Lebenszyklus (vgl. Klein 2001: 322-325) von Dauerangeboten (wie z. B. permanenten Ausstellungen in Museen) die Status-Quo-Analyse. Die anstehenden Fragestellungen definieren sich durch das unbedingt Erhaltenswerte einerseits und andererseits den inzwischen eingetretenen Fortschritten sowie den veränderten gesellschaftlichen Grundeinstellungen dem Thema gegenüber (Klein 1999: 106).

Hier macht die Informationsbeschaffung über die Art der Nutzung bereits bestehender Ausstellungen, über die Kenntnisse, die beim Besuch der Ausstellung mitgenommen werden usw., ein Methoden-Mix der Datenerfasssung erforderlich: „Zum Zuge kommen können Vorher-Nachher-Befragungen, Beobachtungen, Intensivinterviews oder Expertengespräche. Diese dichte, z. T. quantitative Beschreibung ermöglicht die Schwachstellenanalyse und die Postulierung von Prioritäten für eine Umgestaltung" (Klein 1991: 9).

In der Planungs- bzw. Aufbauphase empfiehlt es sich bei der Sondierung der technischen Komponenten (also z. B. der Kommunikationsmedien, Ausstellungs-Hardware, Modelle, interaktive Möglichkeiten usw.), Exponate, die sich als eventuell problematisch erweisen könnten, vorher auszuprobieren. Die sog. Formative Evaluation stellt „eine handfeste, praxisorientierte Einkoppelung in den Planungsprozess selbst dar. Wieviel Zeit und wieviel Information benötigen Besucher zum Verständnis des ‚handling' eines Modells? Wie reagieren Besucher auf mehrere gleichzeitig wirkende Reize? Erkennen sie die Anspielung einer Inszenierung? Wie lang darf ein bestimmter Text sein, was sollte er enthalten? Welche Fragen haben Besucher zu bestimmten Objekten usw.?" (Klein 1999: 107).

So wurde z. B. festgestellt, „daß die von Besuchern vorher getesteten Exponate am *Science Museum of Virginia* in ihrer ursprünglichen Form anfangs nur für 10 Prozent oder weniger der Besucher pädagogisch wirksam waren. Das Testen und Modifizieren kostengünstiger Probeentwürfe erhöht die Wahrscheinlichkeit, daß die Ausstellung ihren Zweck erfüllt, in beträchtlichem Maße. Änderungen sind bei minimalem Kostenaufwand möglich, bevor ein Exponat in seiner endgültigen Form gebaut und installiert wird (...) Patty McNamara: ‚Die beste Methode, um herauszufinden, was die Besucher mit einem bestimmten Exponat anstellen *könnten*, besteht darin, sich ein paar Minuten lang die Zeit zu nehmen und zuzuschauen, was die Besucher *tatsächlich* damit tun'" (Bitgood / Shettel 1993: 8).

Für die *Formative Evaluation* schlagen Bitgood / Shettel folgende Schritte vor:

(1) Zunächst erfolgt wiederum eine Festlegung der Erwartungen und Ziele, die von der Ausstellung erfüllt werden sollen (*Besucher-Lernziele*). Diese Zielvorgaben sind quantitativ zu formulieren, so dass daraus klar hervorgeht, welches Verhalten (*Einstellungsänderung*) die Besucher zeigen, wenn die Ausstellung erfolgreich war.

(2) Anschließend sind kostengünstiger *Modellversionen* von Ausstellungsexponaten (*mock-ups*) zu Testzwecken, z. B. aus Pappe oder billigem Sperrholz anzufertigen. Diese Prototypen sollten bereits alle wesentlichen Elemente (Informationen, Photographien von Ausstellungsobjekten, Anordnung der Ausstellungskomponenten etc.) erhalten, wie sie in der endgültigen Ausstellung vorgesehen sind.

(3) Hieran schließen sich die *Befragung* und die *Beobachtung* von Testpersonen an, die sich mit den *mock-ups* beschäftigen. Hierzu werden meistens per Zufallsprinzip Beobachter aus dem Kreis des Zielpublikums herangezogen. Einige davon können eingeweiht, d. h. ausdrücklich zum Studium der Exponate aufgefordert werden (*cued visitors*), auf andere lässt man die Exponate unaufgefordert einwirken, ohne dass sie sich bewusst in einer Testsituation befinden (nicht-informierte Besucher).

(4) Die Ergebnisse von Stufe (3) sind mit den Erwartungen aus Stufe (1) zu vergleichen. Hat die intendierte Botschaft die Besucher erreicht? Erinnern sich die Besucher an die Schlüsselaussagen der Ausstellung? Hat sich ihre Einstellung dem Thema gegenüber verändert?

(5) Ggf. müssen die Materialien überarbeitet werden, um deren Wirksamkeit zu erhöhen – Texte sind umzuschreiben, die sich als zu schwer verständlich erwiesen haben; die Platzierung von Exponaten muss verändert werden, falls die Testbesucher zwischen einem Objekt und einem Hinweis keinen Zusammenhang erkannt haben usw.
(6) Abschließend ist Stufe (3) zu wiederholen, um zu überprüfen, ob die an den Modellversionen vorgenommenen Änderungen nun die gewünschte Wirkung zeigen.
(7) Und schließlich sind die Änderungen in den endgültigen Ausstellungsaufbau einzubeziehen (Bitgood / Shettel 1993: 8f.).

Im Rahmen der formativen Evaluation geht es also im Prinzip um zwei grundlegende Fragen: ob die Vermittlungsinhalte vom Besucher in der von den Ausstellungsmachern intendierten Weise verstanden werden (*teaching power*) und ob die Ausstellungssequenz für den Besucher attraktiv genug ist, um seine Aufmerksamkeit zu fesseln (*motivational power*).

„Ist man daran interessiert zu erfahren, ob Textanleitungen klar und verständlich formuliert sind, ob das Layout die erwünschte Wirkung erzielt, ob die Überschriften den beabsichtigten Effekt haben (*teaching power*), wird man diese Informationen durch Befragung der Besucher erhalten. Die geplanten Ausstellungselemente werden in provisorischer Form den Besuchern gezeigt und eventuelle Verständnisprobleme durch Interviews oder Tests aufgedeckt. Will man Informationen darüber, ob beispielsweise das geplante Ausstellungselement die Wahrscheinlichkeit erhöht, sich frei bewegende Besucher dazu anzuhalten stehen zu bleiben (*attracting power*), werden in einem solchen Falle verdeckte Beobachtungen objektiv darüber Auskunft geben, wieviele Besucher sich dort wie lange aufhalten, ob die gemessene Zeit der benötigten entspricht usw. Die Untersuchung einer solchen Frage ist vor allem für Ausstellungselemente relevant, die zentrale Gedanken der Ausstellung zum Inhalt haben, zu denen hingeführt werden soll, und die lernfördernde Auseinandersetzungsmöglichkeiten für den Besucher bieten, wie interaktive Experimente oder andere durch Besucher bewegliche Modelle“ (Noschka-Roos 1994: 180).

Ist die Ausstellung aufgebaut bzw. die Abteilung eines Museums eingerichtet, so sollten in der Nachbereitungsphase drei weitere Evaluationen vorgenommen werden, um sicherzustellen, dass das Produkt tatsächlich optimal auf die Besucher wirken kann: die Kritische Begutachtung durch Experten (*critical appraisal*), die Nachbesserungsevaluation (*remedial evaluation*) und schließlich die *Summative Evaluation*.

Die *Kritische Begutachtung* der Ausstellung durch Experten sollte vor allem aus der Sicht der Besucher erfolgen, allerdings ohne diese direkt einzubeziehen; sie dient vor allem der Vermeidung von Fehlern der Betriebsblindheit. Die tatsächlichen Besucherreaktionen lassen sich nicht immer voraussehen, allerdings können Experten bestimmte Ausstellungsprobleme und -merkmale erkennen, die offensichtlich einer Korrektur oder Verbesserung bedürfen, wie z. B. störende Lichtreflexe auf Beschriftungstafeln, die diese schwer lesbar machen; Texttafeln, die von Objekten verstellt sind; unglücklich plazierte Informationstafeln, die vom Besucher nicht in Beziehung zu den gemeinten Objekten gesetzt werden; der zu hohe Schwierigkeitsgrad der Texte; schlechte Leitsysteme, die den Besucher nicht in der geplanten Weise führen usw.

Bitgood / Shettel schlagen für den Prozess der *Kritischen Begutachtung* durch Experten folgende Schritte vor:

(1) Zunächst sind empirische Untersuchungen über das Besucherverhalten in ähnlichen Ausstellungen wie der geplanten heranzuziehen. Zu einer empirischen Besucherstudie gehören dabei die drei Bereiche Besucher-Orientierung und Hauptbegehungsroute, Text / Beschriftungs-Design und Ausstellungs-Design (Kommunikationsmedien, interaktive Objekte etc.)

(2) Auf der Basis dieser Untersuchungen sind die ursprünglichen Ausstellungsziele zu überarbeiten. Welche Reaktionen wollten die Designer ursprünglich bei den Besuchern herrufen? Hierbei sind kognitive ebenso wie affektive Ziele einzubeziehen.

(3) Anschließend erfolgt die Beurteilung der Ausstellung im Hinblick auf ihre Stärken sowie offensichtliche und potenzielle Probleme.

(4) Auf dieser Basis ist ein zusammenfassender Bericht zu erstellen, wobei die Probleme in offensichtliche und potenzielle zu unterteilen sind. Die Erkennung potentieller Probleme erfordert Besucherdaten, die im Rahmen einer Nachbesserungsevaluation (siehe unten) erhoben werden können. Auch die Stärken der Ausstellung sollten hervorgehoben werden.

(5) Hierauf erfolgt die Korrektur der offensichtlichen Probleme vor Beginn der Nachbesserungsevaluation (Bitgood / Shettel 1993: 11f.).

Bei der *Nachbesserungsevaluation* handelt es sich um eine Methode zur Verbesserung bereits fertiggestellter Ausstellungen. Dabei werden ähnliche Methoden eingesetzt wie bei einer formativen Evaluation; allerdings erfolgt die Mängelbeseitigung erst nach Eröffnung der Ausstellung. Nach Bitgood / Shettel sollte dabei in folgenden Schritten vorgegangen werden:

(1) Anhand einer kritischen Experten-Begutachtung sind offensichtliche und potenzielle Probleme aufzuspüren. Nach Behebung der offensichtlichen Probleme können die potenziellen Probleme angegangen werden.

(2) Dann ist ein Datenermittlungsverfahren zu entwickeln. Diese Daten sollten gezielt auf den Problembereich hin ausgerichtet sein, z. B. Attraktion der Exponate, Bindungskraft der Exponate und / oder Vermittlung der Ausstellungsbotschaft an die Besucher.

(3) Anschließend erfolgt das Sammeln von Eckdaten.Hierbei ist ähnlich wie bei einer formativen Evaluation vorzugehen.

(4) Die notwendigen Modifikationen von Ausstellungselementen sind unter möglichst geringem Kostenaufwand vorzunehmen, um erkannte Schwachstellen zu beheben (z. B. Neuformulierung schwer verständlicher Texte, Umplazierung von Objekten usw.)

(5) Hierauf ist eine Modifikation der Modellausführung vorzunehmen.

(6) Anschließend sollte ein erneutes Austesten der Modellversion erfolgen, bis die geforderten Kriterien erfüllt werden.

Sie nennen folgendes Beispiel einer Nachbesserungsevaluation: „Exponat mit Schockwirkung: die Hand-Batterie. Dieses Exponat wurde entwickelt, um zu demonstrieren, dass der menschliche Körper elektrische Energie erzeugt. Die ‚Handbatterie' besteht aus zwei Kupferplatten und zwei Aluminiumplatten, die mit einem Strommessgerät verbunden sind, auf dem sich die Nullmarke in der Mitte befindet. Wenn ein Besucher eine Hand auf eine Kupferplatte und die andere auf eine Aluminiumplatte, bewegt sich der Messzeiger. Legt er jedoch beide Hände auf zwei Platten gleichen Materials, geschieht nichts. Nach kurzer Beobachtung wurde erkannt, dass den Besuchern unklar war, wo sie ihre Hände hinlegen sollten; die allermeisten neigten dazu, beide Hände auf gleiche Platten (entweder auf die beiden Kupfer- oder die beiden Aluminiumplatten) zu legen. Dieses Problem wurde rasch aus der Welt geschafft, indem die Workshop-Teilnehmer auf zwei Platten aus unterschiedlichem Material entsprechende Handumrisslinien aufbrachten" (Bitgood / Shettel 1993: 16).

Die abschließende *Summative Evaluation* schließlich dient dazu, mittels eines Besucher-Feedbacks zu bewerten, ob die Ausstellung insgesamt die ursprünglichen Zielvorgaben erfüllt oder nicht, jedoch ohne die Absicht, in der vorhandenen Ausstellung Veränderungen vorzunehmen. „Sie wird nach Erstellung eines ‚Werkes' oder Programms ausgeführt und gleicht einer Art Revision oder Controlling, d. h. es wird versucht, den Zielerreichungsgrad anhand relevanter Kriterien unter Beteiligung eines repräsentativen Querschnitts der Adressaten (= z. B. Besucher einer Ausstellung) festzustellen" (Klein 1999: 104).

Durch diese Überlegungen wird der Bogen von der bloßen Erkundung der Besucher hin zur Produktplanung geschlagen, die im Mittelpunkt des nächsten Kapitels stehen wird. Die Museen und Ausstellungshäuser sind beim Einsatz der Besucherforschung und der Verwendung der verschiedenen Evaluationsmethoden von allen künstlerischen Sparten sicherlich am weitesten fortgeschritten; das mag auch daran liegen, dass ihre Angebote die größte Nähe zu allgemeinen Lernprozessen aufweisen. Gleichwohl sind verschiedene Methoden ohne größere Umstände auch auf anderen kulturelle und künstlerische Angebote zu übertragen bzw. auf deren spezifischen Bedingungen anzuwenden.

4. Was bietet die Kultureinrichtung ihren Besuchern wie an?

4.1 Das Produkt und seine Nutzendimensionen

Die Qualität des künstlerischen bzw. kulturellen Produktes ist nach wie vor die vorrangige Voraussetzung, um Besucher an eine Kultureinrichtung zu binden. Einer Kultureinrichtung, die fortgesetzt schlechte Qualität produziert, wird auf lange Sicht auch das beste Kulturmarketing nicht helfen! Umgekehrt wird der Besucher immer wieder gerne Produktionen hervorragender künstlerischer Qualität nachfragen und dafür auch manche Unbequemlichkeit in Kauf nehmen. Allerdings sollte dies nicht zu einem gerade im öffentlichen Kulturbetrieb häufig zu findenden Kurzschluss führen: kaum ein Produkt verkauft sich heute noch quasi „von selbst", d. h. ausschließlich über seine Kernqualität! Und sehr wenige Kunst- und Kulturprodukte erreichen jene Spitzenqualität, für die der Besucher nahezu jede Unbequemlichkeit bereitwillig akzeptiert.

Im zweiten Kapitel wurde als künstlerisches bzw. kulturelles *Produkt* alles das definiert, was dem Nachfrager an künstlerischen bzw. kulturellen *Gütern* (z. B. Bücher, Tonträger, Gemälde, Filme usw.) bzw. künstlerischen bzw. kulturellen *Dienstleistungen* (Theateraufführung, Konzert, Musikschulunterricht usw.) angeboten werden kann. Weiterhin wurde die Unveränderbarkeit des Produktes, das – anders als im kommerziellen Bereich – nicht dem jeweiligen Publikumsgeschmack angepasst werden darf, sondern sich ausschließlich an inhaltlich-ästhetischen Zielsetzungen orientiert, als das zentrale Merkmal des Non-Profit-Kulturbetriebs festgestellt. An dieser Unveränderbarkeit findet jede Besucherorientierung ihre Grenze.

Dies heißt nun aber keinesfalls, dass das künstlerische bzw. kulturelle Produkt somit nur auf eine einzige Weise von der Kulturorganisation in die Austauschbeziehungen mit ihren Besuchern eingebracht werden kann, indem z. B. ausschließlich auf die künstlerische Qualität abgehoben wird. Die meisten Produkte befriedigen in aller Regel keineswegs nur *ein* Bedürfnis, stillen nicht nur einen einzigen Wunsch, sondern erfüllen meist mehrere Nutzen. Ein Auto ist nicht nur ein Fortbewegungsmittel, sondern auch ein Statussymbol; Turnschuhe sind häufig nicht nur die adäquate Fußbekleidung zur Ausübung einer bestimmten Sportart, sondern signalisieren auch die Zugehörigkeit zu einem bestimmten Lebensstilgefühl. Der Besuch der *Salzburger Festspiele* ist über den schieren Kunstgenuss hinaus stets auch ein gesellschaftliches Ereignis ersten Ranges und so mancher Bürger geht keineswegs nur in die Volkshochschule, um bestimmte Fähigkeiten zu lernen, sondern auch, um dort andere Menschen zu treffen usw.

Daher sollte der Begriff *Produkt* präziser definiert werden als ein Satz / Set von möglichen Nutzen bzw. Vorteilen, und zwar wie diese von einem Nachfrager wahrgenommen werden. Entscheidend für das erfolgreiche Zustandekommen eines Austauschs sind daher weniger die (Ab-)Sicht des Anbieters (der von dem Nutzen seines Produktes, gerade im Kulturbereich, wahrscheinlich ausgesprochen überzeugt sein dürfte), sondern vielmehr der Nutzen des entsprechenden Produktes aus der Wahrnehmung des Besuchers! Es geht also vorrangig um dessen Einschätzung und Überzeugung bezüglich der Fähigkeit des Produktes, seine jeweiligen und unterschiedlichen Bedürfnisse tatsächlich befriedigen zu können.

Ganz zugespitzt könnte man daher sagen: Menschen tauschen keine Produkte, sondern sie tauschen Nutzen aus, wobei diese Nutzen sowohl real als auch vermutet sein können! Der Besuch eines Volkshochschulkurses verspricht einen bestimmten Kernnutzen: wer einen Englischkurs besucht, möchte nach einem Semester besser Englisch sprechen als zuvor. Daneben und darüber hinaus erhofft man sich aber möglicherweise auch noch weitere Nutzen: eine angenehme Atmosphäre, das Kennenlernen neuer Menschen, die Möglichkeit zur Kommunikation, die bessere Einbindung in die Gemeinde usw.

Kulturmarketing ist daher nur dann erfolgreich, wenn es dem Kulturanbieter gelingt, die verschiedenen Nutzendimensionen des jeweiligen Produktes aus der Perspektive der Zuschauer, der Besucher, der Nutzer, der Kursteilnehmer usw. zu sehen und entsprechend anzusprechen. Da die Teilnahme an diesem Austauschprozess im künstlerischen und kulturellen Bereich in aller Regel freiwillig ist, wird der Besucher nicht in einen Austauschprozess eintreten, wenn er in dem ihm unterbreiteten Angebot keinen oder nur geringen Nutzen, vermutet. Umgekehrt ist es Sache der Kultureinrichtung, die möglichen Nutzen des eigenen Produktes dem (tatsächlichen und dem möglichen) Nutzer nahezubringen.

Wie alle sonstigen Produkte auch haben künstlerische bzw. kulturelle Produkte (mindestens) vier verschiedene Nutzen-Dimensionen, die die jeweiligen Anbieter mit ganz unterschiedlichen Strategien nutzen können und sollten.

(1) Zunächst hat jedes Produkt einen direkten bzw. sog. *Kernnutzen*. Ein Auto soll fahren, Schuhe die Füße schützen und ein Eisschrank kühlen. In einer Musikschule soll das (möglichst optimale) Beherrschen eines Instruments vermittelt werden. Das ist ihr Auftrag, also ihr Kernnutzen, und deshalb melden die Eltern ihre Kinder dort an. Ein Konzert dient der Präsentation von Musik; Dirigent und Musiker sollten daher stets ihr Bestes geben, um das Publikum zu begeistern. Dieser Kernnutzen kann durch die Verfolgung einer *Qualitätsstrategie* optimiert werden, d. h. die Musikschule wird sich möglichst bemühen, die besten Lehrer für ihre Schülerinnen und Schüler zu gewinnen und den Unterricht unter optimalen Bedingungen stattfinden zu lassen ebenso wie das Orchester sich um die besten Musiker und Dirigenten bemühen wird.

(2) Vor allem kulturelle Dienstleistungen werden allerdings häufig nicht individuell bzw. isoliert nachgefragt, sondern in einem bestimmten sozialen Kontext, haben also einen *sozialen Nutzen*. Kein Mensch fühlt sich wohl in einem leeren Theater und sei das Bühnengeschehen noch so gut und ein menschenleeres Museum ist auch kein schönes Erlebnis. Es spielt also eine große Rolle, ob und vor allem wer sonst noch an dieser Nachfrage beteiligt ist. Bei einem Theaterbesuch, insbesondere bei einem bedeutenden Festival oder einer Premiere, ist es für viele Menschen

wichtig, „wer sonst noch kommt": man sieht und will gesehen werden. Man trifft dort ganz bestimmte Menschen, mit denen man vielleicht ins Gespräch kommen möchte oder möglicherweise sogar geschäftliche Kontakte anknüpfen will. Aber auch die Anmeldung zu einem Kurs in der Volkshochschule kann oft den Zweck haben, andere Menschen kennenzulernen. Eine diesen Nutzen ansprechende *Sozialstrategie* wird vor allem diese Aspekte in den Vordergrund stellen.

(3) Produkte, aber auch Dienstleistungen, haben darüber hinaus sehr häufig einen *symbolischen* bzw. *affektiven Nutzen*. Man kauft sich in der Regel nicht irgendein Auto oder Gitarre oder Brille oder irgendwelche Turnschuhe, sondern ein Produkt, das zu einem passt. Dabei muss dieses sich sowohl in das Bild bzw. Image fügen, das man von sich selbst hat (Selbstbild) als auch in das, das man nach außen vermitteln will. So ist – um im Beispiel der Musikschule zu bleiben – sowohl für die Eltern als auch vor allem die Kinder sicherlich von großer Bedeutung, welches Image und welchen Stellenwert die Musikschule in einer Kommune hat. Gilt sie als verstaubte, strenge Lehranstalt, die nahezu ausschließlich die Gymnasiasten anspricht, so werden die Kinder wahrscheinlich sehr viel weniger Lust haben, dorthin zu gehen, als wenn sie als eine Organisation wahrgenommen wird, bei der man einfach dabei sein muss. Der ständige Verweis einer Kultureinrichtung darauf, wie gut die eigene künstlerische Qualität doch „eigentlich" sei, wird nicht viel weiterhelfen, wenn das Image schlecht ist. Diesem Problem kann man deshalb nur mit einer entsprechenden *Imagestrategie* beikommen.

(4) Eine weitere wichtige Dimension des Besuchernutzens ist der auf das Produkt gerichtete *Servicenutzen* bzw. die Besucherbetreuung / -beziehung. Besonders im Bereich neuer technischer Geräte (z. B. bei der Anschaffung von Personalcomputern) spielen die Betreuung, der Service vor Ort oder die Hotline eine besondere Rolle. Gegebenenfalls ist der Kunde sogar bereit, einen höheren Preis zu bezahlen, wenn ihm rasche Hilfe bei immer wieder möglichen Problemen garantiert wird. Auch im kulturellen Sektor spielt der *Servicenutzen* eine immer größere Rolle.

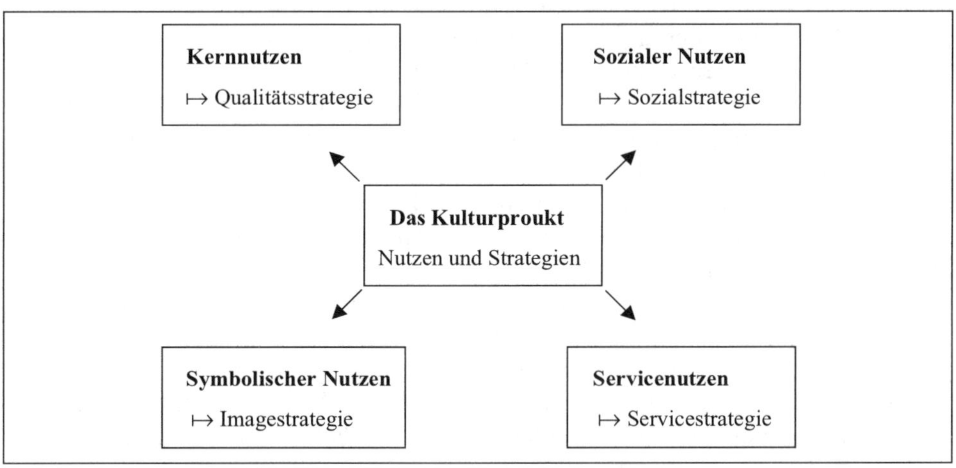

Abb. 16: Nutzendimensionen des Kulturprodukts und Strategien

Ein wesentliches Merkmal von gesättigten Märkten (d. h. das Angebot übersteigt die Nachfrage) mit hoher Konkurrenz – und hiermit haben wir es im Kulturbetrieb seit Mitte der 80er Jahre zweifelsohne zu tun – ist die Tatsache, dass sich kaum mehr ein Produkt ausschließlich über den Kernnutzen an die Nutzer vermitteln lässt. Vielmehr spielen verstärkt alle aufgeführten vier Nutzendimensionen zusammen und dementsprechend wird eine Kultureinrichtung sicherlich gut beraten sein, nicht nur an einen einzigen Nutzen zu appellieren und auf eine einzige Strategie zurückgreifen, sondern so weit wie möglich alle Dimensionen des Produktes in den Austauschprozess einzubringen – ohne, es sei noch einmal betont, das künstlerische bzw. kulturelle Produkt selbst zu verändern.

Man kann sich dies an einem Beispiel aus dem Alltagsleben verdeutlichen. Ein Familienvater, der seine Familie von einem von ihm sehnlichst gewünschten Urlaub in Südfrankreich überzeugen möchte, wird wahrscheinlich seiner Ehefrau, die schöne Restaurants liebt, von der Küche der Provence vorschwärmen. Die Tochter, die Kunstgeschichte studiert, wird er mit der Aussicht auf die vielen romanischen Kirchen zu begeistern versuchen. Und den sportlichen Sohn, der sich weder für Restaurants noch für Kunst interessiert, wird er mit einer Radtour auf den Mont Ventoux und eine Besteigung der Saint Victoire locken. In jedem Fall handelt es sich um dasselbe Produkt – Urlaub in Südfrankreich – doch jeder Zielperson/ -gruppe wird es mit einer anderen Nutzendimension schmackhaft gemacht.

Wie dies auf den Kulturbetrieb übertragen werden kann, hat die *Kommunale Gemeinschaftsstelle* (Kommunale Gemeinschaftsstelle (KGSt): 1989; hier vor allem 28ff.) in Köln eindrücklich am Beispiel der Museen in einem Modell dargelegt, das auch auf andere Kultureinrichtungen übertragen werden kann und das daher hier ausführlicher vorgestellt werden soll.

Zunächst ermittelten die Autoren zehn Kriterien, die ihrer Meinung nach die Entscheidung für oder gegen einen Museumsbesuch beeinflussen – von der Schausammlung über die Cafeteria bis hin zu den Öffnungszeiten und der Verkehrsanbindung, d. h. im wesentlichen Kriterien der Produkt- bzw. Servicepolitik. In einem zweiten Schritt – der sog. Marktsegmentierung – setzten sie diese Kriterien in Relation zu den einzelnen Besuchern. Da es arbeitstechnisch nicht zu leisten ist, jeden einzelnen Besucher hierzu zu befragen, legten sie die im dritten Kapitel dargestellten Lebensstilgruppierungen zugrunde und fragten sich, welche Aspekte für die einzelnen Besucher-Gruppierungen besondere Relevanz haben könnten.

Dabei operierten sie seinerzeit mit den 1987 von Peter Gluchowski (Gluchowski 1987: 18ff.) entwickelten Lebensstil-Milieus. Heute würde man sicherlich eher mit der im dritten Kapitel dargestellten, aktuellen *SINUS-Sociovision* Typologie 2001 arbeiten, die sich von der von Gluchowski entwickelten unterscheidet, da sich die Milieus im Laufe der letzten 15 Jahre deutlich verändert haben. Da es an dieser Stelle aber lediglich um die Vorstellung des Prinzips geht, sei hier der Darstellung der *KGSt* unter Zugrundelegung der Gluchwoskischen Typologie gefolgt. Dargestellt wird das Verfahren am Beispiel der Schausammlung (im ausführlichen Gutachten sind auch die anderen Kriterien detailliert beschrieben).

Milieu:	**Welche Folgerungen für die Schausammlung könnte man ziehen?**
(1) *Aufstiegsorientierte, jüngere Menschen*	• Interessiert an technischen Abläufen, Schönheit, Einmaligkeit der Exponate, außergewöhnliche Erlebnisinhalte. Wenig Interesse an Gesellschaftskritik.
(2) *Postmaterialistisch-linksalternativ eingestellte jüngere Menschen*	• Wegen des hohen Bildungsniveaus am Museumsbesuch interessierbar oder bereits interessiert. Gesellschaftliche Relevanz (Umweltschutz, Frauenfrage) der Sammlungsobjekte ist wichtig; offen für Kunst der Avantgarde
(3) *Linksliberal integrierte Postmaterialisten*	• Wegen hohen Bildungsniveaus für Museumsbesuch interessierbar. Breites Spektrum von Interessen.
(4) *Unauffällige, eher passive Arbeitnehmer*	• Wegen des Bildungsgrades und des Freizeitverhaltens (Fernsehen) sind Museen meist außerhalb des Gesichtsfeldes. Am ehesten kommen Heimat- und Automuseen in Betracht. Kein ausgeprägtes Verhalten zu Originalen.
(5) *Pflichtorientierte, konventionsbestimmte Arbeitnehmer*	• Sammlungen, die an Seh- und Lerngewohnheiten anknüpfen können, werden bevorzugt: Heimat, Technik, Natur und Arbeitswelt. Interesse an Kultur / Kunst lässt im Alter nach.
(6) *Aufgeschlossene und anpassungsfähige Normalbürger*	• Interesse an Schönheit und Harmonie, Natur und Technik. Geringe Vorerfahrungen mit Kunstmuseen. Geringes Interesse an Gesellschaftskritik oder Avantgarde. Der Rang oder die Vollständigkeit der Schausammlung sind nicht übermäßig wichtig.
(7) *Gehobene Konservative*	• Museumsbesuche sind selbstverständlich. Viele kennen auswärtige Schausammlungen und vergleichen gerne. In diesem Milieu gibt es die meisten Sammler und Mäzene. Mit zunehmendem Alter konzentriert sich das Interesse auf Kunst und alte Kulturen.
(8) *Integrierte ältere Menschen*	• Wenig Vorerfahrungen mit den Museen (Bildung / Alter). Präferenz für das Schöne und Harmonische, Heimat, Vergangenheit und Religion
(9) *Isolierte alte Menschen*	• Wenig Erfahrungen mit Museen. Die Bedeutung der Schausammlung oder deren Ergänzung ist relativ unwichtig. Über Zeitung und Fernsehen nimmt man aus der Ferne Anteil am Geschehen. Interesse an der Ortsgeschichte.

Abb. 17: Lebensstil-Milieus und Folgerungen für Schausammlung

In einem nächsten Schritt kann die Attraktivität eines konkreten Museums für die einzelnen Milieus eingeschätzt werden, also konkret Anwort gegeben werden auf die Frage: Was interessiert die jeweiligen Zielgruppen ganz besonders an einem Museum, warum kommen sie (u. U. immer wieder)? Dabei werden die Kenntnisse über die örtlichen Umstände, die die einzelnen Attraktivitätskriterien konkret ausfüllen, mit den beschriebenen Verhaltensweisen oder Erwartungen der Milieus verglichen.

Jedes Milieu erweckt bestimmte Erwartungen und hat damit sein ganz spezifisches Attraktivitätsprofil. Dieses lässt sich beispielsweise durch Besucherbefragungen ermitteln. Wenn dies zu aufwendig ist, kann dies auch durch die (allerdings möglichst kritische!) Selbstbefragung (sog. Expertenranking) erfolgen. Für die Entwicklung von Attraktivitätsprofilen empfiehlt sich:

- sich gemeinsam und umfassend über die entscheidungsrelevanten Kriterien und ihre Bedeutung zu informieren (und das kann nur funktionieren, wenn beispielsweise die Kuratoren von Ausstellungen selbst Führungen machen und regelmäßig Gespräche mit den Besuchern führen);
- vor allem Mitarbeiter mit dauerndem Kontakt zu den Besuchern (z. B. Aufsichts- und Kassenpersonal) und Menschen einzubeziehen, die das Museum als Besucher kennen (z. B. Mitglieder des Freundeskreises, Freiwillige);
- den Kriterienkatalog den örtlichen Verhältnissen anzupassen;
- zunächst die Mitarbeiterinnen und Mitarbeiter einzeln die Attraktivität einschätzen zu lassen;
- anschließend im Rahmen von gegenseitigen Rückfragen ein gemeinsames Ergebnis anzustreben und dabei
- von den einzelnen Kriterien auszugehen und diese dann für jedes Milieu hintereinander einzuschätzen;
- zunächst die Milieus einzuschätzen, für die die Attraktivität des jeweiligen Kriteriums am höchsten / niedrigsten ist;
- dabei folgende Ausprägungsgrade zu benutzen:

++	die Bedürfnisse werden perfekt erfüllt
+	die Bedürfnisse werden gut erfüllt
0	das Kriterium ist für die Besuchsentscheidung unerheblich
-	die Bedürfnisse werden schlecht erfüllt, so dass ein leichtes Besuchshindernis vermutet wird
- -	die Bedürfnisse werden so schlecht erfüllt, dass die Besuchsneigung stark gedämpft wird

Geht man so vor, können sich folgende Attraktivitätsprofile für die einzelnen Milieus ergeben:

Kriterien / Ausprägung	++	+	0	-	--
Schausammlung		3,5,8	1,4,6,7,9	2	
Vermittlung		3,5,8	1,4,6,7,9	2	
Zusatzangebote	3	1,4,5,7,8	6,9	2	
Cafeteria	1,6,8	3,4,5,7,9	2		
Öffentlichkeitsarbeit		3,6,7	1,2,4,5,6,7,8	2,4,9	
Eintrittsgeld			1,3,4,5,6,7,8	2,4,9	
Öffnungszeiten	3,9	2,5,6,7,8	1,4		
Gebäude	5,6	1,3,4,8,9	7	2	
Verkehrsanbindung	1,3,5,6	4,7		2,8	9
Umfeld	3,5,6	1,2,7,8	4	9	

Abb. 18a: Attraktivitätsprofile verschiedener Museen

Nach dieser Einschätzung ist das Beispielsmuseum für das Milieu 3 am attraktivsten, für das Milieu 2 dagegen am wenigsten attraktiv. Vergleicht man diese beiden Milieus nun isoliert von den anderen, ergibt sich folgendes Bild:

Kriterien / Ausprägung	++	+	0	-	--
Schausammlung		3		2	
Vermittlung		3		2	
Zusatzangebote	3			2	
Cafeteria		3	2		
Öffentlichkeitsarbeit		3		2	
Eintrittsgeld			3	2	
Öffnungszeiten	3	2			
Gebäude		3		2	
Verkehrsanbindung	3				2
Umfeld	3	2			

Abb. 18b: Attraktivitätsprofile zweier Museen im direkten Vergleich

Die Attraktivitätsprofile lassen sich nun wie folgt verwenden:

(1) Die aus der Gesamtübersicht entwickelte graphische Darstellung des Profils für jedes einzelne Milieu zeigt die Stärken, die Schwächen sowie unklare bzw. irrelevante Tatbestände aus der Sicht der Beurteiler. Aus den Ergebnissen lassen sich Fragen ableiten:

- Was macht die Stärken und die Schwächen eines bestimmten Museums aus?
- Lässt sich eine Stärke besonders hervorheben, um unausgeschöpfte Besucherpotentiale in diesem Milieu zu mobilisieren?
- Wo liegt umgekehrt das entscheidende Besuchshindernis? Entscheidendes Besuchshindernis muss nicht unbedingt das Kriterium mit der ungünstigsten Ausprägung sein. Um dieses herauszufinden, ist ein Rückgriff auf Detailaussagen zu den einzelnen Milieus zu empfehlen. Beispiel: Falls es nicht gelingt, im Rahmen von Öffentlichkeitsarbeit das Milieu 8 *Integrierte ältere Menschen*, z. B. über Kirchen, Vereine und Altenheime zu erreichen (Schlüsselmaßnahme), nutzt es auch nichts, den möglicherweise ebenfalls hinderlichen Eintrittspreis zu ermäßigen.
- Deshalb ist gezielt zu fragen: Welche Maßnahmen überwindet das entscheidende Besuchshindernis (Schlüsselmaßnahme)?

(2) Der Profilvergleich

Auch die Profile der einzelnen Milieus lassen sich miteinander vergleichen. Dies erlaubt Aussagen über die relative Museumsnähe oder -ferne eines Milieus:

- Milieus, deren Interessen das Museum bereits (relativ) gut trifft (erreichte Milieus)
- Milieus, deren Interessen das Museum trifft oder treffen kann (erreichbare Milieus);
- Milieus, deren Interesse das Museum bisher kaum ansprechen konnte (schwer erreichbare Milieus).

Damit lassen sich die Erfolgsaussichten und der Aufwand bei der Gewinnung von Zielgruppen des Museums beurteilen. Je nach örtlichen Zielprioritäten kann dann überlegt werden:

- ob Stärken noch besser hervorgehoben werden sollen, um die Potentiale in den erreichten Milieus besser auszuschöpfen, oder
- ob mit geringem Aufwand Mitnahme-Effekte genutzt werden können;
- ob höherer Aufwand für bisher vernachlässigte, aber erreichbare Milieus betrieben werden soll;
- ob / was getan werden müsste, um schwer erreichbare Milieus zu mobilisieren.

Die Ansätze können einander ergänzen.

(3) Der Vergleich der einzelnen Kriterien

Untersucht man die unterschiedlichen Einschätzungen der einzelnen Kriterien für sämtliche Milieus, lassen sich hier allgemeine Stärken, Schwächen und Grauzonen erkennen. Wo Negativwerte bei den erreichten oder erreichbaren Milieus überwiegen, ist dies ein Indikator für Handlungsbedarf.

(4) Beurteilung einzelner Maßnahmen

Jede Museumsdirektion hat eine Vorstellung von gewünschten Veränderungen, deren Realisierung oft an finanziellen Bedingungen scheitert. Gelder werden von der öffentlichen Hand bzw. von Sponsoren allerdings eher dann bereitgestellt, wenn ein entsprechender Mobilisierungseffekt aufgezeigt werden kann. Um den Mobilisierungseffekt einzelner Maßnahmen grob abzuschätzen, kann man wie folgt vorgehen:

- geplante Maßnahme beschreiben;
- die Verteilung der Besucher des letzten Jahres auf die einzelnen Milieus einschätzen;
- prüfen, welche erreichbaren Milieus stärker ansprechbar sind;
- Mobilisierungseffekte der einzelnen Milieus einschätzen; evt. sind diejenigen Besucherzahlen einzubeziehen, die ohne die Maßnahme abwandern würden oder nicht gehalten werden könnten; wenn nötig, alters- und geschlechtsspezifische Unterschiede berücksichtigen;
- die Mobilisierungseffekte der einzelnen Maßnahmen bei jedem Milieu aufaddieren.

Dabei lassen sich mehrere Maßnahmen entsprechend dem Mobilisierungseffekt miteinander vergleichen. Um die gewünschten Mobilisierungseffekte zu erreichen, lassen sich die Maßnahmen auf die spezifischen Bedürfnisse der einzelnen Milieus ausrichten. Liegen Prioritäten noch nicht fest, kann das günstigere Verhältnis von Aufwand zu Mobilisierungseffekt darüber entscheiden, welche Maßnahme getroffen wird.

4.2 Die Produkt- und Programmpolitik

Bisher ist stets nur vom einzelnen Produkt gesprochen worden. In der Regel bietet eine Kultureinrichtung aber nicht nur ein einzelnes Produkt, sondern eine ganze Reihe von Produkten an. Die einzelne Theateraufführung ist Teil eines umfassenden Jahresspielplans; das einzelne Konzert reiht sich in eine Serie ein; die spezifische Ausstellung ist Teil der langfristig angelegten Museumspolitik; die Volkshochschule bietet eine Vielzahl von Kursen an und die einzelne Musikschulstunde ist Element eines viel umfassenderen Unterrichtsangebotes; das soziokulturelle Zentrum spricht mit seinen einzelnen Programmschienen die unterschiedlichsten Zielgruppen an usw. Die sog. Produkt- bzw. Programmpolitik umfasst somit sämtliche bezüglich der anzubietenden Leistungen bzw. Produkte zu treffenden Entscheidungen.

Im Rahmen der Produkt- bzw. Programmpolitik geht es vor allem um die Fragen,

(1) ob neue Leistungen bzw. Produkte anzubieten sind, z. B. die Uraufführung eines Musik- oder Theaterstückes (Innovation),
(2) ob bereits auf dem Markt befindliche Leistungen bzw. Produkte modifiziert werden, z. B. die Neuinszenierung eines bekannten Stückes (Leistungsmodifikation) oder
(3) ob bisherige Leistungen aus dem Programm herausgenommen werden sollen, z. B. Herausnahme eines Theaterstückes aus dem Spielplan (Eliminierung).

Die oben angesprochenen einzelnen Attraktivitätsprofile lassen sich sehr gut für die Gestaltung der Produktpolitik nutzen. Hat man bestimmte Milieus als besonders anzustrebende Zielgruppen ausgewählt (das sog. *Targeting*, also die Zielgruppenbestimmung), kann man sich nun daran machen, das Produkt entsprechend zu positionieren (*Positioning*; zu der Basisstrategie des S-T-P-Marketing vgl. ausführlich Klein 2001: 259-270). Positionierung heißt, die auf die jeweiligen Lebensstil-Milieus zugeschnittenen Nutzenversprechen zu entwickeln, indem bestimmte Produktkomponenten in den Vordergrund gerückt und entsprechend kommuniziert werden – oder, um im obigen Beispiel des Familienvaters zu bleiben, diejenige Geschichte entwickeln, die man seiner jeweiligen Zielgruppe erzählen möchte, um ihre Aufmerksamkeit zu gewinnen.

Dabei können – wiederum am Beispiel des Museums – folgende Überlegungen hinsichtlich der Entwicklung beispielsweise von Sonderausstellungen (neben dem alltäglichen Ausstellungsbetrieb der Sammlung) angestellt werden:

- Auch bei Ausstellungen sollte man die Bedürfnisse der einzelnen Milieus berücksichtigen. Die einzelne Ausstellung lässt sich dazu nutzen, diejenigen Milieus anzusprechen, die bisher nur schwer erreichbar waren.
- Marketing muss bereits in der Planungsphase einsetzen, um die Besucherpotentiale optimal auszuschöpfen und den Besuchern die gewünschten Erlebnisse zu vermitteln.
- Mögliche Besuchshindernisse sind ausfindig zu machen und durch geeignete Maßnahmen zu vermeiden, die fachlich und wirtschaftlich vertretbar sind.
- Da eine Ausstellung nicht in sämtlichen Bereichen voll auf die Bedürfnisse und Erwartungen der einzelnen anzusprechenden Milieus ausgerichtet werden kann, sollten für jedes einzelne Milieu Schlüsselmaßnahmen vorgesehen werden. Schlüsselmaßnahmen setzen – wie oben dargestellt – bei den entscheidenden Besuchshindernissen an (KGSt 1989: 50f.).

So haben sich als gut geeignetes Mittel zum Abbau der oft behaupteten „Schwellenangst“ die *Museumsfeste* bzw. die in vielen Städten durchgeführte *Lange Nacht der Museen* bewährt. Allerdings sollte unter dem Gesichtspunkt der Besucherbindung dabei unbedingt darauf geachtet werden, dass das Museumsfest erstens in einem thematischen Bezug zum aktuellen Ausstellungsangebot steht. Im *Badischen Landesmuseum Karlsruhe* wurde beispielsweise zur Ausstellung der jahrhundertealten Italiensehnsucht der Deutschen, die sich in zahlreichen Zeichnungen und Radierungen in der Sammlung des Hauses niederschlug, ein Museumsfest mit dem Schwerpunkt Italien durchgeführt. Zur Ausstellung der *Bilderbogen aus Weißenburg* gab es ein elsässisches Fest und zur Neueröffnung des Ausstellungsteil *Baden zwischen den Revolutionen von 1789 und 1848* ein Biedermeierfest. Sind solche Bezüge nicht vorhanden, besteht sehr schnell die Gefahr, dass das Museumsfest ein Fest wie viele andere in der Stadt wird – mit entsprechenden Abnutzungseffekten und großem Aufwand, der dem Museum im Sinne der dauerhaften Besucherbindung wenig bringt!

Zweitens sollte im Rahmen solcher Events im Hinblick auf die angestrebte Besucherbindung frühzeitig über geeignete Maßnahmen nachgedacht werden, wie die bei solchen Anlässen massenhaft vorhandenen Besucher von den Museumsmitarbeitern gezielt angesprochen werden können, um ihre Adressen (für ein zukünftiges Mailing) zu ermitteln oder sie für einen wiederholten Museumsbesuch zu gewinnen.

Ein zentrales Mittel der Positionierung ist bereits der Titel einer Veranstaltung oder Ausstellung. *Musik nach 1945* mag inhaltlich vielleicht korrekt das angebotene Produkt, nämlich eine Konzertreihe mit zeitgenössischer E-Musik, beschreiben – sehr viel attraktiver aber klingen (provozierende) Titel wie *Lauschangriff* oder *Musik für Kopfhörer* oder *Ultraschall* usw. Ein Ausstellungstitel wie *Kunst und Alltag am Oberrhein um 1450* ist eine Beschreibung von Zeit und Ort und sachlich sicher zutreffend – wie viel anziehender wäre aber ein Titel wie beispielsweise *Händler, Gaukler, Künstler.*

„Der Titel ist aus dem Gegenstand herzuleiten. Bei der traditionellen Konzentration auf das (wichtige) Bildungsziel besteht die Gefahr, sich an der Fachwelt und sog. Insidern mehr zu orientieren als an den Besuchern. Dabei geht es weder um deren Manipulation noch um ‚reißerische' Wortwahl, sondern um die Einfühlung in die Sprach- und Erfahrungswelt all der Menschen, die man erreichen möchte oder könnte. Mit dem Titel kann gezielt Neugier geweckt, es können unbewußt aber auch Hindernisse aufgebaut werden" (KGSt 1989: 51). Einige Beispiele können dies verdeutlichen:

- Manche Titel verbrauchen sich im Laufe der Zeit.
- Fremdworte sind für einige Milieus ungeeignet, weil sie nicht verstanden werden.
- „Gold", „Schatz", „Herrscher", „Könige" etc. im Titel haben *bisher* ein breites Publikumsinteresse geweckt; es ist die Frage, ob dies in Zukunft so bleiben muss und wird.
- Was sich in der gesellschaftlichen Diskussion befindet, hat bessere Chancen auf Publikumsinteresse.
- Der provozierende Titel spricht um geistige Auseinandersetzung Bemühte stärker an, als die an Harmonie und Ordnung interessierten Milieus.
- Der Untertitel kann sich bewusst an Milieus richten, denen der Haupttitel noch wenig sagt oder wenig Identifikationsmöglichkeiten bietet (KGSt 1989: 51).

4.3 Produktprogramm und Value-Added-Services

Ein wichtiges Mittel, um Besuchern zusätzliche Angebote zu machen, aber auch um neue Zielgruppen zu erreichen, die durch das Kernangebot nur unzureichend angesprochen werden, sind seit jeher Begleitveranstaltungen. Die Einführung in die Theateraufführung durch den Regisseur, die Erläuterung des Gehörten in einem sog. Gesprächskonzert durch den Dirigenten, die sachkundige Führung des Kurators durch eine von ihm zusammengestellte Ausstellung – alles dies sind Beispiele für Zusatzangebote, die teilweise weit über das Kernangebot hinausgehen, gleichzeitig aber für dieses werben.

Begleitveranstaltungen lassen sich nach ihrer Nähe bzw. Ferne zum Kernnutzen differenzieren. Beispielsweise kann das örtliche Museum eine Ausstellung zum Thema *Kunst des Deutschen Expressionismus* zeigen. Mögliche Begleitveranstaltungen könnten sein:

- Aufführung des Stückes *Der blaue Boll* des Bildhauers *Ernst Barlach*, von dem auch einige Skulpturen innerhalb der Ausstellung zu sehen sind;

- Aufführung von Stücken des Stadttheaters aus der Epoche des Deutschen Expressionismus allgemein im Theater;
- Lesungen von Dichtern des Expressionismus im Museumsfoyer;
- Führungen durch die Ausstellung usw.

Die Beispiele zeigen bereits unterschiedliche Nähe zum Kernangebot.

Das *Badische Landesmuseum Karlsruhe* bietet seinen Besuchern unter dem Motto *Erlebnisort Museum* folgende Angebote: „Sie feiern Geburtstag, Hochzeitstag oder ein anderes Jubiläum? Warum gönnen Sie sich und Ihren Gästen nicht einmal etwas Besonderes? Laden Sie Ihre Freunde und Bekannten ins Karlsruher Schloss ein! Hier eine kleine Auswahl dessen, was wir Ihnen anbieten:

- *Mit Markgräfin Caroline Luise treten Sie eine Reise in die Vergangenheit an.* Wie lebte eine aufgeklärte Fürstin des 18. Jahrhunderts im Karlsruher Schloss? Sie lernen eine ungewöhnliche Frau kennen, die neben ihren gewissenhaft wahrgenommenen Pflichten an der Seite ihres regierenden Gatten mit Eifer naturwissenschaftlichen und künstlerischen Interessen nachging. Dies brachte ihr den Ruf einer ‚Vielfragerin und Vielwisserin' von Baden ein. Im Anschluss an diesen Rundgang sind Sie und Ihre Gäste eingeladen, ein Geburtstagsfest nach höfischem Zeremoniell zu feiern: Sie lernen, eine elegante Referenz auszuführen und auch ein höfischer Tanz darf nicht fehlen.
- *Mit Kennern der berühmten ‚Karlsruhe Türkenbeute' begegnen Sie dem Orient.* Lassen Sie und Ihre Gäste sich verzaubern von osmanischen Ornamenten auf Prunkschabracken, Keramiken und Textilien. Hören Sie Musik ‚alla turca' von *Mozart* und *Beethoven*. Musizieren Sie, unter fachkundiger Anleitung, einen türkischen Marsch mit Pauke, Schellenbaum, Triangel und Tamburin.
- *Mit Schauspielern erleben sie die Welt der Antike.* Nach einem Rundgang zu den Highlights der Antike wandeln Sie in der Villa eines reichen Römers, lassen sich zum ‚Trinkgelage' auf einer römischen Kline nieder, schnuppern an Duftsalben nach antiken Rezepturen, bereiten selbst eine Speise zu wie Apicius und probieren diese im Kreise Ihrer Freunde. Wahlweise können Sie eine antike Modenschau erleben, sich dabei in Gewänder hüllen lassen oder selbst Repliken nach römischen Originalen wie Öllämpchen oder Reliefschalen aus Ton anfertigen." (Badisches Landesmuseum Karlsruhe: Erlebnisort Museum, Stand 2001)

Mag Puristen dieses Angebot zunächst vielleicht verschrecken, so geben die Besucherzahlen dem Museum nur recht. Wichtig, dies sei noch einmal betont, ist allerdings, dass es nicht beim vereinzelten Event bleibt, sondern dass die auf so ungewöhnliche Weise angesprochenen Besucher das Museum auch in Zukunft als einen Ort betrachten, an den sie gerne und immer wieder gehen.

Zusatzveranstaltungen eignen sich aber auch ganz hervorragend, um die natürlichen Abnutzungseffekte der Ständigen Sammlung („Die habe ich einmal gesehen, da brauche ich nicht wieder hin" oder „Die gibt es ja sowieso immer, da läuft mir nichts weg") zu überwinden. Beispiele hierfür sind:

- *Tipps von V.I.P.s*; (Orts-)Bekannte Persönlichkeiten (Very important People) führen nach eigenem Geschmack durch die Sammlungen des Hauses. („Meine Lieblingsbilder. Heute führt Sie:....“). Man sollte nicht glauben, wie neugierig Menschen auf den Geschmack Anderer, noch dazu relativ Prominenter, sind.
- *Bild des Monats*; ein Bild aus der Sammlung wird besonders hervorgehoben, z. B. durch die Ausstellung auf einer Staffelei im Museumseingangsbereich. Dazu gibt es ein kostenloses spezielles Faltblatt (mit Sammlungscharakter! Damit Sie gerne wiederkommen!), die örtliche Zeitung bespricht dieses Bild ausführlich in der Wochenendbeilage und ein kundiger Museumsmitarbeiter hält einen entsprechenden Sondervortrag.
- *Historisches Schlaglicht*; ein spezifisches Element der Sammlung (ein Möbelstück, ein Kostüm, ein Gemälde, ein Trinkgefäß, eine Skulptur oder etwas anderes) wird in einem speziellen Raum präsentiert und mit der für die Zeit typischen weiteren Sammlungsstücken konfrontiert. Hierzu gibt es ausführliche Erläuterungen über die Zeitumstände, aus denen dieses historische Kulturdokument stammt.
- *Neue Blicke auf alte Bestände*; vorhandene Sammlungen werden neu gehängt bzw. unter spezifischen inhaltlichen Gesichtspunkten epochenübergreifend Kultur- und Kunstgegenstände miteinander konfrontiert. Beispielhaft hierfür ist die neue Hängung der Moderne im *Centre Pompidou* in Paris, die die Kunst des 20. Jahrhunderts mit Design, Architektur, Städtebau usw. kombiniert und somit völlig neue Einblicke und Erkenntnisse vermittelt).
- *Art Meets...*; im Sinne der o. a. Begleitveranstaltungen werden nach verschiedenen Gesichtspunkten Programme zusammengestellt, z. B. gefragt: Was geschah zur damaligen Zeit neben der Malerei in der Musik, in der Literatur, in der Philosophie usw.

War bislang nur von Zusatz- bzw. Begleitveranstaltungen die Rede, so bezeichnen die sog. *Value-Added-Services* (*VAS*) Sekundärleistungen insgesamt, die immer in Kombination mit einer Primärleistung angeboten werden. Primärleistungen im Kulturbetrieb sind beispielsweise die Theateraufführung, die Gemäldeausstellung, der Volkshochschulkurs, der Musikschulunterricht, das Rockkonzert usw. Das Leistungsbündel der Sekundärleistungen aus materiellen und immateriellen Komponenten soll den anvisierten Zielgruppen möglichst einen höheren Wert vermitteln als Konkurrenzangebote mit gleicher Primärleistung und von dort Kunden zugunsten der eigenen Organisation abziehen.

VAS können dabei sowohl unentgeltlich als auch entgeldlich angeboten werden. Sie können direkt bei den Produkteigenschaften ansetzen oder aber auch eine nur entfernte Affinität mit diesen haben. Dabei beschreibt die Kategorie *Affinität zum Kernprodukt* „den sachlogischen und inhaltlichen Zusammenhang der angebotenen Serviceleistung zur primären Leistungskompetenz“ (Bruhn 1999: 73). Die kostenlose Abgabe eines kleinen Verzeichnisses aller ausgestellter Bilder in einer Ausstellung hat beispielsweise eine hohe Affinität zu dem Produkt „Gemäldeausstellung“; die in den Erwerb der Eintrittskarte eingeschlossene Gewährung einer Tasse Kaffee im Museumscafé nur eine geringe.

Veränderungen des Produktes können somit auch bei diesen Dienstleistungen ansetzen, um ein Produkt für den Kunden attraktiver zu gestalten. Der Begriff des *Wertes* bezieht sich dabei auf das Verhältnis zwischen gefordertem Preis und dem vom Kunden wahrgenommenen Zusatznutzen der Dienstleistung. Diese *subjektive* Nutzenbewertung verdeutlicht die Notwendigkeit einer präzisen Marktsegmentierung als Voraussetzung für ein erfolgreiches Angebot von *VAS* zur Produktdifferenzierung, denn unterschiedliche Zielgruppen haben natürlich häufig auch sehr unterschiedliche Nutzenvorstellungen (Meffert 1999: 438 bzw. 429).

Der *Grad der Erwartungshaltung beim Kunden* und der *Grad der Affinität zwischen der eigentlichen Produktleistung* (z. B. einer Opernaufführung) und den *Sekundärleistungen* bestimmen die Differenzierungswirkung der *VAS*. Leider beschränken sich manche Kultureinrichtungen immer noch weitgehend auf die Mussdienstleistungen. Wie sehr aber zusätzliche Dienstleistungen, die in ihrer Affinität zum Kernprodukt durchaus differieren können, das Produkt gegenüber der Konkurrenz abheben können, mag folgendes Beispiel einer Theateraufführung verdeutlichen.

Grad der Affinität von Primär- zu Sekundärleistung / Erwartungshaltung auf Kundenseite	Hohe Affinität	Mittlere Affinität	Geringe Affinität
Muss-Dienstleistungen	• Künstler laut Besetzungszettel • Pünktlicher Anfang • Inhaltsangabe bei fremdsprachigen Stücken	• Spielplanankündigung in Tageszeitung • Telefonischer Auskunftsdienst	• Besucher-Garderoben • Toiletten • Eintrittskarten • Platzanweiser
Soll-Dienstleistungen	• Programmbuch • Obertitel bei fremdsprachigen Stücken	• Theaterbuchladen • Theatercafé • Kombiticket ÖPNV • Versand Monatsspielplan	• Öffentliche Telefonzelle im Foyer • Fahrplanauskunft ÖPNV im Foyer • Ticketbestellung per Internet
Kann-Dienstleistungen	• CD-Einspielung der Oper • Poster • Einführungsvortrag • Merchandising	• Stückbezogene Ausstellungen • Theaterfest	• Kinderbetreuung während Aufführung • Taxidienst für Besucher

Abb. 19: Value-Added-Services am Beispiel einer Theateraufführung (nach Meffert 1999: 430)

- Zu den *Muss-Serviceleistungen* zählen alle Serviceleistungen des Anbieters, die aus Sicht der Kunden unabdingbar erbracht werden müssen. Bei einer Theateraufführung etwa muss erwartet werden können, dass tatsächlich die Künstler auftreten, die der Besetzungszettel angibt; entsprechende Vertretungen müssen vor Vorstellungsbeginn angekündigt werden. Ebenso müssen Vorstellungen pünktlich beginnen und muss die Infrastruktur (Sitzplätze, Raumtemperatur, Toiletten, Garderoben usw.) je nach Aufführungsort (im Staatstheater wird man andere Erwartungen hegen als bei einer freien Theatergruppe) stimmen.
  Neben diesen eigentlichen Selbstverständlichkeiten können hierzu aber auch alle Leistungen zählen, die bereits von den meisten Anbietern der Branche als *Standardleistung* (z. B. umgehende Beantwortung von Anfragen, Kartenbestellung per Internet im Veranstaltungsbereich, Leihinstrumente in der Musikschule usw.) erbracht werden, so dass der Kunde das Vorhandensein dieser Leistung voraussetzt. Wenn diese Muss-Serviceleistungen nur unzureichend oder gar nicht erbracht werden, kann davon ausgegangen werden, dass die entsprechende Kultureinrichtung nicht nur schlecht hinsichtlich der Kundenorientierung beurteilt wird, sondern auch die Abwanderungsquote recht hoch sein dürfte.

- Demgegenüber werden die *Soll-Serviceleistungen* von den Besuchern nicht unbedingt zwingend erwartet und stellen somit gewöhnlich kein Ausschlusskriterium zur Inanspruchnahme der übrigen Leistungen des Kulturanbieters dar. So sind z. B. bei der Aufführung fremdsprachiger Theaterstücke kurze Übersetzungen in die Landessprache oder eingeblendete Übertitel mittlerweile in den meisten Theatern üblich. Dennoch wird kein wahrer Opernfreund auf einen Vorstellungsbesuch nur deshalb verzichten, weil diese fehlen. Hierzu zählen also alle Dienstleistungen, die von der Kultureinrichtung freiwillig und ergänzend zur Primärleistung erbracht werden; aus Kundensicht werden sie als angenehm empfunden.
  Vor allem sind hierzu zu rechnen auch sämtliche kostenlosen Beratungsdienstleistungen. Ein erfolgreicher Festivalmanager berichtete, dass er den (aus Kostengründen) lange fremdvergebenen Ticketverkauf über ein Kartenbüro, das auch noch andere Programme verkaufte, ins Haus zurückholte. Diese Maßnahme bedeutete zwar einerseits zunächst sehr viel mehr Aufwand und Personaleinsatz. Andererseits konnten aber durch die dadurch möglichen Beratungsleistungen sowohl unschlüssigen und teilweise noch unsicheren Besuchern sehr viel zielgenauer entsprechende Veranstaltungen verkauft werden als auch im Falle ausverkaufter Veranstaltungen den Interessenten entsprechende andere angeboten werden, die ihren Wünschen möglichst nahe kamen (was das Kartenbüro nicht leisten konnte oder wollte). Im Extremfall kann dies sogar dazu führen, dass man einem Interessenten den Besuch einer bestimmten Veranstaltung, über die er vage bzw. falsche Vorstellungen hat, abrät, um ihn nicht zu enttäuschen und späteren Reklamationen vorzubeugen; stattdessen sollte man ihm eine Vorstellung empfehlen, die mehr seinen Erwartungen entspricht. Letztendlich steigt dadurch nicht nur die Kundenzufriedenheit, sondern man verkauft auch mehr. Ein besonderer Bereich, auf den unter dem Stichwort Beschwerdemanagement eingegangen wird, ist die Frage der Kulanz.

- Vor allem die *Kann-Serviceleistungen* erhöhen die Attraktivität des Leistungsangebots, also alle jene Serviceleistungen, die der Besucher nicht erwartet und die ihn daher positiv überraschen. Ihre Wirkung entfalten sie vor allem dann, wenn sie neu sind und von anderen Konkurrenten noch nicht erbracht werden.
  Aus dem Konsumgütermarketing ist bekannt: Mittlerweile werden vor allem auch solche Leistungsdimensionen als wichtig für die Kundenzufriedenheit bewertet, die mit der eigentlichen Kernleistung des Unternehmens nichts mehr zu tun haben, wie z. B. die Art und Weise des Telefonkontaktes, die Freundlichkeit, die Höflichkeit, das Auftreten, das Verhalten und die Kompetenz der Mitarbeiter, Glaubwürdigkeit und Vertrauen, Kulanz, Erreichbarkeit, Verlässlichkeit usw. (Ederer / Seiwert 1998: 106). Die Besucher werden immer kritischer und anspruchsvoller – und die Kultureinrichtungen müssen dem Rechnung tragen, ob sie wollen oder nicht!

Zwei Problembereiche sollten allerdings klar gesehen werden. Erstens muss die Affinität der zusätzlichen Serviceleistungen in einem sinnvollen Verhältnis zu dem recht sensiblen Primärleistungsbereich Kunst und Kultur stehen. Witzige Give-aways (Kleinstgeschenke) oder auch Merchandisingartikel, die im Fussballstadion möglicherweise ein Renner sind, können in der Oper ggf. Peinlichkeit hervorrufen! Zweitens weckt das Erbringen von Zusatzleistungen Erwartungshaltungen, die nicht nur sorgfältig erfüllt werden müssen, sondern es setzt auch eine nicht unproblematische Spirale in Gang. Das, was gestern eine innovative Kann-Leistung war, kann heute zum Standard werden und morgen schon eine Mussleistung sein. Aus der Sicht des Kunden kann dies nur als erfreulich gesehen werden; für die Kultureinrichtung stellt dies allerdings eine permanente Herausforderung dar!

4.4 Besucherfreundlicher Service

Die oben dargestellten Serviceleistungen sind noch sehr nahe am direkten Produktnutzen angesiedelt, den sie entsprechend ergänzen. Insofern könnten sie direkt unter das Marketinginstrument Produktpolitik subsummiert werden. Das klassische Marketing kennt nur vier Marketinginstrumente bzw. Marketingpolitiken: die traditionellen „vier P“:

- *Product*: das Kernprodukt bzw. die Kerndienstleistung,
- *Price*: der dafür zu entrichtende Preis bzw. die Rabattierungsmöglichkeiten,
- *Place*: die Distributionspolitik, die darüber bestimmt, wo und wie – an welchem Ort bzw. mittels welchen Kanals – der Kunde an sein Produkt bzw. seine Dienstleistung kommt und schließlich die
- *Promotion*: die Kommunikationspolitik, die Presse- und Öffentlichkeitsarbeit, Werbung und Verkaufsförderung umfasst.

In den letzten Jahren, da sich Produkte und Preise immer mehr angleichen, hat allerdings der Service immer mehr an Bedeutung gewonnen, so dass zu überlegen ist, ob er nicht sinnvollerweise als fünftes Marketinginstrument eingeführt werden sollte (vgl. hierzu

Klein 2001: 469-500). Denn ein „funktionierender Kundenservice ist die Voraussetzung einer erfolgreichen Geschäftsbeziehung und häufig ein entscheidender Wettbewerbsfaktor“ (Bauer o. J.). Gerade im Kulturbetrieb, der es im Kern mit Menschen und menschlichen Begegnungen und Beziehungen zu tun hat, sollte die Rolle des Services unmittelbar einleuchten.

Was Kerstin Schmidt für die Museen feststellt, kann generell für kulturelle Angebote gelten: „Ein Museumsbesuch wird als *Gesamterlebnis* wahrgenommen, und zu diesem trägt die Servicequalität maßgeblich bei (...) Service beginnt schon lange vor dem eigentlichen Besuch des Museums, z. B. bei der Information über eine Ausstellung in der Zeitung oder beim Anruf im Tourismusbüro einer Stadt. Oft hat der Besucher schon vor Besuch der Ausstellung einen ersten Eindruck über das Museum gewinnen können, entscheidet sich vielleicht schon im Vorfeld gegen einen Museumsbesuch. Der Service durchläuft unterschiedliche Situationen vor, während und nach einem Museumsbesuch, in denen der Besucher mit dem Museumspersonal in Kontakt kommt oder etwa die verschiedenen Informationsangebote in Anspruch nimmt. Insbesondere nach Abschluss des Museumsbesuchs wirken die gewonnenen Eindrücke fort, in dem der Besucher z. B. Freunden und Bekannten einen Besuch im Museum empfiehlt“ (Schmidt 2000: 2).

Doch trotz dieser Erkenntnisse sieht die Realität in vielen Kultureinrichtungen leider völlig anders aus. Explizit von einer „Servicewüste Kunst“ sprach unlängst *Die Zeit* und stellte mit Blick auf die Besucherfreundlichkeit mancher moderner Museumsarchitektur fest: „Ausstellungen bleiben neuerdings lieber unter sich“. „Architektur hat mit Menschen zu tun, wer hätte das gedacht. Oder auch: schön wär's. Denn dass diese Feststellung nicht immer eine Binsenweisheit ist, kann man gleich um die nächste Kölner Ecke erleben. Dort steht der vor einigen Monaten eröffnete Neubau des *Wallraff-Richarts-Museums*. Wer hineinkommt, muss erst einmal suchend überlegen, wo es denn nun zur Kunst geht, und entdeckt dann hinten links in der Ecke eine Tür, die aber nur mit großer Anstrengung zu öffnen ist. Die gleiche Arm-Ertüchtigungsübung dann am Eingang der Säle in den oberen Stockwerken, die man über schmale Treppen mit überhohen Geländern erreicht, denn der Fahrstuhl ist gründlich versteckt. Wer zur Kunst will, muss nicht nur gute Arm- und Beinmuskeln, sondern auch insgesamt eine zielstrebige Durchsetzungsfreudigkeit haben. Früher sprach man von Schwellenangst und meinte damit die Einschüchterung des Bürgers durch die hohe Kunst. Jetzt schafft es der berühmte Architekt O. M. Ungers, dem Museumsbesucher klar zu machen, dass er eine Nebensache ist“ (Kipphoff 2001).

Was Petra Schuck-Wersig und Gernot Wersig schon vor Jahren hinsichtlich des Aufsichtspersonals in französischen Museen beobachteten, lässt sich sicherlich ebenso auch in manchem deutschen Museum feststellen: „Das Aufsichtspersonal versammelt sich während der Öffnungszeiten augenscheinlich mit Vorliebe im Eingangsbereich an der Kasse. Als einzelner Besucher steht man also beim Betreten des Museums erst einmal eine Art Phalanx gegenüber und es bedarf schon eines gerüttelten Maßes an Selbstvertrauen dagegen anzugehen und diese menschliche Mauer zu durchbrechen. Nicht jeder Besucher wird den musternden Blicken standhalten. Einladend sind derartige Situationen auf gar keinen Fall. Wir sind nicht der Meinung, daß Museen Orte sind, an denen weihevolle Stille herrschen sollte und bestenfalls geflüstert werden sollte – aber was zuviel ist, ist zuviel: Die unbekümmerte Lautstärke, in der sich das Personal nicht nur in Grüppchen zusammensitzend oder -stehend unterhält, sondern auch über ganze Stockwerke hinweg im Treppenhaus, ist mehr als störend, sie ist ganz einfach rücksichtslos.

Wir haben hier nicht die Absicht, dem Aufsichtspersonal in den französischen Museen fehlende Arbeitsmoral anzukreiden: Diese Arbeit ist nun mal nicht die spannendste, erst recht nicht dann, wenn das Museum keine oder kaum Besucher hat. Verständlich, daß man da versucht, sich die Arbeitszeit so angenehm wie möglich zu gestalten. Geschieht dies aber über längere Zeit, so scheint sich dabei eine Art Gewohnheitsrecht zu entwickeln, das auch durch einen plötzlich in diese Idylle eindringenden Besucher nicht mehr außer Kraft gesetzt werden kann. In nicht wenigen Museen hatten wir den Eindruck, daß dieser Punkt bereits erreicht ist: Das Museum hatte ein Eigenleben entwickelt, in dem alles, was 'von draußen' kam mehr oder weniger störte und man sich eher unwillig auf den Weg machte, um den Besucher auf seinem Rundgang zu begleiten, besser: ihn unter Kontrolle zu halten (...)

Jeder Schritt, jeder Blick, jedes Stehenbleiben wird überwacht. Übrigens, es ist ja durchaus begrüßenswert, Energie zu sparen, aber wenn sich dies so auswirkt, daß die begleitende Aufsichtsperson kurz bevor man den Raum betritt, erst einmal das Licht einschaltet, um es, kaum hat man ihn verlassen, sofort wieder auszuschalten, dann wirkt so etwas einfach nur noch blockierend. Auch mit der Wegführung ist das Personal oftmals sehr rigide. Den Rundgang einfach irgendwo zu beginnen und zu beenden, diese Freiheit wird in einigen Museen dem Besucher nicht durchgelassen. Man hat genau mit diesem Raum zu beginnen und da gibt es keine Widerrede. Wo käme man denn hin, wenn alles durcheinanderliefe (bei maximal 5 Besuchern)? (...)

Mag sein, daß dies alles nur Banalitäten sind, aber sie gehören nun mal dazu, wenn der Besucher sich wohlfühlen soll. Vielleicht aber soll sich der Besucher gar nicht wohlfühlen oder man meint, der wahre Bildungsmensch hat gar keine psychischen Bedürfnisse und nur der gehört hierhin?" (Schuck-Wersig / Wersig 1992: 38)

In gleichem Sinne kritisierte *Der Spiegel* unter dem Titel „Das Theater als Behörde" (*Der Spiegel* Nr. 29 / 2000) die Behördenhaftigkeit mancher Schauspielhäuser: „‚Schon geschlossen', sagt die Angestellte an der Hamburger Theaterkasse. Die Kartenausgabe endet werktags Schlag sieben Uhr; eine Minute später, das macht die Dame hinter dem Schalter unmißverständlich klar, ist eine Minute zu spät. Feierabend, Pech gehabt" (*Der Spiegel* Nr. 26 / 1994).

Dass dies keineswegs ein Einzelfall ist, zeigt folgender Bericht: „Das Wochenende steht bevor. Eigentlich könnte man ja mal wieder ins Theater gehen. Eine gute Idee, finden Sie. Mal sehen, ob es noch Karten gibt. Vor dem nächsten Termin um halb 12 könnten sie es gerade noch schaffen, telefonisch Karten für die Freitagabendvorstellung zu reservieren. Gut, dass Sie den Spielplan noch vom letzten Besuch haben. Öffnungszeiten der Theaterkasse: vormittags 9 bis 12 Uhr steht da. Sie wählen die angegebene Telefonnummer und lassen es klingeln: einmal, zweimal, dreimal, aber es nimmt niemand ab. Beim zehnten Mal legen Sie auf und versuchen es noch mal. Diesmal landen sie immerhin in der Warteschleife und eine monotone Computerstimme teilt Ihnen mit, dass Sie verbunden werden, sobald die Leitung frei wird. Leider wird die Leitung aber nicht frei. Ungeduldig legen Sie wieder auf. Beim dritten Versuch wird der Hörer schon nach dem zweiten Klingeln abgenommen und eine namenlose Stimme am anderen Ende meldet sich mit ‚Ja?'

Etwas irritiert fragen Sie nach, ob Sie tatsächlich mit den Städtischen Bühnen verbunden sind. Gut! Es ist bereits fünf vor halb 12, in wenigen Minuten wird Ihr Geschäftspartner da sein. Aber so einfach wird es nicht. Die Dame wisse nicht, ob es sich um ein Gastspiel des Ensembles aus der französischen Partnerstadt handelt, wie Sie gehört hatten. Vier Plätze nebeneinander im Parkett – unmöglich, nichts mehr zu machen, da sitzen Abonnenten. Nach einigen Schwierigkeiten und durch hartnäckiges Nachfragen haben Sie dann doch noch Karten für akzeptable Plätze bekommen – spätestens 30 Minuten vor der Vorstellung abzuholen. Kurzfristige Stornierung leider nicht möglich" (Haefs 2000: 2).

Solche Erlebnisse und Beispiele für fehlenden Service schrecken mehr und mehr Menschen vom Besuch von Kulturveranstaltungen ab. Ron Zemke und Kristin Anderson schreiben in diesem Zusammenhang über die Funktion und Aufgabe der einzelnen Mitarbeiter eines Betriebes: „Der Kunde macht keinen Unterschied zwischen Ihnen und dem Unternehmen, bei dem Sie arbeiten. Das soll er auch nicht. Für den Kunden sind *Sie* die Firma. Der Kunde weiß nicht, wie die Arbeit hinter der Tür mit dem Schild ‚Nur für Mitarbeiter' erledigt wird. Er kennt Ihr spezielles Aufgabengebiet nicht, er weiß nicht, wie weit Ihre Befugnisse reichen, geschweige denn, was Sie persönlich für ihn tun bzw. nicht tun können. Es ist ihm auch egal. Für den Kunden sind solche Dinge *Ihre* Angelegenheiten, nicht sein" (Zemke / Anderson 1997: 13). Man mache sich das (oft allerdings recht zweifelhafte!) Vergnügen und frage höflichst beim Besuch eines beliebigen öffentlichen Theaters das Einlasspersonal, ob es eine Pause gibt – und mache sich angesichts der Antworten seine eigenen Gedanken über Informiertheit, Kenntnisstand, Hilfsbereitschaft und Freundlichkeit der Mitarbeiter!

Die Besucher von Kultureinrichtungen bzw. -veranstaltungen akzeptieren mangelhaften Service immer weniger. Sie interessieren sich nicht dafür, warum die Rahmenbedingungen in vielen öffentlichen Kultureinrichtungen immer noch derartig bürokratisch und besucherfeindlich sind, sondern sie wollen Lösungen – oder sie bleiben zunehmend weg! Denn sie haben den Vergleich mit privatwirtschaftlich offerierten Kultur- und Freizeitangeboten: und stellen in aller Regel dort fest, dass der Service sehr viel besser ist. Problemlos kann man selbst den Test durchführen und den Service eines kommerziellen Musicaltheaters mit jenem im Stadttheater, die Besucherfreundlichkeit in einem Privatmuseum mit der in einem öffentlichen Museum vergleichen.

In zwei Untersuchungsserien hat die *Bertelsmann-Stiftung* den Service in ausgewählten Kultureinrichtungen getestet. Der Servicetest der Museen fand im März 1998 durch insgesamt 126 Testbesuche von geschulten Testpersonen (sog. *Mystery visiter*) in neun Städten in insgesamt 21 Museen statt. Neben typischen Fragen wir z. B. „Gibt es hier auch Führungen für Kinder?", „Kann mit Kreditkarten bezahlt werden?", wurde auch die Reaktion und Kundenorientierung der Museumsmitarbeiter bei bestimmten Sondersituationen getestet (Schmidt 2000: 8). Servicekomponenten waren dabei: Erreichbarkeit (z. B. Verkehrsanbindung), Umfeldgestaltung, Eingangsbereich, Orientierung (z. B. Entdecken von Informationstafeln), Eintrittskarte (z. B. Verständlichkeit der Preisstaffelung), Zahlungsmöglichkeiten, Interaktionsqualität des Personals im Museum mit den Besuchern, Ausstellungsbedingungen (z. B. der Text an den Exponaten), Funktionale Publikumsräume (z. B. Sanitäranlagen), Museumsshop und Gastronomie. In den einzelnen Bereichen erzielten die untersuchten Museen durchaus völlig unterschiedliche Noten, die ihnen deutlich zeigen können, wo ihre Stärken bzw. Schwächen liegen, die es zu verbessern gilt (Darstellung der Ergebnisse bei Schmidt 2000: 11 und 12).

Das Ergebnis: „Im Servicetest kristallisierten sich drei Erfolgsfaktoren als besonders wichtig für die Gesamtbewertung des Services heraus:

- Interaktionen des Museumspersonals mit den Besuchern
- *Allgemein-inhaltliche Aspekte* des Museums / Inhalte einer Ausstellung (z. B. Architektur, Treffpunkt für Freunde, Vermittlung von Allgemeinwissen)
- *Erster Eindruck beim Betreten* eines Museums, d. h. die Eingangssituation einschließlich dem Übersichtsplan.

Grundsätzlich empfiehlt sich daher eine Orientierung an diesen drei Faktoren, wenn der Service verbessert werden soll“ (Schmidt 2000: 6).

Ein entsprechender Servicetest wurde in deutschen Staats- und Stadttheatern im Mai 1999 mit bewährten Marktforschungs-Methoden durchgeführt, bei der 154 geschulte Testpersonen 15 ausgewählte Theater, die zuvor ihr Einverständnis gegeben hatten, incognito besuchten. Mit Hilfe eines Fragebogens sollten sie den Besucher-Service aus der Perspektive eines Theatergastes bewerten (vgl. hierzu Haefs 2000). Dabei ergab sich, dass die Besucher von deutschen Staats- und Stadttheatern insgesamt mit den Serviceangeboten rund um die Vorstellungen noch einigermaßen zufrieden sind. Die repräsentativ ausgewählten Testpersonen vergaben für alle Spielstätten die Durchschnittsnote 2,6. Der direkte Vergleich unter den Theatern soll bei der Selbsteinschätzung helfen und dazu anregen, Verbesserungen umzusetzen. Die Zufriedenheit der Theaterbesucher hängt – ähnlich wie im Museumsbereich – vor allem von folgenden Einflussfaktoren ab:

- Freundlichkeit und Kompetenz des Einlasspersonals,
- Ausstattung der Zuschauerräume,
- Preis-Leistungsverhältnis der Theater-Gastronomie,
- erster Eindruck und Orientierungshilfen im Foyer sowie
- Einrichtungsstandard und Erreichbarkeit der Sanitäranlagen.

In der differenzierten Bewertung ergaben sich für die Theater sowohl eindeutige Stärken als auch Verbesserungsmöglichkeiten ihres Service-Angebotes. Im *Schauspiel Leipzig* etwa bewerteten die Tester die Freundlichkeit des Personals und die Information über das Theater mit sehr gut. Bei telefonischen Reservierungsmöglichkeiten und dem Ausstattungs-Standard der Räume besteht jedoch Handlungsbedarf: die Tester vergaben hier Noten zwischen noch befriedigend und mangelhaft. Das *Schauspiel Nürnberg* erhielt für den Telefonservice bei der Kartenvorbestellung und für die Programmhefte die Note zwei. Der Pausenservice dagegen ist noch verbesserungswürdig. Da die Besucher überdurchschnittlich lange auf ihr Pausengetränk warten mussten, vergaben sie hier die Note drei minus.

Aus dem Servicetest der Museen wurden einige Empfehlungen (Schmidt 2000: 6) für die Verbesserung des Services abgeleitet, die auch auf anderen Kulturangebote übertragen werden können:

- Das Orientieren beim Eintritt ist der erste unmittelbare Kontakt zum Museums-/Ausstellungsbesucher, der spätere Besuchserlebnisse dominieren kann. Auf Anhieb sollte man daher erkennen können:
  - Kasse und Kassenpersonal
  - Garderobe und Garderobenpersonal
  - den Eingang zum eigentlichen Ausstellungsbereich
  - einen Orientierungsplan zur Raumstruktur des Ausstellungsbereichs
  - einen eventuell angebundenen Gastronomiebetrieb
  - einen eventuell vorhandenen Museumsshop, Büchertisch, Verkaufsstand
  - eine Infotafel mit den (aktuellen) Attraktionen des Museums
  - eine Infotafel mit Öffnungszeiten und Eintrittspreisen
  - eine Info-Tafel über Führungen (persönlich oder Audio)
  - ratanbietendes Personal (*kein* Kassenpersonal)
- Das Gefühl, willkommen zu sein, wird dem Besucher vermittelt, indem man:
  - ihn als willkommenen Gast begrüßt
  - ihm schon im Eingangsbereich Aufmerksamkeit schenkt
  - bei ihm Neugier erweckt auf das, was nun im Museum folgt
  - bei ihm nicht das Gefühl von Ratlosigkeit aufkommen lässt (ihn nicht „auf weiter Flur stehen lässt").
- Darüber hinaus ist ein handlicher Plan zur Eigenorientierung der Besucher sinnvoll. Als Serviceleistung sollte er umfassen:
  - leichte Auffindbarkeit des Übersichtsplans, auch ohne Nachfrage
  - Qualität des Plans sowie der darin enthaltenen Kurzbeschreibungen (Informationsgehalt, Textverständlichkeit)
  - Höflichkeit des Personals bei Fragen nach dem Übersichtsplan
- Ein Ärgernis beim Besuch von Kultureinrichtungen sind immer wieder zu lange Wartezeiten; ein besucherfreundlicher Service, der eine entsprechende Organisation voraussetzt, minimiert Wartezeiten an folgenden Stellen:
  - Erwerb der Eintrittskarte
  - Kontrolle der Eintrittskarte beim Betreten der Ausstellung / Abteilung
  - ggf. beim Erwerb des Kataloges
  - beim Abgeben bzw. Abholen der Garderobe
  - im Museumsshop an der Kasse
  - beim Erwerb von Speisen und Getränken in der Cafeteria.
- Ein weiterer zentraler Faktor ist die Freundlichkeit bzw. Höflichkeit des – entsprechend zu schulenden – Personals in folgenden Situationen:
  - beim Erwerb der Eintrittskarte
  - an der Garderobe
  - beim Ausleihen des Audioführers

  - bei der Nachfrage nach einem Übersichtsplan
  - beim Blitzlichtverstoß
  - bei eventuellen Störungen (z. B. zu dichtes Herantreten an die Bilder).
- Generell gilt: sorgfältiges und stets besucherorientiertes Abwägen des Personals zwischen Kontrolle und Diskretion!

Eine entsprechende Servicehaltung innerhalb einer Kultureinrichtung kommt allerdings nicht von alleine und ist auch nicht abhängig von der individuellen Freundlichkeit (oder eben Unfreundlichkeit!) der Mitarbeiter.

- Sie ist das Ergebnis eines zielorientierten Wollens der Kultureinrichtung. Alle Mitarbeiter, von der Leitungsebene bis hinunter zu den direkten Kundenkontakten, verpflichten sich gegenseitig den Besucher in den Mittelpunkt ihres Handelns zu stellen, denn nur dieser und sein Kommen rechtfertigen die Existenz dieser Organisation.
- Voraussetzung ist eine entsprechende Schulung, die sehr sorgfältig zu differenzieren weiß zwischen den drei Faktoren: Nicht-Können, Nicht-Wollen und Nicht-Dürfen. Oftmals wollen Mitarbeiter besucherfreundlich agieren, befürchten aber ihre Kompetenzen zu überschreiten und kritisiert zu werden; hier müssen klare Kompetenzregeln gefunden und – wo nötig – Spielräume erweitert werden. Manche Mitarbeiter wollen gerne besucherfreundlich handeln, können aber nicht richtig, weil Ihnen die entsprechenden Kenntnisse fehlen. Sie verstehen die Inhalte von Stücken selbst nicht, weil sie ihnen keiner richtig erklärt hat; hier helfen Informationen und Gespräche. Und letztlich wird es immer auch solche geben, die einfach nicht besucherfreundlich arbeiten wollen; hier müssen Motivation und Führung einsetzen, d. h. zunächst gefragt werden, welche Hindernisse es bei diesen Mitarbeitern für ein besucherfreundliches Verhalten gibt und wie diese abgebaut werden können. Hilft dies alles nicht, ist im Interesse der Zukunft der gesamten Kulturorganisation ein entsprechendes Führungsverhalten gefordert und der Mitarbeiter muss vom direkten Kundenkontakt zurückgezogen werden.
- Notwendig ist darüber hinaus eine permanente und kritische (Selbst- und Fremd-) Kontrolle, in deren Mittelpunkt die Frage steht: Ist unser Service wirklich so besucherorientiert, wie er sein könnte?

Die Verbesserung der Serviceleistungen ist also ein wichtiger erster Schritt zu mehr Kundenorientierung und Kundenbindung. Dem Aufbau und dem Ausbau einer entsprechenden Servicepolitik, in deren Mittelpunkt der einzelne Besucher steht, sollte daher ganz besondere Aufmerksamkeit gewidmet werden. In der zeitlichen Dimension spielen die einzelnen Serviceleistungen als „bedürfnisorientierte Problemlösung der Zielgruppe" (Ederer / Seiwert 1999: 78; zur Frage des Kaufens als Entscheidungshandeln unter Risiko vgl. ausführlich Klein 2001: 121-132) nicht nur im Zusammenhang mit der direkten Kaufentscheidung (also bei dem Erwerb einer Eintrittskarte oder beim Buchen eines Kurses in der Volkshochschule oder dem Vertragsabschluss in der Musikschule) eine wichtige Rolle, sondern ihre Bedeutung setzt weit früher ein und endet keineswegs mit der erfolgreichen Kaufhandlung! So wird sinnvollerweise nach dem Zeitpunkt der Bereitstellung bzw. der Inanspruchnahme der Serviceleistungen in folgende drei Sequenzen unterschieden:

- Vor der eigentlichen Kaufentscheidung steht der sog. *Pre-Sales-Service.* Hiermit sind alle diejenigen Serviceleistungen gemeint, die von der jeweiligen Kultureinrichtung *vor* der eigentlichen Kaufentscheidung erbracht werden, um dadurch den Kulturbesucher zu gewinnen. Hierzu zählen in erster Linie umfassende und zielgerichtete Informationen und Beratungsleistungen, wie z. B., dass die Kultureinrichtung im Internet mit aktuellen Informationen präsent ist, den Kunden kostenlos Spielpläne und weitere Informationen zuschickt, ein Beratungsangebot per Telefon anbietet usw. Dazu gehören aber auch Fragen der angemessenen Distribution, wie z. B. die möglichst kundenfreundliche Übermittlung der Tickets. Kann der Besucher sie per Internet unter Angabe seiner Kreditkartennummer buchen und werden sie ihm dann (kostenfrei?) zugesandt oder muss er – weniger kundenfreundlich – einen Scheck einsenden und sie eine Stunde vor Vorstellungsbeginn persönlich an der Theaterkasse abholen?
  Im Kern geht es hierbei darum, den möglichen Kulturkunden durch ein überzeugendes Leistungs- und Serviceangebot zunächst für sich zu gewinnen und ihm die Entscheidung für die eigene Kultureinrichtung so einfach und angenehm wie möglich zu machen. Er muss das Gefühl haben: Wenn die Kultureinrichtung sich bereits jetzt schon so um mich bemüht, ohne dass ich bislang überhaupt etwas gebucht / gekauft bzw. bezahlt habe, dann bin ich dort sicherlich besonders gut aufgehoben, wenn ich erst einmal meine Entscheidung für sie getroffen habe.
- Die zweite Phase umfasst den *Sales-Service.* Hiermit ist die Phase der unmittelbaren Kaufentscheidung gemeint, die besonders sensibel ist, denn in dieser kann der Kunde seine mögliche Entscheidung noch einmal infrage stellen, sie möglicherweise revidieren und sich zurückziehen. In dieser Phase wird er alle von der Kultureinrichtung bisher erbrachten Serviceleistungen noch einmal ganz besonders kritisch unter die Lupe nehmen und sich fragen: War man nur deshalb so aufgeschlossen und freundlich zu ihm, weil man ihn einfangen wollte? Halten die ersten positiven Eindrücke der Wirklichkeit stand oder war alles nur Fassade und Äußerlichkeit? Daher ist es sehr wichtig, in der Phase der direkten Kaufentscheidung den bisherigen positiven Eindruck nicht nur in vollem Umfang aufrecht zu erhalten, sondern, wo möglich, noch zu verstärken.
  So sollte man z. B. den Besucher, mit dem man schon einige Male persönlich oder telefonisch Kontakt hatte, selbstverständlich mit seinem Namen (den man sich entsprechend gemerkt hat!) begrüßen. Man sollte nachfragen, ob noch weiterer Informationsbedarf besteht oder gewisse Dinge noch der weiteren (Er-)Klärung bedürfen (immer nach dem Motto: „Es gibt keine ‚dummen' Fragen – nur dumme Antworten"). Die Kultureinrichtung sollte darüber hinaus ihren potentiellen Kunden in aller Offenheit auf mögliche Rücktrittsfristen (z. B. bei der Buchung eines Volkshochschul- oder Musikschulkurses) aufmerksam machen. Außerdem ist dem Kunden eine Mitarbeiterin oder ein Mitarbeiter zu nennen, die nach der Kaufentscheidung für seine Rückfragen zur Verfügung stehen („Wenn noch irgendwelche

Fragen sind, können Sie gerne Frau X oder Herrn Y während unserer Öffnungszeiten anrufen; er wird sich dann um sie bemühen").
- Die kundenbindende Serviceleistung endet allerdings keineswegs mit der möglichst gut erbrachten Dienstleistung, d. h. dem erfreulichen Opernabend oder Museumsbesuch. Unter dem Gesichtspunkt der dauerhaften Besucherbindung kommt dem *After-Sales-Service,* d. h. der Zeit nach dem Besuch einer Veranstaltung, ebenfalls wichtige Bedeutung zu. Wenn das oberste Ziel der Kultureinrichtung die dauerhafte Besucherzufriedenheit und -bindung ist, so müssen alle Anstrengungen unternommen werden, den entsprechenden Service auch nach der Kaufentscheidung aufrecht zu erhalten.

Man sollte sich daher nicht darauf beschränken, zu warten, bis der Besucher mit irgendwelchen Rückfragen oder gar Beschwerden kommt, sondern selbst aktiv werden. Dies kann bei einzelnen Veranstaltungen von den deutlich sichtbar ausgelegten Fragekarten bis zur freundlichen persönlichen Ansprache und der Frage nach der Zufriedenheit reichen (allerdings ohne aufdringlich zu sein!). Den guten Theaterintendanten erkennt man unter anderem daran, dass er bei Premieren nicht nur mit Vertretern der Presse oder den VIPs den Smalltalk pflegt, sondern sich durchaus unters Publikum mischt und die Ohren weit offen hält. Bei längerfristigen Vertragsbindungen (z. B. in Musikschulen, aber auch in Volkshochschulkursen) ist ein persönliches oder telefonisches Nachfragen nach der Kundenzufriedenheit in angemessenem Zeitraum durchaus sinnvoll.

Gute Servicequalität ist – bei aller Notwendigkeit von echter Aufmerksamkeit und Freundlichkeit – wie so vieles im Marketing nicht etwas, was vor allem aus dem Bauch (oder in diesem Falle besser gesagt: „aus dem Herzen") heraus, sondern mit der notwendigen Rationalität und Kontrolle betrieben werden sollte. Denn in der Praxis lässt sich trotz aller persönlicher Anstrengungen nicht selten ein Verfehlen oder gar Scheitern der Servicequalität in verschiedenen Dimensionen beobachten. Ein Verfehlen oder gar Scheitern kann sich aus folgenden Diskrepanzen ergeben:
- Es besteht eine Diskrepanz zwischen den tatsächlichen Besuchererwartungen und den von der Leitung der Kultureinrichtung vermuteten Erwartungen. In diesem Fall hat die Kultureinrichtung – aus welchen Gründen auch immer – falsche Vorstellungen von den Besuchererwartungen.
- Es besteht eine Diskrepanz zwischen den vom Management wahrgenommenen Besuchererwartungen und deren Umsetzung in spezielle Servicequalitäten; hier werden die im Prinzip korrekt wahrgenommenen Besucherbedürfnisse unzureichend umgesetzt.
- Es besteht eine Diskrepanz zwischen den Spezifikationen der Servicequalität und der tatsächlich erstellten Leistung; hier wird von den verantwortlichen Mitarbeitern – aus Gründen fehlender Absprache, ausreichenden Mitdenkens oder warum auch immer – die Leistung nicht in dem Maße wie erforderlich erbracht.
- Es besteht eine Diskrepanz zwischen der tatsächlich erstellten Serviceleistung und der an den Besucher gerichteten Kommunikation. So kann das Theater in obigem

Beispiel möglicherweise die Getränke tatsächlich hervorragend gekühlt, aber es leider verabsäumt haben, bekanntzugeben, dass sie kostenlos sind.

- Es besteht eine Diskrepanz zwischen den Erwartungen an die Serviceleistungen durch den Besucher und der tatsächlich wahrgenommenen Serviceleistung. Diese Situation kann entstehen, wenn durch den bisherigen Service ein sehr hoher Erwartungshorizont aufgebaut wurde, der beim Besucher in der Zwischenzeit unter Umständen in der Phantasie noch gewachsen ist („Früher war dies doch sehr viel besser") oder durch die entsprechende Mund-zu-Mund-Werbung („Eigentlich hatte ich mir sehr viel mehr erwartet") angeheizt wurde.

Daher sollte im entsprechenden Servicemanagment nur so viel versprochen werden, wie tatsächlich eingehalten werden kann. Um in einer Kultureinrichtung ein entsprechendes Servicemangement aufzubauen, sollten folgende zehn Schritte gegangen werden (vgl. hierzu Bruhn 1999: 106ff.):

(1) Zunächst ist eine Analyse der Serviceerwartungen bei den Besuchern durch die Kultureinrichtung vorzunehmen. Welche Serviceleistungen sind aus der Sicht der einzelnen Zielgruppen der Kultureinrichtung besonders wichtig, welche stiften einen hohen Kundennutzen (vor allem auch in Abgrenzung zur Konkurrenz) und welche wirken als echte Überraschungen? Als Instrumente hierfür dienen persönliche Gespräche mit den Besuchern, Befragungen, Beobachtungen usw.

(2) Sind diese festgestellt, so sollte die Kultureinrichtung die Profilierungsfelder im Servicebereich festlegen. Sie muss dabei diejenigen Bereiche bestimmen, in denen sie sich ganz besonders profilieren will und hierauf eine eigene Servicestrategie (mit Muss-, Soll- und Kannleistungen) aufbauen.

(3) Dabei sind die für alle Mitarbeiter verbindlichen Servicestandards zu bestimmen. Zunächst muss festgestellt werden, ob und welche festgeschriebenen Leistungsstandards bisher existieren, inwieweit diese aufrechterhalten werden sollen beziehungsweise inwieweit diese den Kundenwünschen angepasst werden müssen. Hinsichtlich des neuen Serviceziels muss gemeinsam festgelegt werden, was in der jeweiligen Kultureinrichtung alles möglich sein muss („Geht nicht gibt's nicht!").

(4) Sind die entsprechenden Standards festgelegt, sollte eine entsprechende Informations- und Kommunikationstechnologie eingeführt bzw. aufgebaut werden, um sicherzustellen, dass die entsprechenden Kundenwünsche (oder im negativen Falle: die Beschwerden) zentral erfasst und zeitnah bearbeitet werden können.

(5) Die festlegte Servicequalität ist auch von vor- und nachgelagerten Stufen einzufordern. Die von der eigenen Kultureinrichtung zu erbringende Steigerung der Servicequalität, kann natürlich nur gelingen, wenn auch die vor- und nachgelagerten Bereiche entsprechend der Zielsetzung mitziehen, im Theater beispielsweise die verpachtete Gastronomie oder im Museum der ausgelagerte Museumsshop, im Konzertbereich die Vorverkaufsstellen usw. Das ist nicht immer einfach, da hier der direkte Zugriff fehlt, aber wenn die entsprechende Servicequalität durchgesetzt werden soll, sollte man sich rechtzeitig nach Alternativen umschauen, um die eigenen Qualitätsstandards aufrecht zu erhalten.

(6) Die Verbesserung der Servicequalitäten nach außen ist durch ein entsprechendes internes Marketing abzusichern. Dies bedeutet, dass durch Mitarbeitermotivation (z. B. entsprechendes Führungsverhalten, Verbesserung der internen Kommunikation, *Management by objectives* usw.) und Personalentwicklung (Aus- und Weiterbildung, Stärkung der Eigenverantwortlichkeit usw.) sichergestellt werden muss, dass alle Mitarbeiterinnen und Mitarbeiter das Ziel mit tragen und in der Realität verwirklichen.

(7) Neben diesen allgemeinen Maßnahmen, die sich auf alle Mitarbeiter beziehen, kann die Steigerung der Servicequalität durch die Einführung entsprechender Anreizsysteme erreicht werden. Es ist zu prüfen, ob und welche Anreizsysteme zur Mitarbeitermotivation in der Kultureinrichtung bereits vorhanden sind und wie diese ggf. sinnvoll weiterentwickelt bzw. ergänzt werden müssen (z. B. Besucher können den freundlichsten „Mitarbeiter des Monats" wählen und dieser sollte entsprechend belohnt werden usw.).

(8) Bei großen Kultureinrichtungen kann die Einführung der Serviceorientierung ggf. durch Projektteams erfolgen. Sehr wahrscheinlich lässt sich die Zielsetzung nicht auf einen Schlag und für die gesamte Organisation verwirklichen (so wünschenswert dies sicherlich aus Besuchersicht wäre!). Möglicherweise wird man bei der Umsetzung auch auf ungeahnte Probleme stoßen, für die zunächst im kleineren Rahmen pragmatische Lösungen zu entwickeln und auszuprobieren sind. Es empfiehlt sich daher, zunächst Projektteams in einzelnen Bereichen einzusetzen, die entsprechende Erfahrungen machen. Hierbei sollten Mitarbeiter aus den unterschiedlichen Hierarchiestufen zusammenwirken und entsprechende Verantwortungen übernehmen.

(9) Grundlage aller Verbesserungen der Servicequalität ist die aktive Nutzung von Kundeninformationen zur Leistungsverbesserung. Um Erfolg (oder auch Misserfolg) feststellen zu können, muss der Informationsrückfluss der Teilnehmer bzw. Besucher nicht nur genutzt, sondern massiv stimuliert und in einem entsprechenden Informationssystem ausgewertet werden, um kontinuierlich die Servicequalität zu verbessern.

(10) Hierauf baut die kontinuierliche Messung der Servicequalität auf, d. h. neben den angesprochenen Einzelmaßnahmen sind in regelmäßigen Abständen auch die Verbesserung (oder möglicherweise die Verschlechterung) der Servicequalität in dem einzelnen Projektbereich bzw. die Auswirkungen für die Gesamtorganisation zu messen.

Dreh- und Angelpunkt der Verbesserung der Servicequalität ist der einzelne Mensch, die einzelne Mitarbeiterin, der einzelne Mitarbeiter, denn nur zufriedene Mitarbeiter produzieren zufriedene Besucher (Maxime des Baustoffgroßhändlers *OBI*). Daher bildet eine gute Organisationskultur die unverzichtbare Voraussetzung für eine gute Servicekultur (Maxime der Firma *Neuland*). Der am wahrscheinlich meisten zu hörende Satz in Marketingseminaren ist: „Das klingt faszinierend, ist aber mit unseren / meinen Mitarbeitern leider nicht möglich!" Dabei wird geflissentlich übersehen, dass die servicestarken Kultureinrichtungen auch nur mit Menschen und nicht mit überirdischen Wesen zusammenarbeiten. Was allerdings gewährleistet sein muss, sind zwei aktiv betriebene Maßnahmen:

- *Personalentwicklung*; hierzu zählen alle Maßnahmen, die Mitarbeiterinnen und Mitarbeiter im Sinne des Ziels Servicequalität weiterzuentwickeln: Schulungen, Maßnahmen der Mitarbeitermotivation, Stärkung der Eigenverantwortlichkeit, Aufbau entsprechender Führungssysteme, Gewährung größtmöglicher Handlungsfreiräume usw. (Zemke / Bell 1996; Zemke / Anderson 1997).
- *Schaffung von Anreizsystemen*; um die Motivation zu unterstützen ist es häufig sinnvoll, zusätzlich Anreizsysteme zu schaffen; diese können extrinsisch (also quasi von außen) kommen (wie z. B. Prämien für besonders teilnehmerorientierte Beratung, variable Vergütungen bzw. Lohnerhöhungen in bezug auf erzielte Besucherzufriedenheit, Statussysmbole, Anrechte auf Seminarbesuche usw.) oder auf intrinsische Faktoren abzielen (persönliches Lob, Auszeichnung durch Leitung, Modifikation der bisherigen Arbeitsinhalte, Gewährung größerer Handlungsspielräume und Stärkung von Autonomie und Eigenverantwortlichkeit usw.) (vgl. Bruhn 1999: 97).

Wegen der großen Bedeutung der Mitarbeiter für den Erfolg von Kundenbindungsprogrammen wird hierauf im nächsten Kapitel ausführlich eingegangen.

5. Welche Bedeutung haben die Mitarbeiter für die Besucherbindung?

Im Zusammenhang mit unseren Überlegungen zum Service im vorherigen Kapitel wurde bereits auf die wichtige, ja die zentrale Rolle der Mitarbeiter im Rahmen der Besucherbindung hingewiesen. Es kann gar nicht genug betont werden: Alle Bemühungen um Besucherorientierung in einer Kultureinrichtung laufen ins Leere, wenn es nicht gelingt, alle, wirklich alle Mitarbeiter auf dieses Ziel hin zu verpflichten! „Externes Beziehungsmarketing, und zwar im engen wie im weiten Sinne, setzt zugleich internes, auf die Mitarbeiter gerichtetes Beziehungsmarketing voraus; denn für die Herstellung und Pflege sind Mitarbeiter – sei es persönlich und / oder über den Einsatz von adäquaten Beziehungsinstrumenten – verantwortlich. Sie müssen für ihre Aufgaben ausgewählt, weiterentwickelt, motiviert und zielgerichtet eingesetzt werden (=internes Marketing; vgl. Stichwort: Beziehungsmarketing)."

Eines der Grundprobleme, das dabei in aller Deutlichkeit gesehen werden muss, liegt gerade im Non-Profit-Kulturbetrieb darin, dass im Servicebereich in aller Regel diejenigen Mitarbeiter, die finanziell am wenigsten verdienen, eingesetzt werden – die Ticketverkäufer, die Damen an der Garderobe im Theater, die Aufseher im Museum usw. Nicht die Intendanten oder Dramaturgen, nicht die Kuratoren und Ausstellungsmacher, nicht die Dirigenten und Orchesterleiter, nicht die Volkshochschuldirektoren oder Programmplaner, sondern diese in der Regel schlecht bezahlten Mitarbeiterinnen und Mitarbeiter haben den engsten Besucherkontakt! So muss es vor allem gelingen, diese Mitarbeiter in die besucherorientierte Zielsetzung der Kultureinrichtung einzubinden – was keineswegs einfach und schon gar nicht selbstverständlich ist, wie das in der Einleitung genannte Beispiel aus der *Stuttgarter Oper* gezeigt hat. Doch *dass* es machbar ist, zeigt dieses Beispiel auch!

Wie sehr es bei dem Ziel der Besucherorientierung auf jeden einzelnen Mitarbeiter und jeden einzelnen Besucher ankommt, mag folgende Anekdote verdeutlichen, mit der Thomas J. Peters und Robert H. Waterman ihren Bestseller *Auf der Suche nach Spitzenleistungen* beginnen. „Nach dem Abendessen hatten wir beschlossen, noch eine zweite Nacht in Washington zu bleiben. Den letzten Rückflug hatten wir wegen eines Geschäftstermins verpasst. Wir hatten keine Hotelreservierung, waren aber in der Nähe des neuen *Four Seasons*, in dem wir schon einmal abgestiegen waren und das uns gefallen hatte. Während wir durch die Empfangshalle gingen und überlegten, wie wir unseren Zimmerwunsch wohl am besten vorbringen sollten, stellten wir uns innerlich schon auf die übliche kühle Behandlung für späte Gäste ein. Da blickte zu unserer Verblüffung die Dame an der Rezeption auf, lächelte und fragte, wie es uns ginge. Sie wusste unseren Namen noch! In dem Moment begriffen wir, weshalb das *Four Seasons* innerhalb eines kurzen Jahres zu ‚dem' Hotel Washingtons geworden war und sich gleich im ersten Jahr mit den begehrten vier Sternen schmücken durfte“ (Peters / Waterman 1994: 13).

Sie fahren fort: „Nun, diese kleine Episode ließ uns aufhorchen, weil wir seit mehreren Jahren der Frage nachgingen, was denn nun ein Unternehmen besonders erfolgreich macht“, und kommen zu dem Schluss: „Gerade solche ‚Extraleistungen‘ scheinbar ganz gewöhnlicher Mitarbeiter gaben entscheidende Hinweise auf unternehmerische Spitzenleistung. Immer wenn sich solche Beispiele häuften, konnten wir ziemlich sicher sein, dass wir auf ein exzellentes Unternehmen gestoßen waren (...) Je mehr wir bei unserer Untersuchung über erfolgreiche Unternehmen nachfaßten, um so mehr erwiesen sich die überragenden Unternehmen als wahre Fundgrube für solche Geschichten und Beispiele (...)

Und die äußeren Merkmale einer solchen Firmenkultur ließen sich unabhängig von der Branche deutlich ausmachen. Im großen und ganzen bedienten sich alle Unternehmen der gleichen – bisweilen trivialen, immer aber nachdrücklich und konsequent eingesetzten – Mittel, um immer dasselbe zu erreichen: daß alle Mitarbeiter voll in die Kultur einstiegen oder ausschieden. Uns überraschte zunächst, daß sich der Inhalt der Unternehmenskultur stets auf eine Handvoll Themen beschränkte. Ob sie nun Blech bogen, Hamburger bereiteten oder Zimmer vermieteten, praktisch alle überragenden Unternehmen sahen sich offenbar de facto als Dienstleistungseinrichtungen. Der Kunde ist uneingeschränkt König (...) Das setzt natürlich die Mitarbeit aller voraus, nicht nur einen Kraftakt der oberen 200. Die erfolgreichen Unternehmen sind auf überdurchschnittliche Leistungen ihrer durchschnittlichen Mitarbeiter angewiesen und verlangen diese auch“ (Peters / Waterman 1994: 17f.).

Gerade im personalintensiven Kulturbetrieb – zu denken ist beispielsweise an die Schauspieler, Sänger und Tänzer auf der Bühne, die Musiker im Orchester, die Bildenden Künstler und Bildhauer im Ausstellungsbereich, die Lehrer in den Musikschulen und die Kursleiter an den Volkshochschulen usw., vor allem aber auch an die vielen im Kulturmanagement und Servicebereich Tätigen - kommt den Mitarbeitern der jeweiligen Kultureinrichtung eine ganz entscheidende Bedeutung zu. Mittlerweile hat sich in der allgemeinen Organisationstheorie die Überzeugung durchgesetzt, „daß nur durch zufriedene Mitarbeiter auch zufriedene Kunden gewonnen werden können“ (Bruhn 1999: 235).

Und wie viel mehr sollte dies im Kulturbetrieb gelten! Lustlos spielende Musiker, die möglichst noch vor oder während dem Schlussapplaus den Orchestergraben verlassen; ohne Schwung agierende Schauspieler, die ohne Spielfreude die vierunddreißigste Abonnementvorstellung „herunterreißen“; unzureichend vorbereitete Kursleiter in der Volkshochschule; knurrige Musikschullehrer, die sich nicht genügend auf die unterschiedlichen Kinder einstellen; unfreundliches Kassen- und Garderobenpersonal im Theater; unhöfliche Aufseher im Museum – sie alle können dem Besucher den Kunstgenuss gründlich verderben und vor allem verhindern, dass er gerne wiederkommt.

Umgekehrt bilden hochmotivierte und von daher stark engagierte Mitarbeiter in Kultureinrichtungen die wichtigste Produktivitätskraft. Die Kernfragen lauten deshalb: Wie gelingt es, möglichst alle Mitarbeiter einer Kultureinrichtung in den Prozess der Besucherbindung zu integrieren? Wie sind die einzelnen Mitarbeiter zu motivieren? Wie muss der Kulturbetrieb organisiert sein, damit sich alle Mitarbeiter möglichst besucherorientiert verhalten? Welcher Führungsstil ist zu entwickeln, damit jede Mitarbeiterin und jeder Mitarbeiter Besucherorientierung als die zentrale Aufgabe begreift? Und welche Organisationskultur muss in einer Kulturorganisation entwickelt sein, damit der Besucher wirklich im Mittelpunkt aller Bemühungen steht?

Diese Fragen zu stellen und ihre Beantwortung als wichtige Aufgaben zu erkennen, bedeutet gleichzeitig, dass kundenorientiertes, motiviertes und engagiertes Verhalten der Mitarbeiter nicht quasi vom Himmel fallen bzw. von alleine kommen. Sie erfordern vielmehr zum einen eine entsprechende Organisation der Kultureinrichtung, bedürfen zum anderen aber ständiger Schulung und Personalentwicklung. Die hierfür entscheidenden Schlüsselbegriffe sind

- optimale Motivation der einzelnen Mitarbeiter;
- der Aufbau kooperativer Teams innerhalb der Kulturorganisation;
- die Entwicklung eines Führungskonzeptes, das die Mitarbeiter optimal integriert (Führung durch Zielvereinbarung) sowie schließlich
- die Entwicklung einer besucherzentrierten Organisationsstruktur und -kultur, die den Besucher in den Mittelpunkt der Bemühungen aller Mitarbeiter der jeweiligen Kultureinrichtung stellen!

5.1 Die Motivation der Mitarbeiter in einer Kultureinrichtung

Auf einer Baustelle in einer mittelalterlichen Stadt werden zwei Steinmetze gefragt, was sie gerade tun. Der eine antwortet: „Ich haue Quadersteine zurecht". Der andere: „Ich baue eine Kathedrale". Beide verrichten die gleiche Tätigkeit, doch mit völlig unterschiedlicher Blickrichtung! Der eine sieht nur das Detail seiner Arbeit, ohne sie entsprechend – nämlich den Bau einer wunderbaren Kathedrale, deren Glanz und Stolz die Jahrhunderte überstrahlen wird – einordnen zu können, der andere dagegen hat eben dieses große Ganze im Blick! Und sicherlich wird man behaupten dürfen, dass derjenige mit der Vorstellung vom Ganzen seine Arbeit sehr viel motivierter verrichten wird als jener, der von sich glaubt, nur einzelne Quadersteine zu behauen!

Der Bühnenarbeiter im Theater, der nur irgendwelche Holzteile auf der Bühne aufbaut und nach der Vorstellung wieder abmontiert, wird seine Arbeit sicherlich sehr viel freudloser verrichten als jener, der das Gefühl hat, wichtiges Element einer glanzvollen Opernaufführung zu sein! Eine Dramaturgin berichtete in einem Kulturmarketingseminar folgende Geschichte, die sie eines Abends in dem Theater, in dem sie arbeitete, mitbekam. Ein Ehepaar mittleren Alters fragte die Dame am Ticketverkauf: „Ist das Stück denn auch lustig?". Darauf kam die prompte Antwort: „In diesem Theater haben wir schon seit Jahren nichts mehr zu lachen!". Dass dieses Ehepaar auf dem Absatz kehrt machte und – ohne Theaterbesuch, versteht sich! – dies freudlose Haus verließ, braucht nicht dazu erzählt zu werden!

Ganz im Gegensatz zu der oben dargestellten Situation der beiden Steinmetze und der daraus unmittelbar nachvollziehbaren Einsicht behandelte die klassische Organisationstheorie, die seit dem letzten Drittel des 19. Jahrhunderts zunächst in den USA (hier unter dem Begriff des *Scientific Management*), dann aber auch zunehmend in Europa entwickelt wurde, über lange Zeit die Organisation (und deren Mitarbeiter) zunächst völlig unpersönlich und ganz wie eine Maschine (und diese wie deren Teile). So schrieb beispielsweise Bourcart schon 1874 in seinen *Grundsätzen der Industrie-Verwaltung*: „Ein industrielles Geschäft ist am besten mit einer Uhr zu vergleichen, bei der ein Rad ins andere eingreift und die zuletzt dem Eigentümer auch zeigt, was die Glocke geschlagen. Die Arbeit des Verwalters gleicht ganz derjenigen des Uhrenmachers, der das Räderwerk einzurichten, in Gang zu setzen und zu reguliren hat“ (Bourcart 1874: 16).

Dieses mechanistische, ingenieurhafte Maschinendenken sollte über Jahrzehnte hinweg die Organisationstheorie prägen. Fayol (Fayol 1929), Ingenieur und ehemaliger Generaldirektor einer französischen Bergwerksgesellschaft, schreibt in seiner theoretischen Grundlagenschrift *Administration industrielle et générale* Mitte der zwanziger Jahre des 20. Jahrhunderts u. a.: „Die Regel für die materielle Ordnung ist bekannt, sie lautet: Einen Platz für jede Sache und jede Sache an ihren Platz. Die Regel für die gesellschaftliche Ordnung ist analog: Einen Platz für jede Person und jede Person an ihren Platz (...) Um die soziale Ordnung durchzuführen, muß der angeführten Regel entsprechend, jedem Angestellten ein Platz vorbehalten sein und jeder Angestellte sich an dem Platz befinden, der ihm bezeichnet wurde. Die vollkommene Ordnung erfordert ferner, daß der Platz dem Angestellten entspricht und der Angestellte an diesen Platz paßt. ‚The right man at the right place.‘“

Ganz ähnlich stellt Geoge Mooney, in den dreißiger Jahren Vizepräsident der *General Motors Corporation,* in seiner organisationstheoretischen Schrift *The principles of organization* fest: „The job as such is therefor antecedent to the man on the job“, d. h. die unpersönliche Arbeitsplatzbeschreibung geht jeder Besetzung einer Stelle durch einen Menschen voraus. Durch diesen quasi ingenieurhaften Ansatz der Organisationstheorie geht mit der „pointierten Betonung des strukturellen Aspektes der Organisation eine Ausblendung des ‚Faktors Mensch‘ in seiner Bedeutung für den Entwurf effizienter Organisationen einher, eine Ausblendung, die für alle Klassiker des Managements kennzeichnend ist (..) Organisation heißt also formale Organisation, hat es mit den Beziehungen zwischen Stellen, nicht zwischen Menschen zu tun. (Dies heißt), daß die Integration der Menschen in eine gegebene Organisationsstruktur als ein Problem verstanden wird, das primär über die Befehlsgebung gelöst werden kann und soll“ (Steinmann / Schreyögg 1991: 37 bzw. 39).

Die klassische Organisationstheorie ging neben diesem maschinenhaften Ansatz zweitens davon aus, dass es vor allem die *materiellen*, und hier insbesondere die *monetären* Anreize sind, die die Mitarbeiter zu besonderen Leistungen motivieren. Deshalb plädierte einer der Urväter der Arbeitsteilung (und somit eigentlicher Erfinder des Fließbandes vor Henry Ford, der es in der Automobilindustrie schließlich erfolgreich umsetzte) und Vorläufer der modernen Managementlehre, Frederick W. Taylor, durchaus folgerichtig dafür, dass „Kapital und Arbeit sich den Produktivitätszuwachs teilten. Er ging von der Voraussetzung aus, dass jeder Arbeiter bzw. jede Arbeiterin in der Arbeit letztlich nach hohen Löhnen strebt, also als *economic man* an finanziellen Anreizen in Konkurrenz zu den anderen Arbeitern interessiert ist“ (Steinmann / Schreyögg 1991: 36). Andere als finanzielle Anreize spielten zu dieser Zeit keine Rolle.

Der deutsche Soziologe Max Weber schließlich untersuchte in den zwanziger Jahren in seinem Hauptwerk *Wirtschaft und Gesellschaft* die Effizienz bürokratischer Organisationen, deren große Leistung es sei, ausdrücklich von Personen abzusehen und somit – eben ohne Ansehen der Person – vor allem gerecht gegenüber Jedermann zu sein: „Der entscheidende Grund für das Vordringen bürokratischer Organisation war von jeher ihre rein technische Überlegenheit über jede andere Form. Ein voll entwickelter bürokratischer Mechanismus verhält sich zu diesen genau wie eine Maschine zu den nicht mechanischen Arten der Gütererzeugung. Präzision, Schnelligkeit, Eindeutigkeit, Aktenkundigkeit, Kontinuierlichkeit, Diskretion, Einheitlichkeit, straffe Unterordnung, Ersparnisse an Reibungen, sachlichen und persönlichen Kosten sind bei streng bürokratischer, speziell: monokratischer Verwaltung durch geschulte Einzelbeamte (...) auf das Optimum gesteigert“ (Weber 1972: 561f.).

Fasst man die gemeinsamen Merkmale der klassischen Organisationstheorie hinsichtlich der Einschätzung der Rolle der Mitarbeiter in Organisationen zusammen, so lässt sich festhalten: Die Effizienz einer Organisation ist fast ausschließlich sachtechnisch bestimmt, d. h. vorgeblich irrationale Elemente wie Freude, Sympathie, Zorn usw. stören den sachlichen Aufgabenvollzug. Management hat es dieser Auffassung nach primär mit den formalen aufgabenbezogenen Handlungen der Individuen zu tun. In Arbeitsgruppen kooperieren die Mitglieder der Gruppe auf einer rein sachlichen Basis – unabhängig von persönlichen Problemen und Eigenschaften. Effizienz ist nur erreichbar, wenn sich die Organisationsmitglieder den klar definierten Aufgaben anpassen, wenn ihr Handeln einer unverfälschten Anwendung der generellen Regeln entspricht.

Weiterhin arbeiten die in Unternehmungen und Organisationen tätigen Menschen dieser Theorie nach (bloß) um des Geldes willen und sind deshalb in erster Linie durch finanzielle Anreizsysteme zu motivieren. Menschen halten nicht immer die Vorschriften ein und müssen deshalb kontrolliert werden und Rechenschaft über ihre Arbeit ablegen. Organisationsmitgliedern fehlt der Überblick zur eigenverantwortlichen Gestaltung ihrer wechselseitigen Arbeitsbeziehungen. Sie bedürfen deshalb der Anleitung durch ein Regelwerk und der Führung durch Vorgesetzte (Steinmann / Schreyögg 1991: 45). Eigenverantwortlich denkende und handelnde Mitarbeiter kommen in diesem Denken in keiner Form vor.

Doch entsprach dieses Denken der klassischen Organisationstheorie tatsächlich immer weniger der Realität der Arbeitswelt – auch wenn es vor allem in seiner bürokratischen Ausprägung allerdings in vielen Kultureinrichtung immer noch anzutreffen ist! „Das Kernproblem des rationalistischen Organisationsmodells besteht darin, daß die Menschen nicht sehr rational sind. Um in Taylors alte Methode oder in die heutigen Organigramme hineinzupassen, ist der Mensch ganz einfach falsch konstruiert (oder natürlich umgekehrt...). Wenn wir den derzeitigen Erkenntnisstand der Psychologie auch nur einigermaßen erfaßt haben, dann ist der Mensch ein wandelnder Widerspruch und Konfliktherd“, schreiben Peters / Waterman (Peters / Waterman 1994: 81).

So rückte in den dreißiger Jahren des letzten Jahrhunderts mehr und mehr – sowohl auf Grund theoretischer Überlegungen (vgl. hierzu etwa Chester Barnards zukunftsweisendes Buch *The functions of the executive* von 1938; Barnard1938) als auch durch empirische Untersuchungen (vgl. hierzu die berühmten *Hawthorne-Experimente* in den zwanziger Jahren; Roethlisberger / Dickson 1939) – das tatsächliche Verhalten (daher: verhaltenswissenschaftliche Schule) der (Mit-)Arbeiter von Organisationen ins Blickfeld des wissenschaftlichen Interesses. Zunehmend setzte sich die Erkenntnis durch, „daß ‚glückliche (zufriedene) Arbeiter gute Arbeiter‘ sind. (...) Die verhaltenswissenschaftliche Schule hat (...) drei zentrale Themenbereiche entfaltet und in die Managementlehre integriert, nämlich das ‚Individuum in der Organisation‘ (Individualverhalten, Motivationstheorien), die ‚Gruppe in der Organisation‘ (Gruppenverhalten) und der ‚Vorgesetzte in der Organisation‘ (Vorgesetztenverhalten)“ (Steinmann / Schreyögg 1991: 45).

Mit der Frage, wie der und die Einzelne zu bewegen sind, möglichst optimal innerhalb der allgemeinen Zielsetzung einer Organisation (und für unsere Fragestellung heißt dies ganz konkret: möglichst besucherorientiert) zu arbeiten, beschäftigen sich seit den dreißiger Jahren des letzten Jahrhunderts die verschiedenen Motivationstheorien. Im Begriff der Motivation ist das Lateinische >movere< = >bewegen< enthalten; nur wenn man weiß, was die Menschen bewegt, kann man sie bewegen.

Spätestens seit den oben erwähnten *Hawthorne*-Experimenten, die Mitte der zwanziger Jahre des 20. Jahrhunderts begonnen wurden, ahnte man, dass die (Mit-)Arbeiter ganz offensichtlich (auch) von anderen Dingen als der finanziellen Entlohnung bewegt werden und beschäftigte sich theoretisch mehr und mehr mit diesen anderen Motivationskräften (Staehle 1994: 206; zum folgenden vgl. 206ff.).

Eines der bekanntesten Modelle innerhalb der *Motivationstheorie* ist die sog. Bedürfnispyramide, die der amerikanische Psychologe Maslow entwickelte. Er versteht den Menschen weniger als *economic man*, sondern viel mehr als ein *wanting animal*, motivierbar durch bestimmte Bedürfnisklassen. Insgesamt ging er von fünf solchen Klassen aus: (1) Physiologische Bedürfnisse, (2) Sicherheitsbedürfnisse, (3) Soziale Bedrüfnisse, (4) Wertschätzungsbedürfnisse sowie schließlich (5) Selbstverwirklichungsbedürfnisse. Diese Bedürfnisse lassen sich in einer Hierarchie, eben einer *Bedürfnispyramide*, anordnen. Maslows These: sobald ein Organisationsmitglied seine Basisbedürfnisse (z. B. gesicherte Ernährung, Wohnung, Mindesteinkommen usw.) befriedigt sieht, wird er nach neuen Bedürfnissen suchen. Befriedigte Bedürfnisse dienen dem Menschen somit nicht mehr als Motivation für verstärkte Leistungsbemühungen innerhalb einer Bedürfnisebene. Sie aktualisieren aber die nächst höhere Motivklasse (z. B. soziale Bedürfnisse, Wertschätzungsbedürfnisse und schließlich das Bedürfnis nach Selbstverwirklichung), die damit nun verhaltenswirksam wird.

Unbefriedigte Bedürfnisse dagegen erzeugen einen Spannungszustand, den es durch Bedürfnisbefriedigung abzubauen gilt. Sieht der Mitarbeiter nach einiger Zeit, dass beispielsweise die Befriedigung ichbezogener Bedürfnisse in seiner beruflichen Tätigkeit ausbleibt, wird er unzufrieden oder senkt sein Anspruchsniveau auf die nächstniedrigere Bedürfnisklasse und resigniert also; allerdings ist er dabei – zumindest relativ – zufrieden. Andererseits kann Unzufriedenheit ein Streben nach Verbesserung der

Verhältnisse und nach Aufstieg in der Bedürfnisskala zur Folge haben und somit Ausdruck einer sehr positiven Einstellung sein.

Gegenüber den Annahmen von Maslow wurde bald Kritik laut. „Problematisch am Ansatz Maslows – im Hinblick auf die empirische Überprüfbarkeit – ist die Tatsache, daß die theoretischen Aussagen nicht aufgrund empirischer Arbeiten formuliert worden sind, sondern (...) als Ergebnis philosophischer Studien und klinischer Erfahrungen. D. h. das Aussagensystem, vor allem die Abgrenzung der fünf Motivklassen, ist nicht operational genug, um es ohne weitere Annahmen und Hilfskonstrukte einem empirischen Test zu unterwerfen" (Staehle 1994: 208). Zweifelsohne kommt seinem Modell aber das Verdienst zu, dass es quasi den Ausgangspunkt für Weiterentwicklungen und Spezifizierungen durch andere Theoretiker und Praktiker darstellte.

So unterscheidet etwa Alderfer in Abgrenzung zu *Maslow* erstens nur drei Motivklassen, nämlich *Existence* (Existenzbedürfnisse), *Relatedness* (Beziehungsbedürfnisse) und schließlich *Growth* (Wachstumsbedürfnisse). Diese Motivklassen müssen auch nicht unbedingt in einer Hierarchie, sondern können viel eher auf einem Kontinuum angeordnet sein. Ein zweiter zentraler Unterschied zu Maslow besteht darin, dass bei Alderfer nicht erst die Bedürfnisse der unteren Ebene befriedigt sein müssen, damit Bedürfnisse auf oberen Ebenen Motivkraft entwickeln können. Sollte ein höheres Bedürfnis nicht zu befriedigen sein, wird vielmehr das nächst niedere relevant. Nach seiner Auffassung gibt es also nicht nur – wie bei Maslow – die herkömmliche *Frustrationshypothese*, nach der unbefriedigte Bedürfnisse zu einer Reduktion der damit verbundenen Spannungen motivieren, sondern er behauptet, dass im Sinne einer *Frustrations-Regressions-Hypothese* bei Nichtbefriedigung auch niedere Motivklassen, bei denen leichter Befriedigung zu erreichen ist, dominant werden. Dieses im Vergleich zu Maslow offenere Modell trägt sehr viel eher der Tatsache Rechnung, dass Menschen sehr unterschiedlich auf Bedürfnisbefriedigung (Aktivierung höherer Bedürfnisse) und Nichtbefriedigung (Verstärkung gerade dieses Bedürfnisses, Aktivierung niederer Bedürfnisse, Aktivierung höherer Bedürfnisse) reagieren können.

Während *Maslow* seine Bedürfnispyramide vor allem aus theoretischen Reflexionen über die Natur des Menschen entwickelte, ist die sog. *Zwei-Faktoren-Theorie* von Herzberg auf Grund empirischer Erhebungen entstanden. Mitarbeiter von Unternehmen wurden in Interviews über angenehme und unangenehme Arbeitssituationen befragt. Die Tatsache, dass nur ganz selten dieselben Ursachen / Faktoren mit guten und schlechten Arbeitserlebnissen genannt wurden, führte Herzberg zu der Vermutung, dass es offenbar zwei Klassen von Faktoren gibt:

- Faktoren, die Unzufriedenheit verhindern, aber keine Zufriedenheit herstellen; diese nannte er *Hygienefaktoren* (Unzufriedenmacher); hierzu zählten beispielsweise die Unternehmenspolitik, Personalführung, Entlohnung, Arbeitsbedingungen;
- Faktoren, die Zufriedenheit herstellen können, d. h. *Motivatoren* (Zufriedenheitsmacher) wie etwa die Leistung, Anerkennung, interessante Arbeitsinhalte, Verantwortung, Aufstieg.

Hieraus folgerte Herzberg, das Gegenteil von Unzufriedenheit sei nicht Zufriedenheit, sondern das Fehlen von Unzufriedenheit. (Man kann sich dies auch so verdeutlichen:

Das Trinken von keimfreiem Wasser verhindert Krankheiten, macht aber umgekehrt nicht gesund). Herzbergs Gestaltungsempfehlung für Organisationen lautet dementsprechend, zunächst die relativ leicht zu identifizierenden negativen Aspekte innerhalb der Hygienefaktoren zu identifizieren (etwa durch Mitarbeiterbefragungen). Diese sind dann zu eliminieren, um Unzufriedenheit zu verhindern. Ist dies gelungen, kann man sich dann voll auf die Motivatoren konzentrieren. „Dies bedeutet eine Abkehr von der klassischen Managementauffassung, nach der es zur Zufriedenheit von Arbeitern genüge, physiologische Grundbedürfnisse zu befriedigen, während Motivatoren lediglich für höhere Ränge in der Unternehmung von Bedeutung seien" (Staehle 1994: 212).

Die Kenntnis verschiedener Motivationstheorien, von denen hier nur einige wenige skizziert werden konnten, verrät der Leitung von Kultureinrichtungen einiges über die möglichen Bedürfnisse und Wünsche ihrer Mitarbeiter. Diese Theorien, die alle ihre Stärken, aber auch Schwächen haben, schärfen den Blick und die Aufmerksamkeit auf Faktoren, die die Leistungsbereitschaft, aber auch die Arbeitsfreude der Mitarbeiter einschränken können. Sie sollten als das, was sie sind, als theoretische Konstrukte und nicht als „Rezeptwissen" oder gar als Patentlösungen verstanden werden. Jeder Mensch, jeder Mitarbeiter ist ein Individuum und in jedem Individuum sind Wünsche, Hoffnungen, Fähigkeiten, aber auch Ängste und Befürchtungen unterschiedlich verteilt. Diese möglichst sensibel zu erkennen und stets die produktiven, vorwärtsweisenden Kräfte zu wecken, sollte Ziel einer Organisationsleitung sein.

Produktiv an Maslow knüpfte auch McGregor (McGregor 1973) mit seinen Reflexionen über die von ihm so genannten *Theorie X* und *Theorie Y* an, Überlegungen, die ganz im Sinne des zuletzt Gesagten weit über bloße Motivationstheorien hinaus reichen und grundsätzlich das Menschenbild berührende Fragen aufwerfen. Die Überlegungen zu *Theorie X* und *Theorie Y* sind für das Kernproblem, wie die Mitarbeiter einer Kulturorganisation dazu veranlasst werden können, möglichst besucherorientiert zu arbeiten, besonders fruchtbar. Ausgangspunkt der Überlegungen von McGregor „ist die verhaltenssteuernde Funktion von Orientierungsmustern, wie sie in Organisationen ausgeprägt werden. Im Zentrum steht dabei die Beobachtung, daß die Gestaltung organisatorischer Maßnahmen ganz wesentlich dadurch geprägt ist, wie die Entscheidungsträger die Mitarbeiter sehen, welches Bild von Mitarbeitern in einer Organisation vorherrschend ist und von den Entscheidungsträgern ihren Gestaltungsmaßnahmen zugrunde gelegt wird. Dabei kommt es gar nicht darauf an, ob sich der einzelne dieses Bildes bewußt ist oder nicht. McGregor geht vielmehr davon aus, daß es sich hier im wesentlichen um *implizite Menschenbilder* handelt, die das Handeln und damit auch die Gestaltungsmaßnahmen prägen" (Schreyögg 1998: 225). Zur Veranschaulichung entwickelt er zwei idealtypische Handlungstheorien, *Theorie X* und *Theorie Y*, und zeigt, „daß die traditionelle Organisationsgestaltung im wesentlichen einer *Theorie-X*-Orientierung entstammt" (Schreyögg 1998: 227; vgl. zum Folgenden S. 226f.).

Organisatorische Handlungstheorien	
Theorie X	**Theorie Y**
(1) Der Durchschnittsmensch hat eine angeborene Abneigung gegen Arbeit und versucht, ihr aus dem Weg zu gehen, wo er nur kann („opportunistisches Verhalten“). (2) Weil der Mensch durch Arbeitsunlust gekennzeichnet ist, muß er energisch geführt und streng kontrolliert werden, damit die Unternehmensziele erreicht werden. (3) Der Widerwille gegen die Arbeit ist so stark, daß sogar das Versprechen höheren Lohnes nicht reicht, ihn zu überwinden. Man wird zwar die Bezahlung annehmen, aber immer noch mehr fordern. (4) Menschen ziehen es vor, Routineaufgaben zu erledigen, besitzen verhältnismäßig wenig Ehrgeiz und sind vor allem auf Sicherheit aus. (5) Die meisten Menschen scheuen sich vor der Übernahme von Verantwortung.	(1) Die Verausgabung durch körperliche und geistige Anstrengung beim Arbeiten kann als ebenso natürlich gelten wie Spiel oder Ruhe. (2) Für Ziele, denen sie sich verpflichtet fühlen und die sie als sinnvoll erkennen, erlegen sich Menschen bereitwillig Selbstdisziplin und Selbstkontrolle auf. (3) Wie sehr sich Menschen organisatorischen Zielen verpflichtet fühlen, ist eine Frage, inwieweit ihre Erreichung zugleich eine Erfüllung persönlicher Ziele erlaubt. (4) Die Gabe, Vorstellungskraft, Urteilsvermögen und Kreativität für die Lösung organisatorischer Probleme zu entwickeln, ist in der Bevölkerung weit verbreitet und nicht nur bei Minderheiten. Unter den Bedingungen der modernen Arbeit sind die Talente, über die der Durchschnittsmensch verfügt, in der Regel nur zum geringen Teil genutzt. (5) Bei geeigneten Bedingungen wollen Menschen Verantwortung nicht nur übernehmen, sondern sie suchen sie sogar.

Abb. 20: Theorie X und Theorie Y

McGregor geht nun davon aus, dass das *Theorie X*-Menschenbild keineswegs dem entspricht, was die Menschen in Wirklichkeit denken und wollen. Gestaltungsmaßnahmen, die sich an *Theorie X* orientierten, gerieten deshalb zwangsläufig in einen tiefen Widerspruch zu den menschlichen Bedürfnissen. Im organisatorischen Alltag droht sich in Folge davon eine *Negativ-Spirale* einzupendeln. Es baut sich eine Art *selbsterfüllende Prognose* (self-fulfilling-prophecy) auf: organisatorische Gestaltungsmaßnahmen, die auf Kontrollbedürftigkeit und Passivität abstellen, lassen dem einzelnen Mitarbeiter keinen Freiraum zur Erfüllung seiner Fähigkeiten und Möglichkeiten. Dies führt zu Enttäuschung, Verbitterung und Abkapselung (innere Kündigung). Die Reaktionen sind ostentative Passivität und Desinteresse.

Dies wird von den verantwortlichen Organisationsgestaltern und Entscheidungsträgern nun wiederum als Zeichen der Richtigkeit ihres *Theorie X*-Menschenbildes verstanden. Sie fühlen sich immer wieder bestätigt in dem, was sie sich immer schon gedacht hatten und fühlen sich dadurch aufgefordert, noch mehr Kontrolle und noch rigidere Auftragsvergaben durchzuführen. Das Hauptproblem liegt nach McGregor allerdings in der falschen Kausalvermutung. Nicht das fehlende Interesse oder das Streben nach Bequemlichkeit geben Veranlassung für eine solche Art der Organisationsgestaltung, sondern umgekehrt, diese Art der Organisationsgestaltung und das handlungsleitende Menschenbild der *Theorie X* sind die eigentlichen Wurzeln eben dieser Verhaltensweise der Organisationsmitarbeiter (Schreyögg 1998: 227).

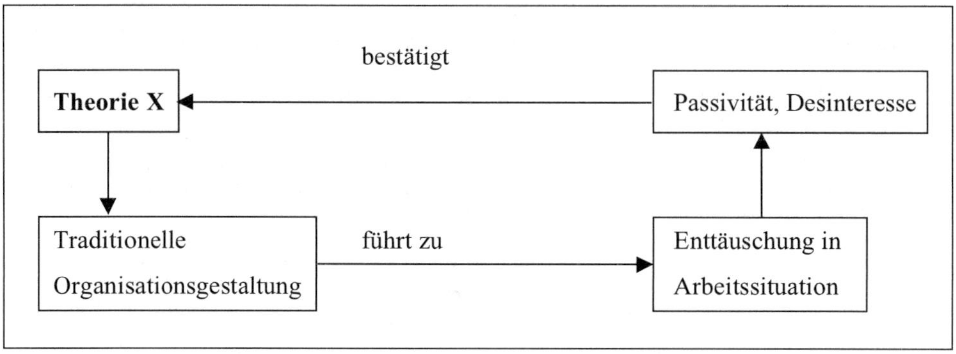

Abb.21a: Der Theorie X-Zirkel (circulus virtuosus)

McGregor plädiert nun dafür, die meist unbewusst vertretene *Theorie X* bewusst zu machen, ihre Kritikbedürftigkeit zu belegen und sie durch ein neues, erfolgsversprechenderes Menschenbild auf der Basis von *Theorie Y* zu ersetzen. Diese fordert dazu auf, solche organisatorischen Bedingungen zu schaffen, die es den Organisationsmitgliedern ermöglichen, über eine Erfüllung der Organisationsziele zugleich ihre persönlichen Ziele und Erwartungen zu erreichen. Dazu gehören beispielsweise die Dezentralisation von Entscheidungsprozessen, Integration und Führung durch Ziele, Delegation von Verantwortung, Gruppenentscheidungen usw. *Theorie Y* stellt die herkömmliche organisatorische Hierarchie als solche nicht in Frage, verweist aber darauf, dass es ganz andere und viel wirkungsvollere Mittel und Wege als Befehl und Kontrolle gibt, um eine Organisation leistungsfähiger zu machen.

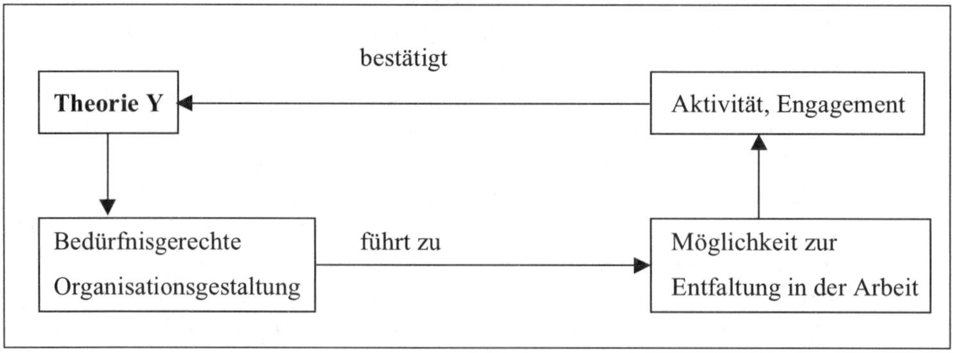

Abb. 21b: Der Theorie Y-Zirkel

Was Peters und Waterman aufgrund ihrer zahlreichen empirischen Untersuchungen exzellenter Unternehmen ganz grundsätzlich für die Industrie und den Dienstleistungsbereich raten, gilt daher umso mehr für den personalintensiven Kulturbetrieb: „Behandele Menschen wie Erwachsene. Behandele sie wie Partner; behandele sie mit Würde und Achtung. Behandele *sie* – nicht Investitionen oder Automation – als die wichtigste Quelle für Produktivitätssteigerung“ (Peters / Waterman 1994: 276). Es kommt also ganz entscheidend auf die Einzelne, den Einzelnen in der Kulturorganisation an, wenn Besucherorientierung nicht nur eine Worthülse oder ein Etikett, sondern tatsächlich gelebtes Leben einer Kultureinrichtung sein soll.

Peters und Watermans Erkenntnis: „Bei den exzellenten Unternehmen war nichts häufiger zu spüren als die Achtung vor dem Einzelnen. Diese Grundhaltung war allgegenwärtig. Aber wie bei so vielen anderen Dingen (...) kommt auch diese Haltung nicht in irgendeiner Einzelheit zum Ausdruck und zur Wirkung – in *einer* Annahme, Überzeugung oder Aussage, *einem* Ziel, *einer* bestimmten Wertvorstellung oder *einem* System oder Programm. Lebendig erhalten wird diese Idee in den Unternehmen durch eine Vielzahl struktureller Hilfsmittel, Systeme, Stile und Werte, die sich alle wechselseitig verstärken und diesen Unternehmen ihre außerordentliche Fähigkeit verleihen, mit ganz gewöhnlichen Menschen außergewöhnliche Ergebnisse zu erzielen (...) Diese Unternehmen geben ihren Mitarbeitern die Möglichkeit, ihr Geschick selbst zu beeinflussen; sie vermitteln den Menschen einen Sinn. Sie machen aus Lieschen und Otto Müller Erfolgsmenschen. Sie lassen es zu, daß Mitarbeiter sich hervortun, ja, sie drängen sogar darauf.“

Sie „plädieren nicht dafür, daß Mitarbeiter in Watte gepackt werden sollen. (Sie) plädieren für die illusionslose Achtung vor dem einzelnen und die Bereitschaft, ihn weiterzubilden, ihm vernünftige und klare Ziele zu setzen und ihm in der Praxis so viel an Freiraum einzuräumen, daß er an seinem Platz einen eigenen Beitrag leisten kann“ (Peters / Waterman 1994: 276).

Die Kultureinrichtung sollte daher so organisiert sein, dass sie – auf der Basis von *Theorie Y* – davon ausgeht, dass sie es prinzipiell mit hochmotivierten und engagierten Mitarbeitern zu tun hat, die das gemeinsame Ziel der Besucherorientierung auch tatsächlich umsetzen *wollen*. Dieses sollte das in der Kulturorganisation ganz grundsätzlich vorherrschende Menschenbild sein. Geschieht dann in der tagtäglichen Arbeit etwas anderes, so wäre daher die „Schuld“ zunächst nicht bei dem einzelnen Mitarbeiter zu suchen, sondern es wäre zu fragen, welche Regelungen innerhalb der Organisation diesen möglicherweise dazu veranlasst haben, sich nicht besucherfreundlich zu verhalten.

Hilfreich ist dabei, die Fehlersuche unter drei Aspekten vorzunehmen (vgl. hierzu auch Hugo-Becker / Becker 1996; Rischar 1991; Lobscheid 1994):

- Der Mitarbeiter *kann* nicht. Viele Schwierigkeiten entstehen oft alleine dadurch, dass Mitarbeiter die ihnen übertragenen Aufgaben aus den unterschiedlichsten Gründen nicht können. Vielleicht haben sie die konkrete Aufgabenstellung nicht verstanden, trauen sich aber nicht, dies zuzugeben und nachzufragen. Oder sie haben sie zwar verstanden, wissen aber nicht, wie sie das Problem lösen sollen. Oder sie haben alles verstanden und auch die kognitiven Voraussetzungen, aber irgendwelche

emotionale Sperren hindern sie, die Aufgaben entsprechend anzugehen. Möglicherweise sind sie recht scheu und „trauen“ sich nicht, offen auf Besucher zuzugehen und mit diesen zu sprechen. In allen Fällen des Nicht-Könnens sollte zunächst in aller Sorgfalt und Ruhe festgestellt werden, warum ein Mitarbeiter eine Aufgabe nicht erfüllen kann (oder glaubt, sie nicht erfüllen zu können). Sind die Ursachen für die Nichterfüllung der gestellten Aufgabe geklärt, sollte gemeinsam mit dem Mitarbeiter besprochen werden, wie das Problem von diesem gelöst werden kann. Oftmals genügen einige hilfreiche Vorschläge seitens der Kollegen oder des Vorgesetzten, manchmal sind spezielle Schulungen notwendig oder der Mitarbeiter wird zu einer Weiterbildungsmaßnahme angemeldet. In allen Fällen ist allerdings nach einiger Zeit unbedingt nachzufragen, welchen Erfolg (oder ggf. auch Misserfolg) die gemeinsam besprochene Maßnahme hatte.
- Der Mitarbeiter *darf* nicht. Nicht selten stellt sich heraus, dass der Mitarbeiter durchaus in der Lage wäre, ein Problem aus eigener Kraft zu lösen. Er glaubt allerdings, er sei hierzu nicht berechtigt und überschreite seine Kompetenzen, wenn er entsprechend handelt. Vielleicht hat er sogar in der Vergangenheit bereits einmal etwas eigenständig erledigt und seinerzeit einen Rüffel bekommen. Daraus hat er – negativ! – gelernt und traut sich nun nichts mehr. Statt das Problem offen anzusprechen, handelt er einfach gar nicht oder schiebt das Problem einem anderen Mitarbeiter zu. In solchen Fällen ist ebenfalls in persönlichen Gesprächen oder gemeinsamen Diskussionen in der Kulturorganisation der jeweilige Handlungsspielraum abzustecken, innerhalb dessen Mitarbeiter eigenständig – z. B. in Kulanzfällen – handeln können, ohne hinterher hierfür kritisiert zu werden.
- Der Mitarbeit *will* nicht. Immer wieder kommt es auch vor, dass ein Mitarbeiter bestimmte Aufgaben nicht erledigen will. Aber auch dieses Nicht-Wollen, das von Vorgesetzten und auch Kollegen sehr schnell als Renitenz und Widersetzlichkeit eingestuft wird, hat seine Ursachen, denen in geduldigen Mitarbeitergesprächen nachgegangen werden sollte. Vielleicht hat der Mitarbeiter gravierende private Probleme, die ihn daran hindern, seine Arbeit optimal zu erledigen. Vielleicht hat er Schwierigkeiten mit ganz bestimmten Kollegen oder innerhalb seines Arbeitsteams. So weit dies irgend möglich bzw. im Sinne des Ganzen vertretbar ist, sollte die Organisation den einzelnen Mitarbeitern helfen, diese Probleme zu lösen, damit sie ihr volles Engagement wieder in den Dienst der gemeinsamen Sache stellen können.

Eigene Praxiserfahrungen mit Schulungen von Aufsehern in Museen, die von der Museumsleitung zuvor als wenig besucherfreundlich und teilweise sogar als „problematisch“ geschildert worden waren, haben gezeigt, dass ca. 80 % der Schwierigkeiten, mit denen sich die Aufseher auseinandersetzen zu hatten, keineswegs von den Besuchern kamen oder in der Persönlichkeitsstruktur der Aufseher begründet lagen, sondern vom Museum selbst produziert wurden. Dazu zählten beispielsweise unzureichende Informationen über die zeitweise Schließung von Abteilungen; Unkenntnis von Ausleihungen wichtiger Museumsstücke; fehlendes Feedback bei „Meldungen nach oben“; Unsicherheit über Notfallregelungen; selten allgemeines Lob, dafür sehr häufig Tadel in konkreten Fällen; von den vereinbarten Regelungen abweichendes Verhalten durch das Leitungspersonal, z. B. hinsichtlich des Fotografierverbotes usw. Die meisten dieser Probleme ließen sich in geduldigen gemeinsamen Gesprächen lösen; dies machte die besucherorientierte Arbeit aller sehr viel leichter und angenehmer.

5.2 Führung durch Zielvereinbarungen

Damit eine (Kultur-)Organisation zielorientiert – hier im Sinne der Besucherorientierung – arbeiten kann, bedarf es der verbindlichen Steuerung bzw. der Führung, ganz gleich, wie diese intern strukturiert ist. Ob eine Organisation hierarchisch oder kooperativ, ob autoritär oder partizipativ, ob zentralisiert oder dezentral geführt wird: irgendeine Einheit innerhalb der Organisation muss die grundlegende Richtung bestimmen und sicherstellen, dass das einmal festgelegte Ziel auch tatsächlich eingehalten wird – ganz im Sinne des englischen >*controlling*<, was soviel wie >*steuern*< heißt und im Deutschen leider recht häufig mit >*kontrollieren*< falsch übersetzt wird.

„Führung“ findet aus dieser Perspektive also auch im demokratisch und partizipativ organisierten Team statt. Unter Führung versteht man „die personale Seite der Steuerung von Prozessen und Betrieben. Durch Führung sollen Mitarbeiter veranlasst (motiviert, in die Lage versetzt) werden, Ziele zu erreichen, wobei diese Ziele zunächst einmal Unternehmensziele sind, die aber mit den persönlichen Leistungszielen möglichst identisch sein sollten. Führung spielt gerade im Kulturmanagement eine große Rolle, kommt es doch häufig darauf an, Mitarbeiter mit sehr individuellen Persönlichkeitsstrukturen (Künstler, Verwaltungssachbearbeiter, Finanzfachleute, Hausmeister usw.) dazu zu bewegen, in der Zusammenarbeit mit anderen arbeitsteilig Leistungen zu erbringen“ (Heinrichs / Klein 2001: 117).

In der Analyse von Führung und möglicher Führungsmodelle können drei prinzipielle Sichtweisen unterschieden werden:
(1) Führung als Ausfluss von Führungseigenschaften (*Eigenschaftsansatz*),
(2) Führung als ein Prozess der Beeinflussung (*Prozessansatz*),
(3) Führung als Funktion von Management (*Mangement-by-Systeme*).

• Führung als Ausprägung bestimmter Führungseigenschaften (Eigenschaftsansatz)

Der historisch älteste Ansatz begriff Führung als den Ausdruck ganz bestimmter *Führungseigenschaften*. Das Gelingen des Führungsprozesses ist in dieser Sichtweise von ganz bestimmten Führungseigenschaften einzelner Personen bzw. der individuellen Führungspersönlichkeit abhängig. Dementsprechend konzentrierte sich das Interesse auf die Frage, welche Eigenschaften das Führungspersonal haben sollte. So wurde im Zuge der Verwissenschaftlichung (vgl. zu der folgenden Darstellung Staehle 1994: 818ff.) dieser Fragestellung unterschieden zwischen *Manager* und *Führer*. Für Zaleznik

(Zaleznik 1977) beispielsweise hat der Manager eine eher unpersönliche und distanzierte Einstellung gegenüber den Unternehmenszielen, bevorzugt bekannte Problemlösungen und sieht in Kollegen und Mitarbeitern lediglich Funktionsträger. Führer sind in seiner Sichtweise dagegen von neuen Ideen zu begeistern, arbeiten mit Visionen, sind risikofreudig haben eine empathische Einstellung zu ihren Mitarbeitern und treiben Veränderungen voran.

Bennis und Nanus (Bennis / Nanus 1987) unterscheiden ganz ähnlich zwischen *transaktionalen Managern* („Managers do things right") und *transformativen Führern* („Leaders do the right things"). Der transformative Führer sei in Zeiten, in der große Unternehmen „overmanaged" und „underled" seien, besonders gefragt, um neue Visionen zu entwickeln, motivierend, sinnvermittelnd und kulturbewusst die Mitarbeiter zu führen. Sie formulieren vier Anforderungen an transformative Führer; diese sollen

- mit Visionen Aufmerksamkeit wecken,
- durch Kommunikation Sinn vermitteln,
- einen Standpunkt einnehmen und Position beziehen,
- sowie die Entfaltung der Persönlichkeit vorantreiben durch positives Selbstwertgefühl, Lernen aus Fehlern, Erkennen von Stärken und Kompensation von Schwächen, Entwickeln von Talenten und die Übereinstimmung von Qualifikationen und Anforderungen.

Tichy und Devanna (Tichy / M. A. Devanna 1986) kommen zu sieben Eigenschaften eines transformativen Führers:

- Diese verstehen sich als Change Agents,
- sie sind couragiert,
- sie vertrauen anderen Menschen,
- sie handeln wertorientiert,
- sie sind lebenslange Lerner,
- sie können mit Komplexität, Ambiguität und Unsicherheit umgehen,
- sie haben Visionen.

Die bereits mehrfach zitierten Peters und Waterman betonen ebenfalls die Bedeutung der *transformierenden Führung* für die Leistungsfähigkeit exzellenter Unternehmen und verstehen darunter „eine Führung, die auf dem Sinnstreben des Menschen aufbaut und ein gemeinsames Unternehmensziel schafft. Wir sind ziemlich sicher, daß praktisch jedes einzelne exzellente Unternehmen, das mit seiner Kultur den (...) Bedürfnissen des ‚irrationalen Menschen' gerecht wird, irgendwo in seiner Geschichte durch transformierende Führung geprägt wurde. Mittlerweile dürften die Kulturen dieser Unternehmen so gefestigt sein, daß dauernde transformierende Führung nicht mehr nötig ist; wir bezweifeln aber, daß sich die Kulturen je entwickelt hätten, wenn nicht irgendwann, zumeist als die Unternehmen noch recht klein waren, diese Art der Führung praktiziert worden wäre. Der transformierende Führer beschäftigt sich auch mit Details; für ihn sind die Fertigkeiten des Pädagogen, des Mentors, des Linguisten wichtig, die ihm helfen können, in seiner Rolle als Gestalter von Wertvorstellungen, Vorbild und Sinnvermittler. Er hat eine viel schwierigere Aufgabe als der vorgangsorientierte Führer, denn er ist der wahre Künstler, der wahre Erkunder neuer Wege. Schließlich weckt und verkörpert er ja das uns alle verbindende Streben nach Transzendenz. Gleichzeitig propagiert er seine ein oder zwei übergeordneten Wertvorstellungen mit geradezu sturer Beharrlichkeit" (Peters / Watermann 1995:34).

Der französische Schriftsteller Antoine de Saint-Exupéry brachte dieses Führungsprinzip in den schönen Satz: „Wenn Du ein Schiff bauen willst, so trommle nicht Männer zusammen, um Holz zu beschaffen, Werkzeuge vorzubereiten, Aufgaben zu vergeben und die Arbeit zu erleichtern, sondern lehre die Männer die Sehnsucht nach dem endlosen weiten Meer."

Kakabadse (Kakabadse 1984) führt in seiner Klassifikation unterschiedliche Führertypen auf unterschiedliche *Persönlichkeitsstrukturen* zurück. Demnach sind für das Führungsverhalten die kognitiven Strukturen (*mental maps*), welche die Wahrnehmungs- und Handlungsprozesse der Menschen steuern, ausschlaggebend. Er dichotomisiert das Wahrnehmungskontinuum in *außengeleitet* (abhängig von Meinungen anderer) und *innengeleitet* (selbstgerichtet) und das Handlungskontinuum in komplex/kohärent und einfach/konsistent.

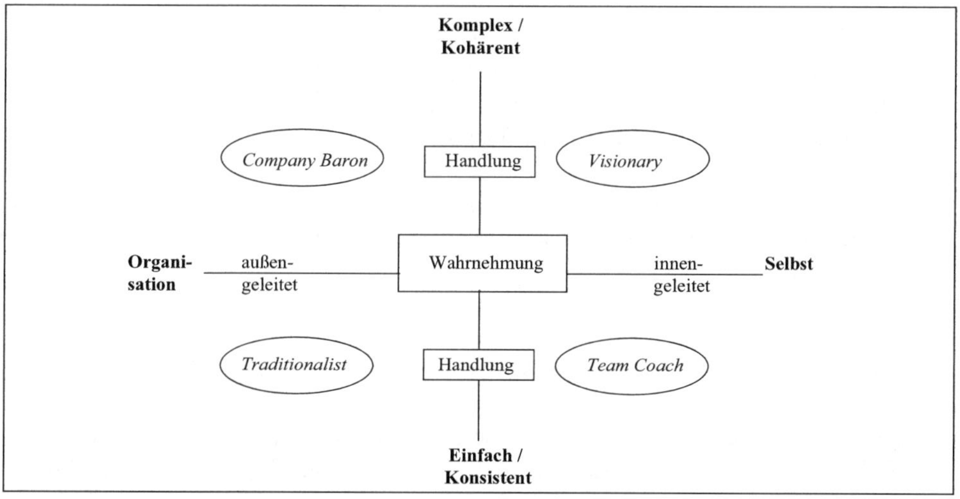

Abb. 22: Führertypen nach Kakabadse

Dadurch kommt er zu vier Ausprägungen von Führern:

- *Traditionalists*: Diese bewahren das Bestehende, z. B. die Art und Weise, wie Ressourcen verteilt werden; jede Veränderung wird als Bedrohung gesehen; sie bevorzugen Details, Spezialkenntnisse, sind genau, penibel und unflexibel; sie garantieren Stabilität, sind der Organisation und anderen gegenüber loyal.
- *Team coaches*: Diese benötigen die Nähe Gleichgesinnter; in Gruppen agieren sie als Missionare für Neues, sie sind flexibel, informell, persönlich; Loyalität empfinden sie primär der Gruppe gegenüber.
- *Company barons*: Diese denken ganzheitlich in großen Dimensionen; sie sind Generalisten ohne Detailkenntnisse; sie entwerfen strategische Pläne, bevorzugen lediglich evolutionäre Veränderungen; sie sind opportunistisch und statusbewusst.

- *Visionaries*: Diese sehen die Organisation ganzheitlich und wollen sie entsprechend ihrer Vision verändern; sie bevorzugen dramatische Veränderungen, sind wenig loyal und arbeiten isoliert.

Macoby (Macoby 1981) schließlich unterscheidet vier Typen von Führungspersonal:
- *Craftsman*: Diese sind qualitätsorientiert, konservativ, inflexibel, unkooperativ, perfektionistisch, selbstgenügsam.
- *Jungle Fighters*: Diese sind machtorientiert, dominant, rastlos, aufrecht, beschützend gegenüber Freunden.
- *Company Man*: Diese sind leistungsorientiert, loyal, vorsichtig, fürsorglich, servil, ängstlich.
- *Gamesman*: Diese sind wettbewerbsorientiert, kalkuliertes Risiko eingehend, flexibel, manipulativ, neuerungsorientiert.

So evident und auf den ersten Blick plausibel die verschiedenen Kategorisierungsversuche zunächst auch sein mögen, so werden ihre Schwächen und letztendlich ihre Zufälligkeit bei genauerem Hinsehen schnell deutlich. Problematisch ist an diesen festgestellten oder behaupteten Führungseigenschaften vor allem ein Punkt. Da diese Eigenschaften in hohem Maße personengebunden bzw. tief in der Persönlichkeit des Einzelnen verwurzelt bzw. mehr oder weniger „angeboren" sind, sind sie auch von der einzelnen Person nur sehr schwer beeinflussbar. Dadurch sind sie aber auch nur relativ schwer veränderbar. Daraus ergibt sich das Problem, wie sich der oder die Einzelne, der in eine Führungsposition gelangt, verhalten soll, wenn er oder sie nicht über die entsprechenden persönlichen Eigenschaften verfügen bzw. nicht „über ihren Schatten springen" können?

- **Führung als ein Prozess der Beeinflussung (Prozessansatz)**

Aufgrund dieses Defizits bestimmt ein auch heute noch weit verbreiteter zweiter Ansatz Führung weniger als das Ergebnis mehr oder weniger fester, personengebundener Eigenschaften, sondern begreift Führung viel mehr als einen *Prozess der Beeinflussung der Mitarbeiter*. Führung hängt aus dieser Perspektive somit sehr viel weniger von den Eigenschaften des jeweiligen Führers ab, sondern vor allem auch vom Verhalten der zu Führenden, ihrer Motivation und den Bedingungen der jeweiligen Umwelt. In diesem Beeinflussungsprozess spielen somit weniger spezifische Charaktermerkmale des Führungspersonals oder spezifische Führungseigenschaften als vielmehr psychologische und soziale Momente die zentrale Rolle. Der große Vorteil dieser Sichtweise von Führung im Sinne von Beeinflussung ist, dass diese durchaus lernbar bzw. einübbar ist, was im Eigenschaftsansatz (entweder man hat die entsprechenden Fähigkeiten oder man hat sie nicht) weitgehend ausgeschlossen war.

Im Rahmen des Prozessansatzes wurden zur Realisierung von Zielen sog. *Führungsstile* (Führungsverhalten) entwickelt. Hierunter wird „die Art und Weise verstanden, in der Führungskräfte sich ihren Mitarbeitern gegenüber verhalten, d. h. ihre

Führungsfunktion ausüben. Es handelt sich hierbei um ein zeitlich relativ überdauerndes und in bezug auf verschiedene Situationen konstantes Führungsverhalten der Vorgesetzten gegenüber ihren Untergebenen zur Aktivierung und Steuerung des Leistungsverhaltens der Mitarbeiter“ (Becker 1994 S. 161). Dabei können sog. eindimensionale und zwei- bzw. mehrdimensionale Ansätze unterschieden werden.

Der sog. eindimensionale Ansatz der Führungsstile knüpft an die Unterscheidung von einerseits autoritärem und andererseits demokratisch-partizipativen Führungsstil an. Tannenbaum / Schmidt (Tannenbaum / Schmidt 1958: 96) etwa stellen diese Dimension anhand eines Kontinuums dar:

Autoritärer Führungsstil ◄——► **Demokratischer Führungsstil**

Vorgesetzter zeigt autoritäres Verhalten

Vorgesetzter lässt Untergebenen Freiheit

Vorgesetzter trifft Entscheidungen und verkündet sie	Vorgesetzter „verkauft“ Entscheidungen	Vorgesetzter schlägt Ideen vor und erwartet Fragen	Vorgesetzter schlägt Versuchsentscheidung vor, die geändert werden kann	Vorgesetzter zeigt das Problem, erhält Lösungsvorschlag und entscheidet	Vorgesetzter gibt Grenzen an und fordert Gruppe auf, die Entscheidung zu fällen	Vorgesetzter gestattet Mitarbeitern frei zu handeln in den Systemgrenzen

Abb. 23: Führungsmodell nach Tannenbaum / Schmidt

Die sog. zwei- und mehrdimensionalen Ansätze orientieren sich an zwei (oder mehr) Verhaltensweisen von Vorgesetzten, wobei beispielsweise in eher aufgabenorientierte und in mehr mitarbeiterorientierte Führungsstile unterschieden werden kann. Halpin und Winer (Ohio State University Leadership Studies; vgl. hierzu Halpin / Winer 1957) etwa unterscheiden zwischen *Consideration* und *Initiating Structure*. Consideration (sinngemäß: Wertschätzung, wohlwollende Besorgtheit) meint das Ausmaß, in dem ein Vorgesetzter menschliche Wärme, Vertrauen, Respekt vor den Untergebenen, Zugänglichkeit, Rücksichtnahme auf persönliche Sorgen u. ä. zeigt.

Die Dimension *Initiating Structure* (sinngemäß: vorstrukturierende und stimulierende Aktivität) stellt dagegen auf Aktivitäten des Vorgesetzten ab, die eine unmittelbare Effektivierung des Leistungsprozesses zum Gegenstand haben. Hierzu zählen beispielsweise die Definition und Abgrenzung der Kompetenzen, exakte Planung des Aufgabenvollzugs, Abschirmung von Störungen, Vollzugs- und Ergebniskontrollen, externe Leistungsanreize. Diese zwei Grunddimensionen sind – so die Idee – in jeweils verschiedenen Ausprägungsgraden beliebig miteinander kombinierbar. Von besonderem Interesse ist dabei derjenige Führungsstil, der ein hohes Maß an freundlicher Zuwendung mit aktiv stimulierendem Verhalten des Vorgesetzten kombiniert.

Blanchard und Hershey (Blanchard / Hershey 1992: 19) kombinieren Fähigkeiten der Mitarbeiter („Was kann er/sie? Kann der Mitarbeiter die Arbeit machen? Ist er kompetent?“) und ihre Motivation („Was ist sein/ihr Motiv? Will der Mitarbeiter die

Arbeit machen? Hat er Selbstvertrauen?“) miteinander und kommen zu folgenden vier Mitarbeiterkombinationen, für die sie die angefügten Führungsstile empfehlen:

- Das *Arbeitstier*; dieser Mitarbeiter hat gute Fähigkeiten und etwas Motivation; er braucht Unterstützung und Hilfe, wenn nicht motiviert; er benötigt normalerweise keine spezifische Hilfe bei der Arbeit (motivierender Führungsstil: Zuhören und Fragen stellen; Anerkennung zollen; Gespräche unter vier Augen führen; Anteilnahme zeigen; verfügbar sein; regelmäßig Fortschritte überprüfen; gemeinsames Besprechen von Fortschritten und Zielen; auftauchende Probleme rasch in Angriff nehmen).
- Der *Lernende*; dieser hat mittlere Fähigkeiten, etwas Motivation, die nach anfänglichen Erfahrungen zurückgeht; er braucht in einigen Bereichen spezifisches Training und muss auch für die Arbeit motiviert werden (beratender Führungsstil: Zuhören, Erklären; an Beispielen zeigen; hilfreiche Ratschläge geben; Vorgabe von Zielen, die ein gewisses Engagement erfordern; auf Fragen eingehen; Überprüfen von Zielen und Ergebnissen; regelmäßig positives Feedback geben).
- Der *Star* hat gute Fähigkeiten und eine hohe Motivation; er braucht einen Ansprechpartner, um seine Ideen zu diskutieren und kann die Arbeit selbstständig erledigen; (Ansprechpartner-Führungsstil: Zur Verfügung stehen, wenn nötig; Überprüfen der Ergebnisse; Geben von Belohnungen; Herausfordern mit neuen Ideen und Chancen; Fragen nach Meinungen und Ideen; nicht im Wege stehen!).
- Der *Trainee* schließlich hat geringe Fähigkeiten, dafür hohe Motivation (bei neuen Jobs oder Aufgaben); er braucht spezifisches Training und Anweisung. (Hier empfiehlt sich ein Instruktionsstil: spezifische Anweisungen geben, erklären, wie's gemacht wird; Anbieten von Training; Setzen von Zielen; Loben von Fortschritt; genaue Überwachung; Reagieren auf spezifische Probleme).

Conlow schreibt hierzu: „Es gibt potentiell eine fünfte Gruppe von Mitarbeitern, die man am besten mit dem Wort ‚Ballast‘ beschreibt. Mitarbeiter dieser Kategorie bringen andauernd schlechte Leistungen und stellen ein Problem dar. Was macht man mit einem Mitarbeiter dieser Gruppe? Wenn es nichts nützt, ihn zu korrigieren, zu unterstützen und ihn zur Rede zu stellen, kündigen Sie ihn“ (Conlow 1992: 20).

- **Führung als Funktion von Management**

Der dritte – und heute sehr weit verbreitete – Ansatz schließlich hat sich aus dem Beeinflussungsprozess-Ansatz heraus entwickelt, betont aber noch sehr viel stärker als dieser die Gestaltung der Umwelt. In diesem Ansatz wird Führung als Funktion von Management verstanden und in das gesamte System der managerialen Leistungserbringung integriert. Hierfür hat die Management-Theorie eine ganze Reihe von Systemen entwickelt, die sog. *Management-by-Systeme*. Hierbei „handelt es sich um mehr oder weniger umfassende Empfehlungen zur Gestaltung von Führungskonzeptionen“ (Becker 1994: 244ff.). Zu diesen Mangement-by-Systemen (vgl. hierzu im Einzelnen

Becker 1994: 244; Gablers Wirtschaftslexikon 1993: 2180; Schneck 1993: 396f.) zählen u. a.:

- *Mangement by Delegation*; dies meint ganz prinzipiell die Führung durch Aufgabenübertragung, d. h. eine – mehr oder weniger – weitergehende Delegation von Aufgaben an untergeordnete Hierarchieebenen. Voraussetzung hierfür ist eine klare Aufgabendefinition und Kompetenzabgrenzung. Da durch die zunehmende Arbeitsteilung und Spezialisierung die Delegation von Verantwortlichkeiten und Kompetenzen zur Entlastung der Führungsebene in nahezu allen Aufgabenfeldern beinahe zwangsläufig und somit ganz grundlegend ist, wäre zu fragen, ob hier bereits von einem Führungsmodell in o. a. Sinne gesprochen werden kann. Bei den folgenden Systemen steht dies jedoch außer Frage.

- *Management-by-Decision-rules*; dieses System verbindet die Vorgabe von Entscheidungsregeln mit der Delegation von Aufgaben, um die mit der Durchführung der delegierten Aufgaben verbundenen Entscheidungen sachlich, zeitlich wie personell zu reglementieren. Der Mitarbeiter soll nach einer detaillierten Regelvorgabe die vorgegebenen Ziele erfüllen. So soll eine exakte Ausrichtung aller Aktivitäten auf das gemeinsame Organisationsziel hin erreicht werden. (Typische Struktur: „Immer wenn x eintritt, ist y zu tun.") Dieses Führungsinstrument lässt sich vor allem bei Routineentscheidungen sehr gut einsetzen, allerdings ist der Trend zur Bürokratie mit Dienstwegen unübersehbar. Darüber hinaus ist dieses Prinzip wenig motivierend.

- *Management-by-Exception*; in diesem System der Führung durch Abweichkontrolle und Eingriffe in Ausnahmefällen konzentrieren sich die Vorgesetzten vor allem auf ihre Führungsaufgaben, während die nachgeordneten Mitarbeiter die Aufgabenerfüllung und die damit verbundenen Entscheidungen übernehmen. In diese Entscheidungsprozesse der einzelnen Mitarbeiter greifen die Vorgesetzten nur in Ausnahmesituationen („Exception") ein. Diese sind z. B. dann gegeben, wenn die vorgegebenen Entscheidungsspielräume überschritten werden und/oder sich andere unerwartete Entwicklungen ergeben. Die Vorteile liegen vor allem in der Entlastung der Führungsebene und der möglichen Motivation der Mitarbeiter durch selbstständiges Handeln bei Normalfällen. Die Kommunikation zwischen Vorgesetzten und Mitarbeitern wird auf das Nötigste beschränkt. Fraglich – und oftmals risikoreich – bleibt allerdings, ob alle Mitarbeiter Ausnahmefälle richtig einschätzen können bzw. wie es sich auf ihre Motivation auswirkt, wenn sie in diesen Fällen immer wieder mit „Eingriffen von oben" rechnen müssen.

- *Management by Participation*; dieses Grundprinzip fordert eine sehr viel stärkere Einbeziehung der Mitarbeiter in den Zielfindungsprozess als bei allen anderen Delegationsprozessen. Ausgangspunkt ist die Annahme, dass eine Identifikation der Mitarbeiter mit den Organisationszielen (und damit ihre Leistung) wächst, je mehr und intensiver sie an der Formulierung dieser Ziele mitwirken können. Eine Ausprägung dieses Führungssystems ist das folgende Management by Objectives.

- *Management by Objectives* meint so viel wie die Führung durch Zielvereinbarung. Hierbei handelt es sich um ein mehrdimensionales Führungskonzept, das durch die Betonung der gemeinsamen Zielvereinbarungen (daher findet sich häufig auch der Begriff des *Kontraktmanagements*) zwischen der Führung und den Mitarbeitern sowie die weitgehende Delegation von Entscheidungsbefugnissen gekennzeichnet ist (vgl. hierzu auch: Meier 1998). Die Instrumente bzw. der Weg der Zielerreichung wird somit bewusst in den Ermessensspielraum der Mitarbeiter gelegt. Weitere wichtige Elemente sind Rückkoppelungen hinsichtlich des Grades der Zielerreichung an die Führung sowie die Koppelung von Belohnungen an den Grad der Zielerreichung. Wichtig sind daher vor allem die vollständige Formulierung der Ziele nach Inhalt, Art, Ausmaß und zeitlichem Geltungsbereich.
  Der Erfolg dieses Führungssystems hängt entscheidend von dem Partizipationsgrad der Mitarbeiter bei der Zielvereinbarung ab. Die Suche nach realisierbaren, klaren, exakten, messbaren und doch möglichst flexiblen Zielvorgaben stellt nicht selten ein Problem dar. Kritiker monieren zwei grundsätzliche Mängel an diesem Modell. „Zum einen geht man davon aus, daß für alle Ebenen Ziele systematisch und kongruent abgeleitet werden können. Die Grenzen einer Operationalisierbarkeit und der enorme Aufwand der Zielvereinbarung, der Feststellung von Soll / Ist-Abweichungen und einer fundierten Abweichungsanalyse bleiben unberücksichtigt. Zum anderen kann es nicht in allen Situationen sinnvoll sein, Ziele als Steuerungsinstrumente zu verwenden. Gut strukturierbare Aufgabenstellungen werden durch die Formulierung von Zielen u. U. schlechter ausgeführt als bei der Verwendung von klaren Anweisungen und der Vorgabe von gewünschten Abläufen. Ebenso ist von unterschiedlichen Motivstrukturen bei den Mitarbeitern auszugehen, so daß Ziele nicht grundsätzlich die anvisierte motivierende Wirkung haben müssen" (Becker 1994: 245). Trotz dieser sicherlich ernst zu nehmenden und zu berücksichtigenden Einwände ist die Führung durch Zielvereinbarung mit am besten geeignet, eine Kultureinrichtung zu orientieren, da es – wie oft genug betont – hierbei auf jeden einzelnen Mitarbeiter ankommt, der seinen Beitrag zur Besucherorientierung leisten soll.

- *Mangement by Results*, d. h. Führung durch Ergebnisüberwachung. Dies beinhaltet die laufende Kontrolle der vorgegebenen Ergebnisgrößen. Dieses ebenfalls vorrangig zielgesteuerte Führungskonzept ist durch einen systematischen Ausbau der Zielplanung zum Führungsinstrument gekennzeichnet. Es geht von den Grundsätzen aus, dass die Abteilungen und Arbeitsgruppen ihre ganze Aufmerksamkeit auf wenige, möglichst quantitative Entscheidungsmaximen konzentrieren sollen und können; dass die Ziele für die Entscheidungsträger motivierende Kraft besitzen; dass die Entscheidungsträger auf allen Ebenen über die von ihnen erwarteten Verhaltensweisen ausreichend informiert sind und der jeweilige Erfüllungsgrad der Ziele durch Vergleich zwischen geplanter und effektiver Leistung ermittelt werden kann.
  Im Gegensatz zum Management-by-Objectives werden hier allerdings die zu erreichenden Resultate einseitig von der Führungsebene festgelegt. Organisatorischer

Ausdruck dieses Führungsmodells ist die sog. Profit-Center-Organisation, d. h. jede Einheit im Unternehmen arbeitet eigenständig an einer Gewinnvorgabe. Diesem Führungsmodell liegt eine skeptische Grundhaltung gegenüber dem Leistungswillen der Mitarbeiter zugrunde, die angeblich nur durch Kontrolle statt durch Vertrauen zu führen sind. Die möglichen Nachteile können daher zum einen ein ausgeprägter Bereichsegoismus und Zahlenfetischismus unabhängig von der Qualität sowie andererseits die Demotivation der Mitarbeiter durch unrealistische Resultatvorgaben sowie ständige Kontrollen sein.

- *Mangement by Systems*; dies meint die Führung durch Systemsteuerung. Die Überlegungen hierzu beruhen auf Theorien der Kybernetik, d. h. der Lehre von Regelkreisen und stellt eine Mischung aus verschiedenen anderen Führungsmodellen dar. Kennzeichnend für einen sog. Regelkreis (etwa der Thermostat einer Heizung) ist die Rückmeldung von Ergebnissen (zu kalt / zu heiß) und die Eigensteuerung (mehr / weniger Wärmezufuhr). Der Regler (d. h. die Führung) soll nur in notwendigen Ausnahmefällen in den Regelkreis der prinzipiell selbststeuernden Einheiten eingreifen; die Ergebnisse sind daher laufend zu kontrollieren und rückzumelden. Dieser Ansatz basiert auf folgenden Annahmen: (a) es existieren Verfahrensordnungen (procedures) als Durchführungsvorschriften über sich wiederholende Tätigkeiten; diese schreiben vor, welche Arbeiten von welcher Person zu welchem Zeitpunkt zu erledigen sind; (b) allgemein bekannte Methoden geben Auskunft darüber, wie bestimmte Tätigkeiten auszuüben sind; (c) bestimmte Systeme schließlich dienen der Koordination einzelner Verfahrensvorschriften und Methoden innerhalb der Verwaltungsbereiche, indem sie Einzeltätigkeiten zu strukturierten Ganzheiten verbinden (vgl. Gablers Wirtschaftslexikon 1993: 2181).

Auch hier muss wiederum festgestellt werden, dass es „das“ beste Managementsystem nicht gibt, sondern dass jeweils sehr genau untersucht werden muss, wie die Bedingungen innerhalb der jeweiligen Kultureinrichtung sind. Geht man allerdings von dem Ziel aus, möglichst alle Mitarbeiter in den Prozess der Besucherbindung einzubinden, so ist sicherlich das Mangement-by-Objectives, also die Führung nach Zielvereinbarung (wobei das grundlegende Ziel der Besucherorientierung und die hieraus folgernden einzelnen Maßnahmen und Konsequenzen von allen betroffenen Mitarbeitern gemeinsam festgelegt werden sollten!) bzw. das Management-by-Systems zu dessen Realisierung wahrscheinlich am ehesten geeignet.

„Führung bedeutet vielerlei. Geduldiges, meist nicht sonderlich reizvolles Schmieden von Bündnissen. Zielstrebiges Anstiften von Intrigen, die dann hoffentlich tief im Inneren des Unternehmens zu dem gewünschten Gärungsprozess führen. Sorgfältiges Einstimmen der Institution auf neue Schwerpunkte mit Hilfe der prosaischen Sprache der Managementsysteme. Ändern von Aufgabenkatalogen, damit neue Prioritäten genügend Aufmerksamkeit finden. Sich einschalten, wenn etwas schiefgeht, und sich heraushalten, wenn alles gut läuft. Ein loyales Führungsteam aufbauen, das mehr oder weniger mit einer Stimme spricht. Langes, sorgfältiges Zuhören, häufiger ermutigender Zuspruch und glaubwürdiges Handeln, das den Worten Nachdruck verleiht. Hartes

Durchgreifen, wenn nötig, und gelegentlich auch unverbrämtes Ausüben von Macht – oder aber das ‚subtile Ansammeln von Nuancen, von hundert Kleinigkeiten, die alle das kleine bißchen besser gemacht werden', wie Henry Kissinger es einmal formulierte" (Waters / Peterman 1994: 109).

5.3 Besucherorientierte Organisationsstruktur und -kultur

Die klassische Organisationstheorie – es wurde bereits darauf hingewiesen – behandelte Organisationen primär unter dem Gesichtspunkt der höchstmöglichen Rationalität. Organisationen wurden unter dieser Perspektive wie eine möglichst optimale Maschine konstruiert und realisiert; die in ihr tätigen Individuen waren lediglich Rädchen im großen Getriebe. Im Laufe der Jahrzehnte entfernte sich die Organisationstheorie allerdings immer weiter von dieser Sichtweise, die wenig mit der tatsächlichen Realität von Organisationen zu tun hatte und griff zunehmend auf die ursprüngliche Bedeutung von Organisation zurück. In dieser tritt die Bedeutungsverwandschaft mit dem Begriffsfeld ‚Organismus' sehr viel stärker hervor. In dieser ursprünglichen Bedeutung wird ‚Organisation' im Sinne von „>*Einrichtung, Gestaltung, Bildung*<, zunächst im medizinisch-naturwissenschaftlichen und philosophisch-ästhetischen Sinne vom Wesen, vom körperlichen und seelischen Zustand des Menschen (2. Hälfte 17. Jh.)" (Etymologisches Wörterbuch des Deutschen 1995: 955) gebraucht.

Auch das *Wörterbuch der deutschen Sprache* von *Wahrig* nennt für den Begriff >*Organisation*< neben den Bedeutungen >*Organisieren*< und >*Zusammenschluss* zu einem bestimmten Zweck< als dritte (unter ausdrücklichem Bezug auf die Biologie): >*Aufbau und Tätigkeit der Organe*<. Und auch Goethe verwendet den Begriff der Organisation in einem Gespräch mit Eckermann am 20.12.1829 ganz in diesem Sinne, wenn er sagt: „Das Außerordentliche, was solche Menschen [hochbegabte, vor allem Dichter] leisten, setzt eine sehr zarte Organisation voraus, damit sie seltener Empfindungen fähig sind und die Stimme der Himmlischen vernehmen mögen. Nun ist eine solche Organisation im Konflikt mit der Welt und den Elementen leicht gestört und verletzt, und wer nicht, wie Voltaire, mit großer Sensibilität eine außerordentliche Zähigkeit verbindet, ist leicht einer fortgesetzten Kränklichkeit unterworfen."

In dieser Wortbedeutung kommt viel stärker das Lebendige, das Gewachsene und das Veränderliche von Organisationen zum Ausdruck als im traditionellen Rationalitätsprinzip. Diese Sichtweise und auf sie aufbauende Konzeptionen stellen sehr viel mehr „auf die Entstehung von Orientierungsmustern in Organisationen ab und betonen den sozial konstruierten Charakter organisatorischer Phänomene. Sie sehen Organisationen als Sinn-Systeme, als Systeme mit spezifischen Überzeugungen, Werten und Symbolen. Die Handlungen der Organisationsmitglieder sind hiernach (zu wesentlichen Teilen) bestimmt durch die Sinn- und Orientierungsmuster, die eine Organisation im Laufe der Zeit entwickelt" (Schreyögg 1998: 439). Daher spricht man in der Wissenschaft auch von *Organisations- bzw. Unternehmenskultur*. Diese Sichtweise begreift „die Unternehmung im Ganzen als eine Art Kultursystem (...) In Unternehmen, so die Idee, entwickeln sich eigene, unverwechselbare Vorstellungs- und Orientierungsmuster, die das Verhalten der Mitglieder und der Funktionsbereiche nachhaltig prägen. Die Organisationsmitglieder verwenden kollektiv geprägte (Kultur-)Muster, um Situationen zu erklären und zu gestalten" (Schreyögg 1998: 441).

In der Regel werden die folgenden Kernmerkmale mit dem Begriff der Organisationskultur verbunden:

(1) *Implizit*; d. h. Organisationskulturen sind im Wesentlichen implizit, d. h. sie sind gemeinsam geteilte Überzeugungen, die das Selbstverständnis und die Eigendefinition der Organisation prägen. Sie liegen als selbstverständliche Annahmen dem alltäglichen Handeln zugrunde. Es ist die vertraute Alltagspraxis, über sie wird in der Regel nicht nachgedacht, sie wird gelebt. Ihre (Selbst-)Reflektion ist die Ausnahme, keineswegs die Regel.

(2) *Kollektiv*, d. h. Organisationskultur bezieht sich auf gemeinsame Orientierungen, Werte, Handlungsmuster usw. Es handelt sich also um ein kollektives Phänomen, das das Handeln des einzelnen Mitglieds prägt. Kulturelles Handeln heißt, das zu tun und zu glauben, was andere auch tun. Kultur macht infolgedessen organisatorisches Handeln einheitlich und kohärent – jedenfalls bis zu einem gewissen Grade.

(3) *Konzeptionell*, d. h. die jeweilige Organisationskultur repräsentiert die ‚konzeptionelle Welt' des Systems. Sie vermittelt Sinn und Orientierung in einer komplexen Welt, indem sie Muster für die Selektion, die Interpretation von Ereignissen vorgibt und Reaktionsweisen durch Handlungsprogramme vorstrukturiert. Die Organisationsmitglieder verschaffen sich ein Bild von der (Aufgaben-)Welt auf der Basis eines gemeinsam verfügbaren Grundverständnisses.

(4) *Emotional*, d. h. Organisationskulturen prägen nicht nur die Kognition, d. h. das Bewusstsein. Es geht vielmehr auch um die Emotionen; Kulturen normieren, was gehasst und geliebt wird, was mit Geduld ertragen und was aggressiv zurückgewiesen wird, was angenehm und was unangenehm ist. Organisationskultur prägt also ganzheitlich, nicht analytisch.

(5) *Historisch*, d. h. Organisationskultur ist das Ergebnis historischer Lernprozesse im Umgang mit Problemen aus der Umwelt und der internen Koordination. Bestimmte Handlungsweisen werden zu akzeptierten Problemlösungen, andere weniger. Zug um Zug schälen sich bevorzugte Wege des Denkens und Problemlösens heraus, es wird immer deutlicher, was als ‚gut' und was als ‚schlecht' gelten soll, bis schließlich diese Orientierungsmuster zu mehr oder weniger selbstverständlichen Voraussetzungen des organisatorischen Handelns werden. Organisationskultur ist also gewissermaßen ein kollektiver Wissensvorrat, der die Entwicklungsgeschichte einer Unternehmung widerspiegelt. Dies heißt zugleich, dass sich Unternehmenskulturen in Bewegung befinden, ihr Lernprozess ist nie vollständig abgeschlossen. Die Lernbereitschaft ist allerdings in der Fortfolge sehr stark davon abhängig, wie sich die Kultur ausprägt. Die Kultur entwickelt sich aus Lernprozessen und wirkt später als Struktur auf neue Lernprozesse ein.

(6) *Interaktiv*, d. h. Organisationskultur wird in einem Sozialisationsprozess vermittelt. Sie wird für gewöhnlich nicht bewusst gelernt. Organisationen entwickeln zumeist eine Reihe von Praktiken, die dem neuen Organisationsmitglied verdeutlichen, wie im Sinne der kulturellen Tradition zu handeln ist. Dabei spielen Symbole

eine ausschlaggebende Rolle, sowohl bei der Kommunikation als auch bei der generellen Expression.

Eine Organisationskultur besteht aus einer ganzen Reihe von Elementen; ihr Aufbau lässt sich im Anschluss an Schein (vgl. hierzu Schein 1985; vgl. zum Folgenden auch Schreyögg 1998: 443ff.) wie in folgender Graphik darstellen. Die Basisannahmen als unterste Ebene einer Kultur bestehen aus einem Satz grundlegender Orientierungs- und Vorstellungsmuster, die das Handeln leiten („Weltanschauung"). Diese Annahmen stehen nicht isoliert nebeneinander, sondern bilden zusammen ein Muster („pattern"), ein mehr oder weniger stimmiges Gefüge. Hierzu zählen Annahmen über die Umwelt (etwa, ob man die Umwelt als bedrohlich, herausfordernd, bezwingbar, übermächtig usw. ansieht). Vorstellungen über Wahrheit geben Auskunft darüber, auf welcher Grundlage man etwas als wahr oder falsch, als real oder fiktiv empfindet. Hält man sich beispielsweise an die Wissenschaft oder vertraut man auf den Glauben oder Intuition?

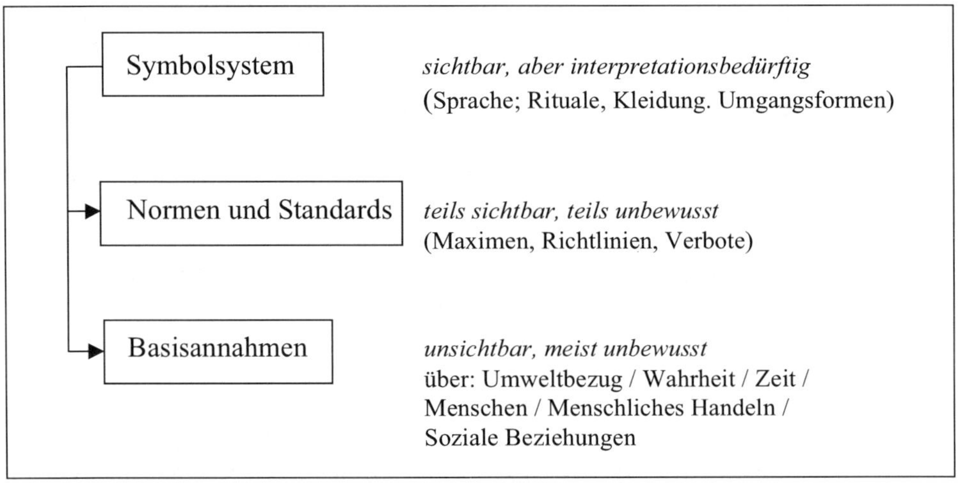

Abb. 24: Aufbau einer Organisationskultur (nach Schein 1985)

Hinsichtlich der Vorstellungen über die *Zeit* entscheidet sich, welchen Zeitrhythmus eine Kultur bzw. Organisation entwickelt, ob chronologisch, zyklisch oder erratisch, d. h. wie wird mit Zeit generell umgegangen, wie wird sie geteilt, wie wird sie dringlich gemacht? Annahmen über die *Natur des Menschen* sind Alltagstheorien über die allgemeinen menschlichen Wesenszüge. Hält man den Menschen grundsätzlich für „gut" oder „schlecht"? Die spezifischen Annahmen über die Natur des menschlichen Handelns zielen vor allem auf die Vorstellungen über Aktivität und Arbeit, d. h. schätzt man die Mitarbeiter grundsätzlich als „faul" oder „motiviert" ein? Die prinzipiellen Regeln über die Beziehungen zwischen den Individuen schlagen sich in Annahmen über die *Natur zwischenmenschlicher Beziehungen* nieder. Stellt man sich diese eher hierarchisch oder egalitär vor? Wie sind die Beziehungen zwischen den Geschlechtern geregelt? Wie wird mit Emotionen umgegangen?

Dieses auf der Grundlage der Basisannahmen entstandene *Weltbild* findet seinen Niederschlag in konkreten *Wertvorstellungen* und *Verhaltensstandards*. Es formen sich Maximen darüber, wie man sich zu verhalten hat, was zu tun und was zu lassen ist, ungeschriebene Verhaltensrichtlinien, explizite Verbote usw. Manche Organisationen greifen diese latent vorhandenen Orientierungsmuster auf und formulieren sie zu einer ausdrücklichen Organisationsphilosophie bzw. einem Organisationsleitbild um.

Die mehr oder weniger unbewussten und unsichtbaren Basisannahmen und die teilweise bewussteren Standards finden schließlich auch auf einer dritten Ebene ihren Niederschlag, im sog. *Symbolsystem*. Dort haben sie die Aufgabe, diesen schwer fassbaren, wenig bewussten Komplex von Annahmen, Interpretationsmustern und Wertvorstellungen lebendig zu erhalten, weiter auszubauen und vor allem an neue Mitglieder der Organisation weiterzugeben. Zu diesen Vermittlungsmustern gehören z. B. das Erzählen von Geschichten und Legenden (etwa der Organisationsgründer), Rituale und Riten (z. B. Aufnahmeriten bei der Aufnahme in die Organisation ebenso wie Abschiedsfeiern, Bekräftigungsriten, Konfliktlösungsriten usw.).

Solchermaßen beschreib- und analysierbare Organisationskulturen lassen sich wiederum typologisieren, d. h. es bilden sich ganz bestimmte Organisationskultur-Typologien heraus. „Wie auch immer konstruiert, eine solche Typologie ist immer nur ein erstes Hilfsmittel, mit dem man auf die Suche gehen und die Alltagserfahrung in einem ersten Schritt sortieren kann. Ohne Zweifel ist eine Typologie immer eine drastische Vereinfachung, darin liegt ihr Wert, aber auch ihre Gefahr. Eine Unternehmenskultur zu verstehen, verlangt jedoch erheblich mehr als eine bloße Subsumtion unter einen Typus (...) *Typologien* wie die (folgenden) von Deal / Kennedy oder Kets de Vries / Miller, zeigen aber beispielhaft, wie man die verschiedenen Facetten einer Unternehmenskultur zu einer kommunizierbaren ‚Gestalt' verdichten kann" (Schreyögg 1998: 452). Diese Organisationskulturen sind – je nach Ausprägung – mehr oder weniger kunden- bzw. besucherorientiert. Deal / Kennedy (Deal / Kennedy 1982; vgl. hierzu auch Steinmann / Schreyögg 1991: 538ff.) beispielsweise beschreiben folgende Organisationskulturtypen:

- *Alles-oder-Nichts-Kultur* (Risikoreiche Starkulturen; die Bezeichnungen in Klammer sind entnommen der Darstellung in Schreyögg 1998: 452). Dies ist eine Welt von Individuen; gefragt sind Stars mit großen Ideen. Im Hinblick auf die Umwelt gilt das Motto: Zeige mir einen Berg und ich werde ihn erklimmen. Hochgeschätzt sind temporeiches Handeln und ein jugendliches, leicht aus dem Rahmen fallendes Erscheinungsbild. Die Sprache ist unkonventionell und voll von neuen Wortschöpfungen. Neu Hinzukommende müssen sich schlagen, wenn sie Anerkennung finden wollen. Freundliche Zurückhaltung macht sie uninteressant. Der Erfolg bestimmt alles: Ansehen, Einkommen, Macht. Dementsprechend werden auch Erfolge enthusiastisch gefeiert, Misserfolge dagegen schonungslos offengelegt. Man kann schnell nach oben kommen, aber ebenso schnell wieder tief fallen. Das Zeigen von Emotionen ist erlaubt, nur nicht solche des Schmerzes. Männer und Frauen sind gleichberechtigt, denn es gilt das Motto: ein Star ist ein Star. Glücksbringer, Horoskope und sonstiger Aberglaube spielen eine große Rolle, denn sie sollen das hohe Risiko reduzieren helfen.

- *Analytische Projekt-Kultur* (hohes Risiko wird durch Akribie und Hierarchie kleingearbeitet). Fehlentscheidungen stellen die große Bedrohung in vielen Firmen dar. Alles ist darauf konzentriert, die richtige Entscheidung zu treffen. Die Umwelt wird vorwiegend als Bedrohung erlebt. Man versucht, sie durch Analysen und langfristige Prognosen einigermaßen in den Griff zu bekommen. Vertraut wird auf die wissenschaftlich-technische Rationalität. Hauptritual ist die Sitzung, sie vereint meist verschiedene hierarchische Ränge, kennt jedoch eine strenge Sitz- und Redeordnung. Die Zeitperspektive ist langfristig, alles will gut und sorgfältig überlegt sein. Hektik und Quirligkeit sind unerwünscht. Das Ideal ist vielmehr die gesetzte, reife Persönlichkeit. Ist jemand drei Jahre bei dem Unternehmen, gilt er immer noch als Neuling. Karriere wird schrittweise gemacht, Blitzkarrieren gibt es nicht. Ältere Herren haben in der Regel Schützlinge, denen sie auf dem Weg nach oben helfen. Helden sind Leute, die mit unerschütterlicher Zähigkeit eine große Idee verfolgt haben; dies auch dann noch, als sie die Firmenleitung längst aufgegeben hatte – notfalls im eigenen Kellerlabor. Die Kleidung ist korrekt und unauffällig. Sprache und Umgangsformen sind sehr höflich. Das Zeigen von Emotionen ist streng verpönt.
- *Prozess-Kultur* (Null-Fehler-Kultur, in der man nicht auffallen will). Hier konzentriert sich alles auf den Prozess, das Gesamtziel spielt eine untergeordnete Rolle. Perfekter und diskreter Arbeitsvollzug steht an erster Stelle der Werte. Fehler darf man nicht machen. Alles wird registriert, jeder kleinste Vorgang dokumentiert. Mißtrauen und Absicherung sind die vorherrschenden Orientierungsmuster. Man muss jederzeit damit rechnen, dass einem irgend jemand von außen oder innen einen Fehler nachweisen möchte, und für diesen Fall muss man gerüstet sein. Helden sind Leute, die selbst dann noch fehlerfrei arbeiten, wenn die Umstände äußerst widrig sind, etwa nach Schicksalsschlägen oder nach ungerechtfertigter Behandlung durch die Geschäftsleitung. Das Zusammenleben orientiert sich an der hierarchischen Ordnung; sie bestimmt einfach alles: die Kleidung, den Kreis der Kontaktpartner, die Umgangsformen, das Gehalt etc. Bei einer Beförderung weiß jeder Mitarbeiter, welche Privilegien er dazu gewinnen wird: eigenes Telefon, Teppichboden, größere Fenster oder sonstiges. Diese Statussymbole werden höher geschätzt als der finanzielle Zugewinn. Beförderungen sind auch ein beliebtes Gesprächsthema. Um sie ranken sich permanent Gerüchte und Intrigen. Feste und Feiern spielen keine sehr große Rolle. Wichtig sind lediglich die Jubiläen, wie z. B. 25jährige Betriebszugehörigkeit. Die Sprache ist korrekt und detailbesessen. Emotionen werden als Störung empfunden.
- *Brot-und-Spiele-Kultur* (Turbulent-zupackende Außenorientierung). Hier steht die Außenorientierung im Vordergrund nach dem Motto: die Umwelt ist voller Möglichkeiten, Du musst sie nur nutzen. Insgesamt wird Wert auf freundliches und ansprechendes Auftreten gelegt. Im internen Verkehr steht die unkomplizierte Zusammenarbeit im Team an erster Stelle. Aktiv sein ist der herausragende Wert. Wer ruhig ist, steht im Verdacht, nichts zu leisten. Es werden viele fröhliche Feste gefeiert und es gibt häufig Auszeichnungen und Preise, wie z. B. der Verkäufer des Jahres oder das beste Schaufenster des Monats. Die Geschichten drehen sich haupt-

sächlich um schwierige Kunden. Wer es vermag, „an Eskimos Kühlschränke zu verkaufen“ ist ein Held. Die Firmensprache ist knapp und voller rätselhafter Kürzel. Die Bilder sind der Sportwelt entnommen: Halbzeit, Rote Karte, Fehlstart usw.

Die knappe Darstellung dürfte bereits deutlich gemacht haben, dass vor allem der letzte Organisationskulturtyp besucherorientiert ist, während die drei anderen eher innen- bzw. leistungsorientiert sind.

Kets de Vries und Miller (Kets de Vries / Miller 1986: 266-279) gehen in ihrer Typologie „davon aus, daß die zentrale Führungsperson (Vorstandsvorsitzender, Geschäftsführer usw.) mit ihrer Persönlichkeitsstruktur die Kultur einer Unternehmung sehr stark prägt“ (Schreyögg 1998: 452). An anderer Stelle schreibt Manfred Kets de Vries über dieses (häufig völlig unbewusste) Zusammenspiel von Führung und Geführten: „Die Mitarbeiter vieler Unternehmen sitzen dem Irrglauben auf, daß ihre Firma von einem begabten Individuum geleitet werde, oder verleugnen – falls es keine Leitung im eigentlichen Sinn gibt – die Realität der Situation, weil sie hoffen, daß irgendwie, durch Zauberei, etwas Gutes geschehen werde. In der Beziehung zwischen Führungspersonen und ihren Anhängern sehen Menschen häufig nur das, was sie sehen wollen (...) Als Autoritätsfiguren werden Führungspersonen vergleichsweise mühelos Reaktionen aus unserer Kindheit wiederbeleben und sich in Spiegel verwandeln, die uns helfen, unsere Selbstwahrnehmung zu integrieren und ein labiles Identitätsgefühl zu stärken – dies gilt vor allem in Krisenzeiten (...)

Wir sollten die Tatsache nicht ignorieren, dass das Spiel mit dem Spiegel insofern auch seine positiven Seiten hat, als Spiegelungsprozesse eine Weile lang den notwendigen Zusammenhalt vermitteln und ein Unternehmen in Zeiten von Veränderungen und Umwälzungen zusammenschweißen können (...) Nichtsdestoweniger benötigen Führungskräfte eine gesunde Portion Einsicht und Selbstkritik sowie die Fähigkeit, ein aufrichtiges Feedback seitens anderer zu tolerieren, um die in dem Spiegelungseffekt enthaltene Verzerrung überprüfen zu können. Diese Fähigkeit fehlt vielen Führern und der verführerische Sog, der von den spiegelnden Untergebenen ausgeht, hat zahlreiche von ihnen in die Irre geführt“ (Kets de Vries 1998: 36f.).

In ihrer Pathologie gestörter Organisationskulturen nehmen sie deshalb „klassische Persönlichkeitsstörungen zum Ausgangspunkt der Unterscheidungen“ (Schreyögg 1998: 452). Sie beschreiben folgende problematischen Organisationskulturen:

- *Paranoide Kulturen*; Charakteristika sind hier Misstrauen und Angst; die permanente Bereitschaft, Angriffe zurückzuschlagen; hochsensitiv für Bedrohungen jedweder Art; Aufbau ausgefeilter Kontrollsysteme; ständige Suche nach versteckten Absichten anderer; hoher Aktivitätspegel; ruheloses Suchen nach mutmaßlichen Betrügern. Unbewusstes Leitmotiv der Führung ist: Ich kann niemandem trauen; es existieren viele Kräfte, die mir ans Leder wollen; ich muss auf der Hut sein. Die Gefahren einer solchen Kultur sind: Verzerrte Wahrnehmung, man ist immer auf der Suche nach einer Bestätigung der vermuteten Bedrohung; misstrauische Abwehrhaltung lässt kaum Raum für spontane Aktionen; Risikoaversion, Reaktion statt Aktion; langsame Entscheidungsfindung, weil alles abgesichert werden muss. Motivationsverlust durch Institutionalisierung des Misstrauens (Spitzelsystem).

- *Zwanghafte Kulturen*; Charakteristika sind hier Perfektionismus und Detailbesessenheit; alles muss seine Ordnung haben; die schlimmste Bedrohung geht vom Chaos aus; Beziehungen werden nach Überlegenheit und Unterlegenheit geordnet; Überraschungen sollen um jeden Preis vermieden werden; nichts darf dem Zufall überlassen sein; alles wird vorbedacht und geregelt; offene Emotionen sind unerwünscht. Unbewusstes Leitmotiv der Führung ist hier: Ich möchte nicht von irgendwelchen Zufällen abhängig sein; ich muss mein ganzes Umfeld unter Kontrolle haben. Die Gefahren einer solchen Kultur sind: Stures Festhalten am einmal beschlossenen Plan; Regelfetischismus; Tendenz zum geschlossenen System; Initiativen werden abgeblockt, der Kommunikationsfluss ist streng hierarchisch; Innovationen stören, weil sie Unordnung bringen. Die Strategie von gestern wird perfektioniert, die Strategie von morgen gar nicht ventiliert.
- *Dramatische Kulturen*; alles dreht sich hier um die charismatische Führungsfigur, die sich selbst grandios in Szene setzt; die Mitarbeiter idealisieren sie und geraten in starke Abhängigkeit zu ihr; alle wesentlichen Entscheidungen liegen bei der Führungsfigur. Die Arbeitsmethode vertraut auf Spontaneität und Intuition; Strukturen und Regeln werden als störend empfunden; neue Projekte werden wagemutig angegangen; Erfolge enthusiastisch gefeiert. Unbewusstes Leitmotiv der Führung ist: Ich möchte von allen Leuten bewundert und bestaunt werden. Ich bin ein Genie. Die Gefahren einer solchen Kultur sind: Einseitigkeit, die Perspektive des charismatischen Führers ist allgegenwärtig; Unselbständigkeit der Organisationsmitglieder; extrem hohe Entscheidungszentralisation mit der Folge mangelnder Beweglichkeit bei Umweltveränderungen; störanfällig; sternförmiges Kommunikationsnetz mit überlasteter Mitte; Risiken werden unbedacht eingegangen; Kritik wird unterdrückt; Neigung zum Aufbau von Illusionswelten; Unfähigkeit, Misserfolge realistisch zu verarbeiten.
- *Depressive Kulturen*; Grundthema sind hier pessimistische Prognosen und die Angst, es nicht zu schaffen; man ist den Schicksalskräften ausgeliefert und sucht Schutz bei anderen; man erhofft Initiative von außen; alles nimmt seinen Lauf; Routine bestimmt das Verhalten; Macht ist breit verteilt, aber ohne große Bedeutung. Unbewusstes Leitmotiv der Führung: Ich kann am Lauf der Dinge ohnehin nichts ändern, dazu wäre ich auch nicht kompetent genug. Die Gefahren einer solchen Kultur sind: Apathie, kaum Innovationen; hohe Absenzraten; geringe Motivation; wenig Entschlusskraft; starres Festhalten am alten Produktionsprogramm, auch dann, wenn Krisensignale unüberhörbar sind; Verunsicherung durch zu viele Berater; freudlose, niedergeschlagene Stimmung, die sich bis in das Privatleben der Mitarbeiter hineinzieht.
- *Schizoide Kulturen*; Zurückgezogenheit und die Scheu, sich auf etwas einzulassen, bestimmen hier die Haltung der Spitze; Indifferenz herrscht vor, es gibt weder Zorn noch Enthusiasmus; die zweite und die weiteren Managementebenen füllen das Machtvakuum, daher gibt es viele Konkurrenzkämpfe, Koalitionen, Taktiken usw.; Prestige und Karrierestreben sind hier dominant. Unbewusstes Leitmotiv der Führung: Ich will mit anderen Menschen nicht viel zu tun haben, der Umgang mit ihnen könnte mich verletzten. Die Gefahren einer solchen Kultur sind: Isolation;

Frustration der Mitarbeiter durch Nichtbeachtung; wenig Konsens; bedingt durch die rivalisierenden Gruppen sprunghaftes Entscheidungsverhalten; es gibt viele Eigeninitiativen, aber keine konsistente Gesamtstrategie; neuen Herausforderungen kann nicht schlagkräftig begegnet werden; Information wird als Machtressource missbraucht; Energieverschleiß durch interne Machtkämpfe.

Allen diesen gestörten Organisationskulturen ist gemeinsam, dass die Außenbeziehungen problematisch sind: entweder sind sie in hohem Maße angstbesetzt oder aber sie zielen darauf ab, von außen bewundert zu werden. In allen diesen Außenbeziehungen tritt der Besucher nicht als eigenständiges Subjekt, mit dem eine vertrauensvolle Partnerschaft angestrebt wird, in Erscheinung. Dagegen noch einmal Peters und Waterman: „Die besonders erfolgreichen Unternehmen verstehen sich also nicht nur besser auf Service, Qualität, Zuverlässigkeit und die Nutzung von Marktnischen. Sie sind auch die besseren Zuhörer. Das ist die andere Seite ihrer Nähe zum Kunden. Die Leistungsfähigkeit dieser Unternehmen bei Qualität, Service und allem übrigen erklärt sich in hohem Maße aus ihrer starken Beachtung der Kundenwünsche. Sie hören zu. Sie laden den Kunden in ihr Unternehmen ein. Zwischen den Kunden und den leistungsfähigen Unternehmen besteht eine echte Partnerschaft" (Waters / Peterman 1994: 231). Voraussetzung für eine solche Offenheit ist der Aufbau einer entsprechend starken Organisationskultur.

Ganz ähnlich schreiben Harvey Seifter und Peter Economy über ihre Erfahrungen, die sie aus ihrer Zusammenarbeit mit dem *Orpheus Chamber Orchestra*, dem „einzigen dirigentenlosen Orchester", gewonnen haben: „Der Orpheus-Prozess ist unter anderem ein System, das seine Fähigkeit demonstriert hat, in einem individuellen, zielorientierten Umfeld ein dynamisches Gleichgewicht zwischen der Freiheit des Einzelnen und dem Ziel des Unternehmens herzustellen (...)

- Wir bestärken den Einzelnen darin, seinen Einfluss auf die Entscheidungsfindung innerhalb der Gruppe geltend zu machen.
- Wir beraten Unternehmen dahingehend, dass sie einzelnen Angestellten mehr Verantwortung übertragen, um komplexe Probleme besser lösen zu können.
- Wir beraten Unternehmen auch, wie man Personal bindet, die Arbeitsmoral hoch hält und die Produktivität steigert, indem man den Angestellten ein Gefühl von ‚Miteigentum' vermittelt" (Seifter / Economy 2001: 247).

Das *Orpheus Chamber Orchestra* gründet seine „Fähigkeit, fast immer zu einer Einigung zu kommen, hauptsächlich auf der Übereinstimmung auf fünf für Kommunikation und Entscheidungsfindung wichtigen Gebieten:

(1) *Allgemeines Einverständnis hinsichtlich unserer Ziele.* Die täglichen Gespräche drehen sich darum, wie diese Ziele am besten und schnellsten erreicht werden können, während die Zielsetzung Richtlinien dafür vorgibt, welche Kriterien und Maßstäbe an den Lösungsansatz angelegt werden müssen.

(2) *Generelle Akzeptanz der Spielregeln.* Komplexe Entscheidungsprozesse sind bei Orpheus klar gegliedert und einfach zu vermitteln. Selbst wenn ein einzelner Musiker mit einer Entscheidung nicht vollständig einverstanden ist, respektiert er die

Autorität und Verantwortung seiner Kollegen oder Gruppen, kompetente Entscheidungen treffen zu können.

(3) *Vertrauen auf offene Kommunikation*. Mitarbeiter in laufenden Positionen müssen sich darum kümmern, auf formellen und informellen Wegen Informationen einzuholen. Die Entscheidungen werden grundsätzlich unter Berücksichtigung aller Informationen getroffen. Eigenverantwortliche Teams verbessern ihre Arbeit durch Anregungen externer Beobachter; so lassen sich einzelne Instrumentengruppen gern von anderen Musikern beraten und nehmen bei Proben die Hilfe von Koordinatoren und künstlerischen Direktoren in Anspruch. Auf unserem ‚Marktplatz der Ideen' hat jeder die Möglichkeit, sich einzubringen und andere von seiner Meinung zu überzeugen. Die getroffenen Entscheidungen sind oft ein Konglomerat unterschiedlichster Meinungen und Einflüsse. Offene Kommunikation sorgt für gemeinsame Verantwortung.

(4) *Respekt*. In einer Kultur wechselseitigen Respekts werden Entscheidungen und ihre Konsequenzen mit großer Zustimmung akzeptiert, da jeder von den Fähigkeiten und der Motivation seines oder seiner Kollegen überzeugt ist und selbst in die Entscheidungsfindung eingebunden ist.

(5) *Experimente*. Da es nur wenige endgültige Entscheidungen gibt, steht selten sehr viel auf dem Spiel. Kontroverse Entscheidungen werden als Experiment akzeptiert, aber alle Mitarbeiter wissen, dass sie die Diskussion jederzeit wieder eröffnen können, sobald neue Informationen aufgetaucht sind, die dies rechtfertigen" (Seiftger / Economy 2001: 205f.).

Wenn es einer Kulturorganisation gelingt, eine ähnlich starke Organisationskultur zu entwickeln und zu pflegen, kann sie ihre Mitarbeiter motivieren und besucherorientiert arbeiten.

In den letzten Jahren wurde das Konzept der „lernenden Organisation" (Argyris / Schön: 1999) entwickelt. Dabei wird davon ausgegangen, dass nicht nur der und die Einzelne *in* Organisationen lernen kann, sondern dass auch Organisationen als ganze lernen können. „Organisationales Lernen findet statt, wenn einzelne in einer Organisation eine problematische Situation erleben und sie im Namen der Organisation untersuchen. Sie erleben eine überraschende Nichtübereinstimmung zwischen erwartetem und tatsächlichen Aktionsergebnissen und reagieren darauf mit einem Prozess von Gedanken und weiteren Handlungen; dieser bringt sie dazu, ihre Vorstellungen von der Organisation oder ihr Verständnis organisationaler Phänomene abzuändern und ihre Aktivitäten neu zu ordnen, damit Ergebnisse und Erwartungen übereinstimmen, womit sie die handlungsleitende Theorie von Organisationen ändern. Um organisational zu werden, muss das Lernen, das sich aus Untersuchungen in der Organisation ergibt, in den Bildern der Organisation verankert werden, die in den Köpfen ihrer Mitglieder und / oder den erkenntnistheoretischen Artefakten existieren (den Diagrammen, Speichern und Programmen), die im organisationalen Umfeld angesiedelt sind" (Argyris / Schön; 1999: 31f.).
Unterschieden werden kann dabei in sog. *Einschleifen*- und *Doppelschleifen-Lernen*:

- „Unter *Einschleifen*-Lernen verstehen wir instrumentales Lernen, das Handlungsstrategien oder Annahmen, die Strategien, die Strategien zugrunde liegen, so verändert, daß die Wertvorstellungen einer Handlungstheorie unverändert bleiben" (Argyris / Schön; 1999: 35f.).
- „Unter *Doppelschleifen*-Lernen verstehen wir ein Lernen, das zu einem Wertewechsel sowohl der handlungsleitenden Theorien als auch der Strategien und Annahmen führt" (Argyris / Schön; 1999: 36).

Beide Formen von Lernen unterscheiden sich ganz grundsätzlich in ihrer Wirkungsweise und Funktion: „Das Einschleifen-Lernen reicht dort aus, wo die Irrtumsberichtigung darin bestehen kann, Organisationsstrukturen und Annahmen *innerhalb* eines konstanten Rahmens von Leistungswerten und -normen zu ändern. Es ist instrumental und bezieht sich somit in erster Linie auf die Effektivität: wie man am besten bestehende Ziele erreicht und die Organisationsleistung in dem Bereich hält, der von den bestehenden Werten und Normen vorgegeben wird (...) Das Doppelschleifen-Lernen bei organisationalen Untersuchungen verlangt nach einem oder sogar mehreren zusätzlichen Schritten. Es gibt die Frage an die Fragenden zurück und erforscht nicht nur die objektiven Tatsachen im Umfeld eines Mangels, sondern auch die Gründe und Motive hinter diesen Tatsachen (...) Dieses Doppleschleifen-Lernen ist darauf angewiesen, die eigenen Annahmen und Verhaltensweisen zu hinterfragen" (Argyris / Schön; 1999: 37f.).

Kulturorganisationen, die sich in immer rascher wandelnden Umwelten bewegen, sind verstärkt auf Doppelschleifenlernen angewiesen, um auf die Veränderungen rasch reagieren zu können. Dieser Ansatz wurde von Peter M. Senge (Senge 2001) in den verschiedenen Disziplinen der „lernenden Organisation" weiterentwickelt (sein Konzept trägt den bezeichnenden Untertitel: „*Kunst* und Praxis der lernenden Organisation)". Diese fünf Diszplinen umfassen (vgl. Senge 2001: 14ff.):

- *Personal Mastery*; Personal Mastery meint, dass man seine persönliche Vision kontinuierlich klärt und vertieft, dass man seine Energien bündelt, Geduld entwickelt und die Realität objektiv betrachtet. Diese Inhalte machen die Disziplin der Personal Mastery zu einem wesentlichen Eckpfeiler der lernenden Organisation – Quasi zu ihrer geistigen Grundlage. Das Engagement einer Organisation zu lernen kann immer nur so groß sein wie das ihrer Mitglieder. Die Disziplin der Personal Mastery beginnt damit, dass wir uns über diejenigen Dinge klar werden, die uns wirklich wichtig sind, damit wir unser Leben in den Dienst unserer höchsten Ziele stellen.
- *Team-Lernen*; Das Prinzip des Team-Lernens beginnt mit dem Dialog, mit der Fähigkeit der Teammitglieder, eigene Annahmen „aufzuheben" und sich auf eine echtes „gemeinsames Denken" einzulassen. Für die Griechen bedeutete *dia-logos* das ungehinderte Fluten von Sinn, von Bedeutung in einer Gruppe, wodurch diese zu Einsichten gelangen kann, die dem Einzelnen verschlossen sind. Zur Disziplin des Dialogs gehört auch, dass man bestimmte Interaktionsstrukturen erkennt, die das Lernen im Team behindern. Häufig ist das Verhalten eines Teams von tiefen Abwehrmechanismen geprägt. Wenn diese Strukturen nicht erkannt werden, machen

sie jedes Lernen unmöglich. Aber wenn man sie erkennt und sich kreativ damit auseinandersetzt, können sie das Lernen auch vorantreiben. Das Team-Lernen ist von entscheidender Bedeutung, weil Teams, nicht einzelne Menschen, die elementare Lerneinheit in heutigen Organisationen bilden. Nur wenn Teams lernfähig sind, kann die Organisation lernen.

- *Gemeinsame Vision*; wenn es je eine einzelne Führungsidee gab, die Organisationen seit ewigen Zeiten inspiriert hat, so ist es die Fähigkeit, eine gemeinsame Zukunftsvision zu schaffen und aufrecht zu erhalten. Man kann sich nur schwer vorstellen, dass irgendeine große Organisation auf Dauer ohne gemeinsame Ziele, Wertvorstellungen und Botschaften erfolgreich sein könnte. Wenn eine echte Vision vorhanden ist (im Gegensatz zu den allseits bekannten „Visions-Erklärungen"), wachsen die Menschen über sich selbst hinaus: Sie lernen aus eigenem Antrieb und nicht, weil man es ihnen aufträgt. Zur Disziplin der gemeinsamen Vision gehört die Fähigkeit, gemeinsame Zukunftsbilder freizulegen, die nicht nur auf Einwilligung stoßen, sondern echtes Engagement und wirkliche Teilnehmerschaft fördern.
- *Mentale Modelle*; Mentale Modelle sind tief verwurzelte Annahmen, Verallgemeinerungen oder auch Bilder und Symbole, die großen Einfluss darauf haben, wie wir die Welt wahrnehmen und wie wir handeln. Sehr häufig sind wir uns dieser mentalen Modelle oder ihrer Auswirkungen auf unser Verhalten nicht bewusst. Die Disziplin der mentalen Modelle beginnt damit, dass man den Spiegel nach innen kehrt. Wir müssen lernen, unsere inneren Bilder von der Welt aufzudecken, sie an die Oberfläche zu holen und einer kritischen Betrachtung zu unterziehen. Die Arbeit mit mentalen Modellen erfordert ferner die Fähigkeit, lernintensive Gespräche zu führen, in denen die Beteiligten sowohl erkunden als auch plädieren, in denen sie klar zum Ausdruck bringen, was sie denken und ihr Denken für die Einflüsse anderer öffnen.
- *Systemdenken*; die Geschäftswelt und andere menschliche Unternehmen sind Systeme. Auch sie sind durch ein unsichtbares Gewebe von zusammenhängenden Handlungen verbunden, die oft erst nach Jahren ihre volle Wirkung aufeinander entfalten. Da wir selbst ein Teil dieses filigranen Musters sind, fällt es uns doppelt schwer, das volle Bild der Veränderung zu erfassen. Stattdessen neigen wir dazu, uns auf „Schnappschüsse" von isolierten Systemteilen zu konzentrieren, und wundern uns, warum unsere größten Probleme scheinbar unlösbar sind.

Schließlich macht das Systemdenken den subtilsten Aspekt der lernenden Organisation deutlich – dass Menschen sich selbst und ihre Welt mit anderen Augen sehen. Ein fundamentales Umdenken ist das eigentliche Herzstück einer lernenden Organisation; wir erkennen, dass wir nicht von der Welt getrennt, sondern mit ihr verbunden sind, und wir machen nicht länger einen Widersacher „da draußen" für all unsere Probleme verantwortlich, sondern erkennen, wie wir selbst durch unser Handeln zu unseren Problemen beitragen.

6. Traditionelle Besucherbindungsinstrumente

Die Vorteile und Nutzeneffekte einer starken Kundenbindung waren und sind vor allem den großen Kultureinrichtungen (wenn vielleicht auch nicht in dieser Klarheit) schon seit Jahrzehnten bzw. teilweise sogar seit Jahrhunderten bekannt. Schon sehr früh entwickelten sie, wie etwa die Theater und Orchester, entsprechende Kundenbindungsprogramme. Sind daher neue und innovative Kundenbindungsprogramme, wie sie im nächsten Kapitel dargestellt werden, nur der berühmte „neue Wein in alten Schläuchen“? Die Vorstellung neuer Instrumente und Programme sollte daher nicht zu dem Fehlschluss verleiten, gänzlich auf die herkömmlichen Besucherbindungsinstrumente und -programme zu verzichten und diese alleine durch die neuen zu ersetzen. Allerdings kommt es darauf an – wie zu zeigen sein wird – diese alten Instrumente den neuen Gegebenheiten anzupassen.

Traditionelle Besucherbindungsinstrumente (wie beispielsweise das Abonnementssystem, die Besucherorganisationen sowie der Förderverein (Heinrichs / Klein 2001: 112) wurden bereits im 19. Jahrhundert entwickelt. Sie haben in der kulturellen und künstlerischen Entwicklung eine wichtige Rolle gespielt und spielen sie teilweise heute noch. Allerdings verloren sie in den letzten Jahren aus unterschiedlichen Gründen, die im einzelnen zu analysieren notwendig sein wird, zunehmend an Bindungskraft. Daher ist zu fragen, inwieweit diese vorhandenen Instrumente neu belebt und genutzt und ggf. mit den im folgenden Kapitel darzustellenden kombiniert werden können. Ob das, was sich daraus ergibt, dann „noch“ der klassische deutsche Förderverein ist oder „schon“ eine Membership nach amerikanischem Vorbild, ist dann nur noch von definitorischem Interesse. Für die einzelnen Kultureinrichtungen ist es wichtig, die für sie passenden und erfolgreichen Instrumente und Programme zu entwickeln und einzusetzen.

6.1 Das Abonnementsystem

Das Abonnement, abgeleitet vom französischen *>s'abonner<* = *>sich etwas ausbedingen, eine periodisch wiederkehrende Leistung vereinbaren<*, beruht auf dem Anrecht auf einen festen Sitzplatz im Theater bzw. in Konzerten. Es stellt somit einen „Vertrag auf Abnahme einer Reihe gleicher oder einander ähnlicher Leistungen zu niedrigerem, in der Regel im Voraus zu zahlenden Preis“ dar. Im Theater umfasst es im allgemeinen die „Gewährung eines Preisnachlasses von 20 bis 30 Prozent bei Verpflichtung der Zuschauer zur Abnahme von Eintrittskarten für eine bestimmte Anzahl von Aufführungen der Spielzeit“ (Brauneck / Schneilin 1992: 46). In aller Regel weiß der

Abonnent im klassischen Abonnement daher zu Spielzeitbeginn genau, an welchem Tag er welches Stück im Laufe der Saison sehen wird.

Bereits die Senatoren und Patrizier im Dionysos-Theater in Athen saßen so gesehen auf Abonnementplätzen; diese Plätze für Bevorzugte gab es ebenso in Form der fürstlichen Mittellogen im italienischen Theater der Renaissancezeit. 1637 wurde in Venedig das erste Opernhaus mit frei übereinander gebauten Rängen und Logen errichtet und mit dieser Rangordnung für Jahrhunderte die demokratische Sitzverteilung des Kreissegment-Zuschauerraumes des antiken Amphitheaters aufgegeben. Erst im 18. Jahrhundert, im Zuge der Herausbildung des bürgerlichen Theaters, wurden auch Theaterplätze für ganze Spielzeiten vermietet. Im 19. Jahrhundert war damit die Miete eines Sitzplatzes im Theater für jeden Aufführungstag verbunden. Dies war somit der Ursprung des bürgerlichen Theaterabonnements: der auf Zeit mietbare Theaterplatz.

Mit der Gründung der *Volksbühne* 1890 (vgl. hierzu unten ausführlicher unter dem Stichwort *Besucherorganisationen*) kam dann die Idee auf, dass eine wirkliche Demokratisierung des Publikumsanspruchs erst dann realisiert sei, wenn Plätze unterschiedlicher Qualität in einem ständigen Wechsel an Abonnenten vergeben werden, die dann quasi einen Mischpreis für die Theateraufführung zu zahlen haben. Jeder kam dadurch – bei gleichem Preis – in den Genuss der Plätze mit besten Hör- und Sehmöglichkeiten und musste zum Ausgleich dafür auch abwechselnd mit weniger guten Plätzen vorlieb nehmen.

Die jeweiligen Vor- und Nachteile des klassischen Abonnements sind sowohl aus der Sicht der Kulturorganisation (Theater bzw. Orchester) als auch aus der Sicht der Zuschauer jeweils unterschiedlich zu beurteilen. Seitens des Theaters / Orchesters liegen die Vorteile zweifelsohne vor allem in einer langfristigen Planungs- und auch Finanzierungssicherheit und damit verbunden in der dauerhaften und langfristig angelegten Besuchssicherung. Relativ früh zu Spielzeitbeginn weiß die Organisationsleitung, mit wie vielen festen Besuchern in welchen Vorstellungen gerechnet werden kann bzw. welche Aufführungen schlecht gebucht sind und folglich höhere Werbeanstrengungen erfordern.

In direktem Zusammenhang damit steht eine entsprechende finanzielle Absicherung und Liquidität durch die in aller Regel vorab zu entrichtenden Gebühren sowie eine gewisse kulturpolitische Legitimation durch einen starken Abonnentenstamm. Ein Theater mit einem fünfzigprozentigem Abonnentenstamm dürfte beim entsprechenden Träger, Bundesland oder Stadt, einen besseren Stand haben, als ein Theater, das nur 15 % Abonnenten aufweist. Ein weiterer Vorteil aus der Sicht des Theaters bzw. Orchesters liegt darin, dass auch schwierige Produktionen (z. B. avantgardistische Theaterstücke, zeitgenössische Kompositionen usw.) in das Abonnement eingebunden werden können und somit Zuschauer finden.

Danny Newman beschreibt den Abonnenten mit unverhohlener Sympathie, aber auch Ironie, aus der Sicht des Theaters / Orchesters: „The subscriber is our ideal. In an act of faith, at the magic moment of writing the check, he commits himself in advance of the season's beginning (often many months in advance, and we then also enjoy the interest on his money which we have put into banks or short-term securities). Perhaps because he made this initial judgment in our favor, he believes in us from that point on.

He arrives at our auditorium with a positive attitude. He wants us to succeed, and he's thrilled when we do. If we occasionally let him down, he takes this punishment in good spirit and, in most cases, doesn't hold it against us at renewal time. By attending all of our productions, season after season, he develops discernment and perspective as a member of the audience. His repertoire-acceptance treshold constantly rises. His awareness of everything connected with the art form heightens. He begins to develop and articulate his own opinions about performance values. Now, should a critic, in his estimation, attack us unfairly, he may write a denunciatory letter to the editor. He also begins to write *us* letters – 16-pages-ones – advising us on casting and repertoire selection.

He is now 'knowledgeable'. He is involved – hooked – and we love it, for he has become the fine audience that we require. He has become a wonderful instrument for our artists to play upon. He remains our greatest booster. He loves to see sold-out houses. He delights in regaling the single-tickets buyers-come-lately with his sagacity and foresight in having subscribed years ago, thereby obtaining his own choice seats, which are renewable each season. He is a very important man to us. He underwrites our right to experiment. And once he comes to understand our economic dilemmas, he will often send us contribution checks. He provides the base for our expansion. It seems that he is the man for whom we have built our company. He is our hero! And because he renews annually, he is our 'man for all seasons'!“ (Newman 1996: 17)

Allerdings stehen dieser enthusiastischen Sicht eine ganze Reihe von unübersehbaren Nachteilen für die Theater bzw. Orchester gegenüber. Zum einen fallen die Einnahmen durch die teilweise recht hohen Ermäßigungen im Abonnement-Bereich entsprechend niedriger aus (etwa zwischen 20 bis 30 % je nach Ermäßigung). Darüber hinaus müssen auch Inszenierungen, die sich bei der Premiere als künstlerisch weniger zufriedenstellend erwiesen haben, durch die langfristigen Abonnementsankündigungen und somit eingegangenen Verpflichtungen weiter durch die Spielzeit geschleppt werden – was dem künstlerischen Engagement der Bühnenkünstler, die das Stück eben nur deshalb spielen, weil es im Abo verkauft wird, oft anzumerken ist. Dadurch entsteht ein wenig flexibler Spielplan, d. h. erfolgreiche Stücke können nur unter großem Aufwand zusätzlich gegeben werden, weil dem die Verpflichtungen gegenüber dem Abonnement entgegenstehen.

Aus der Sicht der Besucher garantiert das Abonnement auch in ständig ausverkauften Häusern einen Platz. (Dies spielt eine wichtige Rolle allerdings nur auf sog. *Verkäufermärkten*, d. h. wenn die Nachfrage bei weitem das Angebot übersteigt, die Macht also quasi beim Verkäufer, in diesem Falle also dem Theater / Orchester, liegt. So kann es sich beispielsweise die *Metropolitan Opera* in New York leisten, ihre begehrten Abonnements ohne jede Ermäßigung zu verkaufen. Und nur wenn der Käufer eines Abonnements bereit ist, noch eine entsprechende Spende an die Oper zu geben, kann er sich auch seinen Sitzplatz aussuchen. Ähnliches gilt auch für Häuser in anderen Metropolen (Berlin, Stuttgart, Wien, Paris usw.), wo einmal errungene und heiß begehrte Abonnements quasi weitervererbt werden. In der Regel erhalten die Abonnenten ihre Tickets allerdings zu einem wesentlich günstigeren Preis als an der Tages- bzw. Abendkasse.

Diesen Vorteilen stehen aus Sicht der Abonnenten allerdings auch eine ganze Reihe von Nachteilen gegenüber – Nachteile, die vor allem von jüngeren Menschen zunehmend mehr als Argumente dafür angeführt werden, sich *nicht* längerfristig durch ein Abonnement zu binden.

- Man ist nicht bereit, sich auf lange Zeit (also mindestens eine Spielzeit) hinaus festzulegen.
- Man will sich nicht selbst unter Druck setzen, alle Vorstellungen des Abonnements auch wirklich in Anspruch nehmen zu müssen.
- Man möchte lieber spontan in Stücke gehen, die einem gefallen.
- Es gibt so viele Konkurrenzangebote; wie kann man wissen, ob nicht in einem halben Jahr die Abonnementsvorstellung mit einem attraktiven anderen Angebot konkurriert?
- Man weiß nicht, wie sich langfristig die eigenen Lebensverhältnisse verändern („Weiß ich, ob ich im nächsten Sommer noch in dieser Stadt lebe?").
- Man möchte die interessierenden Stücke gezielt auswählen und nicht eine Auswahl vorgesetzt bekommen, d. h. also ggf. auch weniger interessierende Stücke sehen zu müssen.
- Die Abonnementsbedingungen, vor allem aber die Umtauschbedingungen (wenn man einmal verhindert ist, das Abonnement wahrzunehmen) sind zu kompliziert, zu unflexibel, zu aufwendig, kurz der Service ist zu schlecht.
- Man kann es sich nicht leisten, auf einmal und im voraus die Abonnementsgebühr zu entrichten.
- Man will im Theater oder Orchester nicht eine Spielzeit lang neben denselben, u. U. höchst „nervigen" Menschen sitzen.
- Die Aufführungsqualität der Stücke leidet, wenn sie im Abonnement „abgenudelt" werden. (Diese Gründe wurden geäußert bei einer Spontanbefragung von Studierenden des Studiengangs Kulturmanagement in Ludwigsburg im Rahmen eines Seminars des Verfassers zum Thema *Besucherorientierung und Besucherbindung* im Sommersemester 2001 auf die Frage, warum sie kein Theater- oder Konzertabonnement hätten.)

Interessanterweise ist aber gerade der gewisse Zwang, den ein Abonnement entfaltet, für viele Menschen, die unter Termindruck stehen, ein Argument *für* das Abonnement, dessen Termine in aller Regel langfristig feststehen und quasi „Meilensteine" im gehetzten Terminablauf sind. So wirbt die Leiterin des Besucher-Rings des *Ulmer Theaters*, Brigitte Zugmaier, genau mit diesem Argument für das Abonnement: „Theater hat seine eigene Zeit. Seine ‚magische Wirkung' offenbart sich nur dem, der seine Sinnespforten dafür öffnet. Der erste Schritt zu einer neuen, lebensbereichernden Theatersaison beginnt daher mit dem Vorsatz, regelmäßig zu gehen. Am einfachsten auszuführen ist dieser Vorsatz, wenn Sie sich auf das verlassen, was ich einmal als ‚die magische Kraft des Abonnements' bezeichnen möchte. Sie besteht ganz einfach darin, dass ein Abonnement Sie regelmäßig daran erinnert, Ihrem Kulturbedürfnis nachzugeben. Denn die Erfahrung zeigt: Wer vergisst, sein Abo zu bestellen, vergisst auch, regelmäßig das Theater zu besuchen. Und wer das vergisst, vergisst zu einem guten Teil zu leben" (Zugmaier 2001).

Sind die o. a. Argumente gegen ein Abonnement nun berechtigt oder nicht, sind sie eher subjektiv gefärbt oder spielen sie objektiv eine Rolle, beruhen sie in manchen Fällen vielleicht auf Unkenntnis oder mangelhafter Kommunikation durch die Theater – zweifelsfrei ist festzustellen, dass die Zahl der Theaterbesuche, die in Form von Theaterabonnements stattfinden, in Deutschland generell seit Jahren mehr oder weniger konstant rückläufig ist.

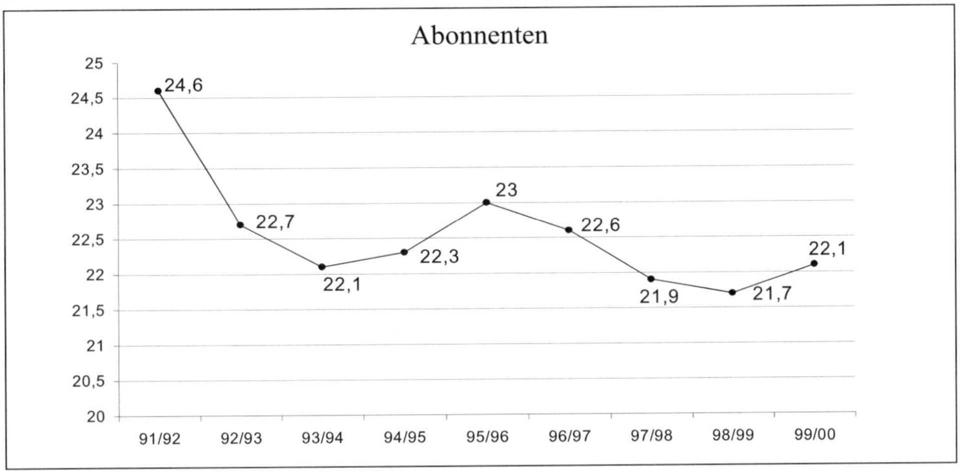

Abb 25: Theaterbesuche durch Abonnements in Prozent in Deutschland insgesamt Spielzeiten 1990/91 bis 1999/2000

Allerdings scheint diese Entwicklung keineswegs zwangsläufig. Eine detaillierte Analyse ergibt, dass dies von Theater zu Theater, von Stadt zu Stadt durchaus unterschiedlich sein kann, wie die folgenden Beispiele zeigen.

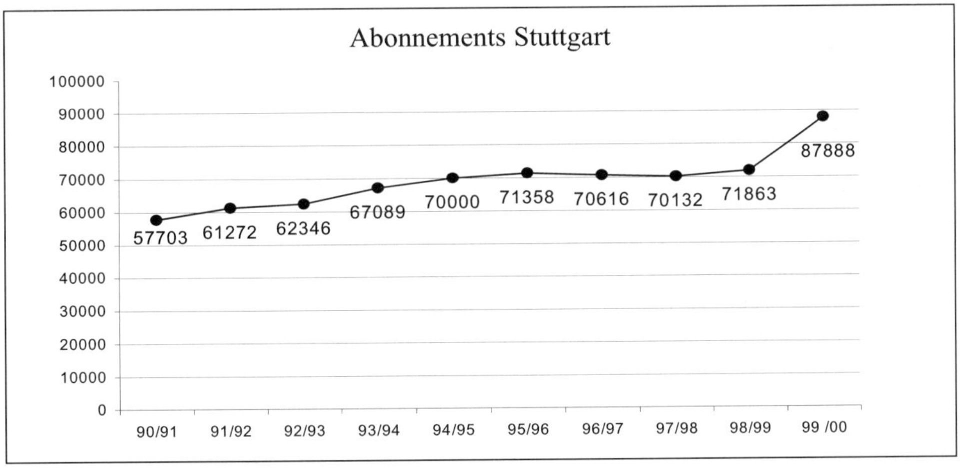

Abb. 26: Theaterbesuche durch Abonnements in Staatstheater Stuttgart / Großes Haus Spielzeiten 1990/91 bis 1999/2000

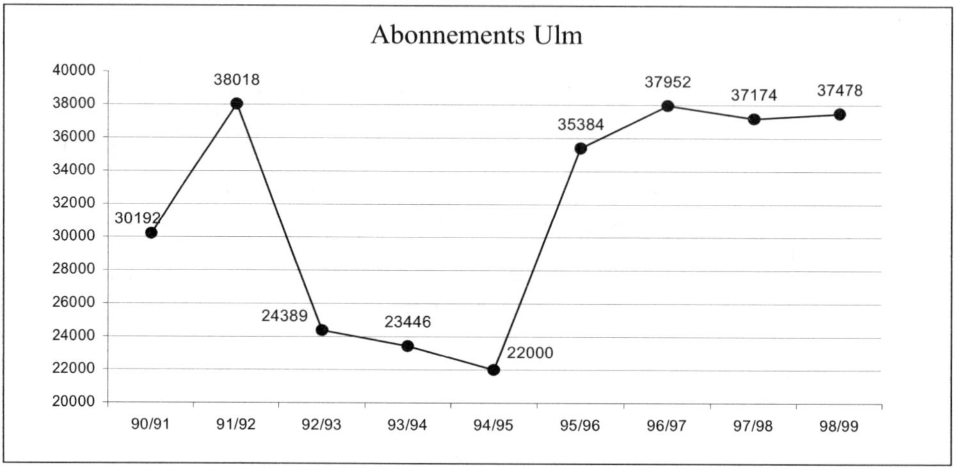

Abb. 27: Theaterbesuche durch Abonnements im Stadttheater Ulm / Großes Haus Spielzeiten 1990/91 bis 1998/99

Man kann also schlecht von dem Abonnement-Verhalten generell sprechen, sondern es empfiehlt sich ausdrücklich, sehr genau die Verhältnisse vor Ort zu analysieren. Eine im Frühjahr 1998 durchgeführte Erhebung von Karin Elvira Mayer (Mayer 1999: 141-160) in 52 Staats- und Stadttheatern in Städten mit mehr als 100.000 Einwohnern ergab, dass die deutschen Theater auf diese Veränderungen im Besucherverhalten teilweise bereits mit Veränderungen der traditionellen Abonnementsformen begonnen haben. So gibt es neben den herkömmlichen premieren- und spartenbezogenen Abonnements mittlerweile auch gemischte Abos, Schnupper-Abos, Geschenk-Abos usw. Eine Besonderheit sind bislang erst an wenigen Häusern praktizierte sog. Themenabos, die Aufführungen aus den unterschiedlichen Sparten unter einem Thema zusammenfassen (z. B. „Krieg und Frieden", „Love and Crime" usw.).

Auf die Frage: „*Welche Abonnementformen gibt es an Ihrem Theater?*" (Mehrfachnennung möglich) antworteten:

	Häufigkeit	%
• Spartenbezogenes Abonnement	28	57,1
• Gemischtes Abonnement	39	79,6
• Konzert-Abonnement	29	59,2
• Premieren-Abonnement	37	75,5
• Gala-Abonnement	1	2,0
• Jugend-Abonnement	33	67,3
• Wahl-Abonnement	37	75,5
• Schnupper-Abonnement	14	28,6
• Geschenk-Abonnement	21	42,9
• Sonstige	10	20,4
	249	

Abb.28: Abonnementformen in ausgewählten Theatern (Mayer 1999: 149)

Das Ausmaß der Inanspruchnahme von Abonnements hängt ganz sicherlich auch damit zusammen, inwieweit sich Theater / Orchester in ihren Abonnementsformen den gewandelten Bedürfnissen der Besucher angepasst haben. Zuerst seien hier die traditionellen Abonnementsformen vorgestellt, um hiervon ausgehend dann neuere Entwicklungen, die auf die geänderten Rahmenbedingungen Bezug nehmen, darzustellen.

- **Das Standard-Abonnement (Fest-Abo)**

Das Standard- bzw. Fest-Abonnement bietet eine bestimmte Anzahl von Vorstellungen einer bestimmten Sparte (Musiktheater *oder* Sprechtheater) oder gemischt aus Musiktheater *und* Sprechtheater auf einem gewählten Platz an einem gewünschten Wochentag (z. B. acht Schauspiele pro Spielzeit jeweils sonntags). Die Bezahlung der Abonnements kann in einer Summe oder in Raten, beispielsweise in vier Raten gestreckt auf die Spielzeit, erfolgen. „Konzert-Abonnement: Das *Ulmer Theater* bietet Ihnen mit dem Konzert-Abonnement 5 Philharmonische Konzerte im Einsteinsaal des *CongreßCentrumUlm* in drei günstigen Preisgruppen an (...) Konzert-Schauspiel-Abonnement: Das kombinierte Konzert- und Schauspielabonnement bietet Ihnen Schauspiele im Großen Haus und alle Philharmonischen Konzerte im *CCU* zu besonders ermäßigten Preisen. Die Vorstellungen finden in der Regel dienstags statt" (Ulmer Theater 2001).

Um dem Besucher eine gewisse Flexibilität zu ermöglichen, wenn er am vorgesehenen Termin die Veranstaltung nicht besuchen kann, haben die meisten Theater Umtauschregelungen getroffen, z. B. durch die Ausgabe von Umtauschscheinen. Dieser Umtauschschein wird an der Kasse gegen eine Eintrittskarte eingelöst, sofern Eintrittskarten bei Vorlage des Umtauschscheins verfügbar sind. Diese Umtauschscheine verlieren am Ende der Spielzeit ihre Gültigkeit. Ein Aufpreis ist zu entrichten, wenn der Umtauschschein gegen eine Eintrittskarte in einer höheren Preisgruppe eingelöst wird; wird der Umtauschschein gegen eine Eintrittskarte in einer niedrigeren Preisgruppe eingelöst, wird über den Differenzbetrag ein Wertgutschein ausgestellt (Regelung beispielsweise im Badischen Staatstheater Karlsruhe, Spielzeit 2001/2002).

Diese Umtauschmöglichkeiten sollen mehr Flexibilität ermöglichen; so heißt es beispielsweise in einem Stadttheater: „Viermaliges Umtauschrecht: Für den Fall, dass Sie einen Vorstellungstermin nicht wahrnehmen können, besteht beim Haupt-Abonnement die Möglichkeit des viermaligen Umtausches." Sie sind an manchen Häusern allerdings häufig recht kompliziert (und für den Besucher somit abschreckend) abgefasst. So heißt es beispielsweise zum Thema „Umtauschmöglichkeit" in den Abonnementsbedingungen eines Staatstheaters: „Ist ein Abonnent am Besuch einer Vorstellung verhindert, kann er einen Umtauschschein erhalten, wenn er seinen Platz rechtzeitig, spätestens einen Tag vor der Vorstellung bis 13 Uhr schriftlich oder persönlich unter Vorlage der Abonnementkarte abmeldet. Für die Vorstellungen an Sonntagen muß die Abmeldung spätestens Freitag (Werktag) 18.30 Uhr erfolgen. Für Vorstellungen an Feiertagen muß die Abmeldung spätestens 13.00 Uhr des davor liegenden Werktages erfolgen" (Regelung im Badischen Staatstheater Karlsruhe, Spielzeit 2001/2002).

Man stelle sich das Erschrecken eines Ehepaares am sonntäglichen Frühstückstisch vor, das sich auf den Theaterabend freut und entsetzt feststellen muss, dass es das für den Abend angesetzte Ballett zu einem früheren Zeitpunkt – unvorsichtigerweise – schon im freien Verkauf erworben und angeschaut hat! Es kann nur noch ein zweites Mal hingehen oder die Karten verfallen lassen!

- **Das Premieren-Abonnement**

Eine spezielle Form des Standard-Abonnements ist das Premieren-Abonnement, das z. B. an einem festen Tag auf einem festen Platz ausschließlich die Schauspielpremieren des Theaters innerhalb einer Spielzeit anbietet. Es zielt auf das damit verbundene Sozialprestige und kann ggf. kombiniert werden durch eine Teilnahme an der Premierenfeier des Hauses usw. „Das Premieren-Abonnement wendet sich an alle Theaterfans, die den Reiz des ersten Abends miterleben wollen. Der Premierenabend im *Ulmer Theater* soll auch weiterhin ein regelmäßiges Zusammentreffen aller Theaterfreunde ermöglichen. Um Ihnen Ihre persönliche Terminplanung zu erleichtern, haben wir alle Premierentermine auf einen Donnerstag gelegt. Natürlich sind Sie im Anschluss an die Vorstellung herzlich zu der Premierenfeier im Theaterfoyer eingeladen“ (Ulmer Theater 2001).

„Das Erlebnis einer Premiere ist unverwechselbar. Sichern Sie sich Ihren festen Platz, damit Sie immer dabei sind, wenn sich der Vorhang für eine Neuinszenierung im Schauspielhaus zum ersten Mal hebt: mit dem Premieren-Abonnement Schauspiel (Abo PS) für sechs Premieren!“ (Bühnen der Stadt Köln 2001). Ein spezielles Premierenabo wurde bereits 1880 im *Burgtheater* in Wien angeboten, um durch den erhöhten Preis dieses speziellen Abonnements andere Ermäßigungen im Zuge einer Mischkalkulation wettzumachen.

- **Das Gemischte Abonnement**

Das Gemischte Abonnement gewährt zwar auch einen festen Platz und einen festen Tag, erweitert / ergänzt aber das Angebot. So können beispielsweise acht Vorstellungen aus dem Bereich des Musiktheaters mit vier Vorstellungen aus dem Schauspielbereich kombiniert werden oder an zehn Sonntag Nachmittagen sechs musikalische Vorstellungen mit zwei Schauspielproduktionen und Ballett gekoppelt werden oder an sieben Samstag Nachmittagen sechs musikalische Vorstellungen mit einem Schauspiel usw. (Alle Beispiele Badisches Staatstheater Karlsruhe, Spielzeit 2001/2002). So bietet das *Ulmer Theater* ein Werk-Abonnement: „Das Werk-Abonnement bietet Ihnen eine Auswahl besonderer Werke im Schauspiel und Musiktheater. Die Vorstellungen finden immer an einem Vorabend eines arbeitsfreien Tages statt“ (Ulmer Theater: Spielzeit 2001/2002).

- **Jugend-/ Studenten-Abonnement**

Neben diesen traditionellen Abonnements bieten die meisten Theater sogenannte Jugend- / Studenten-Abonnements zu deutlich vergünstigten Konditionen an. Dies geschieht z. B. als fester Platz an einem bestimmten Abend oder an verschiedenen Abenden, etwa vier Musiktheater-Veranstaltungen und sechs Schauspiele. „Das Jugend-Abo: 50 % Ermäßigung in allen Fest-Abos! Jungen Menschen in der Ausbildung bis zum vollendeten 29. Lebensjahr gewähren wir bei Abschluss eines Abos rund 50 % Ermäßigung auf den Tageskartenpreis in allen Fest-Abo-Reihen. Jugend-Theater-Pass für Schauspiel und Oper: Mit diesem Pass erhalten junge Menschen in der Ausbildung bereits im Vorverkauf 50 % Ermäßigung für alle Vorstellungen im *schauspielhaus*, im *ballhofeins* und *ballhofzwei* und in der Oper. Gültig für ein Jahr, verlängerbar" (Schauspiel Hannover: Spielzeit 2001/02).

Oder: „Jugend-Konzert Abonnement: Mit dem Jugend-Konzert-Abonnement können sich Schüler, Auszubildende, Studenten, Wehr- und Zivildienstleistende sowie Helferinnen und Helfer im freiwilligen sozialen Jahr einen festen Platz in den Philharmonischen Konzerten sichern. Auf dem Programm stehen vier Philharmonische Konzerte in drei preisgünstigen Preisgruppen. Das Jugend-Konzert-Abonnement kann auch von Schulen gebucht werden" (Ulmer Theater: Spielzeit 2001/2002, Ulm 2001).

Eine deutliche Absetzung von diesen traditionellen Abonnements, die dem immer häufiger geäußerten Wunsch nach höherer Flexibilität bei der Auswahl der Stücke bzw. Veranstaltungstage Rechnung tragen, bieten alle Formen und Ausprägungen des sogenannten

- **Wahl-Abonnement (Wahlgutscheine)**

Diese bieten in aller Regel die freie Wahl von Stücken und Vorstellungstag (sind somit im strengen Sinne eigentlich kein Abonnement mehr, sondern Ermäßigungen bzw. Rabattierungsmöglichkeiten). Gewöhnlich besteht dieses aus einer bestimmten Anzahl von Gutscheinen in einer gewählten Preisklasse, die alleine oder in der Gruppe für selbstgewählte Stücke ohne Bindung an bestimmte Tage eingelöst werden können. Wahl-Abos kann es für bestimmte Sparten aber auch für gemischte Angebote geben. 1972 führte *Peter Zadek* als Intendant in Bochum erstmals ein Wahl-Abo mit übertragbarem Gutschein zu beliebigem Theaterbesuch ohne Festlegung auf ein bestimmtes Stück oder einen bestimmten Tag ein.

„Das Wahl-Abo: Das Abo-Programm für Individualisten: Zum Beginn der Spielzeit erhalten Sie Gutscheine für Vorstellungen Ihrer Wahl – Termin und Stück suchen Sie selbst aus. Ihre Vorteile: Wir schicken Ihnen unseren aktuellen Spielplan monatlich kostenlos zu; Sie können Ihre Abo-Gutscheine bequem per Post einlösen. Kartenbestellungen werden bei rechtzeitigem Eingang zwei Tage vor Vorverkaufsbeginn berücksichtigt. Oder Sie entscheiden sich ganz spontan für einen Theaterbesuch und lösen Ihren Coupon an der Abendkasse ein, solange noch Plätze frei sind. Dabei bleibt es

Ihnen überlassen, wie viele Gutscheine Sie für eine Vorstellung einlösen" (Nationaltheater Mannheim 2000/2001).

Das *schauspielhannover* offeriert beispielsweise „*Try out*: Die Zehnerkarte: Günstig ins Theater auf Zehnerkarte. 10 Try out-Gutscheine, 8 für das *schauspielhaus* und 2 für den *ballhofeins* (die Schauspielproduktionen), die Sie 10 x alleine oder 5 x zu zweit nutzen können. Nachdem Sie das Programm bereits eine Spielzeit lang zu günstigen *Try out*-Konditionen ausprobieren konnten, laden wir Sie jetzt ein, mit der Zehnerkarte am Ball zu bleiben. Mit 10 Gutscheinen, je nach Platzgruppe zum Preis von 100,– DM, 190,– DM oder 250,– DM haben Sie Gelegenheit, Ihre eigenen Termine und Vorstellungen zu wählen sowie ggf. Begleitung einzuladen, um nach Ihren individuellen Wünschen den Theaterbesuch zu planen. Neu ist die Gültigkeit: die *Try out*-Gutscheine sind ab Kaufdatum ein Jahr gültig" (Schauspiel Hannover: Spielzeit 2001/ 2002).

Gerade den gemeinsamen Theaterbesuch mit Freunden spricht das Wahlabo des *Deutschen Theaters* in Göttingen an: „Mit Freunden in's Theater. Das Wahlabo ist gegenüber der normalen Eintrittskarte um 10 Prozent ermäßigt. Beim Kauf eines Wahlabos werden 10 Kartengutscheine für Vorstellungen im Großen Haus erworben. Diese Kartengutscheine können einzeln nacheinander oder mehrere zugleich gegen Eintrittskarten eingelöst werden (...) Im Gegensatz zum Festabo ist diesem Abonnement kein fester Sitzplatz in den einzelnen Vorstellungen zugeordnet" (Deutsches Theater in Göttingen: Spielzeit 2001/2002).

Originell ist auch das sog. *Los-Abo*: „Das *Los-Abo* ist die Alternative zum Fest-Abo: Sie wählen zwischen den Aufführungen im *schauspielhaus* und in der Oper und besuchen monatlich eine Vorstellung (insgesamt neun Vorstellungen). Die Eintrittskarten werden per EDV ausgelost, so dass Sie durch alle Preisgruppen 'wandern'. Sie zahlen den Durchschnittspreis und erhalten einen Nachlass bis zu 35 %. Zusätzlich erhalten Sie für fünf weitere Theaterbesuche Gutscheine mit ca. 20 % Ermäßigung" (Schauspiel Hannover: Spielzeit 2001/2002).

- **Theatercard**

Im Zusammenhang mit dem oben angesprochenen Trend hin zu größerer Flexibilisierung werden Abonnements mit möglichst flexiblen Einsatzmöglichkeiten, die über das herkömmliche Wahlabonnement weit hinausgehen, immer beliebter. So gibt es in Hannover – analog zur Bahncard – die *Ballhofcard*: „Sie zahlen einmalig 100,– DM für die *Ballhofcard* – und erhalten für ein Jahr 50 % Ermäßigung auf alle Vorstellungen des Schauspiels und der Oper, Sonderveranstaltungen und Gastspiele im *ballhofeins* und *ballhofzwei*. Darüber hinaus gewährt die Theatergastronomie sowie das Lokal im Ballhof ‚Fundus' 20 % Preisnachlass auf alle Speisen und Getränke" (Schauspiel Hannover: Spielzeit 01/02). Die *Kammercard* in Berlin gewährt beim einmaligen Kaufpreis von 15,– DM jeweils 15 % Preisnachlass beim Kauf von je zwei Karten.

Das *Deutsche Theater* in Göttingen bietet die *DT-Card* an: „Ein Jahr Theater zu kleinen Preisen. Sie können die *DT-Card* für alle Spielstätten und alle Vorstellungen (außer Sonderveranstaltungen und Premieren) nutzen. Mit ihr genießen Sie erhebliche Preisvorteile auf allen Plätzen" (Deutsches Theater in Göttingen Spielzeit 2001/2002).

Über diese schon seit längerem bestehenden Ausprägungen des Abonnements hinaus haben manche Theater sich auf die gewandelten Kundenbedürfnisse bereits sehr gut eingestellt und mit viel Kreativität neue Abonnementsformen entwickelt.

- **Wochentags- / Tageszeiten- / Ortsabonnements**

Die besondere Betonung des Wochentages ist eigentlich schon im herkömmlichen Abonnement gegeben, wird in dieser Abonnementsform allerdings bei der Kommunikation ganz besonders betont und spielt z. B. auf die gewachsene Mobilität der Besucher an. „*Das Donnerstagabonnement – für alle die am Wochenende unterwegs sind*" oder „*Das Sonntagabend-Abo – damit die Woche mit Theater anfängt*" usw.

Auch die Festlegung eines bestimmten Tages-Zeitpunktes (z. B. Matinee-Abo für den Vormittag oder Nachmittags-Abos) sind schon relativ weit verbreitet und tragen den gewandelten Freizeitbedürfnissen Rechnung. „Das Sonntagnachmittag-Abonnement gewährt Ihnen eine großzügige Preisermäßigung. Die Vorstellungen beginnen jeweils am Sonntag um 14.00 Uhr" (Ulmer Theater: Spielzeit 2001/2002, Ulm 2001).

Relativ neu sind dagegen Abonnements, die auf bestimmte *Orte* bzw. Spielstätten ausgelegt sind. „*sechs im ballhof*: 3 x Schauspiel, 2 x Oper oder Ballett und eine weitere Veranstaltung wie Party, Kammerkonzert oder Lesung: das Scheck-Abo ‚*sechs im ballhof*' verspricht ein facettenreiches Kulturprogramm. Zum Gesamtpreis von 120,– DM haben Sie die Möglichkeit, sich Ihr individuelles Ballhof-Programm nach Lust und Laune zusammenzustellen: 6 x alleine oder 3 x zu zweit (wobei Sie den 6. Scheck alternativ auch als Begleitkarte für eine Schauspiel-Vorstellung nutzen können" (Staatsoper Hannover: Spielzeit 2001/2002).

- **Geschenkabonnements**

Ein Theaterbesuch – ob als einmaliges Erlebnis oder eingebunden in ein Abonnement – kann auch ein schönes Geschenk sein: vorstellbar sind Schnupper-Abos (etwa viermaliger Besuch) oder Abos für eine Spielzeit oder auch nur Karten für einzelne Abende: „Sind Sie noch auf der Suche nach einem passenden Geschenk? Egal ob Frühjahr, Sommer, Herbst oder Winter – verschenken Sie doch einfach mal einen Theatergutschein. Sie legen bei der Theaterkasse einfach nur die Sparte und Preisgruppe fest, damit der oder die Beschenkte selbst die Vorstellungs- und Terminwahl treffen kann. Die Theaterkasse stellt Ihnen dann einen entsprechenden Geschenkgutschein aus (...) Wertscheinpakete für Jung und Alt: Mit den ermäßigten Wertscheinen erhalten sie Karten für 4 Schauspiele und 2 musikalische Produktionen im Großen Haus, die Sie nach freier Wahl auswählen und terminieren können. Ausgenommen sind lediglich Samstags- und Premierenvorstellungen. Die Wertgutscheine werden jeweils an der Theaterkasse für eine Vorstellung nach Wahl eingelöst und sind bis zum jeweiligen Ende der Spielzeit gültig. Die Wertscheine sind übertragbar und es können auch mehrere Wertscheine für eine Vorstellung verwendet werden" (Ulmer Theater: Spielzeit 2001/2002, Ulm 2001).

Das *Deutsche Theater* in Göttingen wirbt: „Machen Sie Ihren Freunden einfach eine Freude: verschenken Sie einen Gutschein für den Besuch des *Deutschen Theaters*! Das Prinzip ist ganz einfach: Sie bestimmen den Betrag, den Sie für den Gutschein ausgeben möchten. Der ausgestellte Gutschein wird von uns in eine Geschenktasche gelegt und ist ein ganzes Jahr gültig. Der Beschenkte kauft Karten für die Vorstellung, die er besuchen möchte und bezahlt nicht mit Geld, sondern mit dem erhaltenen Gutschein. Übersteigt der Wert der Eintrittskarte den Gutscheinbetrag, so zahlt der Beschenkte den Rest in Geld nach. Ist der Wert der Eintrittskarte geringer, erhält er von uns einen Restgutschein zurück, der wiederum ein ganzes Jahr gültig ist und entsprechend eingelöst werden kann" (Deutsches Theater in Göttingen: Spielzeit 2001/2002).

- **Themen-Abonnements**

Sogenannte Themenabonnements orientieren sich nicht mehr an Sparten oder Tagen, sondern stellen bestimmte Themen in den Vordergrund, z. B. „Sex & Crime" und vereinen unter diesem Motto Aufführungen von Shakespeare und Schiller, Ballettaufführungen, Musicals und Opern. „Neu! Die Themenabos *‚unerhört'* – *‚lustvoll'* – *‚fabelhaft'* für alle, die entweder Interesse an Musik und Literatur der Moderne haben – oder sich von Mozarts Kompositionen verzaubern lassen – oder den Theaterbesuch zu einem Familienereignis machen möchten. Mit jeweils vier Vorstellungen sind Sie dabei. Für die Vorstellungen im Opernhaus gibt es feste Termine – für den Besuch des Schauspiels und des *Schnawwl* suchen Sie sich ihren Termin selbst aus. *‚unerhört* – Das 20. Jahrhundert': Eine aufregende Reise für wache Zeitgenossen von der Moderne bis zur Gegenwart verspricht unser Programm bestehend aus zwei Opern- und zwei Schauspielproduktionen. *‚lustvoll* – Die Mozart-Kombi': Mögen sie Mozart? Drei Neuproduktionen kombiniert mit Haydns berühmtestem Oratorium ermöglicht es, den neuen Mannheim Mozart-Schwerpunkt von Anfang an mitzuerleben. *‚fabelhaft* – Die Familienpackung': Theater wird zum Familienereignis, wenn groß und klein gemeinsam erleben: 2mal im Opernhaus, 2mal im *Schnawwl* – garantiert ein ganz neues Theatererlebnis für beide Seiten" (Nationaltheater Mannheim 2000/2001).

- **Zielgruppenabonnements**

Die herkömmlichen Jugend- und Studentenabonnements sind bereits Zielgruppen-Abonnements. Viele Theater haben darüber hinaus aber noch weitere spezifische Zielgruppenangebote entwickelt, so z. B.

Kinder-Abonnements
Viele Theater, aber auch Stadthallen legen eigene Kinder-Abos auf, so die *Filharmonie Filderstadt*: „Theater selber erfahren – dieses anregende und wichtige pädagogische Erlebnis bieten wir Ihnen und Ihren Kindern mit 6 abwechslungsreichen und fantasievollen Vorstellungen des Kindertheater-Abos. Vom spannenden Figurentheater über packendes Mitmach-Theater, musikalisches Erzähltheater bis hin zu einem unterhaltenden Kindermusical und sogar einem märchenhaften Tanzkrimi erfahren die Kinder die Faszination des Mediums Theater. Erleben sie mit Ihren Kindern Lustiges, Nachdenkliches, Aufregendes, Trauriges, Lehrreiches und Urkomisches – die große, zauberhafte Vielfalt des Theaters wird greifbar und begreifbar vor die Kinderaugen geführt. Theater macht Spaß – vor allem mit einem Kindertheater-Abo, durch das Sie sich ihre Plätze vorher sichern. Ihre Abo-Plätze sind stets reserviert" ((Filharmonie Kultur & Kongress Zentrum Filderstadt Kindertheater 2001 2002).

Familien- und *SeniorenAbonnements*
Spezifische Familien- und Seniorenabonnements hat z. B. das *Staatsschauspiel Dresden* entwickelt (Staatsschauspiel Dresden 2001/2002).

Schul-Abonnements
Besondere Schul-Abonnements bieten etwa die *Bühnen der Stadt Köln*: *„Schul-Abonnement* – der Einstieg. Interessant für Lehrer und Schüler: Besuchen Sie gemeinsam 4 Vorstellungen der *Bühnen der Stadt Köln* – zu einem schülerfreundlichen Preis. Begleitet von einem ausführlichen Rahmenprogramm ist dies die Gelegenheit für Schüler ab Sekundarstufe I das (Musik-)Theater kennenzulernen. Sie sehen mit ihren Schülern 3 Opern und 1 Schauspielvorstellung. Das Abo kann auf Alter und Vorkenntnisse der Schüler abgestimmt werden. Für jeweils 10 Schüler-Abos erhält eine Begleitperson ein kostenloses Extra-Abo. Ein kostenloses Begleitprogramm mit Führungen, Kurzeinführungen oder Unterrichtsbesuchen ist nach Absprache möglich" (Bühnen der Stadt Köln: Spielzeit 2001/2002).

Das Schul-Abonnement des *Mannheimer Nationaltheaters* nennt sich *„extraKlasse.* Mit unseren Abos für Schülergruppen verpassen Jugendliche keine aktuelle Schauspiel-, *Schnawwl-* und Musiktheaterproduktion. Mit der A-Klasse erleben Sie acht frei wählbare Vorstellungen für 80,–, davon maximal vier im Opernhaus. In der C-Klasse können sich Schülergruppen für 75,50 zwei Vorstellungen im *Schnawwl* und sechs im Schauspiel- bzw. Opernhaus (max. drei) oder im Werkhaus aussuchen. Die *extraKlasse* Kontaktperson belohnen wir natürlich mit Freikarten, und ein Fachlehrer bekommt ab 20 Schülern die Eintrittskarte zum *extraKlasse*-Preis" (Nationaltheater Mannheim 2000/2001).

Duo-Abonnement
Spezifisch an Paare richtet sich das *Duo-Abo* der *Hamburger Kammerspiele*: „Duo-Abo: gilt für zwei Personen, 2 Karten pro Vorstellung, 3 x 2 Theatervorstellungen" (Hamburger Kammerspiele Spielzeit 2000/2001).

Firmen-Abonnements
Aber auch Firmen sind daran interessiert, sowohl ihren Mitarbeitern als auch ihren Kunden bzw. Besuchern etwas besonderes zu bieten. An sie richten sich die sog. *Firmen-Abonnements*: „Wenn Sie mit den Mitarbeitern Ihres Unternehmens gemeinsam eine Vorstellung besuchen möchten oder ihnen regelmäßig günstige Theaterbesuche ermöglichen wollen, fragen Sie bitte nach unseren speziellen Arrangements" (Schauspiel Hannover: Spielzeit 2001/2002). „Gehaltvoll – das Kulturpaket für unsere Partnerunternehmen. Machen Sie Theater mit Ihrem Betrieb: Mit dem *partnerAbo* gehen Sie zusammen mit Ihren Kollegen entweder 8 oder 10mal pro Spielzeit in Oper, Schauspiel oder Ballett – zu festen Terminen und besonders preisgünstig. Über die genauen Konditionen und über die Ansprechpartner in Ihrem Unternehmen informieren wir Sie gerne – einfach anrufen" (Nationaltheater Mannheim 2000/2001).

- **Schnupper-Abonnements**

An die große und sicherlich weiter wachsende Zahl der „Noch-Nicht-Besucher" (vgl. hierzu ausführlich Klein 2001), d. h. diejenigen, die (noch) unsicher sind, ob denn ein Abo überhaupt etwas für sie sei, richten sich die Schnupper-Abonnements. So wirbt das *schauspielhannover* für „Das *Six-Pack-Abo*" (mit sechs Vorstellungen) und die *Bühnen der Stadt Köln* ein „*Ersttäter-Abo* 120: Tun Sie's einfach. Mit dem ‚Abo 120' bietet sich Ihnen die ideale Möglichkeit, die gesamte Bandbreite des Angebots der *Bühnen der Stadt Köln* kennenzulernen. Gleichzeitig genießen Sie die wichtigsten Vorteile eines Abonnements – all das zu einem sensationell günstigen Sonderpreis von 120,– DM" (Bühnen der Stadt Köln: Spielzeit 2001/2002). Das *Nationaltheater Mannheim* bietet „*unikat*" an: „Das Einsteiger-Programm exklusiv für Schüler und Studenten (bis 30 Jahre): 6mal für je 12,– ins Theater! Die *unikat*-Gutscheine sind übertragbar, gelten jeweils für eine Spielzeit und können bereits im Vorverkauf gegen eine Eintrittskarte für Oper, Ballett und Schauspiel eingetauscht werden: Dabei herrscht das Prinzip der freien Platzwahl!" (Nationaltheater Mannheim 2000/2001).

Neben diesen zielgruppenorientierten Abonnement-Formen haben sich in den letzten Jahren vor allem zwei neue Abonnement-Formen durchgesetzt, die zum einen mit *Value added Services* locken bzw. verstärkt den *Event-Charakter* betonen.

- **Abonnement und *Value Added Services***

Um Abonnements für einen größeren Besucherkreis attraktiv zu machen, gehen mehr und mehr Theater dazu über, zusätzliche Serviceleistungen mit dem Erwerb eines Abonnements zu verbinden. Die regelmäßige und rechtzeitig Zusendung des Spielplans ist schon fast eine Muss-Dienstleistung, ebenso die Produktion und der Versand eines Theatermagazins.So wirbt das *schauspielhannover*: „Der besondere Service: *ABO-*

EXTRA – Das Infoheft für alle Festabonnenten. Als Fest-Abonnent im *schauspielhaus* bekommen Sie regelmäßig vor Ihrem Vorstellungsbesuch ein Info-Heft zugeschickt: *ABO-EXTRA*. Es enthält die Besetzung, informiert Sie ausführlich über Stück, Autor, Inszenierung und das Produktionsteam. Außerdem senden wir Ihnen unseren Monatsspielplan zu, so dass Sie frühzeitig auch über anstehende Premieren, Zusatzveranstaltungen und Vorstellungstermine informiert sind. Die Spielzeitbroschüre bekommen Sie ebenfalls zugeschickt" (Schauspiel Hannover: Spielzeit 2001/2002).

Nicht zuletzt um den Individualverkehr einzudämmen und fehlende Parkmöglichkeiten in Theaternähe zu kompensieren sind manche Theaterträger dazu übergegangen, die Abonnementkarte als kostenloses Beförderungsticket beim Öffentlichen Personen-Nahverkehr anzuerkennen. Das *Staatsschauspiel Dresden* hat ein spezielles Anrecht mit Fahrservice aufgelegt: „Der Dresdner Theaterbus für das Dresdner Umland – zzgl. Fahrpreis entsprechend der Entfernung 3 x Schauspielhaus und 3 x Operette" (Staatsschauspiel Dresden 2001/2002).

Reizvoll ist die Zusatzleistung des ermäßigten Eintritts in anderen Theatern der Stadt bzw. sogar deutschlandweit (z. B. *Bühnen der Stadt Köln, Schauspielhaus Hamburg, Deutsches Theater Berlin*) oder sogar international (wenn das Theater Mitglied der Europäischen Theater Convention ist, z. B. das *Theater Hannover*).

Manche Theater gewähren ihren Abonnenten einen Preisnachlass auf Merchandising-Produktionen des Hauses, z. B. CDs der *Staatsoper München* zum Subskriptionspreis. Manche Theater entwickeln spezielle Veranstaltungen, die sich ausschließlich an die Abonnenten richten (*Hamburger Kammerspiele*).

Aber auch das Buchen eines Abonnements selbst kann – in Form eines Wettbewerbs zum Incentive werden: „Wer abonniert, gewinnt. Bestellungen für Abonnements, *Ballhofcards* und *Try out*: Zehnerkarten, die bis 5.9.2001 bei uns eingegangen sind, nehmen an einer Verlosung teil. Gewinnen Sie die Teilnahme an einer Gastspielreise des *schauspielhannover* (1. Preis), einen gemeinsamen Theaterabend incl. anschließendem Menü mit ihren Freunden (2. Preis) – oder ein richtig kluges Theaterlexikon (3. Preis)" (Schauspiel Hannover: Spielzeit 2001/2002).

- **Event-Abonnements**

Die sog. *Neue Kulturpolitik* bzw. *Demokratisierung der Kultur*, in den siebziger und achtziger Jahren angetreten unter dem Motto einer *Kultur für alle*, hat erfreulicherweise den Kunst- und Kulturgenuss wenn schon nicht für alle, so doch für viele möglich gemacht. Erfolgreich wurden Schwellenängste abgebaut und Kultur dem Alltag angenähert. War in den fünfziger und sechziger Jahren der Besuch eines Schauspiels, einer Oper oder eines Konzertes zweifelsohne ein Ereignis an sich, so ging dieser Eventcharakter im Zuge dieser Entwicklung mehr und mehr verloren. Die Theater haben dies erkannt und reagieren insofern darauf, dass sie in ihre („normalen") Abonnements Eventmerkmale einbauen.

Die *staatsoperhannover* präsentiert beispielsweise „Die zweite Nacht in limitierter Auflage. Zum Beginn der neuen Intendanz 2001/2002 möchten wir ein besonderes

Angebot machen: Sie sind gespannt auf den Neubeginn bei Oper und Ballett? Sie wollen die neuen Dirigenten, Regisseure, Sänger und die *Thoss-Tanz-Kompanie* kennen lernen, sich einen repräsentativen Überblick verschaffen? Dann besuchen Sie die jeweils zweite Vorstellung der neuen Produktionen zu ermäßigten Preisen! Bei mindestens 4 Vorstellungen von zehn Neuproduktionen der Spielzeit 2001/2002 erhalten Sie 15 % Ermäßigung. Ab 5 Vorstellungen sparen Sie 20 %. Da dieses Angebot nur in limitierter Auflage vorliegt, sollten Sie sich Ihre ‚zweite Nacht' möglichst bald sichern." (Staatsoper Hannover: Spielzeit 2001/2002).

Der Aufbau und die sorgfältige Pflege eines Abonnentenstammes kann darüber hinaus von den Theatern und Orchestern aber auch zur Gewinnung neuer Abonnenten genutzt werden unter dem Motto: „Abonnenten werben Abonnenten: Sind Sie bereits Abonnent im *Ulmer Theater* und wollen Ihre Kollegen, Freunde, Verwandte oder Bekannte für einen regelmäßigen Theaterbesuch im Großen Haus gewinnen? Dann machen Sie mit bei unserer Aktion ‚Abonnenten werben Abonnenten' an den Abonnementtagen Mittwoch, Donnerstag, Sonntagnachmittag und Sonntagabend. Der Einsatz lohnt sich, denn wir senden Ihnen als Werbeprämie einen Buchgutschein im Wert von 20 DM zu und mit ein wenig Glück gewinnen Sie bei unserer Verlosung einen der drei Hauptpreise im Oktober 2001, die das *Ulmer Theater* als kulturelle Leckerbissen zur Verfügung stellt (...) An der Verlosung im Oktober 2001 nehmen alle Abonnenten, die einen neuen Abonnenten geworben haben, teil" (Ulmer Theater: Spielzeit 2001/2002).

6.2 Die Besucherorganisationen

Besucherorganisationen sind, insbesondere im Theaterbereich, wichtige Kulturvermittler, die immer wieder neue Schichten und Gruppen von Theaterbesuchern erschließen. Mit ihrem Service der Vermittlung deutlich ermäßigter Theaterkarten, der inszenierungsbegleitenden Vor- und Nachbereitung von Theaterbesuchen, Diskussionen in Mitgliederrundbriefen, vereinseigenen Zeitschriften, Gesprächskreisen sowie Theaterreisen wird durch sie und in ihnen für ein breiteres Interesse am und um Verständnis für da Theater geworben.

Mitte des 19. Jahrhunderts begann sich unter dem Einfluss der Arbeiterbewegung und der Gründung von sozialistischen Parteien und Gewerkschaften die Forderung auszubreiten, dass alle Bürger an den Errungenschaften der Kultur beteiligt sein sollten. In diesem Zuge etablierten sich Anfang der 60er Jahre des 19. Jahrhunderts die ersten Vorformen von Arbeiterbildungsvereinen, deren Zielsetzung vor allem in der Bildung, der kulturellen Förderung und der Chancengleichheit der Arbeiterschaft bestanden (Chung 1989; vgl. zum gesamten Komplex auch: Hägele 1998).

Durch den Erlass des sog. *Sozialistengesetzes* versuchte allerdings Reichskanzler Bismarck die immer stärker werdende Sozialisten- und Arbeiterbewegung einzudämmen. Zur Umgehung dieser Beschränkungen wurden neue *Arbeiterkulturvereine* unter harmlos klingenden Namen, wie z. B. in Berlin der Verein *Alte Tante* gegründet. In diesem Verein hielt auch Bruno Wille (1860-1928) Vorträge, z. B. über die gerade neu entstehende Kunstrichtung des Naturalismus; er kann als Initiator der *Volksbühnen-*

bewegung gelten. Am 23. März 1880, kurz nach der Aufhebung des *Sozialistengesetzes*, veröffentlichte er im *Berliner Volksblatt* einen Aufruf zur Gründung einer *Freien Volksbühne*, den er zunächst inhaltlich so begründete:

„Das Theater soll eine Quelle hohen Kunstgenusses, sittlicher Erhebung und kräftiger Anregung zum Nachdenken über die großen Zeitfragen sein. Es ist aber größtenteils erniedrigt auf dem Standpunkt der faden Salongeisterei und Unterhaltungsliteratur, des Kolportageromans, des Zirkus, des Witzblättchens. Die Bühne ist eben dem Kapitalismus unterworfen, und der Geschmack der Masse ist in allen Gesellschaftsklassen vorwiegend durch gewisse wirtschaftliche Zustände korrumpiert worden. Indessen hat sich unter dem Einfluß redlich strebender Dichter, Journalisten und Redner ein Teil unseres Volkes von dieser Korruption befreit. Haben doch Dichter wie Tolstoi und Dostojewski, Zola, Ibsen und Kielland, sowie mehrere deutsche ‚Realisten' in dem arbeitenden Volke Berlins einen Resonanzboden gefunden. Für diesen zu gutem Geschmack bekehrten Teil des Volkes ist es ein Bedürfnis, Theaterstücke seiner Wahl nicht bloß zu lesen, sondern auch aufgeführt zu sehen. Öffentliche Aufführungen von Stücken, in denen ein revolutionärer Geist lebt, scheitern aber gewöhnlich am Kapitalismus, dem sie sich nicht als Kassenfüller erweisen, oder an der polizeilichen Zensur. Diese Hindernisse bestehen nicht für eine geschlossene Gesellschaft. So ist es dem Verein *Freie Bühne* gelungen, Dramen der angedeuteten Richtung zur Aufführung zu bringen. Da nun aber die Mitgliedschaft der *Freien Bühne* aus wirtschaftlichen Gründen dem Proletariat versagt ist, so scheint mir die Begründung einer *Freien Volks-Bühne* wohl angebracht zu sein" (Wille 1890; vgl. ausführlich hierzu auch Rüden u. a. 1979).

Als angemessene Organisationsform schlug Wille die des Vereins vor. Seine organisatorischen Vorstellungen hierzu finden sich ebenfalls in dem bereits zitierten Zeitungsbeitrag: „Der Verein besteht aus einer leitenden Gruppe und aus seinen Mitgliedern. Die Leiter wählen die aufzuführenden Stücke sowie die Darsteller aus. Die Mitglieder erwerben durch einen Vierteljahresbeitrag den entsprechenden Theaterplatz für drei Vorstellungen. Jeden Monat, und zwar sonntags, findet eine Vorstellung statt. Die Beiträge bezwecken nur, die Theatermiete und die Honorare für die Schauspieler zu decken. Sie werden so niedrig wie möglich bemessen; hoffentlich sind die billigen Plätze für 1,50 M vierteljährlich (also für drei Vorstellungen!) zu erwerben. Alle diejenigen, welche geneigt sind, Mitglieder einer solchen *Freien Volksbühne* zu werden, sind gebeten, dem Unterzeichner erstens ihren Namen nebst Adresse, zweitens den Vierteljahresbeitrag, den sie leisten zu können glauben, auf einer Postkarte (...) anzugeben" (Wille in Chung 1989: 284f.).

Dieser Aufruf fand so große Resonanz, dass am 8. August 1890 der erste Theaterbesucherverein, die *Freie Volksbühne*, unter dem Vorsitz von Bruno Wille gegründet wurde. Unter der Losung *Die Kunst dem Volke* galt als satzungsmäßiger Vereinszweck: „Der Verein *Freie Volksbühne* stellt sich die Aufgabe, die Poesie in ihrer modernen Dichtung dem Volke vorzuführen und insbesondere zeitgemäße, von Wahrhaftigkeit erfüllte Dichtungen darzustellen, vorzulesen und durch Vorträge zu erläutern" (Gärtner 1988: 15). Dem Verein ging es vor allem um eine Erschließung des Theaters für die Arbeiter sowie um den Abbau von Bildungs- und Besitzstandsprivilegien in der

Kulturrezeption. Hierzu dienten ihm neben der Konfrontation des Publikums mit der naturalistischen Dramatik der damaligen Zeit vor allem Vortragsveranstaltungen, Stückeinführungen und die Herausgabe einer verbandseigenen Zeitschrift *Die Volksbühne – Zeitschrift für soziale Theaterpolitik und Kunstpflege*.

Bereits im zweiten Jahr seines Bestehens zählte der Verein 4.000 Mitglieder. Allein aus den Mitgliedsbeiträgen konnten die Miete der Spielstätten und die Honorare für die eigens verpflichteten Schauspieler und Regisseure bestritten werden. 1913 legte die *Freie Volksbühne*, die mittlerweile mehr als 10.000 Mitglieder hatte, den Grundstein für ein eigenes Theatergebäude am Bülowplatz in Berlin. Am 30. Dezember feierte das Theater, dessen Bau ausschließlich mit Mitgliedsbeiträgen finanziert worden war, als *Neues Volkstheater* seine Eröffnung. Allerdings blieb die Tätigkeit des Vereins auf Berlin beschränkt. Mehrere Versuche, auch außerhalb der Metropole eigene Volksbühnenvereine zu gründen, scheiterten an den Behörden des Deutschen Reiches.

Erst in der Weimarer Republik entstanden auch außerhalb Berlins mehrere Volksbühnenvereine, die sich in dem Dachverband *Verband Deutscher Volksbühnen e.V.* zusammenschlossen. Dessen Ziel war es, „den Meinungsaustausch zwischen den Volksbühnen zu fördern, seine Mitglieder zu beraten und zu unterstützen, für den Volksbühnengedanken in der Öffentlichkeit zu werben, die Interessen der angeschlossenen Vereine gegenüber den gesetzgebenden Körperschaften und den Behörden zu vertreten und die Volksbühnenbewegung fruchtbar zu machen zur Förderung aller Bestrebungen, die auf eine genossenschaftliche Organisation der Kunstpflege und insbesondere der Überführung der Theater in Gemeinbesitz hinzielen“ (Gärtner 1988: 13).

Angesichts einer immer stärker werdenden Volksbühnenbewegung mit ihrer vornehmlich marxistisch-sozialistischen Weltanschauung und aus der Befürchtung einer Vernachlässigung von Stücken mit religiösen Themen, regten katholisch-bürgerliche Kreise die Gründung einer eigenen Theaterbesucherorganisation an. So konstituierte sich im April 1919 der *Bühnenvolksbund*, eine „Vereinigung zur Theaterpflege im christlich-deutschen Volksgeist“ (Schöne 1960: 88f.). Im Gegensatz zur sozialistischen Weltauffassung forderten sie „ein Theater, das im dramatischen Kunstwerk das Leben, die Welt und ihre Probleme aus christlicher Haltung sieht, wertet und zu lösen versucht“ (Strambowski 1978: 11).

Beide Verbände erweiterten in den zwanziger Jahren stetig ihr Aufgabengebiet. 1923 gab es 80 *Volksbühnen* mit 400.000 Mitgliedern, 1930 arbeiteten im gesamten Deutschen Reich bereits 263 *Volksbühnen* mit insgesamt 540.000 Mitgliedern. Die einzelnen Vereine wurden in Städten und Regionen tätig, die zuvor weder ein stehendes Theater noch regelmäßige Theateraufführungen kannten. Mit Hilfe von eigens eingerichteten Wanderbühnen bespielten sie Gemeinde- und Wirtshäuser mit dem Ziel der flächendeckenden kulturellen Versorgung der gesamten deutschen Bevölkerung. Hieraus entwickelten sich die heutigen, vorwiegend von den einzelnen Bundesländern getragenen Landestheater.

Die nationalsozialistische Machtergreifung beendete das erfolgreiche Wirken der Theaterorganisationen. Im Auftrag des Reichsministers für Volksaufklärung und Propaganda wurden 1939 sowohl die *Volksbühnenvereine* als auch der *Bühnenvolksbund* verboten. Die alleinige Organisation des Theaterbesuchs erfolgte nun über den nationalsozialistischen Bund *Kraft durch Freude*. Nach dem Zeiten Weltkrieg versuchte man, an die erfolgreiche Theaterarbeit der Weimarer Zeit anzuknüpfen. Bereits 1947 gründeten christlich orientierte Theaterbesucher in der Tradition des *Bühnenvolksbundes* in Köln die erste Theatergemeinde. Ebenso gab es etliche Neugründungen von regionalen *Volksbühnen*-Vereinigungen. 1948 wurde der *Verband der deutschen der deutschen Volksbühnen Vereine e.V.* durch 33 Volksbühnen mit insgesamt 190.000 Mitgliedern aus Westberlin und den Westzonen gegründet (Gärtner 1978: 42).

In den *Volksbühnen*-Vereinen werden die Theaterkarten bzw. -plätze den Mitgliedern in der Regel nach einem demokratischen Rollsystem zugewiesen, das feste Platzmieten, wie etwa im Abonnementssystem, ausschließt (manche Besucherorganisationen vergeben allerdings auch feste Plätze). Die Zusammenstellung von durchschnittlich zehn Vorstellungen für jedes Mitglied pro Spielzeit wird bei den meisten Organisationen von den Vorständen oder von den jeweiligen Fachausschüssen aus dem Spielplanangebot ausgewählt und verbindlich vorgegeben. In manchen Organisationen gibt es auch Wahlangebote, mit deren Hilfe sich die Mitglieder ihren eigenen Spielplan aus dem Gesamtangebot zusammenstellen können. Die dabei von den Theatern angebotenen bzw. mit ihnen vereinbarten Kartenermäßigungen sind angesichts der von den Besucherorganisationen erbrachten Werbe-, Service- und Vermittlungsleistungen größer als beim Abonnement.

Der *Besucher-Ring* des *Ulmer Theater* beispielsweise wirbt so für sein Angebot: „Partner der Theaterfreunde zwischen Ostalb und Bodensee! Der Besucher-Ring bietet seinen Abonnenten die Möglichkeit, stressfrei, kostengünstig und umweltfreundlich mit dem Theaterbus die Vorstellungen des *Ulmer Theaters* zu besuchen. Während der Busfahrt erhalten die Besucher eine Stückeinführung mittels besprochener Kassetten. Zur Zeit bestehen zu ca. 190 Orten Busverbindungen, die je nach Bedarf erweitert werden. Ihre Besucher-Ring-Abovorteile: großzügiger Preisnachlass; fester Platz an einem festen Tag Ihrer Wahl; kein Anstehen an der Theaterkasse; keine mühseligen, zeitraubenden telefonischen Kartenbestellungen; Umtauschmöglichkeiten und damit mehr Flexibilität; auf Wunsch bequeme An- und Abreise mit dem Bus ohne Parkplatzsorgen und Schlechtwetterrisiko; optimale Betreuung dank unserer Besucher-Ring-Mitarbeiter vor Ort“ (Ulmer Theater: Spielzeit 2001/2002).

In den siebziger Jahren des 20. Jahrhunderts trübte sich allerdings die bis dahin allgemein recht gedeihliche Zusammenarbeit von Theatern und Besucherorganisationen mehr und mehr ein. So gingen nicht nur die Besuchszahlen, die in der Spielzeit 1964/65 mit 20,4 Millionen Theaterbesuchen ihren Höhepunkt erreicht hatten, in deutschen Theatern in den siebziger Jahren generell zurück, sondern auch die Mitgliederzahlen in den Besucherorganisationen sanken deutlich. Die *Volksbühne* als größte Theaterbesucherorganisation umfasste 1965 noch 106 Vereine mit 430.000 Mitgliedern. Bis 1974 schrumpfte sie jedoch auf 88 Vereine mit 275.000 Mitgliedern (Gärtner 1978: 44); 1994 waren ihm 90 *Volksbühnen*-Vereine mit ca. 240.000 Mitgliedern angeschlossen (Hägele 1998: 21). Der *Bund der Theatergemeinden* dagegen erreichte 1971 in 30 Ortsverbänden 130.000 Mitglieder und 1975 142.000 Mitglieder in 28 Gemeinden (Daiber 1976: 397).

Ende der sechziger Jahre richteten sich viele Theateraufführungen teilweise aggressiv gegen das Publikum; stellvertretend sei hier nur Peter Handkes Stück mit dem Titel (und dem entsprechenden Inhalt!) *Publikumsbeschimpfung* genannt. „Das Publikum war immerzu schuld, am Faschismus, am Kapitalismus, am Zerfall der Nation, am Nationalismus, an Intoleranz, falscher Duldsamkeit, falscher Moral, an allem Falschen. In den Programmheften wurden die Themen der Stücke so verallgemeinert, daß man sich nicht mehr herausreden konnte. Das mochte in vielen Fällen richtig sein, aber es war keine Basis für eine gedeihliche Partnerschaft zwischen Theater und Publikum. Es war Mitte der sechziger Jahre geradezu üblich, das Publikum von der Bühne und vor allem mit dem Programmheft vor den Kopf zu stoßen“ (Daiber 1976: 395).

Diese Einstellung der Theaterschaffenden richtete sich vor allem auch gegen das organisierte Theaterpublikum, das als „Kulturverhinderer und Kartenhökerer“ (so ein Artikel der *Frankfurter Rundschau* vom 21.4.1981) verunglimpft wurde: „Immer wenn der ideale Abonnent sich zornig aus seinem Sessel im Parkett erhob und türenschlagend den Zuschauerraum verließ, beschlich die Theatermacher das Gefühl, sich endlich von ihrem eigentlichen Tyrannen befreit zu haben“ (Stadelmaier 1993: 63). Angesichts des eklatanten Mitgliederschwundes appellierten die Besucherorganisationen auf dem *Volksbühnen*-Tag 1972 an die Theater: „Die *Volksbühnen* erwarten von allen Theaterleitungen, daß sie ihre Spielpläne mit den örtlichen Besucherorganisationen beraten. Dabei werden sich die *Volksbühnen* wie bisher gegenüber neuen Theaterstücken und Experimenten aufgeschlossen zeigen. Das Theater kann nur weiter entwickelt werden, wenn es sich auch den Werken moderner Autoren öffnet und das Risiko zu experimentieren nicht scheut. Solche Bemühungen müssen in einem ausgewogenen Verhältnis zum übrigen Spielplan stehen. Vor allem bei experimentellen Inszenierungen muß es gemeinsame Aufgabe der Theater und der Volksbühnen sein, das nötige Verständnis beim Publikum zu wecken“ (Entschließung des *Volksbühnentages* 1972; in: Preuss / Lüder 1977: 34).

Diese Position der Volksbühnenvertreter empfanden nun viele Theaterleiter – unter Berufung auf ihre grundgesetzlich garantierte Kunstfreiheit – als nicht hinnehmbare Zumutung. Ihr heftiger Vorwurf gipfelte darin, dass die Besucherorganisationen, trotz ihrer einst fast revolutionären Vergangenheit, nun nicht mehr bereit seien, ein Spielplanrisiko mitzutragen; die Besucherorganisationen seien zu einer bloßen Kartenverteilungsorganisation degeneriert. „Der Bedrohung unserer Arbeit durch diese Kulturverhinderer muß grundsätzlich begegnet werden. Die Besucherorganisationen sind schon seit einiger Zeit nicht mehr in der Lage, sei's aus Unwilligkeit, sei's aus Unfähigkeit, Fragen des Theaters anders denn als Organisationsproblem zu begreifen (...) Mit seit Jahren sich verstärkender Tendenz sind sie von Partnern des Theaters zu Multiplikatoren des allgemeinsten Publikumsgeschmacks degeneriert – Kartenverteilungsstellen mit beschränkter geistiger Haltung (...) Beide Organisationen sind zu einer wachsenden Bedrohung der sozialen und kulturellen Arbeit der Theater geworden“ (*Frankfurter Rundschau* vom 21.4.1981). Wie sich das Bild in den 90er Jahren entwickelte, zeigt die folgende Grafik.

„Von einem partnerschaftlich kritikfähigen Austausch und einer funktionierenden kommunikativen Zusammenarbeit zwischen Theater und Besucherorganisationen konnte keine Rede mehr sein. Dieser offene Konflikt zwischen Theater und Besucherorganisation hat sich bis heute zwar gelegt, wurde aber nie ausgeräumt. Viele Theater pflegen nach wie vor ein eher distanziertes Verhältnis zu den Besucherorganisationen (...) Heute – in Zeiten der Theaterkrise – in der Subventionskürzungen Realität geworden sind und Theaterschließungen drohen, wurde dem Theater zwischenzeitlich bewußt, daß seine Legitimation unmittelbar vom Besucherzuspruch abhängig ist. Trotzdem findet ein Umdenkungsprozeß nur langsam statt. Das subventionierte Theater scheut bis heute nicht nur den direkten Kontakt zu seinen Besuchern, sondern auch zu einem der wichtigsten Vertreter des Theaterpublikums, den Besucherorganisationen" (Hägele 1998: 19f.).

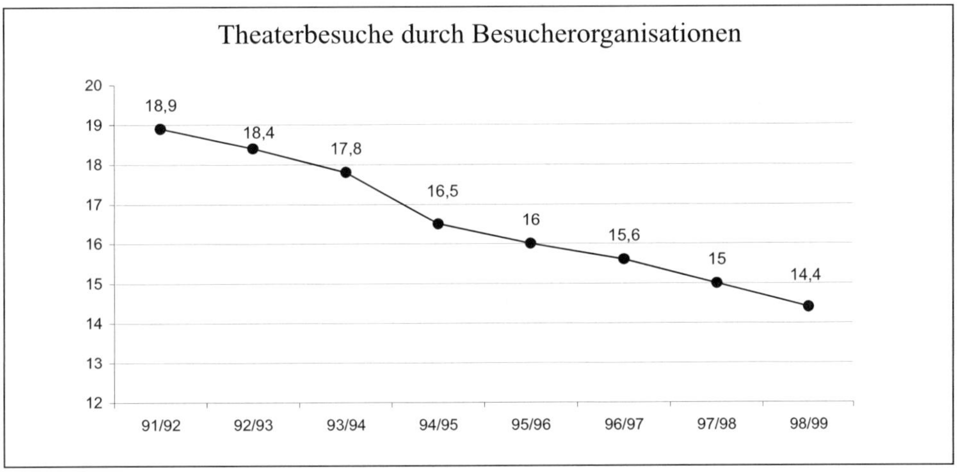

Abb. 29: Theaterbesuche in Prozent über Besucherorganisationen Spielzeit 1991/92 - 1999/2000

Schaut man sich abschließend die Bindungswirkung durch die traditionellen Formen des Abonnements bzw. Besucherorganisationen summarisch an, so ergibt sich generell ein wenig zuversichtlich stimmendes Bild. Die zusammenfassende Tabelle macht deutlich, dass der Anteil der durch die klassischen Besucherbindungsinstrumente abgesetzten Karten in nur acht Spielzeiten mehr oder weniger kontinuierlich von 43,5 % in der Spielzeit 1991/92 auf 36,1 % in der Spielzeit 1998/99 gesunken ist, ein Rückgang also um insgesamt 7,1 %. Allerdings lässt sich zeigen, dass es sich – neben den bereits angesprochenen allgemeinen gesellschaftlichen Entwicklungen und der o. a. inhaltlichen Auseinandersetzungen der siebziger Jahre – durchaus auch um hausgemachte Probleme handelt. Damit geben die Theater leichtfertig ein wichtiges Kundenbindungsinstrument aus der Hand, das über Jahrzehnte gewachsen ist und eine wichtige Funktion erfüllte.

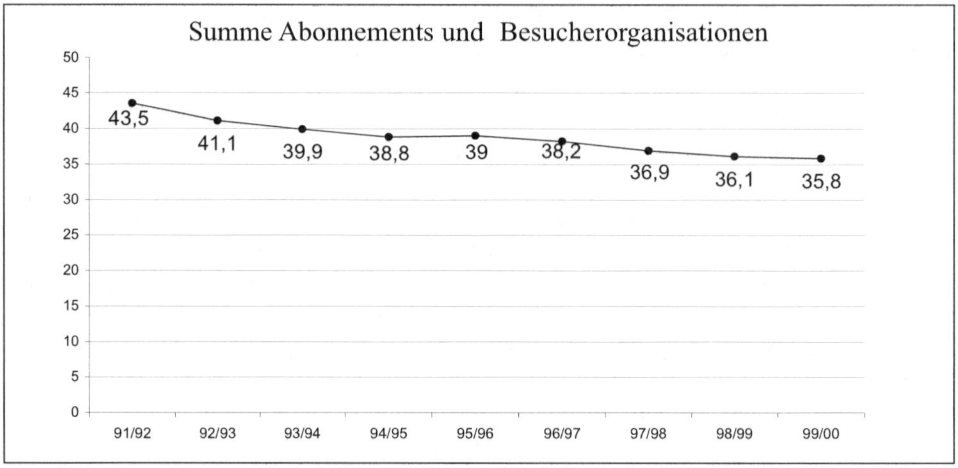

Abb. 30: Theaterbesuche durch Abonnements und Besucherorganisationen zusammen in den Spielzeiten 1990/91 bis 1998/99

So ergab die bereits erwähnte Untersuchung von Karin Elvira Meyer (Mayer 1999: 149 und 153) aus dem Jahr 1999 folgende empirische Ergebnisse, die doch nachdenklich stimmen. Auf die Frage: *Wie setzen Sie Ihre Theaterkarten ab*?, antworteten (bei möglicher Mehrfachnennung) :

	Häufigkeit	%
• Abonnementsbüro / Vertrauensstellen vor Ort	41	78,8
• Vorverkaufs- / Tages- und Abendkasse	52	100,0
• Andere Vorverkaufsstellen / Theaterkassen in der Stadt	34	65,4
• Über Besucherorganisationen	45	86,5
• Schriftlicher Vorverkauf	44	84,6
• Telefonische Kartenreservierung	51	98,1
• Kartenreservierung per Fax	43	82,7
• Kartenreservierung über das Internet	21	40,4
• Sonstiges	6	11,5
Gesamt	337	

Abb. 31: Absatz der Theaterkarten (Mayer 1999: 153)

Nach wie vor setzen also 78,8 % der befragten Theater ihre Karten über Abonnements bzw. Vertrauensstellen vor Ort ab und gar 86,5 % tun dies über Besucherorganisationen. Auf die Frage: *Was zählen Sie zu den vorrangigen Aufgaben Ihrer Öffentlichkeitsarbeit?* (max. 3 Nennungen) antworteten indes:

	Häufigkeit	%
• Wissensvermittlung und Unterhaltung in Eigen- und Fremdpublikationen	18	45,0
• Pressemitteilungen, -konferenzen und -gespräche	26	65,0
• Gespräche mit Multiplikatoren in Schulen, Gewerkschaften und Betrieben	16	40,0
• Gespräche mit Vertretern Besucherorganisationen und Abonnement-Vertrauensstellen	6	15,0
• Schaffung eines theatereigenen Profils	27	67,5
• Optisch ansprechende Gestaltung von Briefen	0	0,0
• Durchsetzung eines guten Erscheinungsbildes in den Medien	16	40,0
• Schaffung eines ansprechenden Foyers und einer guten Atmosphäre im Haus	8	20,0
• Sonstige	1	2,5
Gesamt	118	

Abb. 32: Aufgaben der Öffentlichkeitsarbeit (Mayer 1999: 149)

Während die Theater also ihre Karten vorwiegend über Abonnements und Besucherorganisationen absetzen, stufen nur ganze 15 % der Befragten den Austausch mit Abonnements-Vertrauensstellen bzw. Besucherorganisationen als eine vorrangige Aufgabe der Öffentlichkeitsarbeit ein! Die Vermutung liegt doch recht nahe, dass hier ein an sich erfolgreiches Besucherbindungsinstrument sträflich vernachlässigt wird. Es ist klar, dass es in der alten Form kaum überleben kann; um so mehr müssten die Theater sich Gedanken darüber machen, wie sie ihm neues Leben geben könnten.

Zwei empirische Untersuchungen der neunziger Jahre geben einen Überblick über die Mitgliederstruktur von Besucherorganisationen. Hans-Joachim Klein und Sabine Neumann befragten 1994 1.004 Mitglieder der *Kulturgemeinschaft Stuttgart* (Gesamtmitgliederzahl 38.000), um Aussagen darüber zu machen, inwieweit ein Abonnement auf den Rezeptionsbereich Bildende Kunst übertragbar sei (vgl. hierzu Klein / Neumann 1996). Steffen Leuschke befragte 1995 773 Mitglieder der *Theatergemeinde Berlin* (Gesamtmitgliederzahl 20.000; vgl. Leuschke 1995). Die Zusammenfassung folgt der Darstellung bei Hägele (1998: 34ff.). Sie kommen zusammenfassend zu folgenden Ergebnissen:

- Die Generation der 50 bis 59jährigen repräsentiert bei den Besucherorganisationen die entscheidende Gruppe der regelmäßigen Theaterbesucher; diese Altersgruppe hat sich als Stammpublikum etabliert.
- In erster Linie handelt es sich nicht um sozial schwächer gestellte Kreise, sondern hauptsächlich um Angestellte im Dienstleistungsbereich und um Bevölkerungsschichten mit höherer Ausbildung.
- Kaum erreicht werden Arbeiter, Arbeitslose, Familien und Jugendliche.

- Fragt man nach den Gründen für die Mitgliedschaft, stellt sich die Tendenz heraus, dass der *Zwang zum regelmäßigen Besuch* und die damit verbundenen Serviceleistungen wie *bequeme Kartenbestellungen*, *regelmäßige Informationen* und *angebotene Zusatzveranstaltungen* die entscheidenden Faktoren für die Mitgliedschaft sind.
- Die Werbung für die Besucherorganisationen lebt weitgehend von der Mund-zu-Mund-Propaganda durch Freunde und Bekannte (rund zwei Drittel!); die Motivation zur Mitgliedschaft aufgrund von anderen Werbemaßnahmen wie Zeitungsanzeigen, Prospekte, Plakate fällt dagegen gering aus.
- Besonders Alleinstehende und Singles lassen sich verstärkt von Freunden und Bekannten werben.

Diese ersten Hinweise machen bereits deutlich, dass es für Kultureinrichtungen durchaus lohnenswert und vor allem preisgünstig (Mund-zu-Mund-Werbung) sein kann, das alte Instrument der Besucherorganisation wiederzubeleben. Dass der oben dargestellte Abwärtstrend keineswegs naturgegeben ist, dass es anders gehen kann und wie eine Besucherorganisation auch unter heutigen Bedingungen ausgesprochen erfolgreich arbeiten kann, zeigt seit vielen Jahren die *Kulturgemeinschaft Stuttgart*. Sie ist gleichzeitig ein gutes Beispiel dafür, wie sich das Instrument Besucherorganisation auch auf den Bereich der Bildenden Kunst übertragen lässt.

Unter dem pfiffigen Motto *Viele machen Theater. Wir bringen Sie hin* hat die *Kulturgemeinschaft* sechzehn Theater in Stuttgart und Umgebung in ihrem Abonnement. Hierzu zählen neben dem *Staatstheater Stuttgart* (mit der *Oper* und dem *Schauspielhaus*) ebenso kleinere Theater wie das *Theater Rampe*, die *Tri-bühne*, das *Figurentheater Stuttgart* (*FITS*) oder das avantgardistische *Theaterhaus Stuttgart*, aber auch das *Forum* in Ludwigsburg oder die *Schwabenlandhalle* in Fellbach. Hinter der bereits seit 75 Jahren aktiven *Kulturgemeinschaft* stehen über 38.000 Abonnenten, die unter über 2.000 Veranstaltungen pro Spielzeit in 25 verschiedenen Abonnementreihen auswählen können. Allen Abonnements gemeinsam ist das Platzwechselsystem von Vorstellung zu Vorstellung und die Zusendung der Eintrittskarten. Die Eintrittskarten zu den Vorstellungen sind gleichzeitig gültiger Fahrausweis im Stuttgarter Verkehrsverbund, und zwar drei Stunden vor Beginn der Vorstellung bis zum Betriebsschluss des Netzes.

Die Leistungen dieses gemeinnützig tätigen Vereins werden erworben durch Einzeichnung in eines der 25 Abo-Programme. Außerhalb dieser Abonnements hat das Mitglied der *Kulturgemeinschaft* Zugang zu dem gesamten Kartenpool, einschließlich Varieté und Musicaltheater. Die eigene, monatlich erscheinende Zeitschrift *Kultur* informiert über Theater, Musik, Bildende Kunst, Architektur, Design, Kino, Bücher u. v. a. sowie über alle Spielpläne der Theater und Konzertsäle Stuttgarts und einzelner überregionaler Veranstalter.

Besonders interessant ist das *Kunstabonnement*, das den Besuchergemeinschaftsgedanken von den traditionellen Veranstaltungsarten Theater und Konzert auf den Bereich der Bildenden Kunst überträgt. Er bietet z. B. Führungen in ausgewählten Museen und Ausstellungshäusern mit kompetenten Kunsthistorikern, Kuratoren und

Museumsdirektoren an (z. B. im *Haus der Kunst* in München, in der *Galerie der Stadt Stuttgart*, im *Bauernkriegsmuseum* in Böblingen oder in der *ifa-Galerie* in Stuttgart. Ansprechend auch folgendes Angebot an die Mitglieder zum Weihnachtsfest 2001: „Falls Sie noch ein Weihnachtsgeschenk suchen, dann hat das Kunstbüro ein paar Vorschläge: Wie wäre es mit einem Kunsttag in Baden-Badaen (Tschaikowskys Ballett *Nußknacker* vom *Mariinski*-Theater) oder zum Beethoven-Jahr mit der Oper *Fidelio*, kombiniert mit den *Schwäbischen Klassizisten*. Hochkarätig ist auch der Kunsttag, der Lachenmanns Avantgardeoper *Das Mädchen mit den Schwelfelhölzern* kombiniert mit dem *Streichholzhändler* von Otto Dix in der Stuttgarter *Staatsgalerie*."

6.3 Der Förderverein

Der traditionelle Förderverein ist in Deutschland eine Einrichtung, die selbst nicht unmittelbar kulturell tätig wird, sondern nur indirekt das kulturelle Handeln einer anderen Institution fördern und unterstützen will. Mögliche Rechtsformen und Strukturen (vgl. hierzu weiterführend Friedrich 1994 und Ott 1996) können hierbei sein :

(1) der *rechtlich selbstständige Verein* (z. B. der *Städelsche Museums-Verein e. V. Frankfurt am Main*);

(2) der *rechtlich unselbstständige Freundeskreis* (z. B. die *Freunde der Nationalgalerie Berlin*, *Freundeskreis des Festspielhauses Baden-Baden*) oder schließlich

(3) das *rechtlich unselbstständige Kuratorium* (z. B. *Kuratorium der Ludwigsburger Schloßfestspiele*). Kuratorien sind neben den rechtlich selbstständigen Vereinsformen Strukturen unterhalb des Vereinsrechts. Von den Mitgliedern eines Kuratoriums wird erwartet, dass sie durch ihr Ansehen und ihren öffentlichen Einfluss den Zweck der Einrichtung fördern. Darüber hinaus sollen die Kuratoriumsmitglieder sich als Spender betätigen und Spenden sammeln.

Aufgaben und Ziele von Fördervereinen sind in aller Regel die finanzielle Unterstützung einer Einrichtung durch Beiträge und Spenden der Mitglieder, die Akquisition von Spenden Dritter, die ehrenamtliche Übernahme von Aufgaben, für die innerhalb der Kultureinrichtung kein Personal zur Verfügung steht, die Erledigung von Aufgaben, für die keine Strukturen vorhanden sind (wie z. B. die Organisation von Theateraufführungen und Konzerten in kleineren Gemeinden) oder schließlich die Übernahme von Aufgaben, für die das kameralistische Rechnungswesen ungeeignet ist (z. B. außergewöhnlich große Projekte; vgl. hierzu Heinrichs / Klein 2001: 112).

Um die Rechtsfähigkeit zu erlangen, muss der Verein in das Vereinsregister eingetragen werden („e.V."); in dieses werden grundsätzlich nur solche Vereine eingetragen, die nicht wirtschaftlich tätig sind. Das entsprechende Vereinsrecht ist im *Bürgerlichen Gesetzbuch (BGB)* in den §§ 21-79 geregelt. Wirtschaftliche Vereine können nur ausnahmsweise und nur aufgrund besonderer staatlicher Verleihung Rechtsfähigkeit erlangen. Folge dieser Rechtsfähigkeit ist, dass der Verein selbst Träger von Rechten und Pflichten sein kann. Dies heißt, dass der Verein befugt ist, Eigentum zu erwerben und zu übertragen (z. B. Bilder für ein Museum, Instrumente für eine Musikschule usw.), ein eigenes Vermögen zu unterhalten, Besitzer einer Sache zu sein, Verträge abzuschließen, zu erben und sonstige Vermögensrechte wahrzunehmen. Er kann sowohl klagen als auch verklagt werden.

Hinsichtlich der Befugnis, Eigentum zu erwerben, heißt es beispielsweise in einem Werbeblatt des *Städelschen Museums-Vereins e.V.*, Frankfurt am Main: „Über alle Fährnisse der Zeit hinweg konnte der *Städelsche Museums-Verein* seit fast hundert Jahren bedeutende Werke für die Gemäldegalerie und die Graphische Sammlung des Kunstinstitutes erwerben. Sie reicht von Hieronymus Bosch und Rembrandt über Elsheimer, Watteau, Delacroix, Manet, Liebermann, Munch, Beckmann, Klee und Picasso bis hin zu Künstlern unserer Zeit. Seit den sechziger Jahren bereichert der Verein auch die Bestände alter Plastik im *Liebighaus*."

Oder der *Verein der Freunde des Museums* in Lübeck schreibt: „1980 gründeten 15 Lübecker Bürger den *Verein der Freunde des Museums*. Er hat seit seinem Bestehen durch Spenden und Beiträge bedeutende Summen aufgebracht und mit diesen Mitteln hochrangige Kunstwerke des 20. Jahrhunderts erworben und dem Museum bei seiner Arbeit geholfen. Der *Verein der Freunde* will dazu beitragen, dass *das Lübecker Museum* auch in schwierigen Zeiten internationalen Rang behalten kann. Die Bedeutung unserer Stadt wird auch an der Bedeutung ihrer Museen gemessen. Wir alle gewinnen durch den Ruf unserer Stadt. Daher wollen wir das *Lübecker Museum*, ‚eines der schönsten Museen Deutschlands', fördern und ihm bei der Erwerbung bedeutender Kunstwerke helfen (...) Als Vereinsmitglied sind sie Miteigentümer der von uns erworbenen Kunstwerke, die wir dem Museum als Leihgabe zur Verfügung stellen."

Bei den *Freunden des Ulmer Museums e.V.* ist der Zweck des Vereins „die Förderung des *Ulmer Museums* durch den Ankauf von Kunstwerken für die Sammlungen; die Werbung für das Museum und die Vertretung seiner Interessen in einer breiten Öffentlichkeit; die Unterstützung seiner Ausstellungen und anderer Veranstaltungen; die Vermittlung von Anregungen und die Vertiefung von Kenntnissen auf allen Gebieten der bildenden Kunst für seine Mitglieder."

Der rechtsfähige Verein darf allerdings – nicht nur dem offiziellen Geschäftszweck, sondern auch seiner tatsächlichen Tätigkeit nach – keinen wirtschaftlichen Geschäftsbetrieb führen. Ein wirtschaftlicher Geschäftsbetrieb liegt jeweils dann vor, wenn der Verein wie ein Unternehmen am Wirtschafts- und Rechtsverkehr teilnimmt und planmäßig Leistungen gegen Entgelt anbietet. So wäre z. B. eine Gruppe von Künstlern, die einen Verein zum Zweck des Betriebes einer Produzentengalerie und des Verkaufs der Werke der Künstler führt, wirtschaftlich tätig. Der Verein könnte nicht als rechtsfähiger Verein betrieben werden. Anders wäre es dagegen, wenn die Künstler sich ihrem Hauptzweck nach zur gemeinsamen Arbeit in Atelier- und Ausstellungsräumen zusammentun und die Finanzierung der Räume durch die Mitgliedsbeiträge sichern wollen. Dies wäre ein ideeller Zweck, der der Eintragung ins Vereinsregister nicht entgegenstünde.

Trotzdem darf auch der rechtsfähige Verein in geringem Umfang Geld verdienen, wenn diese Tätigkeit nur Nebentätigkeit ist, also dem nicht wirtschaftlichen Hauptzweck des Vereins eindeutig untergeordnet ist. Dieses sog. *Nebenzweckprivileg* erlaubt dem ideellen Verein eine wirtschaftliche Geschäftstätigkeit, wenn diese lediglich

Nebenbetrieb neben der hauptsächlichen Vereinstätigkeit ist. Würde im obigen Beispiel die Atelier- und Ausstellungsgemeinschaft die Ausstellungsräume hin und wieder auch Nichtmitgliedern für Ausstellungen gegen Entgelt zur Verfügung stellen, wäre dies eine wirtschaftliche Tätigkeit als Nebenzweck, die nicht dazu führt, dass der Verein seine Rechtsfähigkeit verliert. Voraussetzung ist allerdings, dass – der Satzung und der Realität entsprechend – der Hauptzweck der Gemeinschaft im nichtwirtschaftlichen gemeinsamen Arbeiten und Ausstellen der Mitglieder besteht.

Zwischen der wirtschaftlichen und der nichtwirtschaftlichen Tätigkeit besteht allerdings eine gewisse Grauzone, in der die Abgrenzung nicht eindeutig ist. Deshalb sollte vor Aufnahme solcher wirtschaftlicher Tätigkeiten möglichst genau geklärt werden, ob diese auch wirklich als Nebenzweck anerkannt werden. Wenn dies nicht der Fall ist, läuft der Verein nämlich Gefahr, nicht nur die Rechtsfähigkeit, sondern auch seine Steuervorteile zu verlieren. Denn der Verein bietet die Möglichkeit, erhebliche Steuervorteile zu erlangen.

Organisationen, die die Förderung von Wissenschaft und Forschung, Bildung und Erziehung, Kunst und Kultur, Religion, Völkerverständigung, Denkmalschutz usw. zum Ziel haben, können als gemeinnützig anerkannt werden. Diese Anerkennung hat zur Folge, dass der Verein von der Körperschafts-, Vermögens-, Gewerbe-, Grunderwerbs-, Erbschafts- und Lotteriesteuer befreit ist. Außerdem fällt bei der Umsatzsteuer nur der ermäßigte halbe Steuersatz an. Darüber hinaus ist der Verein berechtigt, Spenden entgegenzunehmen und Spendenquittungen auszustellen, die wiederum den Empfänger berechtigen, seine Spende von der Steuer abzusetzen (Feldmann / Meuser 1998: 4ff.). So heißt es in der oben bereits zitierten Werbebroschüre: „Beiträge und Spenden an den *Städelschen Museums-Verein Frankfurt a. M.* sind steuerlich absetzbar."

Der bürgerliche Förderverein ist ein typisches Kind des 19. Jahrhunderts. „Aus bescheidenen Anfängen heraus begann sich im Verlauf des 19. Jahrhunderts in nahezu allen Städten Mitteleuropas eine weitgefächerte Vereinspalette zu entfalten. Ein allgemeiner geselliger Verein stand oftmals am Beginn einer städtischen Vereinsentwicklung. Meist folgten diesem ein oder mehrere Vereine, so dass bald weite Kreise des Stadtbürgertums in das jeweilige lokale Netz der Geselligkeitsvereine eingebunden waren. Neben den familiären und beruflichen Beziehungsgeflechten, und mit diesen oft auf das engste verwoben, bildete der Verein einen Mittelpunkt bürgerlichen Lebens, bürgerlicher Kultur" (Sobonia 1996: 170). Anders als in England und Frankreich, wo sich ein ökonomisch starkes und politisch selbstbewusstes Bürgertum in politischen Prozessen, in Parlamenten und Parteien engagieren und verwirklichen konnte, war in Deutschland die Vereinswelt das ideale Forum eines politisch mehr oder weniger ohnmächtigen Bürgertums, das hier sein Selbstbewusstsein dem Adel entgegensetzen konnte.

„Nach dem Vorbild der Wissenschaften und der literarischen Kultur, die zunächst im Mittelpunkt der Aufklärung gestanden hatten, wurden nun auch Fragen der Musik und der bildenden Künste, der ästhetischen Kultur überhaupt mehr und mehr zur Sache eines aufgeklärten und kunstverständigen Publikums aus Hof- und Staatsbeamten, Offizieren, Professoren, Geistlichen und Künstlern, die sich in Logen, Lesegesellschaften und Salons begegneten und sich dort über ihre Kulturerlebnisse und -eindrücke austauschten. Viele, die den Begriff des Bürgers jetzt in einem neuen emphatischen, in die Zukunft gerichteten Sinne verwendeten, meinten mit ihm in erster Linie diese Kreise der Gebildeten, in die auch die gehobenen Künstler eingeschlossen waren“ (Hein 1996: 103).

Diese bürgerlichen Vereine grenzten sich zum einen gegenüber dem Adel ab, zum anderen aber auch gegenüber einer erstarkenden Arbeiterschaft. Es handelte sich dabei zumeist um „Organisationsgründungen unter Führung oder auf Initiative von Angehörigen der bürgerlichen Mittelschicht, die mit der Zielsetzung vorgenommen wurden, die angeblich verlorengegangene Harmonie der Gesellschaft wiederherzustellen und insbesondere die Gefahren einer drohenden Politisierung und Radikalisierung der Arbeiterschaft abzuwenden. Zudem wurden mit den Vereinsgründungen erzieherisch-patriarchalische Ziele verbunden: Es galt den Proletarier zu disziplinieren und ihm die bürgerlichen Ideale von Sparsamkeit und Mäßigung nahezubringen“ (Zimmer 1996: 44). Die erstarkende Arbeiterschaft ihrerseits übernahm die Vereinsform und gründete entsprechend eigene Vereine, wie z. B. die ersten Konsumvereine, Solidarvereine z. B. zur Sterbehilfe, Arbeiterbildungsvereine sowie Turn- und Sportvereine.

Diese Entwicklung gilt es im Auge zu behalten, um sowohl die Stärken, als auch die spezifischen Schwächen der deutschen Fördervereine zu erkennen. Die Stärken beruhen zweifelsohne in der starken bürgerschaftlichen Verankerung; in diesen (Kultur-)Vereinen engagierte sich das aufstrebende Bürgertum und prägte ganz eigene Kulturformen aus. Hierauf hinzuweisen scheint vor allem deshalb notwendig, weil gerade in den letzten Jahren unter den Stichworten Zivilgesellschaft (vgl. z. B. Walzer 1992), Ehrenamt (vgl. z. B. Deutscher Kulturrat 1996), bürgerschaftliches Engagement (vgl. z. B. Wagner 2000), Vereine als Basiselemente der Demokratie und des Dritten Sektors (vgl. Zimmer 1996) bis hin zum Kommunitarismus (vgl. hierzu z. B. Reese, Schäfer 1995; Honneth, 1995; Zahlmann 1994) auf dem Umweg über die USA Konzepte nach Deutschland zurückfließen, die durchaus in einer ganz eigenen deutschen Tradition wurzeln, zwischenzeitlich aber in Vergessenheit geraten schienen.

„Betrachtet man zusammenfassend die Veränderungen im Kulturbetrieb des 19. und frühen 20. Jahrhunderts bis zum Ende der Weimarer Republik, so fällt eine eigentümliche Synergie im Verhältnis privater und öffentlicher Initiativen auf. Für viele kulturelle Einrichtungen (...) gingen die Impulse von Mitgliedern des Bürgertums aus, aber überraschenderweise blieb die Trägerschaft nicht auf Dauer beim Bürgertum. Vielmehr trat die öffentliche Hand an die Stelle der bürgerlichen Stifter, Sammler und Gründer und machte damit die ursprünglich private Institution zu einer der öffentlichen Hand“ (Heinrichs 1997: 21). Das führt unmittelbar zu einer unübersehbaren strukturellen Schwäche des deutschen Fördervereins.

Der eigentliche Träger der kulturellen Einrichtung (z. B. eines Museums, einer Musikschule, eines Orchesters) ist nämlich nicht der Förderverein (außer es gibt einen Trägerverein, der aber nicht in die hier zur Diskussion stehende Kategorie zu subsummieren ist), sondern die öffentliche Hand. Alles, was der Förderverein an zusätzlichem Engagement und an finanziellen Ressourcen aufbringt, ist also quasi additiv, die eigentliche Verantwortung liegt nach wie vor beim Staat oder der Kommune. (Dieser fordert im übrigen so hohe Steuern und Abgaben zur Finanzierung seiner Aufgaben, u. a. im Kulturbereich, beim Bürger ein, dass dieser wenig geneigt ist, sich über dieses Maß hinaus noch groß für die Kultur zu engagieren). Ein tiefgreifendes Verantwortungsgefühl für die jeweilige Kultureinrichtung kann so kaum entstehen.

So ist die vorrangige Zielsetzung deutscher Fördervereine zumeist auf eine monetäre Unterstützung der Kultureinrichtung beschränkt; es wird häufig versucht, finanziell potente Mitglieder aus Wirtschaft und Politik anzusprechen, die mit größeren Beiträgen die jeweilige Kultureinrichtung unterstützen. Dafür erhalten die Fördervereinsmitglieder gewisse Gegenleistungen seitens der Kultureinrichtung.

Am Beispiel: „Durch Vorträge, Seminare, Sonderführungen, Kunstreisen, Teilnahme an Ausstellungseröffnungen und freien Eintritt in die Galerie bietet der *Städelsche Museums-Verein* seinen Mitgliedern die Möglichkeit zu vertieftem Kunsterlebnis. Kunsthistoriker des Hauses beraten Privatsammler beim Aufbau ihrer Sammlung. Aber auch die Sammlungen des *Städels* und des *Liebighauses* bedürfen der ständigen ästhetischen Steigerung und Erweiterung. Jeder kann mit kleinen oder großen Zuwendungen, mit Ideen und Anregungen an dieser faszinierenden Aufgabe mitwirken: der *Städelsche Museums-Verein* bietet dazu allen echten Freunden des *Städels* und des *Liebighauses* Gelegenheit. Werden deshalb auch Sie Mitglied des *Städelschen Museumsvereins*. Bei den Ausstellungseröffnungen, den Vorträgen, den Seminaren und den Reisen treffen Sie gleichgesinnte Liebhaber der Bildenden Kunst. Fragen Sie Ihre Freunde, die schon Mitglieder sind, sie werden Ihnen bestätigen, dass es ein Gewinn ist, dazuzugehören."

Ton und Inhalt zeigen bereits deutlich, wer angesprochen werden soll (bzw. wer sich höchstwahrscheinlich nicht angesprochen fühlt). Hier wird vor allem auf kulturellen „Distinktionsgewinn" (Pierre Bourdieu) abgehoben, gesucht werden die „echten Freunde", die „gleichgesinnten Liebhaber der Bildenden Kunst", bei denen die „ständige ästhetische Steigerung und Erweiterung" im Vordergrund stehen und die ggf. auch über eine Privatsammlung verfügen. Trotz dieser sehr einschränkenden Ansprache zählt der *Städelsche Museumsverein* im Jahr 2000 ungefähr 4.000 Mitglieder, der *Galerieverein der Staatsgalerie Stuttgart* ca. 10.000 Mitglieder, die *Freunde der Hamburger Kunsthalle* ca. 11.000 Personen, die *Freunde der Nationalgalerie in Berlin* ca. 1.000 Mitglieder und der *Förderverein für Neue Kunst* in Freiburg immerhin 300 Mitglieder (Rehlen 2001: 35).

Einem wenig differenzierten Beitragsaufkommen steht im deutschen Förderverein – ganz anders als in den amerikanischen Membership-Programmen, auf die im nächsten Kapitel einzugehen sein wird – in der Regel ein einheitliches und recht begrenztes Gegenangebot seitens des Vereins gegenüber. So heißt es bei *Freunden des Ulmer Museums e. V.*: „Die Leistung der Mitglieder besteht aus einem Jahresbeitrag von: Einzelmitglieder DM 40.–; Ehepaare DM 60.–; Schüler, Studenten, Auszubildende DM 20.–; Firmen und andere korporative Mitglieder DM 130.–". Umgekehrt heißt es: „Der Verein bietet seinen Mitgliedern: Einladungen und Informationen zu sämtlichen Veranstaltungen; ermäßigten Eintritt zu Sonderausstellungen, Konzerten und Vorträgen im Museum; Publikationen des Museums zu reduziertem Preis; Auskunft und Beratung in allen künstlerischen Fragen durch die wissenschaftlichen Mitarbeiter des Museums; exklusive Sondereditionen; geschlossene Führungen durch ausgewählte Wechselausstellungen des Museums; Exkursionen zu wichtigen Denkmälern alter und moderner Kunst; Besuch von auswärtigen Ausstellungen; jährliches Weihnachtskonzert und Hoffest."

Der *Verein der Freunde des Museums* in Lübeck bietet neben der bereits erwähnten Miteigentümerschaft an den erworbenen Kunstwerken: „Wir laden Sie zu sämtlichen Veranstaltungen des Museums ein (Eröffnungen, Führungen und andere Veranstaltungen); Sie haben freien Eintritt in die Museumshäuser des *Museums für Kunst und Kulturgeschichte* (*Behnhaus*, *Drägerhaus*, *Holstentor*, *St. Annen-Museum*); Sie haben freien Eintritt in die Sonderausstellungen des Museums; durch Führungen, Besichtigungen und Vorträge für die Mitglieder des Vereins gewinnen Sie besondere Kenntnisse und Kontakte mit den Museen der Stadt."

Fördervereine weisen eine ganze Reihe von unübersehbaren positiven Besucherbindungseffekten auf. „Inzwischen haben viele Städte und viele Kultureinrichtungen mit Fördervereinen gute Erfahrungen gemacht. Das gilt nicht nur für die damit verbundene Ergänzung der Kulturfinanzierung, sondern auch für die gesellschaftliche Verankerung von Kultur in einer Stadt. Gerade das amerikanische Vorbild – und bezüglich der Fördervereine kann man wirklich von einem Vorbild sprechen – zeigt sehr deutlich, dass die von den Bürgern eingebrachte Bereitschaft, sich für gemeinnützige und gesellschaftliche Angelegenheiten zu engagieren, zu einem ausgeprägteren Gemeinschaftssinn führt. Wenn Kultur als ein gesellschaftsprägendes Element verstanden wird und über Kultur auch gesellschaftliches Miteinander gefördert werden soll, wie dies nicht zuletzt von der Neuen Kulturpolitik eingebracht wurde, dann kann ein Förderverein dazu einen wichtigen Beitrag leisten" (Heinrichs 1997: 180).

Allerdings weisen herkömmliche Fördervereine eine ganze Reihe von Problemen auf bzw. können in bestimmte Konfliktfelder geraten. Ein erster Problembereich ist die im allgemeinen zu geringe Staffelung der Mitgliedsbeiträge, auf die bereits hingewiesen wurde. Als Beispiel kann hier der *Stuttgarter Galerieverein e.V.* dienen (Stuttgarter Galerieverein o. J.). Dieser engagiert sich seit fast einem Jahrhundert für die *Staatsgalerie Stuttgart* und ihre weltberühmte Sammlung. Der Verein hat es sich zur zentralen Aufgabe gemacht, durch den Ankauf von Kunstwerken die Sammlung des Museums zu bereichern und die Staatsgalerie ins öffentliche Bewusstsein zu rücken. In der Beitrittserklärung wird folgende Preisdifferenzierung in den Beiträgen vorgenommen: Einzelperson 80,– DM; Ehepaar / Paar in gemeinsamem Haushalt 2 Ausweiskarten) 120,– DM; als Jugendliche/r in Ausbildung 30,– DM; als Rentner 40,– DM; als Rentner-Ehepaar / Paar (2 Ausweiskarten) 80,– DM; als Firma 600,– DM.

Unterschiedliche Beitragshöhen werden also ausschließlich mit der Anzahl und dem Berufsstand begründet, wobei „darüber hinausgehende Beiträge und Spenden natürlich willkommen sind", wie es im Text heißt. Es wird allerdings nicht versucht, durch besondere Leistungsanreize eine höhere Spende zu stimulieren (wie dies in den amerikanischen Membershipprogrammen, vgl. unten, selbstverständlich ist!).

Dem entspricht auf der anderen Seite eine zu geringe Leistungsdifferenzierung seitens des Vereins. Mit diesem Jahresbeitrag genießt das Fördervereinsmitglied eine Reihe von Vorteilen. Im Falle des *Stuttgarter Galerievereins* sind dies freier Eintritt in die Staatsgalerie und zwar sowohl zur Ständigen Sammlung, als auch zu allen Sonderausstellungen, Vorträgen und Führungen sowie zu Sonderführungen für Mitglieder des Galerievereins. Ebenso erhält das Mitglied freien Eintritt zu den Ständigen Sammlungen und teilweise auch zu Sonderausstellungen anderer bedeutender Museen in Basel, Berlin, Düsseldorf, Hannover, Köln und Zürich. Darüber hinaus bekommt das Fördermitglied Einladungen zu allen Ausstellungseröffnungen, das Monatsprogramm und aktuelle Informationen der Staatsgalerie sowie eine Reihe von ermäßigten Katalogen. Diese doch sehr ansehnlichen Leistungen werden, wie gesagt, für alle Fördermitglieder gleichermaßen gewährt, ohne dass abgestuften Förderbeiträgen entsprechend differenzierte Leistungsangebote gegenüberstehen.

Allgemein wird von den Vorständen der Fördervereine selbst der geringe Mobilisierungs- und Aktivierungsgrad der Mitglieder beklagt. Meist ist es nur ein ganz geringer Prozentsatz an wirklich Aktiven, die die Vereinsgeschicke bestimmen; der (große) Rest beschränkt sich auf die Zahlung des jährlichen Mitgliedsbeitrages, ohne aktiv in das Vereinsleben eingebunden zu sein (oder sein zu wollen). Eine entsprechende Untersuchung in Kunstmuseen kommt zu folgendem Resümee: „Fördervereine in Kunstmuseen, und dies ist bereits in ihrer langen Tradition verwurzelt, sprechen bevorzugt eine betuchte, angesehene Klientel an. Ziel dabei ist zum einen die finanzielle Unterstützung und zum anderen die daraus resultierende Reputation für die Einrichtung. Der Beitrag der Fördervereinsmitglieder wird in vielen Museen vor allem in der finanziellen Unterstützung gesehen (...) Deutsche Fördervereine sind oft sehr personenabhängig. Sind im Verein motivierte, engagierte Mitglieder, wird dieser von einer kompetenten Person geleitet und ist die Zusammenarbeit zwischen Museum und Förderverein positiv, so wirkt der Förderverein bereichernd auf das Museumsleben. Sehen sich die Vereinsmitglieder nur als Beitrags- oder Spendenzahler und nehmen sie die ihnen gemachten Gegenangebote nicht oder nur sehr begrenzt wahr, hat der Förderverein kein positives Image nach außen und bewirkt wenig im Sinne eines Besucherbindungsprogrammes“ (Rehlen 2001: 46).

Dadurch kommt es bedauerlicherweise zu einer Nicht-Inanspruchnahme des spezifischen Know-hows der Mitglieder. Ein Kernproblem vieler herkömmlicher Fördervereine ist, dass sie viel zuwenig die vorhandenen nicht-finanziellen Potentiale ihrer Mitglieder ausschöpfen bzw. diesen viel zu wenig Anreize für eine verstärkte Mitarbeit bieten. Dabei wird völlig übersehen, dass das förderbereite Mitglied u. U. sehr viel mehr als bloß den Jahresbeitrag oder eine Spende beizusteuern hat, z. B. ein spezifisches Know-how (etwa im EDV-Sektor, ggf. im Marketingbereich usw.), mögliche gute Kontakte zu anderen für die Kultureinrichtung wichtigen Personen herstellen kann usw.

Sehr häufig ist in Kultureinrichtungen zu hören, es sei entweder kein Geld oder kein Personal, meistens aber beides nicht vorhanden, um beispielsweise ein Marketingkonzept oder eine adäquate Homepage für das Internet zu entwerfen und zu pflegen. Kaum jemand kommt auf die Idee, die Mitgliederdatei des Fördervereins im Hinblick auf solche Aufgabenstellungen durchzuforsten und hier entsprechende Kompetenzen aufzuspüren und gezielt anzusprechen. Dabei dürfte es höchstwahrscheinlich sehr viel einfacher sein, ein Mitglied für eine befristete Mitarbeit (wie die Erstellung eines Marketingkonzeptes) zu gewinnen als die Bereitschaft bei demselben Mitglied zu wecken, sich für zwei Jahre (oder länger) als Schriftführer oder Kassierer wählen zu lassen.

Die Bereitschaft, diese Potentiale in die Arbeit des jeweiligen Fördervereins einzubringen, kommt allerdings meist nicht von alleine, sondern die entsprechenden Personen wollen ganz gezielt angesprochen (und auch entsprechend „betreut" werden). Viele Fördervereine gehen ganz offensichtlich davon aus, dass die Bereitschaft zur Mitgliedschaft gleichbedeutend mit hohem Engagement der Beteiligten ist. Sehr oft wollen diese aber nur etwas für einen von ihnen unterstützen Zweck beitragen, ohne sich weiter zu engagieren. Dieses zusätzliche Engagement muss also besonders geweckt und langfristig stabilisiert und motiviert werden.

Auf einer anderen Ebene liegen zwei weitere Konfliktfelder. „Das erste betrifft die Einflußnahme des Vereins auf die Arbeit einer Kultureinrichtung. Hier sollte der Grundsatz gelten, daß der Förderverein zwar eigene Vorstellungen entwickeln kann und sollte, aber niemals gegen den Willen der zu fördernden Institution entscheiden darf (...) Weit bedrohlicher aber sind die Konflikte, die zwischen Förderverein und Träger der zu fördernden Einrichtung auftreten, wenn beispielsweise ein Träger versucht, Mittel unter Hinweis auf die Förderung durch den Verein zu kürzen (...) Es sollte im Gegenteil die Zusicherung gegeben werden, daß staatliche Mittel niemals komplementär zum mäzenatischen Aufkommen gekürzt werden, denn dies hätte die Wirkung eines umgekehrten *Matching Funds*. Ein Förderverein als Finanzierungsinstrument kann nur funktionieren, wenn auch der staatliche Träger der zu fördernden Einrichtung sich zu einer vertrauensvollen Partnerschaft bereit erklärt" (Heinrichs 1997: 178).

Im Prinzip der *Matching Funds*, das vorwiegend in Großbritannien, aber auch in den USA in der Kulturfinanzierung eingesetzt wird, soll „Gleiches oder Passendes gefunden werden, nämlich privates zu öffentlichem Geld. Demnach erhält eine Institution aus einem bestimmten Programm einen staatlichen Zuschuß, wenn sie mindestens einen gleich hohen Betrag eines privaten Zuschußgebers nachweisen kann. Dieses System (...) schafft Anreize für Innovationen und ermuntert zur Eigeninitiative, weil jedes von einem Mäzen gespendete Pfund am Ende zwei Pfund wert ist" (Heinrichs 1997: 130). Kürzt dagegen die öffentliche Hand ihre Zuwendungen in dem Maße, indem die Kultureinrichtung privates Geld akquiriert, wird das sinnvolle Prinzip auf den Kopf gestellt und demotiviert, statt zu motivieren.

Berücksichtigt man die o. a. Probleme der Fördervereine in Deutschland, so ist zu überlegen, inwieweit das traditionelle Instrument des deutschen Kulturfördervereines durch Erweiterungen im Sinne der amerikanischen Memberships reformiert und aktiviert werden könnte. „Soll der Förderverein ein zeitgemäßes Besucherbindungsprogramm bleiben, muss er im Blick auf seine Strategien und Aktivitäten neu hinterfragt werden. In den meisten Fällen beschränken sich die Aufgaben und Ziele von Fördervereinen auf die finanzielle Unterstützung einer Einrichtung durch die Beiträge und Spenden der Mitglieder, auf die Akquisition von Spenden Dritter, auf die ehrenamtliche Übernahme von Aufgaben, für die keine Strukturen vorhanden sind und auf die Übernahme von Aufgaben, für die das kameralistische Rechnungswesen ungeeignet ist. Dennoch gibt es genügend Gründe, die Chancen von Fördervereinen im Blick auf eine wirkungsvolle Anpassung an die heutigen Bedürfnisse von Museen als gut zu bezeichnen. In seinen Organisationsstrukturen ist der Förderverein flexibel und leicht zu gründen. Außerdem zählt er zu den beliebtesten und weitverbreitetsten Rechts- und Organisationsform. Der Verein hat sich insgesamt von seinem Image der Spießbürgerlichkeit, mit der er behaftet war, befreien können" (Rehlen 2001: 46f.).

Zusammenfassend kann festgestellt werden, dass es – ohne dass dies ausdrücklich unter dem Begriff der Kundenbindung diskutiert oder problematisiert worden wäre – in Deutschland seit Jahrzehnten, teilweise seit Jahrhunderten gewachsene, traditionelle Kundenbindungsinstrumente und -programme durchaus bereits gibt. Wie die Ausführungen gezeigt haben, bedürfen sie allerdings – um unter neuen gesellschaftlichen Bedingungen möglichst effizient zu arbeiten – der Modifizierung, der Aktualisierung und der Flexibilisierung. Auf diese wird im folgenden Kapitel eingegangen.

7. Innovative Instrumente der Besucherbindung

Entscheiden sich Kultureinrichtungen, ihre Besucher mit Hilfe der *Verbundenheitsstrategie* an sich zu binden, so stehen hierfür eine ganze Reihe von innovativen Instrumenten zur Verfügung, die z. T. im kommerziellen Marketing entwickelt, teilweise aber bereits auch im Kulturmarketing erfolgreich eingeführt und praktiziert werden. Bei der Darstellung der einzelnen Instrumente wird rasch deutlich werden, dass sich nicht unbedingt eindeutige Abgrenzungen zwischen den einzelnen Instrumenten, beispielsweise der Kundenkarte, dem Kundenclub und dem amerikanischen Membership-Modell ziehen lassen, zumal es bei letzterem auch Überschneidungen mit dem traditionellen Prinzip des Fördervereins in Deutschland ergeben.

Beispielsweise bewirbt die Firma *Karstadt* ihre Kundenkarte mit dem Slogan „Herzlich Willkommen im Club" und nennt sich ausdrücklich *Klub Karstadt*, obwohl es sich eindeutig um eine Kundenkarte handelt. Ähnliches gilt für den österreichischen Kundenclub *Friends of Merkur*, der im Wesentlichen aus einer Kundenkarte besteht. Dies soll im Folgenden aber nicht weiter verwirren: denn in der Praxis kommt es weniger auf eindeutige Definitionen als vielmehr darauf an, welche Ideen die einzelne Kultureinrichtung aus dem vielfältigen Angebot jeweils für ihre eigenen Zwecke und ihre spezifischen Kundenbindungsprogramme übernehmen kann und möchte.

Die verschiedenen Instrumente werden daher zunächst aus analytischen Gründen getrennt dargestellt, damit ihr Funktionieren im Prinzip verstanden wird. Jede Kultureinrichtung sollte sich aus dem Dargestellten dann das für sie passende Instrument entwickeln – welchen Namen es ihm gibt, ist dann eine Frage von eher zweitrangiger Bedeutung. Im Folgenden werden in einem ersten Schritt anhand von Kundenbindungsinstrumenten, die in der Wirtschaft bereits erfolgreich eingesetzt werden, die verschiedenen Möglichkeiten bzw. Ausprägungen des jeweiligen Werkzeugs dargestellt. Dann wird überlegt, wie diese auf den Kulturbetrieb übertragen werden könnten – ein Prinzip, das in der Wirtschaft u. a. mit den Begriffen *Benchmarking* bzw. *Best Practices* bezeichnet wird.

„Die Anwendung der Kernidee läßt sich seit Anfang des 20. Jahrhunderts erkennen. Die Einführung der ersten Fließbänder in der Automobilindustrie im Jahre 1916 resultierte aus dem Besuch einer Chicagoer Großschlachterei. Die Schweine hingen am Haken und glitten auf einer Einschienenhängebahn von Arbeiter zur Arbeiter. Dieses Verfahren inspirierte Henry Ford, und er übertrug es auf die Automobilproduktion. Dies entspricht der klassischen Vorgehensweise beim Benchmarking. Die systematische Suche nach übertragbaren Lösungen aus anderen Bereichen mit der entsprechenden Umsetzung versetzt die Menschen in die Lage, den Wandel gezielter anzugehen. Das heißt auch, dass die Übertragung auf die eigene Situation nur dann – und wirklich nur dann – funktioniert, wenn sie an das eigene Umfeld angepaßt wird. Kopieren ersetzt keine Innovation“ (Siebert / Kempf 1998: 11). In einem zweiten Schritt werden anschließend bereits existierende Beispiele im Non-Profit-Kulturbetrieb vorgestellt.

7.1 Die Besucherkarte

Dem Wunsch, bei allen Individualisierungstendenzen doch irgendwo irgendwie dazuzugehören, ohne sich gleich fest binden zu müssen (von dem Lyriker Peter Rühmkorff schon vor Jahren unter dem Buchtitel *Einmalig wie wir alle* (Rühmkorff 1989) vortrefflich auf den Begriff gebracht), kommen auf einer ersten Stufe auf dem Weg in Richtung einer langfristiger Kundenbindung die sog. Kundenkarten entgegen: *Kleine Karte. Große Freiheit* (Motto der *Breuninger Card*; vgl. hierzu unten). Auf der einen Seite signalisieren sie die angestrebte Ungebundenheit, die auch ein noch so flexibles Abonnement kaum bieten kann, denn irgendwie muss man sich dort in der Regel doch für eine bestimmte Anzahl abzunehmender Vorstellungen zu bestimmten Terminen entscheiden. Die Kundenkarte aber kann man wie eine Kreditkarte nutzen – oder eben auch nicht. Auf der anderen Seite bietet sie dem Besucher zwei Nutzen: zum einen gewisse materielle Vorteile, auf der anderen Seite – eher immateriell – ein gewisses Zugehörigkeitsgefühl.

Aus der Sicht der Kunden hat die Kundenkarte somit die Aufgabe, dem Kunden einen tatsächlichen Zusatznutzen zum Kernnutzen zu vermitteln. Die materiellen Vorteile bzw. Leistungen können vielfältigster Art sein und dabei den spezifischen Einsatz sämtlicher Marketinginstrumente umfassen: von besonderen Produkt- bzw. Leistungsangeboten (z. B. Einladungen zu sog. Previews oder Teilnahme am Gespräch mit dem Regisseur) zu einem exklusiven Service (z. B. reservierte Parkplätze oder einem Pausengetränk); von speziellen Kommunikationsmaßnahmen (z. B. Mitgliederzeitschrift oder Direct Mails und Newsletter) zu gesonderten Preisnachlässen (z. B. spezifische Rabatte und Bonussysteme). Auch die Distribution selbst kann besondere Leistungen beinhalten, wie z. B. Karten frei Haus. Bei alledem steht im Vordergrund die Überlegung, dass sich für den Besucher die dauerhafte Beziehung zu seiner Kultureinrichtung lohnen muss.

Aus der Sicht des Unternehmens bzw. der Kulturorganisation bietet die Kundenkarte eine gute Chance, wichtige Verhaltensdaten der Besucher zu sammeln und für die eigene Produktgestaltung nutzen zu können – natürlich alles im Rahmen der den Datenschutz regelnden Gesetze und Bestimmungen. Entgegen allen naheliegenden Erwartungen, die Kunden seien nicht bereit, ihre Daten zur Verfügung zu stellen, kommt eine Studie zu dem Fazit, „gegen die Verwendung ihrer persönlichen Daten haben weit mehr als die Hälfte der Konsumenten in Europa nichts einzuwenden. Dies ist das Ergebnis einer repräsentativen Untersuchung, die von der amerikanischen *NCR Corporation* in Europa erstellt wurde. Allerdings erwarten die Befragten von diesem Vorgehen Preisnachlässe, Bonuspunkte und einen persönlichen Service. Nach Aussagen der Studie sind es vor allem jüngere Verbraucher, die auf die Vorteile eines individuell zugeschnittenen Kundenmanagements setzen würden“ (Kundendaten als Marketinginstrument erfolgreich einsetzen 1999).

Insbesondere für Unternehmen mit einem breiten Sortiment (wie z. B. Warenhäuser und Einzelhandelsketten) „ist die Informationsgewinnung über das Kaufverhalten des Kunden von zentraler Bedeutung, da durch die Nutzung der Karte, zum Beispiel im Lebensmitteleinzelhandel, sämtliche Warenkörbe gespeichert und einem individuellen Kunden zugeordnet werden können (...) Durch die Einführung eines Kundenkartensystems werden die grundlegenden Voraussetzungen für ein datenbankgesteuertes Dialogmarketing geschaffen und eine optimale Planung und Steuerung des operativen Kundenbindungsmanagements ermöglicht" (Bruhn 1999: 137). (So kann es auch kaum verwundern, dass vor allem große Warenhäuser wie *Karstadt*, *Hertie*, *Quelle*, *Kaufhof*, *real* usw. an der Spitze der vergebenen Kundenkarten liegen).

Wie funktionieren nun Kundenkarten, d. h. welche verschiedenen Funktionen können sie erfüllen? Generell kann in vier Funktionen (die allerdings auch alle gemeinsam in einer einzigen Karte kombiniert sein können) differenziert werden.

(1) Ausweisfunktion
In diesem Falle wird in aller Regel ein Photo des Inhabers auf der Karte angebracht, mit der er seine Mitgliedschaft dokumentiert. Dies kann zum einen eine „ernsthafte" Funktion sein, etwa bei nicht-übertragbaren Zugangskarten die Kontrolle zu ermöglichen, ob der sich mit Hilfe der Karte Ausweisende tatsächlich der Inhaber der Karte ist (bei der *DB-BahnCard* ist seit einigen Jahren ein Photo notwendig, um den Inhaber zu identifizieren). Diese Funktion kann aber auch eher spielerisch benutzt werden. So werden die Kinder, die eine Mitgliedschaft im *Jungen Museums Speyer* wollen, photographiert und dieses Bild ziert ihre Mitgliedskarte, was natürlich nicht unwesentlich zur Identifikation der Kinder mit der jeweiligen Einrichtung beiträgt.

(2) Zahlungsfunktion
Hinsichtlich der Zahlungsfunktion können drei Arten von Mitgliedskarten unterschieden werden:

(a) Karten ohne Zahlungsfunktion. In diesem Falle dient die Karte nur dazu, die Mitgliedschaft zu dokumentieren bzw. Bonuspunkte zu sammeln. Beispiele hierfür ist etwa die *Karstadt Klubkarte*, die allerdings nur Bonuspunkte für Käufe innerhalb des *Karstadt*-Konzerns angesiedelten Unternehmen gewährt (vgl. unten). Die Kundenkarte der Drogerieketten *Ihr Platz Card* oder *dm*, die *Galeria Kaufhof* u. v. a. funktionieren nach dem Payback-Prinzip, d. h. der Kunde erhält für jeden getätigten Einkauf bei einer Reihe von angeschlossenen Unternehmen Bonuspunkte gutgeschrieben und rückvergütet. Dies ist die elegantere Lösung der früheren Rabattmarken, die gesammelt und in Heftchen geklebt werden mussten und dann bei den Einkaufskassen eingelöst werden konnten.

Interessant wird dieses System eben durch den Verbund vieler unterschiedlicher Unternehmen, die an diesem Payback-Verfahren beteiligt sind: neben den genannten beteiligen sich beispielsweise die Optikergeschäfte *Apollo*, die *DEA*-Tankstellen, die Autovermietung *Europcar*, die *ufa*-Filmtheater, das Internet-unternehmen *AOL* u. a. Durch diesen Verbund kann es tatsächlich zur Erreichung des Werbemottos kommen: „Von Null auf 1630 Punkte – an einem einzigen Tag!" Dieser Verbund wird von den unterschiedlichen Teilnehmern individuell beworben. Zum Beispiel wirbt der *Kaufhof*: „Mit Ihrer PAYBACK *Galeria Card* sammeln Sie in Ihrer *Galeria Kaufhof* und bei vielen weiteren PAYBACK Partnerunternehmen wertvolle Punkte, die bares Geld wert sind. Ganz gleich, ob Sie zukünftig einen Einkaufsbummel machen, ein Auto mieten oder im Internet surfen. Und das ist ganz einfach: Lösen Sie gleich Ihre neue PAYBACK *Galeria Card* von diesem Brief ab und nutzen Sie sie bei Ihrem nächsten Einkauf. Die neue Karte ist selbstverständlich kostenlos."

(b) Karten mit hausgebundener Zahlungsfunktion. Hier wird ein hauseigenes Konto geführt und von diesem wird dann beim Einkauf abgebucht. Beispiel hierfür sind *die Breuninger Card* oder die *Douglas Card*, die zum bargeldlosen Einkaufen in den entsprechenden Häusern berechtigen.

(c) Karten mit universaler Zahlungsfunktion. Bei diesem Modell erfüllt die Kundenkarte gleichzeitig die Rolle einer Kreditkarte. Einige Jahre lang war beispielsweise die *DB-BahnCard* in Kooperation mit einem großen Kreditkartenunternehmen in diesem Sinne nutzbar. Der seinerzeitige Einführungsprospekt warb: „Mit der *DB/Citibank VISA BahnCard* können Sie Ihre Fahrscheine bargeldlos an den Fahrkartenausgaben und in Reisebüros mit DB-Lizenz bezahlen. Natürlich können Sie Ihre *BahnCard* auch in den Zugrestaurants der DB einsetzen. Dazu kommen weltweit insgesamt über 12 Millionen Vertragsunternehmen – allein in Deutschland über 260.000 – wie Boutiquen, Kaufhäuser, Reisebüros mit DB-Lizenz, Restaurants, Hotels, Tankstellen u. v. m., die Ihre *DB/Citibank VISA BahnCard* als Zahlungsmittel gerne annehmen."

(3) Treuefunktion

Mit Hilfe der Karte (bzw. einem in Ihr enthaltenen Magnetstreifen) kann dokumentiert werden, in welchem Umfang Einkäufe mit der Kundenkarte getätigt wurden. Dies ist von besonderer Bedeutung bei der Verrechnung innerhalb von Prämiensystemen (vgl. unten am Beispiel der *Klub Karstadt* Karte bzw. die *dm-Karte).*

(4) Zusatznutzen-Funktion

Bestimmte Karten dokumentieren bereits mit dem Logo von Vertragspartnern auf ihrer Karte die Kooperation mit bestimmten Vertragspartnern, d. h. wer im Besitz einer entsprechenden Kundenkarte, ist genießt zusätzliche Vorteile nicht nur beim direkten Anbieter, sondern auch bei dessen Kooperationspartnern (z. B. Preisreduktionen bei Autovermietungen, in Hotelketten usw.) Die Kundenkarte der Firma *Porsche* bietet in Zusammenarbeit mit der Autovermietung AVIS einen freien Wasch- und Parkservice für Porschefahrer an, die ihren Wagen am Flughafen abgeben und ein Businessclass-Ticket haben (Butscher 1999).

Die Kundenkarte kann aber auch einen ganz direkten Zusatznutzen haben. So heißt es im Fall der bereits erwähnten *Karstadt-Karte*: „Ihre *Klub-Karte* ist gleichzeitig Telefonkarte: zum Telefonieren im Festnetz und Mobilnetz zu fairen Tarifen, jeweils rund um die Uhr ein Preis; von Münz- und Kartentelefonen, Privatanschlüssen oder ihrem eigenen Handy; ohne Münzen und ohne Hotelzuschläge; besonders günstig im Ausland; Aufladen per Lastschrift, Einzahlung oder Kreditkarte; Guthaben mit PIN-Code schützbar.“ Mit Hilfe der Kundenkarte können aber auch spezielle Exklusivangebote abgerufen werden, die ausschließlich für Karteninhaber vorgehalten werden (vgl. unten die *Breuninger Card*).

Beispiele für Kundenkarten im kommerziellen Bereich

Schon vor einigen Jahren schrieb Stefan Butscher: „Der Kundenkarten-Boom in Deutschland hält weiterhin an. Hunderte von Unternehmen versuchen auf diese Weise ihre Kunden an sich zu binden. Doch es sind einige wenige Vorzeigebeispiele wie *Porsche*, *IKEA* und *Douglas*, die darüber hinwegtäuschen, dass der deutsche Kundenkartenmarkt mehr Masse als Klasse bietet“ (Butscher 1999). Einige Beispiele sollen die verschiedenen Möglichkeiten von Kundenkarten im kommerziellen Bereich verdeutlichen.

- **Klub Karstadt**

Die *Karstadt Klubkarte* ist ein gutes Beispiel für das Bonuspunktesystem. In dem entsprechenden Begleitheft heißt es hierzu: „So geht's: Bei Einkäufen in allen *Karstadt-* und *Hertie*-Häusern, im *KaDeWE*, im *Alsterhaus*, bei *Wertheim* und bei *Runners Point* legen sie an der Kasse gleich Ihre Klub-Karte vor und zahlen bar oder mit ec-Karte; beim Online-shopping bei *karstadt.de* geben Sie einfach Ihre Karten-Nummer ein. Und damit sammeln Sie automatisch Punkte auf Ihrem Konto. Für jede volle Mark gibt es einen Punkt im Wert von 3 Pfennig. 1.000 Punkte entsprechen also 30.– DM. Jeder Punkt bleibt zwei volle Jahre lang gültig und verfällt erst nach diesem Zeitraum. Selbstverständlich können Sie jederzeit über Ihre gesammelten Punkte verfügen und sie gegen eine Prämie Ihrer Wahl oder einen Einkaufsgutschein einlösen (Barauszahlung des Gutscheins ist ebenfalls möglich).“

Als Prämien winken etwa Anteile von *LottoTeamTippgemeinschaften*, ein eintägiges Fahrertraining im Rahmen eines Intensivkurses am *Nürburgring*; eine Kiste des *Klubweines Roc Dumayne Pauillac 1998* aus dem Herzen des Médoc oder diverse Delikatessenpakete; ein Schlemmermenü für mehrere Personen, eine Glaskollektion oder schließlich diverse Zeitschriftenabonnements. Darüber hinaus genießen die Klubkarteninhaber verschiedene „Privilegien“, wie etwa die Teilnahme an einer spezifischen „Klub-Selection“ mit Angeboten im Bereich von Reisen, Sonderangeboten oder Gewinnspielen; ein spezifischer Ticketservice, über dessen Tickethotline Veranstaltungstickets gebucht werden können; sog. „Extra Plus“-Angebote der einzelnen Warenhäuser vor Ort sowie schließlich die „Freundschaftswerbung“, die auf einen Schlag 350 Punkte bringt.

- **Friends of Merkur**

Ganz ähnlich funktioniert die *Friends of Merkur-Kundenkarte* der österreichischen Lebensmittelkette, die ebenfalls kostenlos und jederzeit widerrufbar ist: „Sie können jederzeit aus dem Club wieder austreten“. In der recht pfiffig als verkleinerte *Merkur*-Einkaufstüte aufgemachten Werbebroschüre heißt es u. a. „Nur für Friends: -20 % auf ausgewählte Markenartikel. Friends schauen auf Qualität und sparen trotzdem: Monat für Monat 20 % Rabatt auf ausgewählte Markenartikel aus dem umfangreichen Merkur Sortiment. Friends sparen sofort. Sie können bereits beim heutigen Einkauf den Rabatt nützen. Sagen Sie der Kassiererin vor dem Bezahlen, dass Sie gerne Mitglied werden möchten. Und schon sind Sie dabei! Ihr Rabatt wird Ihnen sofort abgezogen.“

Der Rabattvorteil auf ausgewählte Produkte wird darüber hinaus mit einem Bonus-Punkte-System gekoppelt: „Als Friend punkten Sie bei jedem Einkauf: Pro ATS 100,– Einkauf wird Ihnen automatisch 1 Bonuspunkt gutgeschrieben und am Kassabon ausgedruckt. Mit Ihren gesammelten Punkten gehen Sie laufend auf Schnäppchenjagd: immer wieder attraktive Bonusartikel – exklusiv für Friends.“

Interessant ist auch, dass sich die Mitgliedschaft auf der Bankomat-Karte (EC-Karte) speichern lässt: „Ihre Bankomatkarte ist der ‚Sesam öffne Dich‘ zu den *Friends of Merkur*. Darauf wird Ihre Mitgliedschaft von der Kassiererin gespeichert. Bei jedem Einkauf erkennt Sie unsere Kassa automatisch als Friend und Sie genießen sofort alle Vorteile. Unabhängig davon, ob Sie in bar zahlen oder von Ihrem Konto abbuchen lassen. Friends zahlen später. Ihr zusätzlicher Vorteil bei Bezahlung mit bankomatfähiger Karte: Sie genießen automatischen Zahlungsaufschub für Ihre Einkäufe nach dem 20. eines jeweiligen Monats. Als Friend wird Ihnen der Betrag erst am 5. des Folgemonats abgebucht.“ (Dieser Vorteil gilt allerdings erst ab einer Gesamteinkaufssumme von ATS 10.000,– seit Beitritt und bei Bezahlung mit bankomatfähiger Karte mit Chip). Und schließlich: „Friends werden gefeiert. Friends haben Geburtstags-Bonus. Zur Feier des Tages: Als Friend erwartet Sie eine besondere Überraschung.“

- **Breuninger Card**

Schon vor 40 Jahren führte die im südwestdeutschen Raum sehr stark vertretene *E. Breuninger GmbH & Co* die erste Kundenkarte in Deutschland ein. Sie kann als gutes Beispiel für eine hochentwickelte Kundenkarte gelten. „Unser Ziel bei *Breuninger* ist es, Ihnen beim Einkauf mehr zu bieten als üblich – deutlich mehr. Bester Beweis ist die *Breuninger Card*, Ihr Schlüssel zu mehr Komfort, mehr Service und mehr Einkaufserlebnis“, heißt es in der Begleitbroschüre. Als Leistungen werden geboten:

- ausgewählte Artikel nur für *Breuninger Card*-Kunden
- *B-exklusiv*, unser Magazin für Card-Inhaber, informiert regelmäßig über außergewöhnliche Angebote, Preisvorteile, Mode-Events und besondere Veranstaltungen
- Artikel bis zu 10 Tage zu Hause auswählen
- Expresskassen exklusiv für Sie in Stuttgart, Ludwigsburg und Sindelfingen
- bargeldlos zahlen
- monatliche Sammelrechnungen
- persönlicher Kreditrahmen
- Kartenakzeptanz bei vielen unserer Partnerfirmen

Neben der Standardkarte gibt es noch eine *Breuninger Platin Card.* Sie bietet zusätzlich folgende Leistungen:
- Änderungsservice
- Platin-Specials
- kostenlose Geschenk-Luxusverpackung
- keine Auswahlbeschränkung
- Platin-Card-Counter
- Hotline.

Als spezielle Zielgruppe der Kundenkarte werden von dem Unternehmen Exklusiv-Kunden angestrebt (Durchschnittsalter 45 Jahre, potentielle Kaufkraft von 15.000 DM innerhalb eines Zweijahreszeitraums). Die strategische Planung zielt auf Value Added Services, die Betonung des exklusiven Kundenstammes sowie die Steigerung der Qualität der Kundschaft, d. h. die sog. Laufkundschaft ist nicht die vorrangige Zielgruppe des Unternehmens. Zu den sog. „exklusiv"-Angeboten gehören beispielsweise:
- 3 erlesene Spitzenweine der weltberühmten *Weston Estate Winery*; außerdem eine CD mit den schönsten California Songs sowie eine Palme zum Sommerpreis von 15.– DM
- ein *Falcon Crest* Menu: „Begleiten Sie uns auf einer kulinarischen Reise durch Kalifornien in der Brasserie *Flo*, Karlspassage. Unser 'Guest Chef' aus Kalifornien verwöhnt Sie mit einem außergewöhnlichen 5-Gänge-Menü. Bei einer Weinprobe erwarten Sie erlesene kalifornische Weine zum Genießen. Ein bekannter Sommelier und das renommierte Weingut *Mondavi* entführen Sie in die Welt der sonnenverwöhnten kalifornischen Weine."
- Venice Beach Party: „Kalifornische Atmosphäre und heiße ‚Sunny music' erwarten Sie nach einem Einkauf zur ‚After Shopping Party' in der Brasserie *Flo*, Karlspassage. Ein kalifornischer ‚Guest Chef' bereitet für Sie original kalifornisches Fingerfood. Genießen Sie dazu einen in der Sonne Kaliforniens gereiften exklusiven Wein des renommierten Weingutes *Mondavi*."
- Frühstück High Sierra: „Kalifornischer Pancake mit aromatischem Ahornsirup. Dazu einen frisch gepreßten Saft Ihrer Wahl".
- Frühstück Golden Gate: Goldbraun angebratene Hash Browns mit Fried Eggs und Bacon & Saucages. Inklusive einer kräftigen Tasse Kaffee.

Zu diesen jeweiligen größeren und kleineren Events werden spezifische Waren abgestimmt angeboten, so dass sich insgesamt eine stimmige Angebotspalette (in diesem Falle eben unter dem Motto USA / Kalifornien und Sommer) ergibt.

- **Douglas Card**

Unter dem Motto „Mehr Trends. Mehr Tipps, Mehr Erlebnis" bietet die Parfümeriekette *Douglas* ihre spezielle *Douglas-Card* an. Die Vorteile der Mitgliedschaft:
- Das *COME IN* Magazin; es bringt 5 x im Jahr per Post kostenlos Insider-Informationen aus der internationalen Schönheitsszene direkt nach Hause
- „Blicken Sie hinter die Kulissen... Die *Douglas Card* macht Sie zum Insider. In ausgewählten Parfümerien stellen wir Ihnen die neusten Entwicklungen aus der

Kosmetikforschung und aktuelle Trends der Beauty Szene vor. Exklusiv für Sie als *Douglas Card*-Inhaber veranstalten wir Events zu Themen wie Geheimnisse der Topvisagisten; wertvolle, saisonale Hinweise zur perfekten Pflege – anschaulich vermittelt in speziellen Workshops, Schritt für Schritt; perfekte Make-ups; persönliche Farb- und Stilberatung; treffen Sie internationale bekannte Designer und die ‚Macher' hinter den Produkten, immer auf der Suche nach neuen Trends."

– „Bei Anruf Ticket. Ihr *Douglas Card*-Ticket Service informiert Sie über kommende Topereignisse in der Kulturszene und reserviert Ihnen die entsprechenden Plätze. So bekommen Sie auch noch Karten, wenn diese auf dem freien Markt längst vergriffen sind. Ein Anruf genügt und Ihre Karten kommen zu Ihnen ins Haus. Für *Douglas Card*-Inhaber beträgt die Gebühr nur 12.– DM. Ohne Warten. Ohne Anstehen. Und das Angenehmste: Die Abrechnung erfolgt direkt über Ihre *Douglas Card*. Wir sorgen dafür, dass Sie live dabei sind."
– „Mit *Douglas* auf Reisen. Ankommen, entspannen und sich verwöhnen lassen – mit Ihrer *Douglas Card* ist es ganz einfach: Sei es auf einer faszinierenden Kulturreise, einer raffinierten Gourmet- oder aufregenden Sportreise. Mit unseren speziell für Sie ausgearbeiteten Reisearrangements entdecken Sie die Höhepunkte der kulturellen, kulinarischen und sportlichen Art – zu besonders attraktiven Preisen. Entspannung pur bietet der *Douglas* beauty spa in Bremen mit individuellen Behandlungsmethoden für Gesicht und Körper. Ausgesuchte Beauty Tage für *Douglas Card-Inhaber* bieten Ihnen die Möglichkeit sich von Kopf bis Fuß verwöhnen zu lassen."

Die aufgeführten Beispiele zeigen, dass im Rahmen der Kundenkartenprogramme für den Nutzer viele mehr oder weniger exklusive Zusatznutzen generiert werden. Die in den Beispielen gewonnenen Ergebnisse sollen nun systematisiert werden. Stefan Butscher listet eine ganze Reihe von Voraussetzungen auf, die für die Entwicklung und das Gelingen einer Kundenkartenkonzeption (im kommerziellen Bereich) unabdingbar sind:

(1) Die Kundenkarte muss tatsächlich handfeste, nutzenbringende und exklusive Leistungen anbieten, die vom Kunden auch als solche wahrgenommen werden. Dies können zum Beispiel deutliche Preisnachlässe oder aber auch zusätzliche Leistungen sein. Dabei sollte zielgruppenspezifisch sehr genau geprüft werden, welche Zielgruppen wie auf welche Anreizsysteme reagieren. Innerhalb eines hochpreisigen Kulturangebotes (z. B. in einem wissenschaftlichen und bibliophilen Buchklub geringfügige Rabatte anzubieten kann sich u. U. durchaus als kontraproduktiv erweisen. Hier ist es wesentlich sinnvoller, sich über attraktive Zusatzangebote Gedanken zu machen. Ein gutes Beispiel hierfür sind die Lesegesellschaften der *Anderen Bibliothek*, vgl. unten).

(2) Die Festlegung der Zusatzleistungen muss sich dabei stets am tatsächlichen Kundennutzen orientieren. Ohne überzeugende Leistungen wird kein Kundenbindungsinstrument langfristig überleben können. Es genügt daher nicht, aus dem Bauch heraus irgendwelche Leistungen festzulegen oder sich gar über irgendeinen dritten

Dienstleister an ein Standard-Leistungspaket, wie es in anderen Branchen benutzt wird, anzuhängen. Im Mittelpunkt muss der jeweils eigene Besucher mit seinen spezifischen Bedürfnissen stehen. Es reicht also nicht aus, wenn ein scheinbar „objektiver“ Nutzen vorhanden ist: viel wichtiger ist, dass dieser Nutzen von den eigenen, ganz spezifischen Besucher auch wahrgenommen wird.

(3) Die Leistungsauswahl muss sich daher strikt am wahrgenommenen Besuchernutzen orientieren. Hierbei sollte in den folgenden drei Schritten vorgegangen werden:
- Durchführung eines internen Brainstorming innerhalb der Organisation bzw. des Unternehmens und externe Recherche, um eine Liste potenzieller Kartenleistungen zusammenzustellen;
- Erstellung einer kleinen Vorstudie mit potenziellen Besuchern, um die Leistungen mit der geringsten und der höchsten Attraktivität herauszufiltern;
- Durchführung einer umfangreicheren Marktstudie, um die Nutzentreiber innerhalb der attraktiven Leistungen zu identifizieren, ihren Nutzen zu messen die mögliche Nutzung abzuschätzen und ein vorläufiges nutzenorientiertes Kartenleistungspaket zu entwickeln.

(4) Bei der Festlegung der Kartenleistungen sollten die wirklich zugkräftigen Leistungen in einem dreistufigen Entscheidungsprozess herausgefiltert werden. Wiederum sollten potenzielle Besucher und Nutzer der Kundenkarte in diesen Entscheidungsprozess durch entsprechende Befragungen intensiv miteinbezogen werden. Dabei sollten
- echte Topleistungen,
- interessante Leistungen sowie schließlich
- weniger interessante bzw. uninteressante Leistungen herausgefiltert werden.

(5) Als Ergebnis dieses Filterungsprozesses müssen nun weitere Entscheidungen gefällt werden. Die letzte der oben genannten Gruppen (uninteressante Leistungen) sollte nicht weiterverfolgt werden. Leistungen der ersten und ggf. auch der zweiten Gruppe sollten indes unter juristischen sowie Machbarkeits-, Kompetenz- und Kostengesichtspunkten vorläufig ausgewählt und weiter geprüft werden. Unter Umständen ist eine Leistung auf den ersten Blick sehr teuer, hat aber einen derart hohen Kundennutzen, dass sie auf jeden Fall angeboten werden sollte.

(6) Bei der endgültigen Festlegung der Leistungen sollten – vorausgesetzt, es sind genug echte Zugpferde vorhanden – die Top-Leistungen nicht alle von Anfang an angeboten werden. Eine Kundenkarte hat, wie jedes Produkt, einen Lebenszyklus, d. h. nach einer gewissen Zeit veralten die Angebote und werden als selbstverständlich mitgenommen. Ein immer neues Topangebot ist daher für die Erneuerung unabdingbar. Allerdings sollte eine konstante, unveränderliche Basisleistung angeboten werden. Die Kostenkalkulation sollte dabei auf einer Mischkalkulation basieren, d. h. dass sich nicht jede Leistung umgehend selbst finanzieren muss, sondern dass umsatz- und gewinnproduzierende Leistungen andere mitfinanzieren können. Dabei sollte nicht vergessen werden, dass die Karte vor allem durch ihren Bindungseffekt auch umsatzsteigernd wirkt und so indirekt wiederum Mehreinnahmen bringt.

(7) Unter Potenzialgesichtspunkten sind vor allem zwei Fragen zu beantworten. Kann
- die (Zusatz-)Leistung mit einem vertretbaren Aufwand erbracht werden? Und hat
- die Kultureinrichtung die entsprechende Kompetenz für die Leistungserbringung oder muss diese (mit welchen Kosten) zusätzlich eingekauft werden?

Aufwand und Ertrag müssen auch hier in einer vernünftigen Relation stehen. Und schließlich: Qualität geht vor Quantität, d. h. es ist nicht die (manchmal verwirrende) Vielzahl von Vorteilen, die eine Kundenkarte attraktiv macht; auch eine Kundenkarte mit wenigen, dafür aber handfesten und wirklich nutzbringenden Vorteilen kann sehr erfolgreich sein.

Sehr vieles, was für die Kundenkarte im kommerziellen Bereich gesagt wurde, kann mehr oder weniger unmittelbar auf den nicht-kommerziellen Kulturbetrieb übertragen werden. Auch hier gibt es bereits seit einigen Jahren interessante Beispiele für den Einsatz von Kundenkarten.

Beispiele für Besucherkarten im Kulturbetrieb

Besucherkarten wurden in den vergangenen Jahren im Kulturbereich sowohl von Ländern, von Städten und Gemeinden als auch von verschiedenen Kultureinrichtungen wie auch länderübergreifend von ähnlichen Kulturanbietern entwickelt, wie die folgenden Beispiele zeigen.

- **Die Rheinland-Pfalz KulturCard**

Das Kulturministerium Rheinland-Pfalz entwickelte gemeinsam mit dem *Südwestrundfunk* und unterstützt von den Sparkassen im Jahr 2000 erstmals eine *KulturCard* (www.kulturland.rpl.de) mit der Möglichkeit, zahlreiche Konzerte, Theater und Museen in diesem Bundesland zum halben Preis zu besuchen. Mit von der Partie sind 49 renommierte Institutionen wie beispielsweise das *Staatstheater Mainz*, das *Kulturzentrum Kammgarn* in Kaiserslautern, das *Wilhelm-Hack-Museum* in Ludwigshafen, die *Tuchfabrik* in Trier oder das Musikfestival *Mosel Festwochen*. Aber auch weniger bekannte Kulturveranstalter, die unter Szenekennern eher als „Geheimtip“ gehandelt werden, beteiligen sich an dem Projekt.

Die *KulturCard*, die zum Preis von 10,– DM erworben werden kann, funktioniert wie eine Scheckkarte. Gegen Vorlage der Karte gibt es für maximal zwei Eintrittskarten zu einer Veranstaltung eine 50prozentige Ermäßigung. Die Kulturinstitution quittiert als Nachweis den Besuch mit dem *KulturCard-Stempel* auf der Karte. Wer bei dieser Aktion im Einzelnen mitmacht, zeigt die Internetseite *Kulturland Rheinland-Pfalz*.

- **Die *Schlosscard* der *Staatlichen Schlösser und Gärten Baden-Württemberg***

Seit Anfang des Jahres 2001 verkaufen die *Staatlichen Schlösser und Gärten Baden-Württemberg*, deren Verwaltung dem Finanzministerium des Landes Baden-Württemberg untersteht, die sog. *Schlosscard* als Jahres-Kombikarte. Zum Preis von 20,– DM (ermäßigt 10,– DM für Kinder, Studenten, Zivil- und Wehrdienstleistende sowie Schwerbehinderte) erhält der Karteninhaber ein handliches Eintrittskartenpaket und kann damit ein Jahr lang insgesamt 21 Objekte besuchen, u. a. die Schlösser in Bruchsal, Heidelberg, Ludwigsburg, Mannheim, Rastatt, Schwetzingen, Bad Urach und Weikersheim, die Klöster Alpirsbach, Maulbronn, Ochsenhausen, Bebenhausen, Wiblingen sowie den Botanischen Garten in Karlsruhe, die Grabkapelle Rotenberg in Stuttgart und die Festungsruine Hohentwiel in Singen.

- **Die *WeimarCard***

Immer mehr Städte geben StadtCards heraus. So bietet die Stadt Weimar verschiedene *WeimarCards* (WeimarCard 2001) an: die *Weimarcard basic* für 72 Stunden zum Preis von 20,– DM, für nochmals 10,– DM die *Weimarcard plus* für 72 Stunden Verlängerung sowie die *WeimarCard basic plus* für insgesamt 144 Stunden zum Preis von 30,– DM. Als Leistungen erhält der Inhaber:

– Kostenfrei: beliebig viele freie Fahrten mit allen Stadtbussen der Verkehrsbetriebe sowie Eintritt in das *Goethe-Nationalmuseum*, das *Neue Museum Weimar, das Stadtmuseum Weimar*, das *Deutsche Bienenmuseum*, den *Roten Turm*, das *Museum für Ur- und Frühgeschichte Thüringens*, das *Jagdhaus Gabelbach* und das *Schloß Kochberg* und die *Gedenkstätte Buc*henwald.
– 50 % Ermäßigung bei *Stadtführungen der Tourist-Information Weimar.*
– 20 % Ermäßigung für eine Vielzahl von Gedenkstätte, wie *Goethes und Schillers Wohnhaus*, *Goethes Gartenhaus*, das *Wittumspalais*, das *Römische Haus*, das *Liszt-Haus*, das *Kirms-Krakow-Haus*, das *Nietzsche-Archiv*, die *Herzogin Anna Amalia Bibliothek*, die *Fürstengruft*, die *Parkhöhle* im Park an der Ilm usw.
– 10 % Ermäßigung beim Kauf von Tickets für eine Vorstellung *des Deutschen Nationaltheaters* mit allen seinen Spielstätten sowie beim Kauf von Tickets für das *Kunstfest Weimar.*

- **Die *Hamburg-Card***

Um die Auslastungsprobleme der vielen Veranstaltungsorte in Hamburg im Sommer angesichts der Vielzahl der Veranstaltungen zu lösen, brachte die Tourismus-Zentrale der Hansestadt Hamburg 1996 erstmals ihre *Hamburg-Card* zum Preis von 20,– DM heraus. Im Preis inbegriffen war eine 72 Seiten starke Broschüre *Hamburger Kultursommer*. Mit der sog. *KulturKarte* konnten zwei Personen vom 1.6. bis zum 31.8.1996 bis zu 20 % bei vielen Veranstaltungen im Hamburger Sommer sparen. „Da spart man“, so die Werbung „z. B. bei einem Musicalbesuch schon mehr als die KulturKarte kostet.“ Ausdrückliche Zielsetzungen waren in Hamburg:

– Unterstützung der Vermarktung des Hamburger Sommers
– bessere Auslastung der Hamburger Veranstaltungen
– bessere Buchbarkeit von Veranstaltungen
– Image-Werbung für den Kulturstandort Hamburg
– verstärkte Refinanzierung der Veranstaltungsvorschau *Hamburger Sommer* (Tourismuszentrale Hamburg 1996).

• **Die *ArtCard* der *Kunst- und Ausstellungshalle der Bundesrepublik Deutschland***
Die *ArtCard* der *Kunst- und Ausstellungshalle der Bundesrepublik Deutschland* (ArtCard der Kunst- und Ausstellungshalle der Bundesrepublik Deutschland 2001) im Scheckkartenformat bietet zum Preis von 130,– DM eine Vielzahl besonderer Vorteile. So werden ihre Inhaber zu allen Ausstellungseröffnungen eingeladen; sie können ein Jahr lang – so oft sie wollen – alle Ausstellungen in Begleitung einer weiteren Person eigener Wahl besuchen. Die Inhaber erhalten regelmäßig Informationen über die Aktivitäten der Kunst- und Ausstellungshalle: den dreimonatlich erscheinenden Programmfolder, die jährliche Ausstellungsvorschau sowie die aktuellen Ausstellungsfolder. Eine eigens für die *ArtCard* Inhaber eingerichtete freecall Ticket-Hotline nimmt Kartenbestellungen, Wünsche, Anregungen und Kritik entgegen.

Darüber erhält man Eintrittskarten zum ermäßigten Preis für alle Veranstaltungen im Forum, im Restaurant und auf dem Museumsplatz; auch auf die aktuellen Kataloge und Plakate werden 10 % Sonderrabatt gewährt. Diese Ermäßigung gilt auch für alle Speisen und Getränke im Museumsrestaurant und im Museum-Shop. Darüber hinaus können die Inhaber der *ArtCard* und eine Begleitperson kostenlos die öffentlichen Verkehrsmittel des Verkehrsverbundes Rhein-Sieg zum Besuch der Kunst- und Ausstellungshalle benutzen; bei Vorlage der *ArtCard* erhält man Fahrscheine für die Rück- und Hinfahrt.

• **Die *SchauspielhausCard* des *Deutschen Schauspielhauses Hamburg***
Die *SchauspielhausCard* des *Deutschen Schauspielhauses Hamburg* (Deutsches Schauspielhaus Hamburg, Spielzeit 2000/2001) gewährt zum Preis von 150,– DM „das volle Programm zum halben Preis“ und stellt im Kulturbetrieb sicherlich eines der herausragenden Beispiele für eine wirklich gelungene Kundenkarte dar. Sie kann jederzeit, auch während der Spielzeit, erworben werden und ist dann ein Jahr ab Kaufdatum gültig. Der Intendant Tom Stromberg, antwortete in einem Zeitungsinterview (mit dem bezeichnenden Titel: „Trete ein, mein Gast!“) auf die Frage: „Sie arbeiten auf ein neues Publikum zu?“: „Natürlich. Deswegen will ich mit einer Clubkarte eine neue Bindung an das Haus erreichen, da zwanzig- bis dreißigjährige Menschen einfach kein Abonnement mehr kaufen. Ich will gnadenlos die Gastgeberrolle des Theaters mit Gastronomie ausbauen“ (*Stuttgarter Zeitung* vom 31.7.1999). Entsprechend umfangreich ist das Leistungsangebot:

– 50 % Ermäßigung für die regulären Vorstellungen in allen Spielstätten; auch für die Premieren im Schauspielhaus gibt es eine Ermäßigung von 15 % für die Platzkategorien A, B und C.
– Beim Erwerb von zehn Karten innerhalb eines Jahres erhält der Kartenbesitzer eine Karte für eine Vorstellung nach Wahl kostenlos.
– Es gibt 20 % Ermäßigung auf Speisen und Getränke in allen gastronomische Einrichtungen des *Deutschen Schauspielhauses* (*Torbar*, *Café Ellmenreich*, *Espressobar* und *Kantine*).
– Die Card-Inhaber erhalten Einladungen zu exklusiven Sonderveranstaltungen, die nur diesen vorbehalten sind; dazu zählen u. a. Führungen hinter die Kulissen.
– Mit der Card stehen die Premierenfeiern offen.
– Die monatlichen Spielpläne werden kostenfrei zugeschickt.

- Es ist ein besonderer telefonischer Kartenservice (CardTelefon) eingerichtet; auf Wunsch werden bei telefonischer Buchung die Karten kostenfrei zugesandt.
- Man kann Karten bereits eine Woche vor dem offiziellen Beginn des Vorverkaufs reservieren.

Darüber hinaus – und das macht die Card sicherlich besonders attraktiv – sind folgende Leistungen mit Kulturpartnern vereinbart:

- Bei der *Hamburger Kunsthalle* erhält man alle Eintrittskarten zum Preis von 8,– DM statt 15,– DM. Außerdem wird man zu zwei Ausstellungseröffnungen eingeladen.
- Beim *Museum für Kunst und Gewerbe* und den *Deichtorhallen* gibt es 50 % Ermäßigung auf alle regulären Eintrittspreise und ebenfalls zwei Einladungen zu Ausstellungseröffnungen.
- Bei der *Hamburger Staatsoper* erhält man 15 % Ermäßigung, beim *NDR-Sinfonieorchester* 20 % Nachlass bei Konzert-Tickets.
- Beim *Friedrich Berlin Verlag* erhalten die Card Abonnenten die Zeitschriften *Theater heute* und die *Opernwelt* für 150,– DM statt für 225,40 DM sowie das Abonnement für *Balletttanz* für 111,– DM statt 168,– DM.
- Der *ZEIT-Verlag* bietet 25 % Ermäßigung für ein Abonnement für *DIE ZEIT*; beim *SPIEGEL-Verlag* gibt es zwölf kostenlose Ausgaben des *kulturSPIEGEL* (inclusive kostenfreier Zusendung).
- Der *Kunstverein Hamburg* bietet einen ermäßigten Eintritt von 5,– DM statt 8,– DM.

- **Die *theatercard* des *Wiener Volkstheaters***

Das *Wiener Volkstheater* brachte schon vor Jahren eine eigene *theatercard* heraus. Diese ermöglichte gegen Vorlage (neben 20 % Ermäßigung auf alle Veranstaltungen des eigenen Hauses) 10 % Preisnachlass in einer Reihe von Lokalen der Umgebung sowie das Parken in der Parkgarage am Messeplatz in den Abend- und Nachtstunden zum Festpreis von ÖS 50,– sowie 20 % tagsüber.

- **Der *Oberrheinische Museums-Pass***

Länderübergreifend ist der *Oberrheinische Museums-Pass* angelegt, der getragen wird von Museen aus Deutschland, Frankreich und der Schweiz und als eingetragener Verein organisiert ist. Sein besucherbindendes Motto: „Statt nur ein paarmal, öfter ins Museum gehen. Statt nur in seiner Umgebung in der weiteren. Statt alleine mit der Familie. Statt nur in einem sich in vielen Fachgebieten tummeln. Nimmt man alles nur in allem: Er steht für ‚den Horizont erweitern'" (Verein Oberrheinischer Museums-Pass / Association du Passeport des Musées du Rhin Supérier 2001).

1996 begann die Arbeitsgruppe Kultur der *Oberrheinkonferenz*, sich mit dem Projekt eines gemeinsamen Museumspasses zu befassen. Als Vorbild diente seinerzeit der *Basler Museums-Pass*, der seit seiner Einführung im Oktober 1992 mit jährlichen Verkaufszahlen von 5000 bis 6000 Pässen aufweisen kann. Es beteiligten sich 2001 rund 50 der als groß und wichtig eingestuften Museen – von beispielsweise dem *Kunstmuseum und Tinguely-Museum* in Basel über die *Staatliche Kunsthalle Baden-Baden* und das *Musée d'Unterlinden* in Colmar bis zum *Wilhelm-Hack-Museum* in Ludwigshafen, dem *Badischen Landesmuseum* in Karlsruhe und dem *Musée d'Art Moderne et Contemporain* in *Straßburg* sowie rund 90 weitere, kleinere Häuser – wie das *Puppenhausmuseum* in Basel, das *Musée d'Histoire des P.T.T. d'Alsace* oder das *Haus der Badisch-Pfälzischen Fasnacht in Speyer* – am *Oberrheinischen Museumspass*. Insgesamt kann der Passinhaber für 88,– DM bzw. 45,– EURO über 150 Museen, Schlösser und Klöster am Oberrhein besuchen.

In Format und Farbe lehnt sich der Museumspass geschickt an die besonders in Frankreich weit verbreiteten grünen *Michelin*-Kulturführer an. Er ist zweisprachig in Französisch und Deutsch gehalten. Ein visitenkartengroßes Heftchen bietet als besonderen Service nicht nur ein Verzeichnis aller Museen, in denen dieser Pass gültig ist, sondern auch einen kleinen deutsch-französischen Sprachführer. Darüber hinaus informiert das kleine Heft über Anreisemöglichkeiten, über das Vorhandensein von Museumshops und Restaurants sowie die Rollstuhlgängigkeit der einzelnen Museen.

Eine Untersuchung des *Soziologischen Instituts der Universität Karlsruhe* ergab, dass die Passinhaber mit diesem so zufrieden sind, dass 83 % ihren einmal erworbenen Jahrespass verlängern möchten. Fast die Hälfte der Passbenutzer besucht dabei auch Museen, die sie ohne den Museumspass nicht aufgesucht hätten (Pressemitteilung des Vereins Oberrheinischer Museums-Pass vom 11. Juni 2001).

7.2 Der Besucherclub

Der Schritt von der schier grenzenlosen Ungebundenheit der bloßen Kundenkarte (man nutzt sie oder nutzt sie nicht) hin zur Mitgliedschaft in einem Kundenclub ist oftmals fließend. In den letzten Jahren entwickelten zunehmend mehr Wirtschaftsunternehmen (z. B. die *IKEA-Family* mit mehr als 200.000 Mitgliedern alleine in Deutschland (Butscher 1996), der *Porsche-Club*, der Kundenclub der Firma *Grohe*, Jugendclubs von Sparkassen und Banken usw.), aber auch öffentlich-rechtliche Organisationen (wie z. B. der Hörfunksender *SWR 3* mit seiner *Wild-Card*) Kundenbindungsprogramme in Form von Kundenclubs (vgl. hierzu ausführlich Butscher 1998).

Die möglichen Ziele von Kundenclubs können ganz unterschiedlich sein (bzw. eine Kombination der genannten):

- sie können auf die Kundenbindung abzielen oder auf die Neukundengewinnung setzen;
- sie können vorrangig der besseren Kommunikation und dem Aufbau von Kundendaten dienen;
- sie können auf die Erhöhung des Umsatzes oder des Marktanteils oder auf die Belohnung besonders guter oder wichtiger Kunden abzielen;
- sie können dementsprechend vorrangig V.I.P.-Kunden, Stammkunden, Gelegenheits- oder potenzielle Kunden ansprechen.

Die Leistungen von Kundenclubs sind grundsätzlich produkt-, erlebnis-, freizeit- oder veranstaltungsbezogen. Diese können bestehen in: geldwerten Vorteilen / Preisvorteilen; in besonderen Informationen (z. B. die Vorab-Versendung eines begehrten Festi-

valspielplanes mit entsprechenden Vorab-Buchungsmöglichkeiten); in exklusiven Produktangeboten (z. B. Graphik-Editionen); in besonderer Kommunikation und Kontakten; in spezifischen Freizeitangeboten (z. B. in exklusiven Klubanlagen); in einem spezifischen Service (z. B. exklusives Pausenbüffet); in Veranstaltungen, Seminaren und Beratungen; im Anbieten einer Klubkarte mit Zusatzleistungen usw. Die Kommunikation der Kundenclubs mit den Mitgliedern ist in aller Regel dialogorientiert, individuell und exklusiv, etwa durch spezielle Klubmagazine, Newsletter für die Mitglieder, Direkt-Mailings, eine Hotline, spezielle Klub-Meetings und Events, in speziellen Klubgeschäften, via Internet usw. (Butscher 1997: 43-46).
In der Regel sind Kundenclubs durch folgende Merkmale gekennzeichnet:

- Sie integrieren sämtliche Kundenbindungsmaßnahmen wie Kundenkarte, Kundenzeitschrift, Klubveranstaltungen usw. in einem umfassenden Gesamtkonzept.
- Sie sind vom Unternehmen selbst initiiert und organisiert (und nicht – wie beispielsweise ein Fanclub – von Interessierten).
- Sie sind ein Instrument der Kommunikationspolitik des jeweiligen Unternehmens.
- Sie bilden somit eine kommunikative Einheit.
- Sie vereinen eine (oder mehrere) Zielgruppe(n), denen sich das Unternehmen aus bestimmten Gründen besonders widmet, stellen also nur eine Teilmenge aller Kunden dar.
- Sie aktivieren die Mitglieder mit unterschiedlichen Methoden.
- Sie sprechen die Kundenbedürfnisse nach Akzeptanz, sozialem Kontakt, Status, Prestige und Selbstverwirklichung an.
- Sie streben eine zunehmende Kundenbindung durch Aufbau emotionaler Beziehungen an das Unternehmen an.
- Sie erheben Kundendaten und arbeiten mit diesen.

Ein Kundenclub lässt sich somit zunächst ganz allgemein definieren als eine „kommunikative Einheit von Personen oder Organisationen, die von einem Unternehmen initiiert und betrieben wird, um mit den Mitgliedern in regelmäßigem, direkten Kontakt zu stehen und ihnen ein Leistungspaket mit hohem wahrnehmbarem Nutzen anzubieten. Ziel ist die Aktivierung der Mitglieder und die Zunahme der Kundenbindung durch den Aufbau einer emotionalen Beziehung“ (Butscher 1997: 9).

Diller / Frank (Diller / Frank 1996) unterscheiden folgende Erscheinungsformen von Kundenclubs:

- *VIP-Club* (Very Important Person); dieser richtet sich in der Regel an besonders bedeutsame Stammkunden (z. B. eine VIP-Lounge am Flughafen für Erste-Klasse-Flieger);
- *Fan-Club*; dieser ist offen und richtet sich an sämtliche Kunden (z. B. *Pro-Sieben-Club, Club-Tigerente*);
- *Product-Interest-Club*; dieser wendet sich an besonders produktinteressierte Kunden (z. B. *Dr. Oetker Back-Club*);
- *Kunden-Vorteils-Club*; dieser richtet sich an alle Kunden, indem er ihnen ganz spezielle Vorteile gewährt (z. B. *Ikea-Family-Club*);

- *Lifestyle-Club*; dieser richtet sich primär an Kunden mit einem ganz spezifisch ausgeprägten Lebensstil (z. B. *Davidoff-Club*).

„Der Kundenclub vereint als integrierter Strategieansatz sämtliche Kundenbindungsmaßnahmen wie Kundenkarte, Kundenzeitschrift und Clubveranstaltungen in einem umfassenden Gesamtkonzept. Durch die Mitgliedschaft in einem Kundenclub werden die Bedürfnisse nach sozialem Kontakt, Akzeptanz, Status, Prestige und Selbstverwirklichung des Kunden angesprochen. Diese Erlebnisvermittlung und das Angebot individueller Serviceleistungen tragen zum Aufbau eines psychologischen Mehrwertes für den Kunden und somit zur Verstärkung der emotionalen Kundenbindung bei. Die Möglichkeit, durch ein Clubkonzept die kundenbezogene Informationsbasis auszubauen und ein professionelles Database-Management zu implementieren, spielen neben diesen Strategieüberlegungen eine weitere zentrale Rolle“ (Bruhn 1999: 138).

Wie empirische Analysen im kommerziellen Bereich ergeben haben – und dies ist auch für öffentliche Kultureinrichtungen von großer Relevanz –, steigt durch Kundenclubs nicht nur die Bindungswirkung, sondern auch die Nutzungsintensität. Eine entsprechende Untersuchung kam zu dem Ergebnis, dass rund 53,5 Prozent der Clubmitglieder das Klubangebot regelmäßig nutzen. 39,5 Prozent kommen gelegentlich auf die Angebote zurück. Diese Intensität der Clubkontakte wird nur von den Mitgliedern der Buchclubs überboten. Diese werden von 57,2 Prozent der Mitglieder regelmäßig genutzt. Und noch 36,4 Prozent bedienen sich gelegentlich der Angebote. Die persönlichen Vorteile sind in den meisten Fällen die Gründe für Clubmitgliedschaften oder die Nutzung der Angebote. 65,2 Prozent der Befragten stellen diesen persönlichen Vorteil in den Vordergrund, und für 77,4 Prozent ist es besonders wichtig, die Rabatte oder Vorteile sofort zu realisieren. Eine wichtige Rolle spielt für 31,8 Prozent auch der bevorzugte Service, den sie durch die Mitgliedschaft in einem solchen Club erhalten (Zuwenig Programme zur Kundenbindung. Vernachlässigung des Loyalitäts-Marketings in Deutschland 1999).
Unterschieden werden kann zwischen *offenen* und *geschlossenen* Kundenclubs:

- Offene Kundenclubs sind für jeden Interessierten frei zugänglich; sie erheben keine Aufnahmegebühr. Es gibt keine sonstigen Aufnahmebedingungen. Sie sprechen alle bestehenden und potenziellen Kunden an und haben daher meist hohe Mitgliederzahlen. Sie sind von daher nur vorteilhaft, wenn entsprechend eine extrem breite Zielgruppe festgelegt wird und ihre Finanzierung liegt im Wesentlichen beim Unternehmen.
- *Geschlossene Kundenclubs* haben dagegen entsprechende Eintrittsvoraussetzungen, z. B. das Ausfüllen einer formalen Beitrittserklärung und sie erheben einen bestimmten Jahresbeitrag. So können nicht angestrebte oder weniger interessierende Zielgruppen von der Mitgliedschaft abgehalten werden. Sie haben daher meist exklusiven Charakter (V.I.P.) und interessante Kernzielgruppen können auf diese Weise besser angesprochen werden. Die entstehenden Kosten werden teilweise durch Mitgliedsbeiträge gedeckt, dadurch sind größere Leistungen durch den Klub möglich.

Allen Überlegungen zur Einrichtung eines Kundenclubs sollte stets eine Kosten-Nutzen-Kalkulation vorausgehen. Auf der Kostenseite fallen Kosten an für:

- Vorlaufkosten, also die Erarbeitung eines entsprechenden Clubkonzepts, Beratungen von kooperierenden Einrichtungen, Schulungen der Mitarbeiter usw.;
- Einrichtung von Service-Centern, d. h. die Bereitstellung und Ausbildung von Personal, die Bereitstellung von Räumen, Datenverarbeitung, Telefonanlagen usw.;
- Clubleistungen im engeren Sinne, z. B. Herstellungskosten von Produkten und Lagerkosten, Dienstleistungskosten usw.;
- Aufbau und Unterhalt einer Datenbank;
- Vertriebskosten (Porto, Verpackung, Transportkosten);
- Kommunikationskosten (Mailings, Clubzeitschrift, Hotline);
- Koordinationskosten durch Zusammenarbeit mit externen Partnern.

Diesen möglichen Kosten stehen allerdings auch potentielle Einnahmequellen gegenüber:

- Einnahmen durch spezielle Klubveranstaltungen
- Provisionen durch Zusammenarbeit mit externen Unternehmen
- Verkauf von Anzeigen und Beilagen in der Klubzeitschrift
- Verkauf von Spezial-Editionen, Sondermodellen usw.
- Mitgliedsbeiträge
- Aufnahmegebühren
- Verkauf von Merchandising-Artikeln.

Beispiele für Kundenklubs aus dem kommerziellen Bereich:

- ***IKEA Familiy***

Eine der bekanntesten und größten Kundenklubs ist die *IKEA Family*; der *Family* Klub ist darüber hinaus ein gutes Beispiel für einen offenen Kundenklub (Nach dem selbstgewählten Motto: „Und das alles kostet Sie keinen Pfennig!“). Folgende Leistungen bietet *IKEA* seinen Klubmitgliedern, die ihre Klubmitgliedschaft durch den Erhalt einer Kundenkarte erwerben und dokumentieren:

– Automatisch erhält das *Family*-Mitglied den *IKEA*-Katalog druckfrisch und kostenlos per Post.
– Viermal im Jahr wird ihm kostenlos das *IKEA*-Magazin *room* zugesandt.
– Klubmitgliedern wird eine günstige Finanzierung beim Möbelkauf sowie eine flexible Ratenzahlung ermöglicht.
– Klubmitglieder erhalten persönliche Einladungen zu Veranstaltungen in den diversen Einrichtungshäusern.
– Es gibt eine spezielle Geburtstagsüberraschung.
– Eine spezifische Transportversicherung sichert den – oft nicht einfachen – Transport von Möbeln und Einrichtungsgegenständen ab.
– Schlüsselfind-Service; verlorengegangene Schlüssel werden mit Hilfe von IKEA gesucht.

- ***Porsche Club***

Ist die *IKEA Family* ein Beispiel für einen offenen Kundenklub, so setzen die *Porsche Clubs* dagegen ausdrücklich auf Exklusivität. Weltweit gibt es 360 regional organisierte *Porsche Clubs* mit insgesamt über 120.000 Mitgliedern. Sie bemühen sich nach eigenen Aussagen, durch ihre zahlreichen Fahrveranstaltungen und Social Events den „positiven *Porsche* Clubgeist" weiter zu vermitteln. Die *Porsche* Clubbetreuung übernimmt dabei die strategische Steuerung der Clubarbeit und ist für die strukturelle Entwicklung der internationalen Clubszene verantwortlich. Für ihre Aktivitäten stehen den *Porsche Clubs* Dienstleistungen auf verschiedenen Ebenen der Kommunikation, Information und Organisation zur Verfügung:

– Veranstaltungen und Clubs; bei Konzeption, Planung und Organisation clubeigener Projekte können die *Porsche Clubs* durch das Team der Clubbetreuung beratend unterstützt werden. Für die Ausstattung ihrer Veranstaltungsorte werden an internationalen Lokationen die erforderlichen Mittel (*Porsche Club Kit*) zur Verfügung gestellt. In Abstimmung mit der Clubbetreuung können weitere Veranstaltungen geplant und durchgeführt werden, z. B.: Werksführungen; Internationales Präsidententreffen; Tagungen für Sportleiter, Mitglieder usw.; Internationale *Porsche* Treffen und Paraden; Gemeinschaftliche Reisen für *Porsche Club* Mitglieder und *Porsche* Kunden.
– Kommunikation; die Clubbetreuung unterstützt die weltweite Kommunikation der *Porsche Clubs* untereinander ebenso wie ihr öffentliches Auftreten.
– Information; durch Publikationen, bei Veranstaltungen und in persönlichen Gesprächen, pflegt die Clubbetreuung den Meinungs- und Informationsaustausch zwischen der *Porsche AG*, den *Porsche Clubs* und den Mitgliedern.
– Beratung; bei der Gründung neuer oder der strategischen Weiterentwicklung bestehender *Porsche Clubs* wird die *Porsche* Clubbetreuung beratend eingebunden; sie steht auch bei der Gestaltung der Clubarbeit, des Club-Logos sowie bei der Lösung interner Clubprobleme beratend zur Verfügung.

Beispiele für Kundenclubs aus dem Kulturbereich

Aber nicht nur in der Möbelindustrie oder der Automobilwirtschaft, sondern auch in der Kulturwirtschaft gibt es schon seit vielen Jahrzehnten die Idee von Kundenclubs – bestens bekannt etwa durch die verschiedenen kommerziellen Buchclubs, etwa in Form des *Buchclubs* oder des *Deutschen Bücherbundes*. Einem breiteren Publikum weniger bekannt sein dürfte die ebenfalls seit Jahrzehnten bestehende, nicht kommerziell orientierte *Wissenschaftliche Buchgesellschaft*.

- **Die *Wissenschaftliche Buchgesellschaft***

Einer der ältesten Kundenclubs im Kulturbereich ist die direkt nach dem Zweiten Weltkrieg gegründete *Wissenschaftliche Buchgesellschaft* in Darmstadt. Der Zweck des Vereins ist es nach § 2 seiner Satzung, „die Publikation wichtiger und dringend benötigter wissenschaftlicher und kultureller Werke zu ermöglichen und solche Werke auch zu vertreiben sowie das durch Kriegsfolgen schwer zugänglich gewordene wissenschaftliche und geistige Schrifttum neu erscheinen zu lassen. Andere Geschäfte, auch die Beteiligung an anderen Unternehmen, die dem Gesellschaftszweck dienen, sind zulässig. Gewinne werden nicht ausgeschüttet. Sie dienen ausschließlich der Förderung des Satzungszwecks."

Jede natürliche oder juristische Person kann Mitglied des Vereins werden, wobei diese Mitgliedschaft durch Beitrittserklärung erworben und durch die Übersendung des Mitgliedsausweises wirksam wird. Die *WBG*-Mitglieder erhalten alle Bücher (außer Titel mit gebundenem Preis) mit einem Preisvorteil von üblicherweise ca. 25 %. Rund 2.500 Original- und Lizenzausgaben aus über 20 Fachgebieten, anspruchsvolle CD-ROMs und ein interessantes Zusatzprogramm an Kunst und Kultur werden angeboten; hinzu kommen kostenlose Buchpräsentationen, Vorträge, Lesungen und vieles mehr. Über verschiedene Printmedien (*Magazin*, *Express* u. a.) werden die Mitglieder über Neuerscheinungen und lieferbare Titel auf dem Laufenden gehalten. Hinzu kommt ein zweijährlich erscheinender Bücher-Katalog und die Präsenz im Internet (www.wbg-darmstadt.de).

1949 ursprünglich als Selbsthilfeorganisation gegründet, um wichtige wissenschaftliche Literatur, die während des Krieges verloren gegangen war, wieder einem größeren Publikum zu attraktiven Preisen zugänglich zu machen, hat sie ihr Aufgabenspektrum längst erweitert. Als „offenes Haus" für jedermann spricht sie mittlerweile mit ihrem lebendigen und vielfältigen Angebot von Büchern, Neuen Medien, Kunst und Kultur ca. 140.000 Mitglieder weltweit an. Sämtliche Gewinne reinvestiert die *WBG* zugunsten ihrer Mitglieder in neue Buch- und Medienprojekt. Das unterscheidet sie von anderen Buchgesellschaften und macht sie einzigartig. Darüber hinaus vergibt sie alle zwei Jahre ein Doktoranden-Stipendium zu einem interdisziplinär angelegten Thema und fördert Wissenschaft und Kultur durch den anlässlich des Gründungsjubiläums 1999 gestifteten *Wilhelm-Weischedel-Fonds*. Dessen Etat kommt unterschiedlichen Empfängern zugute: Doktoranden und Übersetzern ebenso wie kulturellen Institutionen und Bibliotheken, die unter immer knapper werdenden finanziellen Mitteln leiden.

- **Der *Deutsche Guggenheim Club***

Der *Deutsche Guggenheim Club*, angesiedelt beim Deutschen Guggenheim-Museum in Berlin, bietet seinen Mitgliedern zum Jahresbeitrag von 100,– Euro alle unten aufgeführten Leistungen *ohne* Katalogversand und für 200,– Euro alle Leistungen *mit* Katalogversand :

– Einladungen zu Ausstellungseröffnungen und Sonderveranstaltungen des *Deutsche Guggenheim Berlin;*
– freien Eintritt für zwei Personen im *Deutsche Guggenheim Berlin* bzw. für eine Person in allen Guggenheim-Museen weltweit (*Solomon R. Guggenheim Museum*, New York; *Guggenheim Museum SoHo*, New York; *Peggy Guggenheim Collection*, Venedig und *Guggenheim Museum Bilbao*)

- einen Katalogservice per Haus mit den Katalogen aller Ausstellungen des *Deutsche Guggenheim Berlin* sowie jährlich einen Kunstkatalog zur *Sammlung Deutsche Bank* (außerdem Kunstführungen im *Deutsche Bank*-Headquarter, Frankfurt);
- Sonderkonditionen bei Flugreisen nach Berlin mit *Eurowings* und bei Übernachtungen im *Hilton*-Berlin;
- Vorzugspreis und Vorverkaufsrecht auf die außergewöhnlichen Editionen des *Deutsche Guggenheim Berlin;*
- Einen Wegweiser zur Kunst und eine süße Überraschung beim ersten Besuch im Museumsshop und der *KAFFEEBANK.*

• **Die *Junge Oper Stuttgart***

Mit Beginn der Intendanz von *Klaus Zehelein* und *Pamela Rosenberg* in der Spielzeit 1991/92 hatte die Jugend- und Schulprojektarbeit an der *Staatsoper Stuttgart* eine neue Qualität bekommen. Zunächst wurde es Schülerinnen und Schülern ermöglicht, den Entstehungsprozess von Neuproduktionen intensiv zu verfolgen. 1995 schuf die Opernintendanz aus Mitteln des Förderkreises der *Gesellschaft der Freunde der Württembergischen Staatstheater* zusätzlich die Stelle eines Musiktheaterpädagogen. Dieser entwickelte das Projekt *Erlebnisraum Oper*. Aufgrund der außergewöhnlichen Resonanz auf dieses Projekt wurde es 1997 mit Hilfe privater Förderer um das Element eigenständiger Musiktheaterproduktionen für und mit Kindern und Jugendlichen erweitert.

Die *Junge Oper* der Staatsoper Stuttgart ist ein Modellprojekt, das die Kinder- und Jugendarbeit in den professionellen Opernbetrieb integriert. Die beiden tragenden Säulen, die stark inhaltlich miteinander verknüpft sind:

- Die musiktheaterpädagogische Jugendprojektarbeit; in Kooperation mit den Schulen werden Schüler aktiv in die inhaltliche Auseinandersetzung mit Opern einbezogen.
- Die Erarbeitung von zwei Produktionen pro Spielzeit mit über 40 Vorstellungen; Jugendliche sind auf und hinter der Bühne maßgeblich an der Realisierung beteiligt.

Im Mittelpunkt steht die kontinuierliche Arbeit, basierend auf der Methode der szenischen Interpretation, d. h. Schülerinnen und Schüler bringen sich mit ihrer eigenen Lebensgeschichte handlungs- und prozessorientiert in die Auseinandersetzung mit Werken des Musiktheaters ein. Diese Arbeitsweise richtet sich neben den Gymnasien ausdrücklich auch an Real- und Hauptschulen. Opern des aktuellen Spielplans werden durch die Erstellung von umfangreichen Spielkonzepten und Unterrichtsmaterialien für den fächerverbindenden Unterricht auch in Zusammenarbeit mit den Lehrern erschlossen. In Lehrerfortbildungsseminaren und in der Referendarausbildung hat die *Junge Oper* mit über 300 Pädagogen unterschiedlicher Fachrichtungen mit der Methode der szenischen Interpretation und den Materialien zu mittlerweile zehn verschiedenen Opern gearbeitet.

In die Produktionen fließen die unterschiedlichen Erfahrungen aus den Bereichen Erlebnisraum Oper, der professionellen Opernarbeit und dem künstlerischen Ausbildungssektor zusammen. Auf dieser Grundlage entstehen in der *Jungen Oper* zwei Neuproduktionen pro Spielzeit mit über 40 Vorstellungen im Jahr. Kinder und Jugendliche im Alter von 6-21 Jahren können sich auf unterschiedliche Weise aktiv an den Produktionen beteiligen:

- als Chorsänger und Musiker auf der Bühne,
- als Praktikanten im Produktionsbereich (Technik, Beleuchtung, Maske etc.),
- bei der Auseinandersetzung mit dem Werk im Rahmen einer szenischen Interpretation,
- in Form von Probenbesuchen und Gesprächen.

Produktionsort ist das *Kammertheater*; als professioneller Theaterort bildet das *Kammertheater* das Zentrum des Projektes *Junge Oper Stuttgart*. Entscheidend für das Projekt ist:

- Professionelle künstlerische Arbeit und die Perspektiven von Jugendlichen auf ein Werk durchdringen sich;
- Austausch und Begegnungen zwischen Künstlern und jungen Menschen in der Produktions- und Aufführungszeit finden regelmäßig statt;
- Nicht Belehrung, sondern aktive Auseinandersetzung mit Musiktheater stehen im Zentrum;
- Aufführungen werden nicht vermittelt, sondern eine inhaltliche Auseinandersetzung mit dem Werk findet statt.

Schon vor einigen Jahren schrieb *Der Spiegel* zu diesem einzigartigen Projekt: „In ihrer mustergültigen *Jungen Oper*, einem aus Privatgeldern finanzierten Filialbetrieb, geben die Stuttgarter Paukern und Pennälern Nachhilfeunterricht in Musik. Bei dieser über die Region verbreiteten Studioarbeit werden kidsgerechte Werke in diversen Spielmodellen einstudiert, zudem Probenbesuche ermöglicht und Gespräche mit Künstlern vermittelt. Die Nachwuchspflege überwacht ein eigens angestellter Theaterpädagoge, der Lehrstoff kommt auf CD. Für den nächsten Termin haben sich bereits 100 Lehrer angesagt. *Zehelein*: ‚Wir haben da eine Lawine losgetreten', und die rollt bis an die Vorverkaufskassen auch des Großen Hauses: Zehn Prozent aller Karten sind dort selbst bei den Bestsellern stets für schulpflichtige Youngsters reserviert" (Umbach 1998).

- **Das *Junge Forum Theater Ulm***

Aber nicht nur die Staatsoper Stuttgart, sondern auch das *Theater Ulm*, ein traditionsreiches deutsches Stadttheater, hat einen eigenen Jugendclub, das *Junge Forum*. Zu dem seit zwei Jahren praktizierten Konzept schreibt die künstlerische Leitung im Spielzeitheft 2001/2002: „Die theaterpädagogische Arbeit mit Jugendlichen sollte ergänzt werden durch Aufführungen von Stücken für Jugendliche, die von Profis gespielt werden. Und zwar Stücke aus der Lebenswirklichkeit junger Menschen, Stücke, die etwas mit ihren Erfahrungen, Wünsche und ihrem Erleben zu tun haben. Erstmals sollte ein Spielplan speziell für junge Leute entstehen, der in ein intensives theaterpädagogisches Programm eingebettet ist. Wichtig ist uns dabei, die Begegnung und den Austausch von Schauspielerprofis mit den Jugendlichen über einen kontinuierlichen Zeitraum zu fördern und jungen Menschen zu ermöglichen, ihre eigenen kreativen Interessen zu entdecken und weiterzuentwickeln. Es geht darum, die Vielschichtigkeit verschiedenster Theatervorgänge sichtbar zu machen und jungen Leuten die Möglichkeit zu geben, ‚Theatermachen' als einen komplexen Vorgang zu erleben, der unendlich viel mit persönlichem Einsatz, einem ständigen Suchen und ‚Ringen' um künstlerische Ausdrucksformen, mit Mut und Kreativität, Selbstdisziplin und Inspiration zu tun hat (...)

Ziel ist es, möglichst auch die ‚ganz jungen Jugendlichen' zu erreichen, die dem Weihnachtsmärchen entwachsen sind und danach nur selten den Weg ins Theater zurückfinden. Wir möchten, dass die Brücke zum (Ulmer) Theater nicht abbricht. Gerade in einem Alter, in dem man sich selbst, seine Wünsche und vor allem auch die Liebe in einer neuen Form mit neuen Qualitäten entdeckt und neu definiert, kann Theater jungen Leuten unendlich viel geben – denn auch dieses setzt sich unentwegt mit Liebe, Wünschen und Beziehungen, ihren Möglichkeiten und Grenzen auseinander – existentielle Fragen, die Jugendliche in dieser Form zum ersten Mal für sich entdecken" (Editorial Spielzeit 2001/2002: 3).

Neben den speziell für die Zielgruppe der Kinder und Jugendlichen eingerichteten Stücke *Wunderzeiten*, *Tränen der Heimat*, *Kohlhaas*, *Die Zofen* und *Unter dem Eis*, zu denen das Theater spezielle Unterrichtsmaterialien erarbeitet hat, gibt es Spielfilme zu den Stücken. Die Theaterpädagogik richtet sich mit einem differenzierten Workshopangebot an Jugendliche. In den Kursen geht es um die Vermittlung von Grundlagen des Schauspiels sowie Körperwahrnehmung und -training, Entspannung, Entdeckung und Weiterentwicklung von Körpersprache, Stimm- und Atemübungen, Improvisation, Figurentheater und verschiedene Methoden zur Textannäherung. Die speziellen inszenierungsbegeleitenden Workshops sind thematisch eng an bestimmte Produktionen des *Ulmer Theaters* angebunden. Durch die *Theaterprojekte* sollen Jugendliche, die sich intensivst mit dem Theater beschäftigen wollen, unter Leitung von Theaterprofis die Möglichkeit gegeben werden, selbst an einer Aufführung teilzunehmen. Gesucht werden hierfür auch Jugendliche, die hinter der Bühne mitwirken möchten oder die ein Musikinstrument spielen und die Theaterwelt für sich entdecken wollen.

Es gibt darüber hinaus eine spezielle *Jugendclubkarte*, die die Inhaber berechtigt, alle Aufführungen im *Podium* und im *Jungen Forum* zum Preis von 6,– DM zu besuchen. Geboten werden Praktika und Hospitanzen am *Ulmer Theater*; in Kooperation mit der Volkshochschule wird eine Reihe *Berufe am Theater* angeboten; hierbei ist es möglich, ein näheres Verständnis vom Aufgabenfeld verschiedenster Theaterberufe zu erlangen. Zusammen mit der Volkshochschule wird auch das Kooperationsprojekt *Wie kommt eine Theateraufführung zustande?* angeboten. Anhand bestimmter Produktionen soll der Prozess des Theatermachens mit allen seinen Teilaspekten erfahrbar und erlebbar gemacht werden. Speziell an Lehrer, die mit ihren Klassen selbst Theater aufführen wollen, wendet sich der *Fortbildungsworkshop für Spielleiter*.

Die inszenierungsbegleitenden Workshops orientieren sich thematisch an aktuellen Produktionen des *Ulmer Theaters* und haben, theaterpädagogisch gesehen, jedes Mal einen anderen spielpraktischen Schwerpunkt, um somit leicht umsetzbare Anregungen für die eigene Theaterarbeit an der Schule zu bieten. Solche Schwerpunkte sind z. B.: Atemtechniken und Gesang, Erzähltheater, Bewegungsqualitäten, Psychologisches Spiel oder Commedia dell'Arte.

Ein spezieller Service wurde für Schulen entwickelt: So gibt es das Prinzip der *Patenklassen* (für Schulklassen, die zusammen mit ihren Lehrern gerne eine Produktion des *Jungen Forums* von den frühesten Anfängen bis zur Premiere begleiten möchten); es gibt Probenbesuche und Sichtungstermine für Lehrer, die sich über die Zielgruppen-Altersangabe nicht sicher sind; angeboten werden Unterrichtsmaterialien, die Betreuung von Seminararbeiten / Referaten, die zum Thema Theater erstellt werden sollen sowie Vor- und Nachgespräche nach Aufführungsbesuchen. Es gibt Führungen durch das Theater und eine monatliche Infopost, die über die aktuellen Angebote des *Ulmer Theaters* berichtet. *Mobile Produktionen* kommen sogar in die jeweiligen Schulen.

In jeder Spielzeit finden die *Schultheatertage* statt. In guter Tradition versammeln sich Theatergruppen der verschiedensten Schultypen und Institutionen der kulturellen Jugendarbeit zu diesem Arbeitstreffen. Im Mittelpunkt dieser Tage stehen nicht nur Aufführungen der einzelnen Gruppen, sondern auch Aufführungsgespräche, Workshops, die theaterpädagogische Betreuung der Gruppe und viele anregende Begegnungen und Gespräche rund um die Theaterarbeit mit Schülern und Schülerinnen.

- **Der *Club Das Junge Museum Speyer***

Das *Historische Museum der Pfalz* in Speyer bietet im Rahmen seines neu gegründeten *Jungen Museums*, das Ausstellungen speziell für ein Kinderpublikum erarbeitet, auch einen Jugendclub an. Die Clubkarte kostet 18,– DM im Jahr, drei Club-Karten für Geschwister kosten zusammen 45,– DM. Die Club-Karte kann ab dem 3. Lebensjahr bis zum 16. Lebensjahr ausgestellt werden und enthält ein Photo des Clubmitgliedes, das bei Clubeintritt aufgenommen wird.

Die Vorteile sind: Freier Eintritt für alle Ausstellungen des *Jungen Museum Speyer* und für die ständigen Sammlungen des *Historischen Museum der Pfalz*; ein Preisnachlass von 2,– DM für alle Veranstaltungen des *Jungen Museum Speyer*, für alle Veranstaltungen des *Historischen Museum der Pfalz* und für Groß- und Sonderausstellungen des *Historischen Museum der Pfalz* (Die Vergünstigungen gelten auch im Klassenverband). Darüber hinaus erhält jedes Clubmitglied ein kleines Geschenk (z. B. Luftballons, Buttons, Baseball-Kappe mit Logo *Junges Museum Speyer* und Sponsor-Partner-*Volksbank*, *Tapo*), Vergünstigungen bei weiteren Institutionen (angedacht sind das Speyrer Kino, das Technikmuseum, der Kartenvorverkauf der Tapo).

- **Der *Tigerenten-Mitmach-Club***

Die *ARD* hat als Koproduktion von *SWR*, *HR*, *NDR*, *ORB* und *SFB* vor einigen Jahren den *Tigerenten-Mitmach-Club* ins Leben gerufen. Er wendet sich – unter dem Logo der von dem beliebten Kinderbuchautor *Janosch* gestalteten Titelfigur, der schwarz-gelb gestreiften Tigerente – speziell an ein Kinder- bzw. Jugendpublikum und will eine verstärkte Bindung dieser Zielgruppen an die öffentlich-rechtlichen Rundfunkanstalten erreichen. Dazu gibt es wöchentlich im Kinderkanal *KI.KA* eine eigene Sendung, den *Tigerentenclub*, die allgemein empfangen werden kann. Diese Sendung widmet sich jeweils einem Hauptthema, zum Beispiel dem „Feldhasen – Tier des Jahres“. Hinzu kommen Kinderreportagen („Wie leben Delphine auf den Azoren?“), die Mach-

Mit!-Ecke (z. B. Programme zum Weltkindertag), die Reihe „Halt an!“ (Tiere in Wald und Flur), das Aktionsspiel, die Erlebnisreise, Musik & Show und spezielle Serien von Jim Knopf bis Fix und Foxi-Zeichentrickfilme.

Neben diesem offenen Angebot gibt es eine spezifische Mitgliedschaft; die Kosten hierfür betragen jährlich 18.– DM, für weitere Geschwister 4.– DM pro Jahr. Die Mitglieder bekommen alle zwei Monate die Club-Zeitschrift *Club Tigerente* mit auf die Zielgruppe zugeschnittenen Reportagen und Geschichten, Rätseln und Spielen, Comics und Freizeittips. Darüber hinaus erhalten sie Rabatt bei vielen Veranstaltungen, Zirkussen, Freizeit- und Tierparks oder Tourneetheatern. Unter „Tipps & Termine“ finden sich auf der Homepage des Clubs im Internet die entsprechenden Hinweise auf Veranstaltungen, für die Rabatt gewährt wird. Fan-Artikel können ebenfalls zum „tigerentenstarken Club-Preis“ eingekauft werden. Schließlich können *Club-Tigerenten* sogar als Reporter in der Sendung auftreten, Kinofilme vor allen anderen umsonst anschauen oder in der Sendung innerhalb der Reihe „Portrait“ vorgestellt werden.

- **Die *Lesegesellschaft ANDERE BIBLIOTHEK e.V.***

Einen ganz besonderen Kundenklub stellt die *Lesegesellschaft der Anderen Bibliothek* des *Eichborn*-Verlages dar. Im Januar 2000 feierte die „schönste Buchreihe der Welt“ (*Die Zeit*) ihr fünfzehnjähriges Bestehen, davon zehn Jahre unter der verlegerischen Obhut der Frankfurter *Eichborn AG*. Auf Wunsch bibliophiler Liebhaber der Reihe nahm *der Eichborn Verlag* das Jubiläum zum Anlass, die Gründung des Vereines *Lesegesellschaft ANDERE BIBLIOTHEK e.V.* zu initiieren. Die konstituierende Sitzung der *Lesegesellschaft* fand am 27. November 1999 auf Schloss Vollrads im Rheingau statt.

Der Verein setzt sich für die Förderung einer Lese- und Buchkultur ein, wie sie durch die Werke der *ANDEREN BIBLIOTHEK* repräsentiert werden und sich weder einem literarischen Gattungsbegriff noch einer Epoche verschließen: Märchen unterschiedlicher Völker, Autobiographien und ethnographische Reiseliteratur, Klassikerausgaben, hochwertige Historiographien, poetische Experimente und Anthologien – und natürlich immer wieder begeisternde und verblüffende Romane. Ziel des Vereins ist es, im Sinne der *ANDEREN BIBLIOTHEK* die Lust am Lesen und am anspruchsvoll gestalteten Buch zu fördern; für die Freunde bibliophiler Werke wurde somit ein Forum geschaffen, in dem sie Gleichgesinnte treffen, die dieselbe Leidenschaft teilen und eine Plattform errichtet, die ihnen die Möglichkeit zum literarischen Austausch bietet.

Diese Lesegesellschaft bietet ihren Mitgliedern vielerlei Vorteile. Durch regelmäßige Rundbriefe informiert sie ihre Mitglieder über Neuerscheinungen, bibliophile Ausgaben und Veranstaltungen. Eine eigene Internetseite wurde eingerichtet, die als Kontaktbörse für die Freunde der Buchreihe dienen soll. Darüber hinaus ermöglicht die Lesegesellschaft ihren Mitgliedern, am Geschehen rund um die *ANDERE BIBLIOTHEK* beteiligt zu sein und informiert über Ausstellungen und Hintergründe der Reihe. Franz Greno, der zusammen mit Hans Magnus Enzensberger die *ANDERE BIBLIOTHEK* ins Leben gerufen hat und seither für die literarische Qualität bürgt, erstellt exklusiv für die Mitglieder eine Jahresgabe.

Halbjährlich veranstaltet die Lesegesellschaft anspruchsvolle Reisen zu Orten, an denen Literatur lebendig und erfahrbar ist. Im Rahmen dieser literarischen Wochenenden finden Autorenlesungen aus Werken der *ANDEREN BIBLIOTHEK* statt. So lasen Autoren bei der Lesegesellschaft schon Autoren wie Rolf Vollmann, Robert Gernhard, Hans Stilett oder W. G. Sebald. Hans Magnus Enzensberger präsentiert den Mitgliedern der Lesegesellschaft die sechs neuen Titel der nächsten Programmstaffel der *ANDEREN BIBLIOTHEK*, erläutert die Hintergründe für die Auswahl der Bücher, stellt Autoren vor und vermittelt einen umfassenden Einblick in die Herstellung der Reihe. Die literarischen Wochenenden geben den Teilnehmern somit die Möglichkeit, den Herausgeber, Gestalter, Lektoren oder Übersetzer der Reihe kennenzulernen. Museumsbesuche mit Führungen runden die Wochenende ab. Das Buch als Kunstwerk – im multimedialen Zeitalter scheint dafür kaum mehr Platz zu sein. Die Lesegesellschaft als Zusammenschluss bibliophiler Literaturfreunde verhält sich jedoch antizyklisch im Sinne des Postulats Hans Magnus Enzensbergers: „Wir gehören einer Minderheit an, aber Minderheiten sind zählebig" (Verlagsinformation der *Eichborn AG*: Die *Lesegesellschaft der Anderen Bibliothek e.V.*).

Unter dem bezeichnenden Titel „Feines Trüppchen" beschreibt die *Stuttgarter Zeitung* ein einschlägiges Treffen in der Domstadt Speyer und dessen Teilnehmer: „Nicht wenige unter ihnen schätzen sich glücklich, sämtliche bisher erschienen Bände der *ANDEREN BIBLIOTHEK* zu besitzen – auch die heute gut tausend Mark teure Erstausgabe von Enzensbergers *Wasserzeichen der Poesie*. Auf die Frage, ob man die bisher knapp zweihundert Bücher im Wert eines Kleinwagens denn auch alle gelesen habe, wird nicht etwa ironisch und gebildet mit Gustave Flauberts ‚Sie essen ja auch nicht alle Tage von ihrem Sèvres' geantwortet. Sondern sehr oft mit einem ‚Natürlich'.

Solche Selbstverständlichkeit verbindet. Der Buchmarkt, prognostizierte der Verleger Klaus Wagenbach schon vor Jahren, werde sich spalten: hie die großen Einheiten der Massenunterhaltung, dort die kleinen verschworenen Gemeinschaften echter Leser. Hans Magnus Enzensbergers Buchklub zählt zu letzteren, und auf die Bedürfnisse der viertausend Abonnenten antwortete der Verlag mit der Gründung der Lesegesellschaft im November 1999, einer Internet-Tauschbörse und jährlich zwei literarischen Wochenenden. Auf diesen Ausflügen kommt die gar nicht so verschworene Gemeinschaft zu sich selbst. Über literarische und sehr bald auch andere Interessen finden die Psychiaterin, die Lehrerin, der Handwerksmeister, der Chirurg, der Veranstaltungsmanager und der Oberstudienrat zusammen. ‚Ich habe mich sofort prächtig über entlegenste Themen unterhalten', so freudig äußerte sich denn auch nach kurzer Zeit der frischgebackene Professor aus Mannheim" (Platz 2001).

Aus diesen Beispielen wird bereits deutlich, dass der Klubgedanke keineswegs auf den kommerziellen Sektor beschränkt ist, sondern auch bereits im Kulturbereich durchaus mit Erfolg angewandt wird. Will eine Kultureinrichtung einen Besucherclub gründen, so sollte sie folgende Überlegungen anstellen (Die Darstellung lehnt sich an Butscher 1996 an).

(1) Zunächst ist zu überlegen, welche vorrangigen Ziele der Klub verfolgen will. Diese Ziele können beispielsweise sein:
- Besucher dauerhaft zu binden;

- neue Besucher zu gewinnen;
- den Verkauf von Tickets zu fördern;
- vor allem junge Mitglieder einbinden;
- treue bzw. besonders wichtige Mitglieder zu belohnen;
- politische Lobbyarbeit zu betreiben;
- das Fundraising (Spendenmarketing) zu unterstützen;
- Freiwillige / Volunteers für die Arbeit der Kultureinrichtung zu gewinnen;
- Besucherdaten zu ermitteln und ein Data-Base-Marketing aufzubauen usw.

(2) Wahrscheinlich wird nicht nur eines dieser Ziele, sondern mehrere Ziele gleichzeitig angestrebt werden. Daher sind diese Ziele in eine Zielhierarchie (welches Ziel ist das wichtigste / dringlichste?) und in eine chronologische Bearbeitungsstruktur (welches Ziel soll zuerst verfolgt werden?) zu bringen.

(3) Im Zusammenhang mit der Zielsetzung stellt sich sofort die Frage nach den Zielgruppen. Richtet sich der Kundenclub vorrangig an die gelegentlichen Besucher, an die potenziellen Besucher, an die Stammbesucher, an die besonders wichtigen Besucher (V.I.P.s) oder nur an ganz bestimmte Besuchersegmente (z. B. Schüler, Stundeten, Senioren usw.). Auch hier sei wieder an die Wirksamkeit des sog. *Pareto-Prinzips* erinnert; demnach bringen in aller Regel 20 % der Käufer 80 % des Umsatzes (in unserem Falle würde dies heißen, dass ca. 20 % der Besucher 80 % der Besuche ausmachen; hieran erinnert auch Butscher: „To exactly define the target group(s) is a very important step, as due to their strongly varying expectations they have a large influence on the club advantages and thus on the heart of the club. In general the main focus will be on those 20 % of a segment, with whom you make 80 % of your business (20/80-rule).“

(4) Ist dies festgelegt, so ist zu fragen, welche Klubform am besten geeignet ist, um die Ziele zu realisieren: Soll es ein offener oder ein geschlossener / begrenzter Besucherclub sein? Wie sind die Bedingungen für die Mitgliedschaft? Welche Differenzierungen gibt es innerhalb der Mitgliedschaft (besondere Leistungen für besondere Beiträge)?

(5) Welche Vorteile sollte der Klub seinen Mitgliedern bieten? (z. B. finanzielle / Rabattvorteile, ein eigenes Klubmagazin, Seminare, Vorlesungen, kleine Geschenke, eine Klub-Mitgliedskarte, welche Form der Mitgliedskarte usw.)

(6) Darüber hinaus ist zu klären, wie die Kommunikation des Kundenclubs mit seinen Mitgliedern aufgebaut ist: durch einen spezifischen Newsletter, eine Klubzeitschrift, jährliche Rundschreiben, elektronisch oder mit Printmedien, persönliche Ansprache, organisierte Treffen, eine eigene Hotline usw.

(7) Schließlich ist zu fragen, wie das Klubservicezentrum organisiert ist. Welche Abteilung innerhalb der Kultureinrichtung kümmert sich um den Besucherclub? Kann diese Arbeit von Ehrenamtlichen durchgeführt werden oder muss dies ein hauptamtlich Angestellter leisten? Wie sind die Mitarbeiter / Freiwilligen ausgebildet, um sich adäquat um den Besucherclub kümmern zu können? Wie ist ihre permanente Schulung? Welche Technologie steht dem Klubservicezentrum zur Verfügung (Computer, Database, Telefon / Telefax, E-Mail, Homepage usw.)?

Erst wenn diese Fragen innerhalb der Kultureinrichtung hinreichend klar und deutlich und in allen ihren Konsequenzen geklärt sind, sollte sie daran gehen, die entsprechenden Maßnahmen zur Einrichtung eines Besucherclubs einzuleiten.

7.3 Memberships

Auf den ersten Blick erinnert die „zentrale Variable des amerikanischen Museumswesens und -marketing", das „Phänomen der Mitgliedschaft" (Schuck-Wersig / Wersig 1999: 79), an den klassischen Förderverein, wie er bereits im letzten Kapitel dargestellt wurde. Die Gemeinsamkeiten sind zunächst unübersehbar: Mitglieder schließen sich freiwillig zusammen, um mit einem bestimmten finanziellen Betrag gemeinsam eine Idee zu fördern; dafür erhalten sie von der kulturellen Einrichtung gewisse Gegenleistungen. Ähnlichkeiten bestehen sicherlich auch mit dem neueren Instrument des Kundenclubs, wie er soeben dargestellt wurde. Der Einsatzbereich der Memberships ist keineswegs auf den Museumsbereich beschränkt (hier allerdings am weitesten entwickelt). Deshalb sollte geprüft werden, inwieweit sie sich auch auf andere Sparten sinnvollerweise übertragen lässt.

Allerdings zeigen sich beim näheren Hinsehen auch deutliche Unterschiede zum traditionellen Förderverein. Denn unter der Membership ist „weniger eine Vereinsmitgliedschaft wie in der Bundesrepublik zu verstehen: Meist wird noch nicht einmal auf das Vorhandensein eines ‚Vereins' (mit Satzung, Vorstand usw.) verwiesen (...) Es handelt sich eher um einen Vertrag zwischen Museum (das dann über *Membership Departments* verfügt) und Besucher, nach dem dieser eine bestimmte Summe zahlt und dafür Leistungen entgegennimmt. Dies ist in der Regel auf das Jahr der Zahlung beschränkt, die Mitgliedschaft kann natürlich im nächsten Jahr erneuert werden, einige Museen bieten Beitragsnachlässe für zweijährige Mitgliedschaften an, einige bieten auch für eine Festsumme (1000-1500 $) eine lebenslange Mitgliedschaft an" (Schuck-Wersig / Wersig 1988: 55).

Einer der wesentlichsten Unterschiede zum deutschen System des Fördervereins ist also, dass es sich bei der Membership nicht um eine Körperschaft *neben* der eigentlichen Kulturinstitution handelt (also z. B. einen eingetragenen Verein *neben* dem „eigentlichen" Museum), sondern um eine Aufgabe, die in der Kultureinrichtung selbst angesiedelt ist (meist im *Audience Development Department* oder im *Membership Department*). Dies bedeutet, dass Mitarbeiter des Museums damit betraut sind, sich um die jeweiligen Mitglieder intensiv zu bemühen. Dies macht entsprechend geschultes Personal in den jeweiligen Kultureinrichtungen notwendig (wobei diese Aufgabe teilweise auch von Freiwilligen / Ehrenamtlichen bzw. Volunteers übernommen werden kann, denen es Freude bereitet, sich um andere Menschen zu kümmern).

In individuellen Gesprächen oder Telefonaten wird zum einen der persönliche Kontakt zum sog. „Patron" (also dem Mitglied) gehalten („Wie geht es Ihnen? Wie gefällt Ihnen unser Ausstellungsprogramm? Haben Sie Kritik?"), zum anderen aber auch an dessen Verantwortung und Unterstützerfunktion appelliert („Wir stehen vor dem Ankauf eines großartigen Gemäldes, suchen aber dringend noch nach weiteren Spendern, um das Bild tatsächlich kaufen zu können!"). Neben der (dauerhaften) persönlichen Ansprache ist ein weiterer Schlüssel zum Erfolg, den Mitgliedern Leistungen anzubieten, die produktbezogen und möglichst exklusiv sind („Nur für Mitglieder!"). Das *Art Institute of Chicago* hat es in seiner entsprechenden Werbebroschüre auf den Begriff gebracht: „Enjoy the Priviliges of Giving". Die Betonung liegt hier auf der Exklusivität (dem „Privileg" und somit der Abgrenzung gegenüber Nichtmitgliedern und je nach Status auch zwischen den Mitgliedern untereinander) und kulturellem Engagement (dem „giving").

Es muss noch einmal betont werden: In dem Konzept der *Membership* wird es nicht einer neben der eigentlichen Kultureinrichtung angesiedelten Organisation überlassen, sich um die Mitglieder zu kümmern, sondern diese Aufgabe wird zu einer zentralen des Museums selbst. Somit wird das „building new audiences" (so der Untertitel des Buches von Kotler / Kotler 1998) neben den vier klassischen Aufgaben des Sammelns, Bewahrens, Forschens und Präsentierens zu einer der neuen, zentralen Aufgaben des Museums. „Many museums have created membership programs as a way of building long-term relationships with visitors and members of the community and as a critical mean for raising funds. Museums would like to convert visitors into members because members have a more permanent link to the museum and their support can be channeled and regularized. Museums would also like every existing member to become more active (...) Members typically fall into three groups: high actives, who contribute most of the time, money, and energy to the museum; moderate actives, who participate frequently, but who do not get high involved; and inactives, who participate infrequently but maintain their membership" (Kotler / Kotler 1998: 288).

„Ein wichtiges Ziel amerikanischer Museen ist es, nicht nur neue Zielgruppen anzusprechen, sondern vor allem Besucher langfristig an sich zu binden. Dies geschieht vor allem durch Mitgliedschaftsprogramme. 78,8 % aller amerikanischen Museen bieten ein Mitgliedschaftsprogramm an, bei den großen Organisationen sind es sogar 89,6 %. Eine Mitgliedschaft ist in den meisten Fällen für ein Jahr gültig und bietet dem Mitglied gegen einen Beitrag bestimmte Angebote und Vergünstigungen. Die Mitgliedschaft erlischt nach einem Jahr automatisch und muss von den Mitgliedern aktiv erneuert werden. Die amerikanischen Museen müssen jährlich um die Erneuerung der Mitgliedschaft werben. Die dazu notwendige Kampagne ist einerseits sehr arbeitsaufwendig, anderseits bietet sie einem Museum mehrmals im Jahr Anlaß, sich schriftlich oder telefonisch an die Mitglieder zu wenden. Dieser Kontakt wird auch gepflegt, um die Mitglieder als Spender oder als ehrenamtliche Mitarbeiter für das Museum zu gewinnen" (Dauschek Hagen 2000: 62). Das *Metropolitan Museum of Modern Art* in New York hatte laut seines *Annual Reports* im Jahre 2000 beispielsweise 109.000 Members.

Welche Rolle die Memberships als Finanzierungsquelle amerikanischer Museen spielen, zeigt das *Museum of Modern Art* in New York. Laut Jahresbericht 1998 nahm das Museum allein auf Grund der Membership-Programme 5.737.000 US $ ein; Einkünfte aus Eintrittsgeldern erbrachten im gleichen Zeitraum 8.418.000 US $. Dem stehen allerdings Ausgaben für das Management der Memberships in Höhe von 3.277.000 US $ gegenüber, so dass sich immerhin ein Saldo von rund 2 1/2 US $

Millionen zugunsten des *MoMA* ergibt (The Museum of Modern Art: Annual Report 1999: 27).

„Nach den Eintrittsgeldern sind Mitgliedsbeiträge eine wichtige Einnahmequelle, die im Durchschnitt 6,3 % des Budgets aller amerikanischen Museen stellen. Der Aufbau oder die Ausweitung ihrer Mitgliederzahl ist dabei oftmals der erste Schritt zu mehr Einnahmen. Allerdings müssen hier auch die Ausgaben gesehen werden, denn in den meisten Fällen werden die Mitgliedschaftsangebote gerade durch die Beiträge gedeckt (...) Die Bindung von Mitgliedern ist nicht in erster Linie von finanzieller Bedeutung für die Museen. In den Mitgliedszahlen zeigt sich die Bindung des Museums innerhalb seiner Region, was ein maßgebliches Argument bei der Einwerbung großer Einzelspenden und Sponsoringgelder ist. Gleichzeitig sind die Mitglieder potentielle Spender. ‚We are trying to move the people up the ladder of giving all the time', von der Jahresmitgliedschaft über eine dauerhafte Mitgliedschaft zu kleineren und größeren Spenden und schließlich zur Berücksichtigung des Museums im Testament" (Dauschek 2000: 63f.).

Während es ein Kennzeichen sehr vieler traditioneller Fördervereine ist, dass ein (zu) großer Teil der Mitglieder in die o. a. Gruppe der Inaktiven fällt, zeichnen sich die Besucherbindungsprogramme der Mitgliedschaften (Memberships) durch ihre Bemühungen um einen sehr viel höheren Aktivitäts- und auch Aktivierungsgrad aus. Dies wird erreicht durch ein sehr viel differenzierteres Leistungs- und Beitragsangebot, als dies in den allermeisten deutschen Fördervereinen bisher der Fall ist. Dabei kann zunächst grob unterschieden werden in *normale* und in *fördernde* Mitgliedschaften. Während bei den normalen Mitgliedschaften die Zahlung eines entsprechenden Mitgliedsbeitrages durch materielle Leistungen (basic benefits) kompensiert wird, sind fördernde Mitgliedschaften eher dem Spendenbereich zuzuordnen und werden vor allem durch immaterielle Leistungen (additional benefits wie Exklusivität, Image, ehrenhafte Erwähnung im Jahresreport oder auf dem Donor Wall, besondere Einladungen, Gespräche mit dem Direktor usw.) aufgewogen (vgl. Schuck-Wersig / Wersig 1999: 79).

„Die Mitgliedschaften sind einerseits eine rationale Möglichkeit für den Museumsbesucher, Kosten zu sparen und andererseits eine Möglichkeit für das Museum, Personen insbesondere aus dem Einzugsgebiet des Museums fester an sich zu binden. Mitgliedschaften tragen daher auch in den USA die Tendenz in sich, sich aus der früheren ‚Rabattsphäre' in eine dem deutschen Vereinswesen ähnliche Institutionalisierung zu verfestigen" (Schuck-Wersig / Wersig 1999: 90). Die Austauschgewinne gehen also weit über bloße Rabattvorteile hinaus und rücken sehr viel stärker den Austauschgedanken (what is in it for me?) in den Vordergrund. Es soll sich für den Besucher insgesamt lohnen, Mitglied einer Kultureinrichtung zu werden (und zu bleiben).

Die Memberships können nach verschiedenen Gesichtspunkten thematisiert werden. So finden sich in amerikanischen Membershipprogrammen folgende Spezifizierungen bzw. Bezeichnungen:

- Einzelmitgliedschaften (Participating, Individual, Active),
- Familienmitgliedschaften (Family contributors, Family, Grandparents),
- Haushalte (Dual),

- Studenten (Student, Teacher / Educator / Artist),
- Senioren (Senior),
- International,
- Contributing,
- Friend / Fellow,
- Supporting, Sustaining,
- Patron,
- Donor,
- Sponsor,
- Benefactor,
- Corporate Membership (Firmen / Institutionen),
- Associate Membership.

Unter dem Gesichtspunkt der von den Mitgliedern und der Kultureinrichtungen ausgetauschten Leistungen und Nutzen kann differenziert werden in

- die *normale* Mitgliedschaften, die in der Regel einschließen: freien Eintritt für das individuelle Mitglied (häufig mit einer Begleitperson), Newsletter und Kalender, Nachlass im Museumsladen und anderen Einrichtungen wie Restaurants und Filmtheatern, Einladungen zu besonderen Mitgliedschaftsveranstaltungen, kleine Geschenke (Gutscheine für andere Museumseinrichtungen, Tragetaschen usw.), Benutzung der Members Lounge, Bibliothek u. a.;
- die *gehobene Ebene* der Mitgliedschaften, deren Kennzeichen u. a. sind: Fördermitgliedschaft (etwa *Friends of the Festival* beim *Festival of American Folklife* des *Smithonian Institutes* in Washington), Sozialtarife für Senioren, Studenten und Lehrer; private Empfänge, ein Ausstellungskatalog, freier Eintritt für alle Begleitpersonen, Hinter-den-Kulissen-Tour, Erwähnung im Jahresbericht oder Newsletter, private Führung durch die Dauerausstellung;
- die *hohe Ebene* umfasst beispielsweise Einladungen zum Jahresdinner, private Beratung, Galaabende und Einladungen zu speziellen Veranstaltungen, Auflistung in der besonderen Spenderliste, freier Eintritt für eine unbegrenzte Zahl von Gästen, kostenlose Party für 15 Personen, Einladung zu Eröffnungsveranstaltungen, alle Museumspublikationen usw.;
- und schließlich die *Luxus-Ebene*; hier kann man unbegrenzt Gäste mitbringen, an Empfängen, vor allem am jährlichen Essen mit dem Direktor teilnehmen, exklusiv an Besichtigungen privater Sammlungen und Künstlerstudios teilnehmen, umsonst sämtliche Kurse belegen, sich Bilder aus der Sammlung ausleihen (*Whitney*-Museum in New York), an allen Ereignissen der *Salon*-Serie teilnehmen usw. (vgl. Schuck-Wersig / Wersig 1999: 79ff.).

Die unterschiedlichen Mitgliedschaften werden ganz unterschiedlich angesprochen. So wirbt das *Art Institute of Chicago* für normale Memberships mit folgender Botschaft: „Most important, by becoming a member you are making a commitment to the museum and its mission to acquire and preserve precious works of art, provide education programs, and present exceptional special exhibitions, to the delight oft art-lovers from around the world and for the benefit of generations to come.“ (The Art Institute of Chicago). Hier schließen das Museum und das einfache Mitglied ein Vertrauensverhältnis, die Museums-Mission möglichst gut zu erfüllen.

Ganz anders nimmt sich dagegen die Ansprache gegenüber den *Sustaining Fellows* aus, den quasi tragenden Säulen der Mitgliedschaft (den „Partners in success“, wie es an anderer Stelle in der Werbebroschüre des *Art Institutes of Chicago* heißt): „The *Art Institute* relies on this critical partnership with the Sustaining Fellows... The Art Institute of Chicago could not be what it is today without the leadership and vision of the sustaining Fellows. For more than two decades, they have shown a unique understanding of the extraordinary costs of operating a world-class cultural institution. Thanks to their unfailing support, the precious objects that comprise the Art Institute's collection are cared for, studied, conserved, and protected. As the leaders in the philanthropic community, sustaining Fellows are partners in the museum's success. With their commitment, the museum continues to flourish, offering more than one million visitors each year the chance to explore and enjoy the beauty and power of the visual arts“ (The Art Institute of Chicago). Diese Mitglieder werden somit direkt in die Mitverantwortung für das Museum erhoben; der Titel der entsprechenden Broschüre beschwört eine gemeinsame Vision und lautet dementsprechend: „The Sustaining Fellows. The Art Institute of Chicago: a shared vision.“

Die Auswüchse entsprechender Luxus-Mitgliedschaften im gesellschaftlichen Leben der USA – trotz oder vielleicht gerade wegen des ansonsten durchaus hochgehaltenen und stets offiziell bekundeten Egalitarismus der amerikanischen Gesellschaft – hat der amerikanische Autor Tom Wolfe in seinem Roman *Ein ganzer Kerl* wunderbar ironisiert. Zwei Frauen mittleren Alters, Martha und Joyce, die sich gerade von ihren Männern getrennt haben, unterhalten sich: „‚Diese Eröffnung wird das größte Ereignis in Atlanta seit... seit... seit ich weiß nicht was.' ‚Meinst Du?', Ich weiß es. Dessen kannst du sicher sein. Wirf mal'n Blick in diesen Artikel. Und du wirst hingehen.' ‚Ach ja?' ‚Ja', sagte Joyce, ‚und du wirst einen ganzen Tisch nehmen und einen ganzen Haufen Leute einladen.' ‚Ach, wirklich?' ‚Ja, wirklich.' ‚Und wie nehme ich einen ganzen Tisch?' ‚Du zahlst für ihn. Du kaufst ihn.' ‚Und wie viel kostet das?' ‚Zwanzigtausend Dollar.' ‚Ach, ist das alles?' ‚Martha', sagte Joyce und fixierte sie ernst mit den Augen, ‚die ganze Zeit stöhnst du über deine Umgebung. Dieses Dinner, diese Eröffnung wird so gigantisch... die Welt wird dort sein. Wenn du einen Tisch bei der *Lapeth*-Eröffnung hast – na, eines, das kann ich dir sagen, wird das auf der Stelle gesehen. Das High – alle diese Museen, die haben Leute in ihrem Personal, deren einzige Aufgabe es ist, große Mäzene bei Laune zu halten und sie für gesellschaftliche Ereignisse zu gewinnen, die mit dem Museum zu tun haben. Du wirst anfangen, Leute kennenzulernen.' ‚Aber *zwanzigtausend Dollar*?' ‚Du kannst es dir doch leisten. Es ist eine Investition in deine Zukunft. Wir werden dich in *die Welt* hinausbefördern.' ‚Ist das nicht furchtbar viel Geld für eine neue Umgebung?' ‚Vergiss Umgebung, Martha. Denke Zukunft. Denke es wäre eine Art Aufnahmegebühr. Für eine neue Zukunft ist das kein übler Preis'“ (Wolfe 2001: 331).

Der Abend des großen Ereignisses selbst wird dann so beschrieben: „Ein Sturm von Stimmen, ein regelrechter Taifun, tobte in dem pompösen Atrium des Museums, so dass selbst die Luft noch einen unerträglichen Druck auszuüben schien. Es machte Martha benommen. So viele Smokings und extravagante Kleider! So viele lächelnde weiße Gesichter! So viele strahlend weiße Zähne! So viel gackerndes Gelächter! So viele Hälse, aus denen die Euphorie des Wissens schrie, dass sie hier an dem einzigen Ort in ganz Atlanta angekommen waren, an dem jeder, der irgendwelche gesellschaftliche Potenz besaß, an diesem besonderen Maiabend erwartet wurde! (O Zukunft.)" (Wolfe 2001: 613).

Trotz dieser sarkastischen Beschreibung sicherlich vorhandener Auswüchse sollte nicht übersehen werden, dass sich die Membership Programme nicht an die wenigen Reichen, sondern durchaus ebenso an die Vielen (das *Metropolitan Museum of Art* hatte, es wurde bereits darauf hingewiesen, im Jahr 2000 109.000 Mitglieder!) richten und entsprechend niedrige Eingangsschwellen haben. So bieten eine ganze Reihe von Museen nicht nur Studenten- (z. B. das *Art-Institute of Chicago*), sondern auch Kinder-Memberships (z. B. das *Los Angeles Children's Museum*) an. Die Kindermitgliedschaft schließt am Geburtstag auch freien Eintritt für vier weitere Kinder ein – eine wunderbare Gelegenheit, den Kindergeburtstag auf eine völlig neue Weise zu verbringen! Weit verbreitet sind auch Familien-Memberships (z. B. das *Science-Museum* Boston oder das *Art Institute of Chicago*). Eine aufgewertete Mitgliedschaft ist das *Family PLUS-Programm* des *Museum of Science* in Boston, in dem das Mitglied bis zu 7 weiteren Personen frei in die Dauerausstellung mitbringen kann. Eine Besonderheit sind sicherlich die Grandparent / Groß-Eltern-Mitgliedschaft (*Los Angeles Children's Museum*), d. h. freier Eintritt für sechs Personen ab 55 Jahren (Schuck-Wersig / Wersig 1999: 81).

Eine sehr interessante Variante hat – wieder einmal – das *Guggenheim* entwickelt: hier gibt es den *Young collectors circle* als spezielle Form der Mitgliedschaft: „This special committee is designed for young professionals ages 21-45 who seek an active involvement in contemporary art. Fund raised through council membership are used to purchase works by emerging artists for the museums' permanent collection." Die gleiche Zielgruppe hat das *ArtPoint* Membership-Programm des *Fine Arts Museum of San Francisco* im Auge: „The young professionals of the Fine Arts Museums of San Francisco invite you to join ArtPoint. ArtPoint's ongoing program consists of exhibit tours, downtown gallery tours, benefits, cocktail parties, dinner parties, and visits to private collections. Museum curators often lead our tours, offering insight and fascinating perspectives on the art and the work of organizing the exhibit" (Fine Arts Museums San Francisco).

Die ausgesprochen starke Differenzierung lässt sich am Membership-Programm gerade des *Metropolitan-Museum* in New York besonders gut verdeutlichen. Unter dem Namen der jeweiligen Mitgliedschaft stehen jeweils die vom Museum erbrachten Leistungen; jede höhere Preiskategorie umfasst alle niedrigeren Leistungen und enthält alle zusätzlich aufgeführten Leistungen:

Membership-Programm des Metropolitan Museum in New York

- *Individual 75$*
  - freier Eintritt für eine Person
  - im Sommer Zugang zum Trustees Dining-Room (Freitag/Sonnabend Lunch und Weekend Brunch)
  - Einladungen zu Vorbesichtigungen mit zwei Gästen
  - prozentualer Preisnachlass in den Läden
  - spezielle Ferieneinkaufsaktionen in Satelittenläden
  - Versandkataloge
  - Museumskalender
  - Museumsmagazin
  - Ankündigungen von Konzerten und Vorträgen
  - Preisnachlass für Dia-Ausleihe
  - Vorabinformationen über spezielle Reiseprogramme
- *Dual 150$, zusätzlich*
  - freier Eintritt für zwei Personen und Kinder bis 16 Jahren
  - Vorträge nur für Mitglieder
  - Ankündigung spezieller Programme nur für Kinder
- *Sustaining 350$, zusätzlich*
  - freier Eintritt für vier Gäste
  - Trustees Dining Room (Summer Weekend Lunch)
  - Mietmöglichkeit von Räumen beim Trustees Dining Room
  - Gästekarten für den Trustees Dining Room
  - Einladungen zu speziellen Vorbesichtigungen unter zwei Gästen (vor Individual / Dual-Mitgliedern)
  - eine kostenlose Publikation (ausgesucht vom Museum)
  - Teilnahme an zwei Holiday-Shopping-Tagen im Museum
  - Mitgliedschaft in 14 anderen Museen des Landes
  - Unterrichtung über spezielle Erwachsenenprogramme (Kunstgeschichtliche Seminare und Workshops)
- *Contributing 700$, zusätzlich*
  - Einladungen zu Galadinners und speziellen Veranstaltungen
  - Einladungen für zwei Personen zu zwei Abendempfängen für Contributing Members
- *Donor 1.000 $, zusätzlich*
  - Einladungen für zwei Personen zu Abendempfängen für Donor Members
  - Einladung für zwei Personen zu einem Frühjahrsempfang
- *Sponsor 2.500$, zusätzlich*
  - Benutzung der Patrons Lounge und der dort erhältlichen Dienstleistungen
  - Trustees Dining Room (Freitag Lunch, Freitag und Sonnabend Dinner, Weekend Brunch)
  - Einladungen für zwei Personen zu Kuratorengesprächen
  - Einladung für zwei Personen zu Konzerten mit museumseigenen Instrumenten

- Eine zusätzliche Museumspublikation
- Einladung zur Jahresversammlung
- Aufnahme in den Jahresbericht für eine Person

- *Patron 5.000$, zusätzlich*
  - Mitgliedschaft in der *Metropolitan Museum of Art Corporation*
  - Aufnahme in den Jahresbericht für zwei Personen
  - Einladung für mehrere Personen zu einem speziellen Abendempfang
- *Patron Circle 5.000$, zusätzlich*
  - Veranstaltung einer privaten Tour für sechs Personen durch eine Ausstellung mit kostenlosen Getränken in der Patrons Lounge
  - Einladung für zwei Personen zu Vorbesichtigungen der meisten Ausstellungen an Pressebesichtigungstagen
  - kostenlose Audioführungen zur Dauerausstellung (Membership Programm des Metropolitan Museum of Art New York).

Wie aus dieser Auflistung deutlich wird, stehen jeweils den vom Mitglied erbrachten (Geld-) Leistungen in einer bestimmten Höhe spezifische Gegenleistungen des Museums gegenüber. Einer der zentralen Gedanken der meisten Membership-Programme ist dabei, dass es bereits zu einem relativ günstigen Preis ein „Einstiegsprogramm" geben sollte, denn nur wenn die Menschen früh an die jeweilige Kultureinrichtung gebunden werden bzw. die erste „Schwelle", die sie zu überwinden haben, möglichst niedrig ist, besteht eine Chance, sie für die höherrangigen Programme zu gewinnen. Daher sollte eine Mitgliedschaft prinzipiell bereits im Kinder- bzw. Jugendalter möglich sein, um die späteren Erwachsenen bereits möglichst frühzeitig zu gewinnen.

Kotler / Kotler (Kotler / Kotler 1998: 288) haben eine Liste der *benefits*, also der zusätzlichen Nutzenleistungen, die amerikanische Museen ihren Mitgliedern gewähren können, zusammengestellt:

Allgemeine Benefits in Membership-Programmen

- *Freie Eintritte*
  - Eintritte zum Museum generell, zu Sonderausstellungen, zu angeschlossenen Museumskinos
  - freier Eintritt zu Partner-Museen
- *Preisnachlässe*
  - 10 bis 20 % Preisnachlass in den Museumsshops, Cafeterias, Restaurants
  - Preisnachlässe bei speziellen Events, bei vom Museum angebotenen Weiterbildungen, Vorträgen, Museumsveranstaltungen, speziellen Ausstellungsreisen in andere Museen, Kunstreiseangeboten, Seminaren usw.
  - Preisnachlass auf Photographien und Drucksachen, die vom Museum angeboten werden und auf andere Museumsdienstleistungen
  - Preisnachlässe auf andere kulturelle Aktivitäten bzw. in anderen Kulturorganisationen und manchmal sogar Preisnachlässe in Restaurants, Erholungs- und sonstigen Dienstleistungsangeboten in der Region

- *Besondere Annehmlichkeiten*
  - Freies Parken
  - Freie Garderobe
  - Zugang zur Mitglieder-Lounge
  - Kinderbetreuung für Familien mit Kindern
  - Ferienaktivitäten
  - Versteigerungen
  - Monatliche „Single-“ oder „Junge Berufstätige“-Abendparties
  - Dinner mit dem Museumsdirektor
  - Mitgliederparlament
- *Bildungsangebote*
  - Weiterbildungsangebote, Vorträge, Workshops
  - Spezielle Ausstellungsführungen
  - Treffen mit den Kuratoren
  - Programme für Privatsammler
  - Studienreisen
- *Informationen*
  - Monatlicher oder vierteljährlicher Newsletter oder Zeitschrift / Zeitung
  - Spezielle Mitglieder-Rundschreiben
  - Vorabhinweise auf geplante Ausstellungen und Programme
  - Wandkalender
- *Anerkennung*
  - Anerkennung in dem jährlichen Museumsreport, im Newsletter und in speziellen Anerkennungsbroschüren
  - Anerkennung auf Wandtafeln am Museumseingang
  - Anerkennungsfeiern
- *Geschenke*
  - Einkaufstaschen für neue Mitglieder
  - Mitgliedskarten
  - Verlosungen und Tombolas
  - Gästepässe für das Museum

Die Membership-Programme sind neben dem Kundenbindungsgewinn auch ein wichtiges Instrument des Ressourcenmarketings, denn mit der langfristigen Bindung der Mitglieder erschließen sich die Kultureinrichtungen Ressourcen umfänglicher Art. Das Programm kann bei einem entsprechenden Management allein durch die eingenommenen „Membership-Fees“ Zusatzeinnahmen verzeichnen. Darüber hinaus wird auf diese Weise der Weg gebahnt für das sog. Philantropic Giving / Fundraising / Spendenmarketing und kann der Aufbau wichtiger Kontakte zu Unternehmen für ein entsprechendes Sponsoring eingeleitet werden. Das Know-how der Mitglieder kann kostensenkend genutzt werden und durch die Akquirierung von Freiwilligen / Volunteers können Personalkosten gesenkt werden. Schließlich fungieren Mitglieder als wichtige Multiplikatoren (z. B. Mitglieder werben neue Mitglieder).

Schuck-Wersig / Wersig beobachteten 1999 zwei Entwicklungen hinsichtlich der Membership-Programme in den amerikanischen Museen: „Einerseits eine Trennung der Mitgliedschaften in die ‚normalen' Mitgliedschaften, in der sich die Zahlung des Jahresbeitrags für das Mitglied durch die materiellen Leistungen (Eintrittsfreiheit, Nachlässe in den Läden etc.) gegenrechnen läßt, und diejenigen Formen der Mitgliedschaft, die eindeutig dem Spendenbereich zuzuordnen sind, in dem die Gegenrechnung nur mit immateriellen Leistungen (wie Exklusivität, namentliche Nennung) vorgenommen werden kann; anderseits eine Intensivierung der ‚normalen' Mitgliedschaftsarbeit und -werbung, die zwar einen materiellen Hintergrund hat, bei der aber auch die immateriellen Leistungen der Mitgliedschaft stärker betont werden. Hier spielt offensichtlich auch die Form der geschenkten Mitgliedschaft zunehmend eine Rolle, d. h. das Einbinden der Mitgliedschaft in einem Museum in die Palette der Geschenke" (Schuck-Wersig / Wersig 1999: 79).

Der zentrale Gedanke, der hinter der Membership (oder „Patronage") steht, ist der, dass die Mitglieder solcher Programme durchaus bereit sind, mehr (als beispielsweise nur den obligatorischen Mitgliedsbeitrag in einem herkömmlichen Förderverein zu entrichten) für die jeweilige Kultureinrichtung zu geben und zu (sowohl ein mehr an Geld als vor allem auch an Fertigkeiten und Wissen und gerade für Kultureinrichtungen so wichtigen Kontakten und Verbindungen bereitzustellen), wenn dem entsprechende Leistungen gegenüberstehen. Die Mitglieder sind somit Teil der Kulturorganisation (und eben nicht eines gesonderten, traditionellen Fördervereins!) und es lässt sich auf diese Weise an ihre spezifische Verpflichtung dieser gegenüber appellieren.

7.4 Der zufriedene Besucher als Besucherwerber

Befragungen von Besuchern von Kulturveranstaltungen ergeben in einer Hinsicht mehr oder weniger immer das gleiche Bild. Wenn sie gefragt werden, wie sie auf die entsprechende Veranstaltung aufmerksam geworden sind bzw. warum sie sich entschieden haben, zu kommen, so lautet die Antwort nach wie vor in den meisten Fällen: Die meisten sind durch die berühmten *Freunde und Bekannte* aufmerksam geworden! Trotz modernster (oder vielleicht gerade deshalb!?) Informationstechnologie gilt nach wie vor die alte Weisheit des Marketing: „Personal selling is the best selling", d. h. die persönliche Ansprache – am besten natürlich durch Freunde und Bekannte – ist meist auch die wirkungsvollste.

Jay Conrad Levinson erzählt in seinem höchst amüsanten Buch *Guerilla-Marketing* folgende Geschichte: „Im Zentrum einer Großstadt wurde ein Restaurant eröffnet. Der Besitzer verteilte in allen Friseurgeschäften im Radius von zwei Kilometern um das Restaurant Gutscheine für ein oder zwei freie Essen. Natürlich besuchten die Friseure das Restaurant. Weil es wirklich so gut war, sprachen sie darüber in ihren Salons. In diesen Geschäften können natürlich Unmengen von Informationen verbreitet werden. (...) Dieses spezielle Restaurant entfaltete den reinen Guerilla-Geist mit diesem Schachzug: Eine winzige Investition, eine riesige Vorstellungskraft, ein ertragreicher Lohn (...) Auch Sie können es tun, wenn Sie wissen, wo der Informationsaustausch in Ihrer Branche stattfindet, wo Ihre Kunden Daten aufnehmen, wo es am wahrscheinlichsten Mundpropaganda gibt. Wenn Sie es können, bieten Sie den Leuten, die dort sprechen, Beweise ihrer vorzüglichen Leistung – und Sie haben Flüsterpropaganda“ (Levinson 1995: 133).

Vor einigen Jahren erzählte der Autor dieses Buches die o. a. Geschichte von Levinson im Rahmen eines internationalen Kulturmarketing-Seminars und entließ die Teilnehmer mit der Aufforderung, ihren eigenen, spezifischen „Friseur“ zu finden, der die persönliche Werbung für die Kultureinrichtung am besten vertreten könnte. Im Anschluss meldete sich eine junge Teilnehmerin aus Polen, die gerade in einem stillgelegten Bahnhof ein soziokulturelles Zentrum eingerichtet hatte, mit der Bitte um Rat. Gemeinsam wurde überlegt, wer ihr am wirksamsten helfen könnte. Am nächsten Morgen kam sie strahlend ins Seminar und erkannte: Sie musste den Priester der katholischen Kirche überzeugen, denn in ihrer polnischen Kleinstadt gingen nahezu alle Bürgerinnen und Bürger am Sonntag in die Kirche! Zwei Monate später schrieb sie in einem Brief, dass es ihr tatsächlich gelungen sei, den Priester zu überzeugen und dieser habe von der Kanzel auf ihre verdienstvolle Kultureinrichtung aufmerksam gemacht. Seither könne sie sich vor Besuchern kaum retten!

Gerade weil die Menschen mit Informationen überhäuft werden und die meisten sich subjektiv überinformiert fühlen, müssen die Informationen gewichtet und selektiert werden. Da kaum ein Mensch die ungeheure Informationsflut tatsächlich komplett verarbeiten kann, verlässt er sich mehr und mehr auf die Ressource persönliches Vertrauen. So schrieb bereits 1983, also lange bevor das Internet ein allgemein gebräuchliches Informationsmedium wurde, das die Informationsflut noch weiter steigen ließ, die *Zukunftsperspektivenkommission des Landes Baden-Württemberg* unter dem Stichwort *Informationsgesellschaft*: „Die Menge der ausgesandten und übermittelten Informationen wächst schnell, die Menge der Informationen, der von Menschen Aufmerksamkeit gewidmet wird, wächst langsam (...)

Ein zweites Kennzeichen der Informationsgesellschaft, verbunden mit dem ersten, ist die wachsende Gefahr des Nachrichtenstaus in überlasteten Kanälen und allgemein die Gefahr der Informationsüberlastung und Entscheidungsüberlastung (...) In einer informationsüberlasteten Gesellschaft geht vielen Empfängern der Sinn der einlaufenden Nachrichten verloren und damit auch oft ihr Bezug zu den Werten des Empfängers. Dieser reagiert dann oft durch Unaufmerksamkeit, Gleichgültigkeit, Irrtümer, Vorurteile oder andere Formen falscher Zuordnung, zugleich aber auch oft mit einem bedrückenden Gefühl der Desorientierung und des Sinnverlustes“ (Bericht der Kommission *Zukunftsperspektiven gesellschaftlicher Entwicklung* 1983: 80ff.).

Das, was die Soziologin Elisabeth Beck-Gernsheim recht plastisch die „*Verunsicherungsspirale*, die die Moderne kennzeichnet“ (Beck / Beck-Gernsheim 1990: 155) nennt, resultiert gerade nicht – wie in früheren Zeiten – an einem zu wenig, sondern an einem zuviel an Information! Dadurch kommt der Ressource *Vertrauen* eine zunehmend wichtigere Rolle zu, sie dient als „ein Mechanismus der Reduktion von Komplexität“ (so der Soziologe Niklas Luhmann im Untertitel seiner kleinen Schrift: Vertrauen; Luhmann 2000): „Durch Vertrauen kompensieren wir die wachsende Inkongruenz von Sachabhängigkeit und individueller Sachkompetenz. Vertrauen in diese

Sachkompetenz des jeweils anderen ist als Sozialkitt in der technischen Zivilisation umso nötiger, je mehr die Evidenz unserer Abhängigkeit von zuverlässig erbrachten Leistungen anderer zunimmt" (Kommission *Zukunftsperspektiven gesellschaftlicher Entwicklung* 1983: 27). Diese Anderen sind entweder die Fachleute, denen Sachverstand und Kompetenz zugetraut wird, oder aber eben jene Personen aus dem engeren Freundes- und Bekanntenkreis, auf deren Urteil man vertraut.

Unter dieser Perspektive sind die zufriedenen Besucher einer Kultureinrichtung – um so mehr, wenn sie einen großen Freundes- und Bekanntenkreis haben – eine sehr wichtige Gruppe, die sich ganz hervorragend als Absatzmittler eignet. Sind sie von den Leistungen der Kultureinrichtung überzeugt und begeistert und werden sie entsprechend ermuntert, diese ihre Meinung gegenüber anderen kundzutun, so spielen sie eine wichtige Rolle im Entscheidungsprozess der potenziellen Besucher. Das kommerzielle Marketing hat dies längst erkannt und nützt es entsprechend für seine Ziele. „Guten Freunden Gutes tun: Geben Sie Ihren Lieben doch einmal einen kleinen Tipp und schicken Sie allen eine Mail über das tolle Angebot bei *Amazon.de*. Und weil kleine Geschenke die Freundschaft erhalten, winkt sowohl Ihnen als auch jedem Ihrer Freunde ein 10-DM-Gutschein" – mit diesen Worten warb der Internet-Buchversand *Amazon* vor einiger Zeit darum, dass seine Kunden andere Kunden warben.

Im Rahmen einer jährlich durchgeführten *Sommerakademie für Bildende und Darstellende Kunst* wurde vor vielen Jahren eine Teilnehmerbefragung durchgeführt. Dabei wurde u. a. gefragt, wie die Teilnehmer von der Sommerakademie erfahren hätten. Das schon fast vorhersagbare Ergebnis: 80 % waren durch Freunde und Bekannte aufmerksam geworden. Das veranstaltende Kulturamt zog darauf die radikale Konsequenz und stellte seine Werbestrategie komplett um: Jeder, der einen anderen Teilnehmer mitbrachte, bekam 50,– DM auf die eigene Teilnehmergebühr gutgeschrieben; bei zwei angeworbenen Teilnehmern gab es 100,– DM gutgeschrieben und manche besonders Pfiffigen betrieben so eifrig Werbung, dass sie selbst nicht nur kostenlos teilnehmen konnten, sondern tatsächlich noch Geld zurückbekamen. Auf diese Weise konnte der Veranstalter unterm Strich sein Werbebudget nahezu halbieren und auf die herkömmlichen Printmedien fast vollständig verzichten – die eingesetzten Werbegelder flossen direkt an die Kunden zurück!

In der Regel treten die zufriedenen Besucher allerdings nicht als sofort erkennbare Gruppe in Erscheinung. Sie können daher nicht unmittelbar für die eigenen Bindungsprogramme eingesetzt werden können, weil sie – zumindest zunächst – unorganisiert sind. Aufgabe einer entsprechenden Besucherbindungspolitik ist es daher, diese zufriedenen Kunden so weit wie möglich zu erkennen und sie zu organisieren und ihnen schließlich auch ihr Engagement zu vergüten. Unter dem Motto „Freundschaftswerbung: Mitglieder werben Mitglieder" startete beispielsweise die bereits dargestellte *Wissenschaftliche Buchgesellschaft* eine entsprechende Kampagne: „Als Mitglied der *WBG* können Sie darauf vertrauen, dass Sie in dieser Gesellschaft alles Wissenswerte für Forschung und Lehre, Studium und Weiterbildung oder einfach Interessantes zum erlebnisreichen Schmökern finden – und das zu attraktiven Preisen (...) 140.000 Mitglieder weltweit sind schon heute von der Programmvielfalt und Qualität der *WBG* begeistert und unterstützen durch ihre Mitgliedschaft aktiv Wissenschaft, Bildung und

Kultur. Mit Ihrer Hilfe könnten es bald noch mehr sein! Neue Mitglieder kommen meist auf Empfehlung zu uns. Wenn Sie mit der *WBG* zufrieden sind, sagen Sie es doch einfach weiter! Vielleicht sind Sie dann auch bald unter den Gewinnern unserer Verlosungsaktion ‚Mitglieder werben Mitglieder'". Die *WBG* bedankt sich für die erfolgreiche Freundschaftswerbung mit entsprechenden Sonderprämien aus der eigenen Buchauswahl bzw. der Möglichkeit der Teilnahme an einer Sonderverlosung, z. B. einer einwöchigen Kulturreise für zwei Personen, einer dreitägigen Kulturreise für zwei Personen oder Büchermöbeln usw. (Wissenschaftliche Buchgesellschaft 2001: 62).

So kann auch die sorgfältige Pflege eines Abonnentenstammes von Theatern und Orchestern zur Gewinnung neuer Abonnenten genutzt werden unter dem Motto: „Abonnenten werben Abonnenten", wie es das *Ulmer Theater* demonstriert: „Sind Sie bereits Abonnent im *Ulmer Theater* und wollen Ihre Kollegen, Freunde, Verwandte oder Bekannte für einen regelmäßigen Theaterbesuch im Großen Haus gewinnen? Dann machen Sie mit bei unserer Aktion ‚Abonnenten werben Abonnenten' an den Abonnementtagen Mittwoch, Donnerstag, Sonntagnachmittag und Sonntagabend. Der Einsatz lohnt sich, denn wir senden Ihnen als Werbeprämie einen Buchgutschein im Wert von 20,– DM zu und mit ein wenig Glück gewinnen sie bei unserer Verlosung einen der drei Hauptpreise im Oktober 2001, die das *Ulmer Theater* als kulturelle Leckerbissen zur Verfügung stellt (...) An der Verlosung im Oktober 2001 nehmen alle Abonnenten, die einen neuen Abonnenten geworben haben, teil" (Ulmer Theater: Spielzeit 2001/ 2002).

Das Prinzip der Vergütung ist bei diesem Vorgehen besonders sorgfältig und differenziert zu entwickeln, denn oftmals ist es keineswegs der materielle oder der geldwerte Vorteil, der die zufriedenen Besucher zu ihrer Tätigkeit als Absatzmittler motiviert. Vielmehr sind es häufig gerade die immateriellen und ideellen Anreize, die die zufriedenen Besucher zu entsprechendem Handeln anspornen:

- ein exklusives Dinner mit den Künstlern der Veranstaltung,
- die Teilnahme an einem Fest für Gönner und Freunde des Hauses,
- ein Sonderdruck des ausstellenden Graphikers mit persönlicher Widmung,
- eine Vor-Vernissage im kleinen Kreise,
- der persönliche Empfang durch den Leiter der Einrichtung,
- die Hervorhebung des eigenen Namens in der Öffentlichkeit usw.

Es muss bei allen diesen Maßnahmen deutlich werden, dass die Kultureinrichtung gegenüber dem Besucher, der seinerseits für diese Kultureinrichtung wirbt und Freunde und Bekannte mitbringt, zu hohem Dank verpflichtet ist. Dieser Dank sollte – ganz auf den jeweiligen Besucher zugeschnitten – möglichst individuell und persönlich dokumentiert werden. Denn dieser Besucher wird, so bedankt, weiterhin für die Kultureinrichtung tätig sein – und diese sollte es sich alle Anstrengungen wert sein lassen, diesen für sie so wertvollen Besucher zu hegen und zu pflegen!

Zusammenfassend ist festzuhalten, dass in den Kultureinrichtungen zunächst bereits vorhandene traditionelle Besucherbindungsinstrumente (wie das Abonnementsystem, die Besucherorganisation, der Förderverein usw.) sorgfältig analysiert werden sollten, inwieweit sie die Aufgabe der Besuchergewinnung und vor allem -bindung noch ausreichend erfüllen bzw. wo Verbesserungsmöglichkeiten vorhanden sind. In einem zweiten Schritt ist dann zu prüfen, ob die traditionellen und verbesserten Besucherbindungsinstrumente ausreichen oder ob sie durch innovative Formen ergänzt oder ggf. ersetzt werden sollten. Es muss nicht extra betont werden, dass gerade im Kulturbetrieb hierbei sehr sensibel und an den Wünschen und Bedürfnissen der jeweiligen Zielgruppen orientiert vorgegangen werden muss. Manches, was in der kommerziellen Wirtschaft erfolgreich ist und zur Nachahmung im Kulturbetrieb verlockt, kann dort u. U. die gegenteilige Wirkung entfalten und mögliche Besucher abschrecken. Umgekehrt sollten die Kultureinrichtungen aber auch nicht zu zögerlich sein, Neues auszuprobieren. Alle Instrumente und Programme müssen allerdings zu ihrer eigenen Identität und ihrem Selbstverständnis passen!

8. Was tun, wenn etwas schiefgeht?

Jede Kultureinrichtung, die besucherorientiert arbeitet, wird sich bemühen, durch ein hervorragendes Leistungs- und Serviceprogramm und entsprechende permanente Qualitätssicherungskontrollen ihre Besucher möglichst optimal zufriedenzustellen. Doch da Kunst und Kultur von Menschen gemacht und auch von diesen rezipiert wird, kann (und wird) immer wieder einmal etwas schiefgehen. Trotz aller Bemühungen und Anstrengungen, die in ein Projekt investiert wurden, kann es zu unvorhergesehenen Pannen und dadurch wiederum zu Unzufriedenheit bei den Besuchern kommen.

Jede Kulturmanagerin, jeder Kulturmanager kennt aus seiner Praxis Situationen wie die folgenden:

- Ein frustrierter Ausstellungsbesucher schreibt: „Der Katalog, der mir an der Museumskasse verkauft wurde, enthält drei leere Seiten. Das ist mir aber erst zu Hause aufgefallen, daher möchte ich, dass sie mir einen neuen, vollständigen Katalog zusenden und darüber hinaus auch, dass Sie alle Portokosten übernehmen!“
- Der verärgerte Theaterbesucher muss erkennen: „Die auf der Eintrittskarte aufgedruckten Sitzplätze stehen überhaupt nicht zur Verfügung, weil der Regisseur diese Reihe aus Inszenierungsgründen herausgenommen hat. Die Plätze, die ich jetzt habe, sind aber sehr viel schlechter. Und dafür sind wir extra 50 km angereist und müssen einen Babysitter bezahlen und dann so etwas!“
- Wütend reklamieren die Konzertbesucher: „Im Konzert gestern Abend spielten krankheitsbedingt völlig andere Solisten als in der Zeitung angekündigt; wir möchten unser Eintrittsgeld zurück.“
- Nach zwei Wochen stellt der Kursteilnehmer eines Malereikurses an der VHS völlig frustriert fest: „Der Kursleiter für Malerei in ihrer Volkshochschule mag ja ein hervorragender Künstler sein; als Dozent ist er aber eine Katastrophe. Ich möchte mich umgehend abmelden und die bereits gezahlte Gebühr zurücküberwiesen haben!“
- Erbost ruft ein Konzertbesucher im Kulturamt an: „Das Open-Air-Konzert gestern abend auf der Freilichtbühne musste nach der ersten Hälfte abgebrochen werden, weil es zu regnen begann; ich möchte die Hälfte meines Eintrittsgeldes zurück.“

Mit den Leistungen einer Kultureinrichtung unzufriedene Besucher sind sicherlich wenig geneigt, sich dauerhaft an die entsprechende Kultureinrichtung zu binden, d. h. sie werden, wenn sich solche Vorkommnisse häufen, nicht wiederkommen. Sie haben aber darüber hinaus auch sehr häufig die fatale Neigung, ihre Negativerfahrungen vielen anderen (potenziellen Besuchern) mitzuteilen und diese von einem Besuch der Kultureinrichtung abzuschrecken. Hieraus wird deutlich, dass aufgrund der oben skizzierten Unzufriedenheit Handlungsbedarf gleich auf mehreren Ebenen besteht. Zum einen sollte sich die Kultureinrichtung sehr sorgfältig überlegen, wie sie mit an sie herangetragenen Beschwerden unzufriedener Besucher möglichst sensibel umgeht (*Beschwerdemanagement*). Zum anderen sollte sie aber auch darüber nachdenken, wie sie einmal erreichte, aber verlorene Besucher wieder zurückgewinnen kann (*Rückgewinnungsaktionen*).

8.1 Aktives Beschwerdemanagement

Jeder kennt sie, keiner mag sie: die Beschwerde! „Alle im Unternehmen hassen Beschwerden. Mitarbeiter im Kundenkontakt fürchten Situationen, in denen sie von aufgebrachten Kunden beschimpft werden. Mitarbeiter verschiedener Entscheidungsebenen fühlen sich durch Beschwerden auf nicht zutreffende und unzulässige Weise kritisiert. Sie sind auch verärgert, weil sie für die Bearbeitung von Kundenproblemen Zeit und andere Ressourcen einsetzen müssen, die für diese Zwecke nicht eingeplant sind und häufig nicht zur Verfügung stehen. Während man sich um irgendwelche ferneren Kundenprobleme kümmern soll, wachsen die eigenen Probleme, weil Zeit- und Kostenpläne durcheinandergeraten" (Stauss / Seidel 1998: 15).

Eines der Kernprobleme speziell des Kulturmarketings ist – wie bereits an anderer Stelle angesprochen – die Tatsache, dass diejenigen Personen, die den engsten Kundenkontakt haben (und die daher die natürlichen Anlaufstellen bzw. besser gesagt Prellböcke für Beschwerden sind) in aller Regel im jeweiligen Kulturbetrieb am wenigsten verdienen (die Aufseher im Museum, das Kassenpersonal bzw. die Garderobendamen im Theater, die Sekretärinnen in den Volkshochschulen und Musikschulen usw.) Von daher sind sie nicht selten höchst unmotiviert. Gerade auf diese Mitarbeiterinnen und Mitarbeiter kommt es aber ganz besonders an, denn sie haben ihr Ohr am dichtesten bei den Besuchern!

In den allermeisten Fällen sind sie allerdings für Beschwerdesituationen kaum oder gar nicht geschult und entsprechend unvorbereitet. Sie reagieren dann – wer sollte es ihnen zunächst verdenken – ihrerseits konfrontativ, ganz nach dem Mottto: „Was soll ich mich für die paar Euro, die ich hier verdiene, auch noch anmeckern lassen!". Diese subjektiv vielleicht nachvollziehbare Haltung kann allerdings nicht im Sinne einer kundenorientierten Kultureinrichtung sein!

Hier ist in vielen Kultureinrichtungen eine grundlegende Bewusstseinsveränderung angesagt. Daher gilt es zunächst, einige – leider auch in Kultureinrichtungen weit verbreitete – Irrtümer und Vorurteile über Beschwerden kritisch zu hinterfragen (vgl. hierzu ausführlich Stauss / Seidel 1998: 32ff.).

Irrtum Nr. 1: „Unsere Besucher sind zufrieden! Die geringe Zahl der eingehenden Beschwerden zeigt dies doch ganz deutlich!"

Wie darzustellen sein wird, stehen dem Besucher eine ganze Reihe von Reaktionsweisen zur Verfügung. Die laut und deutlich geäußerte Beschwerde ist nur eine – und letztlich für die Kultureinrichtung positivste – Möglichkeit, da sie auf Fehler aufmerksam gemacht wird und diese verbessern bzw. vermeiden kann. Viel gewichtiger sind dagegen unzufriedene Besucher, die sich *nicht* beschweren und sofort die Kultureinrichtung meiden. Man sollte daher immer bedenken: „Niedrige Beschwerdezahlen können das Ergebnis hoher Beschwerdebarrieren oder resignierten Kundenverhaltens sein. Darüber hinaus werden in vielen Unternehmen sehr viele kritische Äußerungen von Kunden gar nicht als Beschwerden aufgefaßt oder erfaßt, zum Beispiel, weil sie mündlich vorgetragen werden" (Stauss / Seidel 1998: 21f.).

Irrtum Nr. 2: „Besucher, die sich beschweren, sind Gegner der Kultureinrichtung!"

Auch dies ist ein fundamentaler Irrtum. Sehr häufig werden Besucher, die sich beschweren, von den Mitarbeitern der Kultureinrichtung als negativ kategorisiert. Sie gelten als nörgelig oder gar als böswillig, ihnen gegenüber wird sofort eine defensive, eine Verteidigungs- oder gar Angriffshaltung eingenommen bzw. eine „Wagenburgmentalität" entwickelt: die da draußen, wir hier drinnen! „*Die* sollen doch zufrieden und dankbar sein mit dem, was wir anbieten. *Die* haben doch keine Ahnung, wie schwierig es war, das Programm unter diesen Bedingungen überhaupt zusammenzustellen!"

Entgegen dieser weit verbreiteten Haltung sollte – wenn es auch schwer fällt – jeder, der sich beschwert, als *Partner* gesehen werden, der Verbesserungsvorschläge macht, um die Arbeit der Kultureinrichtung zu optimieren. Denn eine unterbliebene Beschwerde ist – langfristig gesehen – aus der Sicht der Organisation immer auch eine vergebene Chance, auf mögliche Fehler aufmerksam gemacht zu werden und die eigene Leistung zu verbessern! Jede nicht ausgesprochene bzw. registrierte Beschwerde ist also eine vertane Möglichkeit, die eigene Kulturorganisation weiter zu entwickeln und zu verbessern! Beschwerden werden daher mittlerweile im Sinne verstärkter Besucherorientierung als Chance verstanden, die Organisation besser zu machen, ganz nach dem langjährigen Motto einer Auto-Verleih-Firma: „Wir wissen, dass wir die Nummer zwei sind; helfen Sie uns, dass wir die Nummer eins werden."

Der kritisierende Besucher wird im aktiven Beschwerdemanagement also prinzipiell als jemand begriffen, der sich mit der Kulturorganisation identifiziert (denn sonst würde er sich wortlos abwenden und zur Konkurrenz gehen oder andere Angebote nachfragen) und aus seinem (kritischen) Engagement heraus hilft, deren Leistung zu verbessern. Ein Ergebnis einer Untersuchung des *Instituts der Deutschen Wirtschaft* Köln sollte aufhorchen lassen. Das Institut hat zu der Frage, woher Betriebe ihre Anregungen für neue Produkte bzw. neue Dienstleistungsideen beziehen, herausgefunden, dass 94 % der Anregungen für neue Produkte oder Dienstleistungen von Kunden, 71 % von Messen, aber nur 34 % aus der eigenen Entwicklungsabteilung stammen (Palme, zitiert in Neuland 1999: 11).

Irrtum Nr. 3: „Unter den sich beschwerenden Besuchern ist ein Großteil an Nörglern und Querulanten!“

Es ist nicht zu leugnen: Es gibt sie, die notorischen Nörgler und Querulanten, denen man nichts recht machen kann – und vielleicht sind sie im Kulturbetrieb vielleicht sogar besonders verbreitet. Vor diesem Hintergrund stößt bei vielen Kultureinrichtungen die Forderung nach einem entsprechenden Beschwerdemanagement auf große Skepsis, weil man befürchtet, auf diese Weise den Anteil derer noch weiter zu erhöhen, die das Unternehmen mit unberechtigten Beschwerden eindecken, unverschämt auftreten und ungerechtfertigte Forderungen stellen. Aber diese Sicht sollte auf gar keinen Fall verallgemeinert werden. Denn sehr viel spricht dafür, dass die weitaus meisten Kunden *keine* Querulanten sind. Zwar sind verlässliche Zahlen zum Anteil notorischer Querulanten kaum erhältlich, weil es keine klare Definition und keine eindeutigen Identifikationsmerkmale eines „Querulanten“ gibt und weil es im konkreten Fall das Unternehmen selbst ist, das eine entsprechende Kategorisierung vornimmt (vgl. Stauss / Seidel 1998: 35).

Allerdings sollte man sich bei der leichtfertigen Einstufung eines unzufriedenen Besuchers als Querulanten und unverbesserlichen Nörgler immer Folgendes klarmachen. Eine aktiv durchgeführte Beschwerde belastet nicht nur den Beschwerdeempfänger, d. h. die jeweilige Kultureinrichtung, sondern ist auch den Beschwerdeträger mit hohem Aufwand bzw. Kosten verbunden. Etymologisch hängt das Verbum >*beschweren*< mit >*belasten*< zusammen, meint im 10. Jahrhundert >*bedrücken*<, >*belasten*< und wird im Mittelhochdeutschen mit >*bedrücken, belästigen, betrüben*< gleichgesetzt. *Sich beschweren* meint also eigentlich >*sich wegen einer Sache belasten*<, >*sich über etwas Drückendes beklagen*< (Etymologisches Wörterbuch des Deutschen 1997: 124). Alleine diese kurze wortgeschichtliche Betrachtung macht deutlich, dass es vor allem der Besucher selbst ist, dem im Beschwerdefall zusätzliche Mühen aufgebürdet werden.

Er hat sich auf die Veranstaltung oder den Kurs, die sich im nachhinein als Flop herausstellten tage-, vielleicht wochenlang gefreut; seine Enttäuschung ist entsprechend groß und er muss diese Frustration erst einmal verdauen. Vielleicht war er mit der Familie oder Freunden dort, und diesen gegenüber muss er sich nun rechtfertigen, sie so zu einer missratenen Veranstaltung mitgenommen zu haben. Vertane Zeit, verlorenes Geld, unnötiger Ärger, der (vor allem psychische) Aufwand, einfach alles zu verdrängen – da entstehen so manche unsichtbaren Kosten, die er sowohl in der aktuellen Situation als auch in Zukunft – mehr unbewusst als bewusst – mit der entsprechenden Kultureinrichtung verbinden wird!

Wenn der Beschwerdeführer sich nun aber entschließen sollte, seinen Groll *nicht* einfach nur herunterzuschlucken (Inaktivität), sondern sich zu beschweren, dann ist dies eine ganz besondere zusätzliche Leistung, denn sie kostet ihn – zu allem Ärger hinzu – zusätzliche Mühen! Er muss Telefonnummer oder Adresse der Kultureinrichtungen herausfinden, dort anrufen bzw. einen Brief schreiben, in dem er ausführlich den Sachverhalt darstellt, um sein Recht geltend zu machen. Alles dieses erinnert ihn erneut an den verdorbenen Abend und er kämpft mit sich, den bereits begonnen

Brief einfach wegzuwerfen und das missratene Erlebnis (und auch die dafür verantwortliche Kulturorganisation) einfach zu verdrängen. Weiß er denn, wie der Empfänger dort reagiert, ob dieser nicht vielleicht pampig antwortet und die Sache dadurch für ihn vielleicht nicht noch viel ärgerlicher wird?

Diese ausführliche und vielleicht ein bisschen zugespitzte Schilderung soll deutlich machen, welche Anstrengung der unzufriedene Besucher erbringt. Sich diesen Prozess vonseiten des Anbieters bewusst zu machen, lässt ihn vielleicht etwas freundlicher als bisher auf Beschwerden reagieren! Wichtig ist dabei zweitens, dass es beim Vorbringen einer Beschwerde in aller Regel weniger um die *objektive* als um die *subjektive* Dimension geht. Die Betonung des Subjektiven ist dabei ausgesprochen wichtig, weil es bei der Beschwerde oftmals eben gerade nicht darum geht, was objektiv als „wahr" und „richtig" angesehen wird, sondern wie es vom jeweils einzelnen Besucher aufgenommen wird. Oftmals sind es nämlich gerade nicht die objektiven Ärgernisse (z. B. die oben angesprochenen drei Leerseiten im Ausstellungskatalog), sondern das persönliche Verhalten der in der Kultureinrichtung Beschäftigten, die zur Beschwerde führen. Es macht von daher wenig Sinn, wenn der Beschwerdeempfänger gegenüber dem Kunden äussert: „Ich sehe das aber völlig anders!"

Die Besucher von kulturellen Einrichtungen und Veranstaltungen werden – nicht zuletzt aufgrund entsprechender positiver Erfahrungen in anderen gesellschaftlichen Feldern bzw. bei anderen (vor allem auch privaten) kulturellen Anbietern – erfreulicherweise immer kritischer und anspruchsvoller, was die Serviceleistungen auch im Kulturbetrieb betrifft. Und sie lassen sich schlechten Service immer weniger gefallen und formulieren entsprechend ihren Widerspruch. Damit wird die Servicepolitik und mit ihr ein entsprechendes Beschwerdemanagement ein wichtiges Marketinginstrument. Dementsprechend werden gelungener Service und ein besucherorientiertes Beschwerdemanagement als positive Leistungsmerkmale der Kultureinrichtung verbucht.

Irrtum Nr. 4: „Beschwerden führen nur zu Kosten!"

Häufig werden Beschwerden in Kultureinrichtungen vor allem deshalb als Bedrohung angesehen, weil sie ausschließlich als Kostenfaktor angesehen werden. Zunächst einmal ist die Beschwerde unleugbar mit (Mehr-)Arbeit für die Kultureinrichtung verbunden:

- Die Kultureinrichtung muss zunächst dem genauen Sachverhalt nachgehen (Was ist eigentlich geschehen? Ist die Beschwerde überhaupt berechtigt?);
- Sie muss den oder die Verursacher finden (Wer war schuld daran? Warum ist dies so passiert? Kann ggf. jemand haftbar gemacht werden?);
- Gegebenenfalls muss sie juristisch prüfen, inwieweit die Kultureinrichtung überhaupt regresspflichtig gemacht werden kann. (Was steht in den Geschäftsbedingungen? Was ist nach den *Allgemeinen Geschäftsbedingungen* [*Gesetz zur Regelung des Rechts der Allgemeinen Geschäftsbedingungen vom 9.12.1976* AGB-Gesetz] üblich?)
- Wenn man auch aus juristischen Gründen nicht belangt werden kann, so ist unter Marketinggesichtspunkten zu fragen, ob man nicht aus Besucherbindungsgründen

dem Beschwerdeträger entgegenkommen sollte. (Wie kulant will die Kultureinrichtung sein? Welche Präzedenzfälle schafft dies ggf. für zukünftige Beschwerden? Wie reagieren die anderen Besucher, wenn sich das großzügige Verhalten der Kultureinrichtung herumspricht?)

- Es müssen Entscheidungen getroffen werden. (Wie ist der Sachverhalt zu beurteilen? Wie soll reagiert werden? Wie viel darf die Wiedergutmachung kosten?)
- Die Kultureinrichtung muss eine Wiedergutmachung vorschlagen bzw. anbieten (z. B. „Wir bieten Ihnen zwei freie Eintrittskarten für die nächste Aufführung dieses Stückes auf Plätzen in einer höheren Preiskategorie an. Bitte teilen sie uns mit, ob Sie hiermit einverstanden sind?“).
- Die Entscheidung muss dem unzufriedenen Besucher mitgeteilt werden, d. h. jemand muss ihn anrufen oder ihm schreiben.
- Die Kultureinrichtung muss nicht nur kontrollieren, ob dieses Angebot tatsächlich angenommen wird, sondern vor allem auch, dass die entsprechenden Karten bereitliegen und auch abgeholt werden.
- Schließlich sollte man sich auch einige Gedanken darüber machen, wie der Besucher über die beschriebene Wiedergutmachung hinaus „verwöhnt“ werden kann, um ihn als zufriedenen Kunden weiterhin zu behalten.

Angesichts dieses Aufwandes bzw. der dadurch entstehenden (Mehr-)Kosten schenkten (bzw. schenken) Kulturorganisationen Beschwerden viel zu wenig Beachtung bzw. verfuhren (und verfahren teilweise heute noch) nach dem Handlungsmuster, sie so weit wie irgend möglich zu ignorieren, d. h. nach außen hin abzuwehren und nach innen hin zu vertuschen. Dabei wurden (und werden) niedrige Beschwerderaten geradezu als Erfolgsindikator gedeutet – es hat sich ja keiner beschwert, also „muss“ doch folglich alles in Ordnung gewesen sein. Außerdem wurden (und werden) dabei Kosten gefürchtet, denen (vermeintlich) kein *direkter* Nutzen gegenübersteht.

Dementsprechend galt (und gilt) die Beschwerdebearbeitung in vielen Betrieben und Organisationen als lästige, wenn auch unvermeidliche Pflichtübung, die nach Möglichkeit in die dunkelsten Ecken der Serviceabteilungen verbannt wurde. An anderer Stelle nicht (mehr) einsatzfähige Mitarbeiter – vielleicht sogar formal ‚strafversetzte‘ Kräfte – hatten sich mit den Beschwerdeführern auseinanderzusetzen. Oft genug bestand die einzige Vorbereitung der für diesen Job ausersehenen Mitarbeiter in einer Einführung in die einschlägigen Rechtsbegriffe. Hinzu kamen gelegentlich Tipps und Tricks der gezielten Kundenverunsicherung, um selbst sachlich berechtigte Regressansprüche abwehren zu können (vgl. Dehr / Biermann 1998: 57).

Dahinter steht die Vorstellung, dass sich ein entsprechendes Beschwerdemanagement für die Kultureinrichtung einfach nicht „lohnt.“ Oftmals manifestiert sich eine solche Haltung in der einer lästig-abwehrenden Geste: „Dann sollen sie halt gehen; es wird schon genug andere geben, die sich für unser Angebot interessieren.“ Dagegen sollte man sich folgende Ergebnisse der allgemeinen Kundenforschung vor Augen halten, die ebenso auf den Kulturbetrieb übertragen werden können:

- Es ist fünf- bis sechsmal teurer, einen neuen Kunden zu gewinnen, als einen Stammbesucher zu halten.

- Jeder zufriedene Kunde bringt mindestens *drei* weitere neue Kunden.
- Ein unzufriedener Kunde erzählt sein Negativerlebnis *zehn* weiteren potenziellen Besuchern.
- Mindestens jeder vierte unzufriedene Kunde wechselt sofort den Anbieter, wenn er eine bessere Alternative hat.
- Ein den Besucher verletzendes Verhalten führt wesentlich häufiger zum Geschäftsabbruch als fehlerhafte Produkte.
- Die Wiederverkaufsrate steigt, je vertrauter und zufriedener Besucher mit den gebotenen Leistungen sind.
- Stammkunden weisen eine geringere Preisempfindlichkeit auf als Neukunden.
- Kundenfreundliche Unternehmen können sogar höhere Preise verlangen als die Wettbewerber.

Führt man sich vor Augen, was beispielsweise die Neuaufnahme eines Schülers in der Musikschule mit allen damit verbundenen Zeit- und Personalkosten tatsächlich kostet, so wird auf einmal recht schnell deutlich, dass es vielleicht doch kostengünstiger sein könnte, sich mit den vorgebrachten Beschwerden auseinanderzusetzen. Empirische Untersuchungen in der Wirtschaft haben darüber hinaus ergeben, dass Kunden, die sich bei einem Mangel beschweren, wesentlich höhere Kundenzufriedenheits- und -bindungswerte aufweisen als Kunden, die sich nicht beschweren (vgl. oben das *Kundenbarometer* von Bruhn). Dazu noch einige weitere Ergebnisse :

- Die nachträgliche Zufriedenstellung eines enttäuschten Kunden erweist sich als wirtschaftliche Maßnahme zur Kundenbindung. (Um sich an einem Beispiel die Größenordnung klarzumachen: Einer Berechnung von *Volkswagen* zufolge würden 32 Werkstattkunden in der bundesdeutschen *VW*-Händlerorganisation pro Tag ausreichen, um 1,3 Milliarden Mark Verluste pro Jahr im Werkstattbereich zu verursachen, wenn die 32 Kunden als Negativmultiplikatoren, die ihr Erlebnis weitererzählen, übellaunig aus der Werkstatt kämen; vgl. Busch 1998: 81).
- Mit der Reaktion auf ihre Reklamation zufriedene Beschwerdeführer entwickeln sich im Nachgang häufig zu besonders loyalen Stammbesuchern; sie können schließlich sogar mehr Bindung an einen Anbieter zeigen als von vornherein zufriedengestellte Nachfrager (wobei dies allerdings keineswegs zu vielleicht naheliegenden Kurzschlüssen führen sollte!).
- Beschwerdeführer sind im Vergleich zur Grundgesamtheit der Enttäuschten eine kleine Minderheit; nur ca. 15 % aller nicht-zufriedenen Besucher äußern eine Reklamation, die große Mehrheit wandert wortlos zur Konkurrenz (Dehr / Biermann 1998: 58).

Es „lohnt“ sich also aus Sicht der Kultureinrichtung durchaus auch in finanzieller Hinsicht, Beschwerden gewissenhaft und besucherorientiert zu bearbeiten. Bezüglich des Zusammenhanges von Beschwerdezufriedenheit und Abwanderungen von Kunden kam eine Untersuchung aus der Versicherungsbranche (Ullmann / Peill o. J.: 1516-1519) zu dem Ergebnis, dass Kunden, die mit der Beschwerdebearbeitung sehr zufrieden waren, die Geschäftsbeziehung lediglich zu rund fünf Prozent beenden. Hingegen wurde bei nicht zufriedengestellten Beschwerdeführern eine Abwanderungsrate von nahezu 50 % festgestellt.

Irrtum Nr. 5: „Die Zahl der Beschwerden ist zu minimieren!“

Wegen der weit verbreiteten negativen Einschätzung von Beschwerden, aber auch im Bewusstsein, dass sie vor allem Artikulationen von Kundenunzufriedenheit sind, wird in vielen Kultureinrichtungen als erklärtes Ziel angegeben, die Zahl von Beschwerden zu minimieren. Angesichts der Tatsache aber, dass die Zahl der Beschwerden reduziert werden kann (z. B. durch die Errichtung entsprechender Beschwerdebarrieren), ohne dass dadurch die Kundenunzufriedenheit geringer wird, ist dieses Ziel nicht nur nicht sinnvoll, sondern geradezu kontraproduktiv.

Es kommt vielmehr darauf an, die ggf. vorhandene Kundenunzufriedenheit zu minimieren. Die Voraussetzung dafür ist jedoch, dass die Kultureinrichtung über Art und Ausmaß der Kundenunzufriedenheit möglichst umfassend informiert ist. Von daher ist eine aktive Politik (im Sinne der *Beschwerdestimulierung*, d. h. der Öffnung der Beschwerdekanäle) im Umgang mit den Besuchern zu betreiben, die dazu führt, dass unzufriedene Besucher eben nicht schweigen, resignieren und abwandern, sondern sich mit Beschwerden an die Kultureinrichtung wenden (vgl. Stauss / Seidel 1998: 36).

Die Abwehrhaltung, die hinter dem Ziel steht, die Beschwerden möglichst zu minimieren, drückt sich in (gerade im Öffentlichen Dienst häufig anzutreffenden und wahrscheinlich witzig gemeinten) Bürosprüchen wie folgenden aus: „Jeder Fünfte, der sich beschwert, wird erschossen; der Vierte war gerade da.“ Sie lässt sich aber auch durchaus wortlos durch eine entsprechende Körpersprache (wie das demonstrative Wegdrehen gegenüber dem vermuteten Beschwerdeführer) vermitteln. Wie Manfred Bruhn mit dem Instrument des Kundenbarometer ermittelt hat, liegen allerdings bei der Gruppe der Inaktiven, also der Gruppe derer, die sich nicht beschweren, sowohl der Zufriedenheitsindex wie auch der Kundenbindungsindex am niedrigsten (Bruhn 1999: 176).

Keine Mängel 76 % der Kunden	Wahrgenommene Mängel 24 % der Kunden	
	Beschwerde 17,9 % der Kunden	Keine Beschwerde 6,3 % der Kunden
Zufriedenheitsindex: 83 % Kundenbindungsindex: 86,7 %	Zufriedenheitsindex: 80,7 % Kundenbindungsindex: 85 %	Zufriedenheitsindex: 74,6 % Kundenbindungsindex: 81,2 %

Abb. 33: Zusammenhang von Beschwerden, Kundenzufriedenheit und -bindung (nach Bruhn 1999: 176)

Da bei jenen, die keine Beschwerde äußern, von der niedrigsten Besucherbindung auszugehen ist, besteht die sehr große Gefahr, dass diese in den Sektor der oben ausführlich dargestellten Nicht-Mehr-Besucher abwandern. Dies kann bedeuten, dass sie entsprechende Angebote überhaupt nicht mehr nachfragen („Öffentliche Museen interessieren mich nicht – sie sind doch alle gleich langweilig") bzw. zur Konkurrenz überlaufen („Ich gehe nur noch in Science Centers und Erlebnisparks, die stellen sich wenigstens auf die Besucher ein und meine Kinder finden es auch viel spannender").

Irrtum 6: „Es geht nicht darum, wie man mit Beschwerden umgeht, sondern darum, dem Besucher erst gar keinen Anlass für Beschwerden zu geben."

Zunächst ist diese Haltung – im Sinne möglichst optimaler Qualitätssicherung und Kundenorientierung – sicherlich zu begrüßen. Allerdings ist ihr nur teilweise zuzustimmen. Denn aus dieser prinzipiell zu begrüßenden Haltung wird oftmals der Fehlschluss gezogen, dass man sich nun nicht mehr so intensiv mit Beschwerden befassen müsse, weil man mit den Fehlern auch die Ursachen für Beschwerden eliminiere. Dagegen ist die *Null-Fehler-Orientierung* als eine die Kulturorganisation leitende Zielhaltung zwar zu begrüßen, als realistische Ist-Beschreibung allerdings sehr infrage zu stellen.

Ob nämlich die Besucher mit der Leistung einer Kultureinrichtung tatsächlich zufrieden oder unzufrieden sind, lässt sich nur anhand der Besuchermeinung selbst feststellen (es gibt, wie oben betont, eben nicht *objektive* Erfolgskriterien, sondern gerade im Kulturbereich sind diese Wertungen in der Regel subjektiv). Daher behalten Beschwerden ihre hohe Bedeutung, weil sie aussagefähige Unzufriedenheitsartikulationen darstellen, die Hinweise geben können auf von den Besuchern als unzureichend empfundene Leistungen.

Die Diskussion der Vorurteile bzw. Irrtümer über die Funktion von Beschwerden hat bereits deutlich gemacht, wie notwendig ein aktives Beschwerdemanagement auch und gerade für Kultureinrichtungen ist, denn es hilft, die Leistung derselben permanent zu verbessern. Zunächst kann die Beschwerde ganz allgemein definiert werden als Artikulation von Unzufriedenheit von Besuchern, die gegenüber einer Kulturorganisation vorgebracht werden, wenn der Besucher die wahrgenommene Leistung als von seinen eigenen Erwartungen gravierend abweichend empfindet. Sie kann mit dem Zweck verbunden werden, Wiedergutmachung für erlittene Beeinträchtigungen zu erreichen und / oder eine Änderung des kritisierten Verhaltens zu bewirken (vgl. Bruhn 1999: 175 und Stauss / Seidel 1998: 29).

In dieser Definition wird von einem sehr breiten Beschwerdeverständnis ausgegangen, das verschiedene Beschwerdearten einschließt:

- Bei Beschwerden handelt es sich um Artikulationen, d. h. um verbale oder schriftliche Äußerungen.
- Aus diesen Äußerungen geht eindeutig hervor, dass der Beschwerdeführer unzufrieden ist.

- Die Artikulation muss nicht unbedingt gegenüber der Kultureinrichtung selbst geäußert werden; der Besucher kann sich stattdessen oder zugleich an Dritte (z. B. Medien, andere Besucher, Politiker usw.) wenden.
- Beschwerden können nicht nur von Besuchern, sondern auch von anderen Individuen oder Anspruchsgruppen vorgebracht werden (wenn sie sich z. B. durch bestimmte künstlerische Produktionen oder gewagte Werbemaßnahmen diskriminiert fühlen).
- Die Unzufriedenheit muss sich keinesfalls immer auf einen Mangel am erworbenen Gut beziehen, sondern kann sich u. U. auch auf das gesamte Verhalten einer Organisation oder vieler gleichartiger Organisationen richten (Legitimationsfrage; vgl. Stauss / Seidel 1998: 29).

Wie die vielen Einzelkritiken beim Erreichen einer kritischen Größe in die höchst gefährliche Positionierung der grundsätzlichen Legitimationsfrage einer Kultureinrichtung umkippen können, beschreibt der Direktor des *Deutschen Bühnenvereins*, *Rolf Bolwin* am Beispiel des Theaters: „Die künstlerischen Impulse, die von den Staats- und Stadttheatern, aber auch von den öffentlich unterstützten Privattheatern zu Beginn der 90er Jahre ausgehen, werden – nicht selten zu Unrecht – von der veröffentlichten Meinung zunehmend als unzureichend betrachtet (...) Die Schwierigkeiten werden um so größer, als die häufig beißende Kritik der Feuilletons sich nicht mehr auf die Aufführungen beschränkt, sondern dazu neigt, das System der Staats- und Stadttheater *generell* in Frage zu stellen (Bolwin: 1994: 83)." Gerade die letzte Zuspitzung macht deutlich, welche teilweise existentielle Bedeutung ein entsprechendes Beschwerdemanagement für eine Kultureinrichtung haben kann.

Um zu einem sinnvollen Konzept des Beschwerdemanagements zu kommen, gehen Berry / Parasuraman (Berry / Parasuraman 1991: 58) von einem Kontinuum von Zufriedenheit über einen weiten Toleranzbereich bis hin zur Unzufriedenheit aus, das sich so darstellen lässt.

Gewünschte Leistung		Begeisterung
	Toleranzzone	
Angemessene Leistung		Unzufriedenheit

Abb. 34: Das Konzept der Toleranzzone

Das Konzept geht davon aus, dass die Kunden bzw. Besucher sowohl von *gewünschten Vorstellungen* als auch von *angemessenen Leistungen* ausgehen. In dem gewünschten Leistungsniveau spiegeln sich die Idealvorstellungen des Kunden wider, d. h. seine Erwartungen, was sein kann bzw. sein sollte. Das angemessene Leistungsniveau drückt das aus Besucherperspektive gerade noch akzeptierte Niveau aus. Zwischen der gewünschten und der angemessenen Leistung liegt eine breite Toleranzzone. Liegt die wahrgenommene Leistung innerhalb der Toleranzzone, betrachtet der Besucher die Leistung als zufriedenstellend; liegt sie oberhalb der Toleranzzone, führt dies zu außerordentlicher Besucherzufriedenheit bzw. -begeisterung und kann entsprechend von der Kultureinrichtung genutzt werden („Zufriedene Besucher werben neue Besucher!") Liegt sie indes unterhalb der Toleranzzone, hat die Kultureinrichtung ein gravierendes Problem, denn der Besucher kann in den unterschiedlichsten Weisen reagieren.

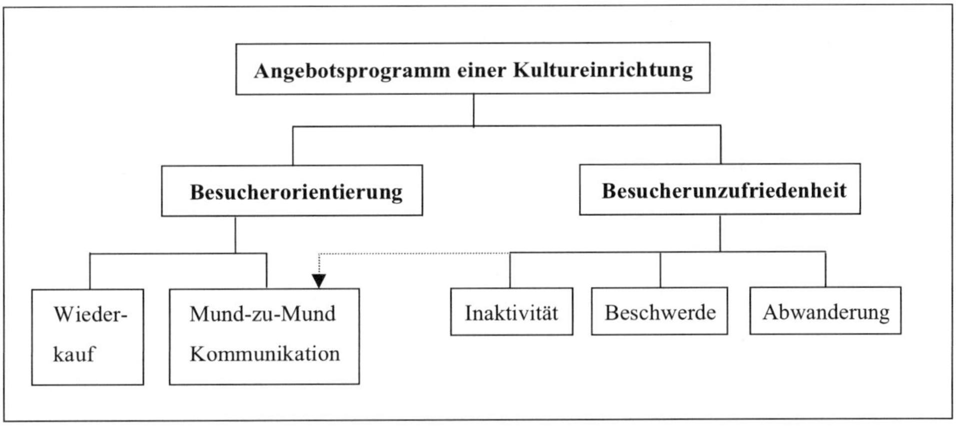

Abb. 35: Reaktionsformen von Besuchern auf Zufriedenheit und Unzufriedenheit (in Anlehnung an Bruhn 1999: 177)

Im Zusammenhang mit innovativen Instrumenten der Kundenbindung (vgl. Kapitel 7) wurde bereits auf die positive Dimension der *Mund-zu-Mund-Kommunikation* zufriedener Besucher hingewiesen, die ihrerseits neue Kunden werben können. Aber leider funktioniert diese Kommunikation auch in einer für die Kultureinrichtung weniger erfreulichen Dimension, nämlich der negativen Kommunikation. Und wie empirische Untersuchungen immer wieder zeigen, geschieht diese Kommunikation leider völlig unsymmetrisch, d. h. zufriedene Besucher reden sehr viel seltener über ein positives Besuchserlebnis als unzufriedene (diese erzählen es im Durchschnitt zehn anderen)! Dies bedeutet: Wenn es einer Kultureinrichtung schon nicht gelingt, ihre Besucher so zufrieden zu stellen, dass sie sich positiv für die Kultureinrichtung einsetzt, so sollte doch zumindest ein solcher Zufriedenheitsgrad erreicht werden, dass man nicht negativ über die entsprechende Organisation spricht!

Damit ist der Blick auf die Kundenunzufriedenheit gelenkt, die sich in die drei großen Gruppen der Inaktivität, der (aktiven) Beschwerde und der (aktiven) Abwanderung einteilen lässt. Im Falle der Inaktivität wendet sich die Besucherunzufriedenheit quasi nach *innen*, d. h. der Besucher „schluckt" seinen Ärger. Letzteres Verhalten ist für die Kultureinrichtung nur auf den ersten Blick sicherlich sehr viel angenehmer als eine u. U. lautstark vorgebrachte Beschwerde, denn zunächst hat sie damit kein Problem.

Allerdings kann die Entwicklung langfristig zu Abwanderung führen. Und will die Kultureinrichtung Besucher, die die jeweilige Kultureinrichtung irgendwann einmal erreicht hatte, die ihr aber davongelaufen sind, nicht völlig abschreiben, so kann sie versuchen, diese zurückzugewinnen. Auf entsprechende Besucherrückgewinnungsaktionen wird im zweiten Abschnitt eingegangen. Es bedarf keiner langen Erläuterungen, dass diese Bemühungen in hohem Maße kosten- und personalintensiv sind. Deswegen sollten, bevor es zum äußersten, nämlich zur Besucherabwanderung kommt, alle Maßnahmen eines aktiven Beschwerdemanagements genutzt werden.

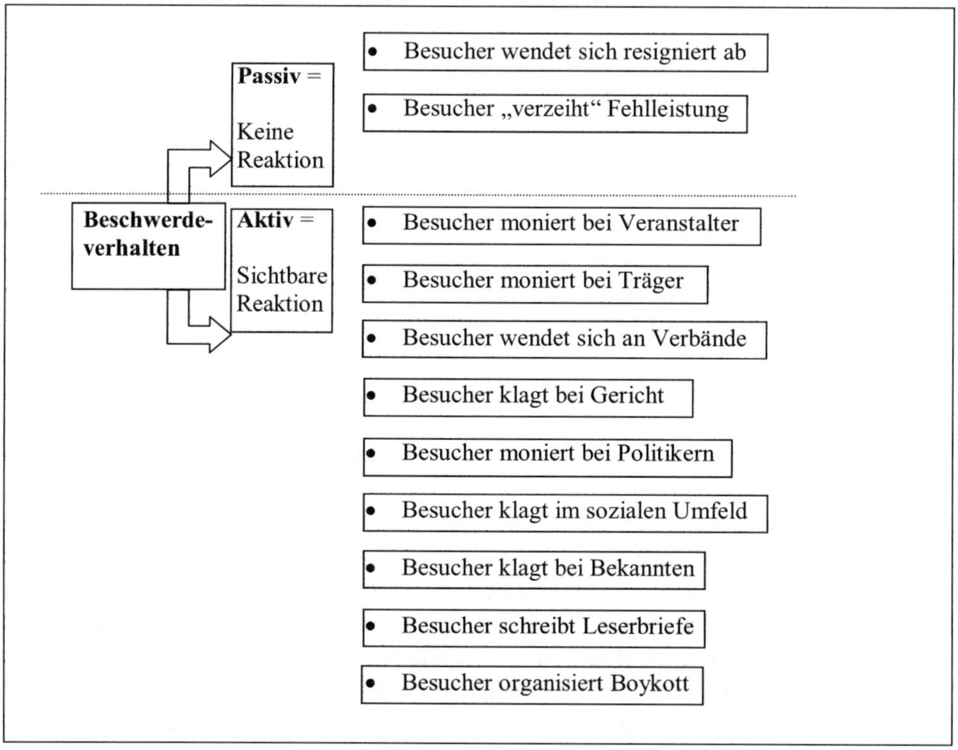

Abb. 36: Aktives und passives Beschwerdeverhalten

Der Begriff des Beschwerdemanagements wurde im Deutschen aus der amerikanischen Marketingliteratur (*Complaint Management*) übernommen und meint sämtliche Maßnahmen der Analyse, Planung, Durchführung und Kontrolle, die eine Organisation im Zusammenhang mit Beschwerden von Kunden oder sonstigen Anspruchsgruppen ergreift. Es handelt sich dabei also um ein aktives Handeln der Kulturorganisation zur zielgerichteten Gestaltung der Kundenbeziehung und Erhöhung der Kundenzufriedenheit und -bindung. In seinem Zentrum steht das Ziel, auf artikulierte Unzufriedenheit durch den Kunden so zu reagieren, dass diese schrittweise abgebaut und nach Abschluss des Beschwerdemanagementprozesses die Besucher- bzw. Nutzerzufriedenheit wiederhergestellt ist. Dabei steht die Wiederherstellung der Besucherzufriedenheit in unmittelbarem Zusammenhang mit dem Ziel der Steigerung der Besucherbindung (Bruhn 1999: 175).

Besucherunzufriedenheit und daraus ggf. resultierendes aktives Beschwerdeverhalten kann sich in verschiedenen Abstufungen und gegenüber unterschiedlichen Adressaten äußern, wovon allerdings nur einige wenige für die Kultureinrichtung positiv (im Sinne der eigenen Weiterentwicklung) gesehen werden können (vgl. hierzu ausführlich: Hansen / Schönheit: Verbraucherzufriedenheit und Beschwerdeverhalten, 1987). Denn ganz generell kann gesagt werden, dass für die Kultureinrichtung nur diejenigen Beschwerden produktiv sind, die ihr gegenüber in möglichst artikulierter Form vorgebracht werden. Alles, was sich nicht artikuliert (Resignation) oder an andere Adressaten als die Kultureinrichtung selbst richtet (Protest), kann von ihr nicht in sinnvoller Form bearbeitet werden.

- Ein *passives Beschwerdeverhalten* kann – neben dem bereits angesprochenen resignativen Herunterschlucken des Ärger bzw. der Abwanderung – zunächst auch bedeuten, dass der Besucher die entsprechende Fehlleistung entschuldigt. Dies dürfte besonders dann der Fall sein, wenn ansonsten die Besucherbindung und somit die Besucherzufriedenheit recht hoch sind; das Problem wird dann gewöhnlich als „einmaliger Ausrutscher“ bewertet. Erfährt allerdings die Kulturorganisation nichts von der singulären Unzufriedenheit, kann die Gefahr bestehen, dass sich solche großzügig verziehenen Einmaligkeiten häufen und mehr und mehr einschleichen. Die zunehmend kritischer und selbstbewusster werdenden Besucher akzeptieren vielleicht, dass niemand unfehlbar ist, nehmen aber zunehmend weniger hin, wenn sie erleben, dass nichts zur zukünftigen Fehlervermeidung getan wird. Die Organisation sollte deshalb nach für sie geeigneten Wegen suchen, Beschwerden entsprechend zu stimulieren (z. B. durch Auslegen eines Gästebuches, durch das Angebot von Ansprechmöglichkeiten, durch immer wiederkehrende Kurzbefragungen mit Karte, durch die Einrichtung einer Beschwerde-Hotline mit entsprechend geschultem Personal usw). Dies sollte nach dem Motto geschehen: „Wenn Sie unzufrieden sind, erzählen Sie es uns; wenn Sie zufrieden waren, erzählen Sie es anderen“.

- Neben den passiven Verhaltensweisen steht dem unzufriedenen Besucher allerdings eine ganze Bandbreite aktiver Handlungsmöglichkeiten zur Verfügung. An erster Stelle ist hier zu nennen die *Forderung nach Abhilfe durch den Anbieter*. Die Beschwerde wird dabei entweder schriftlich oder mündlich formuliert und meist mit einer entsprechenden Forderung versehen. Der Besucher kommt aufgrund eines Verkehrsstaus zu spät zur Theatervorstellung und wird nicht mehr eingelassen, obwohl zuvor nicht ausdrücklich auf den Nichteinlass bei Verspätung hingewiesen wurde; er möchte sein Geld zurück. Die Qualität der angebotenen Musikschulstunde entspricht in keiner Weise den Vorstellungen der Eltern; sie melden ihr Kind ab –

obwohl sie einen Einjahresvertrag geschlossen haben – und bitten um Rückzahlung des bereits angewiesenen Betrages.
Wie die eingangs genannten Beispiele zeigen, ist die Angelegenheit nicht immer ganz eindeutig: während ein fehlerhafter Katalog außerhalb der Diskussion steht und umzutauschen ist, wirft die Frage nach den Beurteilungsmaßstäben der Qualität des Musikschulunterrichts schon sehr viel schwierigere Probleme auf. Hier ist unter juristischen Gesichtspunkten noch einmal auf die bereits erwähnten *Allgemeinen Geschäftsbedingungen* und auch auf das *Gesetz über die Haftung für fehlerhafte Produkte* (*Produkthaftungsgesetz – ProdHaftG* vom 15.12.1989) hinzuweisen.
Selbst bei rechtlich eindeutigen Fällen zugunsten der Kultureinrichtung ist gleichwohl zu betonen, dass in diesem Falle der Besucher sich immerhin noch an die jeweilige Kultureinrichtung wendet und dieser die Chance gibt, mäßigend und ausgleichend zu wirken. Deshalb ist im Einzelfall stets sehr sorgfältig abzuwägen, was es auf der einen Seite der Organisation jeweils bringt, wenn sie u. U. relativ eindeutig entscheidbare Einwendungen des Besuchers abschlägig bescheidet bzw. welchen möglichen weiteren Schaden, auf den gleich einzugehen sein wird, dieser ggf. anrichten kann – selbst wenn die Kultureinrichtung „objektiv" im Recht ist (*Kulanzregelungen*). Auf der anderen Seite muss sich die Einrichtung davor hüten, Präzedenzfälle zu schaffen, auf die sich dann in der Folge derselbe oder andere Besucher immer wieder berufen können („Warum war es damals möglich und heute nicht?"; „Warum war es bei Frau Müller möglich und bei mir nicht?").
Ein gutes Beispiel für Kulanz (d. h. das großzügige Entgegenkommen im Geschäftsverkehr) beschrieb vor einiger Zeit in der Wochenzeitung *Die Zeit* Dr. Götz von der Abteilung für Öffentlichkeitsarbeit der *Philipps AG* (Firmenmotto: *Let's make things better*!): „Nun, ich habe zu Beginn meiner Studienzeit *Die Zeit* abonniert, also vor etwa zwanzig Jahren. Ich las sie auch gern. Aber dann, 1988 muß es gewesen sein, bin ich fast vom Sofa gefallen. In der *Zeit* erschien eine DDR-Reportage von Theo Sommer, die mit dem Leben in der DDR, wie ich es aus den Erzählungen von Verwandten und auch durch eigene Besuche kannte, nichts zu tun hatte, überhaupt nichts. Ich habe mich über Theo Sommers rosarote Sichtweise dermaßen geärgert, dass ich zum Telefonhörer gegriffen habe, um mein *Zeit*-Abo zu kündigen. Und obwohl der Kündigungszeitpunkt bereits verstrichen war, wollte der Herr bei der *Zeit* meine Kündigung entgegennehmen – er wollte meine Treue belohnen. Das fand ich, nun ja kundenorientiert. Da habe ich die Kündigung zurückgezogen."

- Der unzufriedene Besucher muss allerdings keineswegs nur direkt bei der Kultureinrichtung auf Abhilfe drängen, sondern er kann sich mit seinem Anspruch auf Ausgleich auch an *staatliche oder private Institutionen* wenden, die dann unter Umständen ihrerseits entsprechend auf den Anbieter einwirken. So kann er z. B. in schwerwiegenderen Fällen versuchen, die Angelegenheit gerichtlich zu klären und den Anbieter mit der Forderung auf Schadensersatz verklagen. Der unzufriedene Besucher kann sich aber auch an Verbraucherschutzverbände oder an Berufsverbände wie die Handwerkskammer wenden und dort auf Missstände hinweisen, verbunden mit der Bitte, Abhilfe zu schaffen.

- Eine gerade im Kulturbetrieb durchaus nicht selten anzutreffende Methode unzufriedener Besucher, ihren Unmut zu äußern, ist *das Einschalten von örtlichen oder überörtlichen Politikern* (zumeist verbunden mit der suggestiven Frage, ob diese denn wirklich meinten, für „einen solchen Unfug unter dem Deckmantel der Kunst" seien die doch so knappen Steuergelder da?). Besonders in Wahlkampfzeiten oder zum Zeitpunkt der Haushaltsberatungen kann dies für die Kultureinrichtungen zu recht unangenehmen Aktivitäten seitens der Politiker führen, die sich – so die dann sehr häufig zu hörende Rhetorik – „nur dem Bürger verpflichtet fühlen". Es sei in diesem Zusammenhang noch einmal *Rolf Bolwin*, der Direktor des *Deutschen Bühnenvereins*, zitiert: „Zudem wird die Bewertung des Erfolges oder Mißerfolges eines Theaters durch die Politiker einer Kommune oder eines Bundeslandes weniger vom eigenen Urteil, sondern vielmehr von der Meinung in der überregionalen Kritik bestimmt. Diese Politiker sind es aber, die für die Bewilligung der öffentlichen Haushaltsmittel zuständig sind, derer die Theater bedürfen (...) Dies führt wiederum dazu, dass Politiker zumindest eine deutliche Neigung erkennen lassen, den Sinn der hohe Theaterkosten einer Überprüfung zu unterziehen und kostensenkende Strukturveränderungen zu fordern" (Bolwin 1994: 83f.).
  Zu bedenken ist auch, dass der direkte Appell an die Politiker bereits auf der untersten Ebene, der kommunalen Kulturpolitik, oftmals eine durchaus unangenehme Eigendynamik entfalten kann, etwa durch sog. *Kleine Anfragen* im Gemeinderat. Diese geben dann u. U. wiederum einen beliebten Anlass für eine ausführlichere Presseberichterstattung und entsprechende weitere öffentliche Diskussionen. Auch wenn sich die Kulturorganisation noch so sehr im Recht fühlt, sollte sie dabei stets die lateinische Weisheit im Gedächtnis behalten *Semper aliquid haesit*, d. h. dass immer etwas hängen bleibt. Und wenn diese Kultureinrichtung später dann tatsächlich einmal einen Fehler macht, wird man sich rasch daran erinnern („Da war doch schon einmal so eine Beschwerde...").

- Eine weitere, nicht weniger unangenehme Form der Beschwerdeäußerung ist die *negative Darstellung im direkten eigenen sozialen Umfeld* des Besucher. Dies kann bereits in direktem Zusammenhang mit dem Kulturereignis selbst stehen, wenn z. B. auf Grund eines Fehlers im Buchungssystems Plätze doppelt belegt sind oder wegen einer kurzfristigen Entscheidung des Regisseurs eine bereits verkaufte Stuhlreihe entfernt wurde und die Besucher auf andere Plätze gesetzt werden müssen und diese ihrem Ärger hierüber an der Abendkasse laut Luft machen. Sofort bilden sich Gruppen von höchst Interessierten, die nicht nur aufmerksam dem Geschehen lauschen, sondern aktiv anfangen, ihrerseits Fehler zu suchen („Wie ist denn dies eigentlich grundsätzlich mit der Vorverkaufsgebühr geregelt? Ist dies denn überhaupt so in Ordnung?"), sich an solche in der Vergangenheit erinnern („Das ist mir auch schon mindestens zweimal passiert"), weitere echte oder vermeintliche Missstände aufdecken („Gut, dass sich mal jemand beschwert, da gibt's noch ganz andere Sachen. Ich könnte ihnen da Geschichten erzählen...") und lautstark mit entsprechenden Lösungsvorschlägen aufwarten („Hier müsste doch die Gemeinde als Geldgeber einmal gründlich durchgreifen").

- Gewöhnlich geschehen diese Unmutsäußerungen aber außerhalb der jeweiligen Kultureinrichtung und im Nachhinein, z. B. im *Gespräch mit Freunden und Bekannten*. So rät man möglicherweise dringend vom Besuch der örtlichen Oper ab, deklariert das Museum pauschal als traditionell und verstaubt, schätzt die pädagogischen Fähigkeiten der Musikschullehrer durchweg als schlecht ein usw. Die Bedeutung dieser Art von Negativwerbung kann gar nicht hoch genug veranschlagt werden. Man sollte sich stets vor Augen halten (auch oder gerade weil es so himmelschreiend ungerecht ist), dass solche negativen Images ein völlig irrationales Eigenleben entfalten können. So z. B., wenn Menschen, die noch nie eine Aufführung des örtlichen Schauspielhauses besucht haben, trotzdem standhaft die Meinung vertreten, dass es „rabenschlecht" sei, weil sie es bereits von so vielen anderen gehört hätten, so dass sie auf die Bildung einer eigenen Meinung durch individuelle Anschauung verzichten könnten.

- Noch gravierender ist es, wenn diese negativen Erfahrungen nicht nur dem engen Bekannten- und Freundesbereich, sondern einem weit darüber hinaus reichenden Kreis zugänglich gemacht werden, etwa durch *die Veröffentlichung von Leserbriefen* oder die bereits oben erwähnte Einschaltung der Presse, die den behaupteten (oder tatsächlichen) Mängeln dann im Rahmen ihrer redaktionellen Recherchen nachgeht und somit den Vorfall quasi objektiviert und einem größeren Kreis zugänglich macht.

- Ausgesprochen schwierig wird eine Lösung der Probleme, wenn u. U. gar irgendwelche *Bürgerbewegungen oder Bürgerinitiativen* ins Lebens gerufen werden, die sich massiv gegen eine Einrichtung wenden (wie z. B. vor einigen Jahren zur Verhinderung der Errichtung eines Museums für die Sammlung *Lothar Buchheim* in Bayern) oder gegen die Aufstellung eines Kunstwerkes im öffentlichen Raum.

- Die für die Kultureinrichtung sicherlich härteste Besuchermaßnahme ist der bereits angesprochene *Boykott*; hierunter versteht man rein rechtlich die Ächtung eines anderen, um ihn – in aller Regel – zu einem bestimmten Verhalten zu zwingen. Im Extremfall kann dies sogar bis zum direkten oder indirekten Aufruf an Dritte, diesen Anbieter zu meiden, führen. Berühmtestes Beispiel hierfür war im Jahre 1995 der Boykott von Mineralölprodukten der Firma *Shell*, um diese davon abzuhalten, die Ölbohrinsel *Brent Sparr* auf offenem Meer zu versenken. Ein Beispiel aus dem Kulturbereich war 1980 die Wiedereröffnung des Frankfurter *Theater am Turm*. Es war in Erfüllung eines entsprechenden Wahlversprechens unter der Regierung von Oberbürgermeister Wallmann wegen politisch-inhaltlicher Differenzen geschlossen und dem gesamten Ensemble gekündigt worden. Als es unter neuer Leitung und mit neuer Zielsetzung als Spiel- und Produktionsstätte im September 1980 wieder eröffnet wurde, war man sich in der „Szene" einig, dieses Theater zu meiden – was das Theatermarketing lange Zeit vor immense Probleme stellte! Ein offizieller Boykottaufruf kann allerdings unter bestimmten Umständen rechtswidrig sein und Schadensersatzansprüche begründen (vgl. Geiger u. a. 1996: 131).

Aus dem Dargestellten sollte nun allerdings keineswegs der voreilige Schluss gezogen werden, dass die Kultureinrichtung jedwedem Besucherwunsch umgehend entsprechen, jeder tatsächlichen (oder oft auch nur vermeintlichen) Beanstandung ungeprüft nachgeben sollte, bloß um möglichen Ärger zu vermeiden! Dies sollte sie schon deshalb nicht tun, um vor den Besuchern glaubwürdig zu bleiben, d. h. zu demonstrieren, dass man bereits im Vorfeld sein Bestes getan hat. Andererseits sollte sie sich davor hüten, für die Zukunft Präzedenzfälle zu schaffen. Ähnlich wie bei den Value-Added-Services kann bei manchen Besuchern sonst eine Anspruchsspirale in Gang gesetzt werden nach dem Motto: „Beim letzten Mal hat es mit der Beschwerde so gut geklappt, da wollen wir es doch gleich noch einmal versuchen!".

Daher sollte die Kultureinrichtung in jedem Falle zunächst sehr sorgfältig prüfen, welche Substanz eine Beanstandung bzw. Beschwerde hat und dies dem Besucher auch vermitteln („Sie können sich darauf verlassen: wir nehmen Ihre Beschwerde sehr ernst und werden dieser Angelegenheit nachgehen und Sie umgehend über das Ergebnis informieren"). Darüber hinaus sollte sorgfältig abgewägt werden, welchen möglichen zukünftigen Nutzen ein zufriedener bzw. zufriedengestellter Kunde stiften könnte („Toll, wie sich die Volkshochschule um jeden einzelnen Besucher bemüht, die kann ich nur weiterempfehlen") bzw. welchen möglichen Schaden er anrichten kann. Dabei sollte man den möglichen Nutzen und potentiellen Schaden zueinander ins Verhältnis setzen und entsprechend entscheiden.

Um die Beschwerden für die Kultureinrichtung produktiv – im Sinne ihrer eigenen, ständigen Verbesserung und damit höheren Besucherorientierung – nutzen zu können, muss sie die Beschwerden entsprechend kanalisieren und verhindern, dass die Beschwerden unkontrolliert (d. h. von der Kultureinrichtung nicht bearbeitbar) nach außen fließen und somit am falschen Ort abgeladen werden. Hierzu sind sowohl eine entsprechende Beschwerdestimulierung wie die Öffnung der Beschwerdekanäle nötig. „Die Hauptaufgabe der Beschwerdestimulierung besteht darin, die Voraussetzungen für eine leichte sowie unkomplizierte Beschwerdeführung zu schaffen und das Bewußtsein der Mitarbeiter hinsichtlich des Informationswertes einer Beschwerde zu stimulieren" (Bruhn 1999: 180). Hierzu können beispielsweise folgende Maßnahmen dienen:

- Deutlicher Aufdruck von Telefonnummern, Hotlines, Fax- oder E-mail-Adressen der Beschwerdeabteilung auf Tickets, Programmheften, Plakaten, Spielplänen, Rechnungsformularen, Produktverpackungen usw. (mit dem deutlichen Aufdruck: „Wenden Sie sich an uns, wenn Sie Fragen oder Probleme haben!");
- Einrichtung gebührenfreier Servicetelefone und Online-Beschwerdemanagement
- Namensnennung der jeweils Verantwortlichen (eventuell mit Bild), um die Kontakterschwernis angesichts der Anonymität aufzubrechen;
- ausdrückliche Ermunterung zur kritischen Meinungsäußerung („Helfen Sie uns besser zu werden!", Aufstellung von „Meckerkasten") und ggf. Information über die im Beschwerdefall zu erwartende Reaktion der Kultureinrichtung („Wir werden das Problem prüfen und Sie werden im Laufe der nächsten vierzehn Tage Nachricht von uns erhalten!").

- Die Fluggesellschaft *British Airways* wählte eine alternative Form der mündlichen Beschwerdestimulierung. Das Unternehmen stellte am Flughafen London Heathrow Video-Point-Kabinen auf, in denen die ankommenden Kunden ihre Beschwerden, Anregungen oder Wünsche direkt auf ein Band sprechen konnten. Die Bänder wurden von den Servicemitarbeitern regelmäßig abgehört und entsprechend beantwortet.
- Das Möbelhaus *IKEA* verfolgt bereits seit 1986 die Idee der *Consumer Panel*. Dabei werden dreimal im Jahr Kunden in das Unternehmen eingeladen, die über das Produkt- und Serviceangebot des Unternehmens diskutieren. Die Auswahl der geeigneten Personen erfolgt anhand der Auswertung von ausgefüllten Meinungskarten sowie eingetroffenen Beschwerdebriefen. Die *Consumer Panels* werden bei *IKEA* von einem Geschäftsführer anhand eines Fragebogens geleitet (beide Beispiele bei Bruhn 1999: 181).

Das Beschwerdemanagement kann allerdings nicht „aus dem Bauch" heraus erfolgen, sondern muss grundsätzlich geregelt werden und entsprechend den Mitarbeiterinnen und Mitarbeitern verbindlich mitgeteilt werden. Oftmals sind die einzelne Mitarbeiterin, der einzelne Mitarbeiter vor Ort – meist unter hektischen Begleitumständen – mit der Entscheidung überfordert. Hier sind allgemeine Regelungen von zentraler Bedeutung, um eine Überforderung zu vermeiden. Darüber hinaus ist auch eine zielgerechte Schulung des mit Reklamationsbearbeitung befassten Personals unumgänglich. Dabei muss vor allem berücksichtigt werden, dass der stetige Umgang mit enttäuschten Besuchern eine extreme psychische Belastung der Betroffenen mit sich bringt.

Ohne hier Patentrezepte geben zu können und zu wollen, lassen sich doch einige Aspekte formulieren, die auf den ersten Blick banal erscheinen mögen, weil sie jeder einigermaßen sinnvollen Kommunikation zugrunde liegen sollten (was allerdings heute auch keine Selbstverständlichkeit mehr ist):

- Die Beschwerde eines Besucher sollte zunächst immer aktiv aufgenommen werden, d. h. in keiner Form „abgebügelt" werden – sei es dadurch, dass der verärgerte Besucher am Telefon stundenlang weiter verbunden wird (meist begleitet von nervtötender Musik), sei es, dass man sich bei mündlich vorgetragener Beschwerde demonstrativ mit anderen Dingen beschäftigt, um dadurch entsprechendes Desinteresse zu signalisieren. Man kann es nicht oft genug wiederholen: Ein Besucher, der durch solches demonstratives Desinteresse vertrieben wird, kann immensen Schaden für die Kultureinrichtung anrichten.
- Völlig gleichgültig, ob die Reklamation des Besucher aus eigener Sicht berechtigt oder unberechtigt ist, sollte daher dem Gesprächspartner die Chance gegeben werden, erst einmal „Dampf abzulassen". Vor allem sollte man ihn stets ausreden lassen und ihm auf keinen Fall ins Wort fallen. Sinnvollerweise sollte man ihn oder sie im Falle einer sich bildenden Öffentlichkeit (etwa in Warteschlangen oder beim Einlass), die in der Regel an dem Geschehen lebhaften Anteil nimmt, zur Seite bitten, um das Problem in Ruhe besprechen zu können.
- Dem Besucher sollte signalisiert werden, dass man auf jeden Fall nach Kräften bemüht sein wird, ihm zu helfen, d. h. es sollte ihm grundsätzlich entgegengegan-

gen werden. Diese Haltung sollte ihm auch in aller Form signalisiert werden! („Wir danken Ihnen, dass Sie sich mit Ihrer Beschwerde an uns wenden, denn dies gibt uns die Möglichkeit, Ihnen zu helfen und zu vermeiden, dass so etwas noch einmal geschieht!"). Dazu muss man allerdings die Ursachen kennen!

- Um deshalb den realen Kern der Beschwerde herauszuarbeiten, sollten von den Mitarbeitern der Kultureinrichtung sehr höflich, aber gleichwohl nachdrücklich möglichst konkrete Fragen gestellt, deren präzise Beantwortung dem Besucher aber auch abverlangt werden („Wer hat wann was wo warum? Wir können Ihnen nur weiterhelfen, wenn wir die genauen Umstände kennen"). So, wie bekanntermaßen der Teufel im Detail steckt, lassen sich auf diese Weise für denjenigen, der der Beschwerde nachgehen will, alle die Nebensächlichkeiten, die den Besucher zusätzlich aufgebracht haben mögen (typisch hierfür sind Sätze wie: „Also, das hat schon damit angefangen, dass...") und die ganze Angelegenheit ins Monströse zu ziehen drohen, ausschalten.
- Diese Fragen haben darüber hinaus den Vorteil, dass sie sich sinnvollerweise nicht mit einem knappen „ja" oder „nein" beantworten lassen, sondern dass man ins Reden kommt. Dies gibt dem Bearbeiter der Beschwerde zum einen die Möglichkeit, eine kommunikative Situation aufzubauen, eine erste Einschätzung sowohl der Beschwerde als auch des Beschwerdeführers vorzunehmen („Wie ernst ist die Sache...?") und darüber hinaus Zeit zu gewinnen, selbst nachzudenken. Gleichwohl kann, wenn nötig, nachgehakt und die Angelegenheit konkretisiert werden.
- Der Besucher sollte nach Möglichkeit aktiv in die Lösung eingebunden werden, d. h. der Beschwerdeempfänger sollte nicht gleich selbst von sich aus eine Lösung anbieten. Es sollte – wenn möglich – an die Fähigkeiten des Besucher appelliert und ihm eine hohe Problemlösungskompetenz unterstellt werden („Was könnten Sie sich denn als Lösung vorstellen?"). Das mag zunächst paradox klingen; doch der sicherlich gut gemeinte, aber allzu rasch gemachte eigene Vorschlag hat gleich mehrere Nachteile.

  So kann er z. B. beim Besucher den Verdacht erwecken, dass sich ähnliche wie von ihm beklagte Vorfälle öfter ereignen und dass dann immer nach einem bestimmten Lösungsmuster verfahren wird (z. B. Geld zurück oder Eintrittskarte für eine andere Vorstellung). Das könnte ihn auf die Idee bringen, mehr zu fordern („Ich habe ja auch Anfahrtskosten bei einem neuerlichen Besuch; wer kommt denn dafür auf?"). Zweitens ist sein eigener Anteil an der Lösung zu gering, wenn man zu rasch mit einem Vorschlag kommt. Dies kann dann drittens dazu führen, dass er ihn schlicht ablehnt, und nun von der Kultureinrichtung ein neues Angebot gemacht werden muss.
- Ist das Problem einer Lösung zugeführt, so ist die Angelegenheit damit allerdings noch längst nicht abgeschlossen, sondern es sollten zwei weitere Regeln beachtet werden. Zunächst sollte dem Besucher noch einmal ausdrücklich dafür gedankt werden, dass er sich an die Kultureinrichtung gewandt und dieser somit die Möglichkeit gegeben hat, erstens ihm zu helfen („Denn Sie sind uns wichtig und wir möchten Sie auch weiterhin als zufriedenen Besucher behalten"), zweitens der Einrichtung aber auch Verbesserungsmöglichkeiten für andere Besucher an die Hand

gegeben hat (Firmenslogans wie „Let's make things better" signalisieren eindrücklich diese Haltung).

- Darüber hinaus sollte sowohl innerhalb des Kulturbetriebs nachgefasst werden, ob das beanstandete Problem im konkreten Falle auch wirklich gelöst wurde. Ist dies der Fall, so sollte – in Form eines kurzen Briefes oder eines persönlichen Telefonanrufes – noch einmal höflich beim Besucher nachgefragt werden, ob tatsächlich alles zu seiner Zufriedenheit geregelt worden ist. Dieses Engagement erscheint zunächst sicherlich sehr aufwendig, doch die mit ziemlicher Sicherheit daraus resultierende langfristige Besucherbindung wird sich lohnen.
- Ist der Kunde zufriedengestellt (und dies sollte aus der Sicht der besucherorientierten Kultureinrichtung oberste Priorität haben), so ist darüber hinaus eine gezielte Beschwerdeauswertung vorzunehmen, d. h. sicherzustellen, dass die beanstandeten Probleme exakt erfasst, genau untersucht und dahingehend verändert werden, dass sie in Zukunft nach Möglichkeit nicht mehr auftreten. Von Zeit zu Zeit sind daher entsprechende Überprüfungen und Kontrollen sinnvoll, um nicht wiederum von Besuchern – im Extremfall womöglich sogar vom ursprünglichen Beschwerdeführer – darauf aufmerksam gemacht zu werden.

Aktives Beschwerdemanagement bringt eine ganze Reihe von *Nutzen*, ebenso aber auch entsprechende Kosten (vgl. zum Folgenden: Bruhn 1999: 194ff.) für die Kultureinrichtung. Die möglichen Nutzen lassen sich wie folgt zum einen in organisationsbezogene, zum anderen in besucherbezogene Nutzen systematisieren:

(1) Aus der Sicht der Kultureinrichtung spielt der *Informationsnutzen* die zentrale Rolle. Die Organisation erhält Informationen über sich selbst, die sie so bisher nicht gesehen bzw. ausdrücklich formuliert hatte. Durch (ausgewertete und überprüfte) Beschwerdeinformationen über bisher übersehene Schwachpunkte können notwendige Umorganisationen in die Wege geleitet werden, um die Kultureinrichtung zu verbessern.

(2) Aus der Sicht der Besucher basiert der sog. *Einstellungsnutzen* auf ihrer Erfahrung, dass eine von ihnen vorgebrachte Beschwerde tatsächlich zu Veränderungen im Sinne von Verbesserungen innerhalb der Kultureinrichtung führt. Dies kann zu einer Steigerung der Identifizierung mit „ihrer" Kultureinrichtung führen, die offen auf die Besucher reagiert. Dadurch werden möglicherweise auftauchende Fehler oder Pannen eher verziehen.

(3) Die erfolgreiche Durchsetzung einer Beschwerde kann zu einem entsprechenden *Kommunikationsnutzen* führen, wenn der Beschwerdeführer aufgrund einer schnellen, kompetenten und kundenorientierten Beschwerdereaktion diese positive Erfahrung im Zuge der Mund-zu-Mund Kommunikation an andere weitergibt.

(4) Auch im Sinne des bereits ausgeführten Kundenbindungsnutzen kann ein entsprechendes Beschwerdemanagement im besten Falle zu verstärkter *Identifikationsbildung* führen, d. h. dass der Besucher „seiner" Kultureinrichtung treu bleibt und nicht abwandert.

Ganz deutlich muss allerdings auch gesagt werden, dass dem zu erzielenden Nutzen auch *Kosten des Beschwerdemanagements* gegenüberstehen. Diese lassen sich ebenfalls systematisieren:

(1) Kosten der *Beschwerdestimulierung*, d. h. die Aussendung von entsprechenden Signalen, dass die kritische Meinung des Besuchers durchaus erwünscht ist, z. B. durch Auslegung von Befragungskarten, durch entsprechende Anzeigen (z. B. „Halten Sie mit Ihrer Meinung nicht hinter dem Berg...“), die Auswertung von Gästebüchern usw.

(2) Kosten der *Beschwerdeannahme*, z. B. durch die Bereitstellung entsprechender Hotlines, Personalkosten an den Hotlines oder in Info-Centern usw.

(3) Kosten der *Beschwerdebearbeitung*, z. B. Personalkosten durch die Auswertung der verteilten Karten bzw. der Hotlineanrufe usw.

(4) Kosten der *Beschwerdereaktion*, z. B. durch Kompensationsangebote (Freikarte für die nächste Vorstellung, erneutes Kursangebot, Verfassen entsprechender Anschreiben an Beschwerdeführer usw.) sowie schließlich

(5) Kosten der *Beschwerdekontrolle* (Aufbau entsprechender Kontrollsysteme, Nachhaken, ob sich tatsächlich etwas verändert hat, ggf. spezielle Analyse-Programme usw.).

8.2 Besucher-Rückgewinnungsstrategien

Sicherlich ist die allerbeste Strategie der Besucherbindung, durch entsprechende Qualität das kulturelle Produkt bzw. die kulturelle Dienstleistung so fehlerfrei und so besucherorientiert zu gestalten, dass es von vornherein überhaupt nicht zu Beschwerden kommt. Gleichzeitig sollte man aber auch wissen, dass sich dies nicht immer erreichen lässt und daher entsprechende Auffangstrategien anstreben. Hierbei sind zwei grundsätzliche Strategien möglich: die *Prävention* und das *Recovery* (Besucherrückgewinnung).

Vieles an möglichen Beschwerden ist bereits im Vorfeld vorhersehbar, zwar nicht zu vermeiden, wohl aber entsprechend präventiv zu bearbeiten. Wenn in einem Theater oder Konzertsaal z. B. Plätze doppelt verkauft worden sind (und dies erst kurz vor Einlassbeginn entdeckt wird) oder eine Stuhlreihe erst am Morgen der Premiere auf Wunsch des Regisseurs entfernt wurde, um dort zusätzliche Scheinwerfer aufzustellen, so ist dies den Verantwortlichen rechtzeitig bekannt. Es kann also davon ausgegangen werden, dass dies zumindest Unruhe, wenn nicht gar deutlich geäußerten Ärger seitens der Besucher geben wird, wenn die Besucher nicht die erwarteten Plätze erhalten.

Und man sollte sich dabei von vornherein darauf einstellen, dass dies paradoxerweise auch dann geschehen kann, wenn die stattdessen angebotenen Plätze sogar in einer teureren Preiskategorie bzw. besser als die ursprünglichen sind. Denn viele Besucher werden akribisch suchen, um dennoch irgendeinen Nachteil zu finden und man kann sich darauf verlassen, dass sie in einem solchen Falle auch in irgendeiner Form „erfolgreich“ sein werden!

In dieser Situation hat man aber noch einen gewissen zeitlichen Spielraum, in dem in relativer Ruhe Konzepte für den Umgang mit dem vom Besucher zu erwartenden Unmut entwickelt werden können. Diese von den Verantwortlichen im Vorfeld entwickelten Konzepte sollten dann in der Auseinandersetzung mit den Besuchern auch entsprechend kommuniziert werden: „Es tut uns ausgesprochen leid, dass wir Ihnen aufgrund eines Buchungsfehlers einen anderen Platz geben müssen. Dies ist uns sehr unangenehm und wir möchten Sie gerne als kleine Wiedergutmachung zu einem Glas Sekt im Foyer einladen. Wir hoffen sehr, dass Ihre Freude auf den heutigen Abend dadurch nicht getrübt ist". Oftmals ist es nur die berühmte „kleine Geste", die um Verständnis wirbt und der sich die wenigsten verschließen können. Wenn irgend möglich sollte also präventiv vorgegangen, d. h. aktiv vermieden werden, dass sich irgendwelcher Unmut beim Besucher überhaupt entwickeln kann.

Als vor einigen Jahren während der *Salzburger Festspiele* ein Platzregen die *Jedermann*-Aufführung zum Umzug vom Domplatz ins Große Festspielhaus zwang und sich somit das dort angesetzte Konzert wegen der notwendigen Umbauten um über eine Stunde verzögerte, trat der damalige Intendant, *Gerard Mortier* (und nicht irgendein Mitarbeiter des Hauses), auf die Bühne, entschuldigte sich charmant und lud die Besucher zu einem Glas Sekt ins Foyer – kein Pfeifton und Buhruf war zu hören!

Die zweite Strategie neben der Prävention kann mit *Recovery*, was soviel wie >*Bergung*<, >*Wiedergewinnung*< des Besucher bedeutet, bezeichnet werden. Denn neben diesen im von lebendigen Menschen getragenen Kulturbetrieb oftmals unvermeidbaren Problemen, die teilweise vorhersehbar sind und auf die noch rechtzeitig eingegangen werden kann, gibt es darüber hinaus noch genug unvorhersehbare Probleme. Eine Vorstellung muss abgebrochen werden, weil sich ein Schauspieler schwer verletzt. Ein Konzert wird vorzeitig beendet, weil der Dirigent einen Schwächeanfall bekommt. Der Platzregen lässt die Freilichtaufführung im Schlamm versinken. Ein Volkshochschul-Wochenendkurs zur Einführung ins Internet muss abgebrochen werden, weil der Server ausfällt usw.

Auch hier muss dafür gesorgt werden, dass sensibles und ausreichend geschultes Personal vorhanden ist, dass den Besucherunmut auffangen kann bzw. Möglichkeiten entwickelt, diesen Unmut zu kanalisieren. Darüber hinaus muss den Mitarbeiterinnen und Mitarbeitern ein klar gesteckter und bewusst gemachter (Kulanz-)Handlungsspielraum gegeben werden, in dem sie selbstständig entscheiden können, ohne dafür absurderweise Sanktionen von der jeweiligen Leitung befürchten zu müssen. Als abschreckendes Beispiel aus der Güterproduktion kann folgender Bericht von *Günter Ederer* dienen.

In einem deutschen Elektrokonzern hatte ein Servicetechniker einer Kundin aus Kulanzgründen spontan ein Dampfbügeleisen geschenkt, weil er sich aus unterschiedlichen Gründen außerstande sah, die eigentlich angeforderte Reparaturleistung an der Waschmaschine umgehend zu erbringen. Viermal schon war er bei der Kundin und musste ihr immer wieder mitteilen, dass das Ersatzteil noch nicht eingetroffen sei. Jedesmal konnte er nur mit einem Provisorium aushelfen, damit die Frau überhaupt die Wäsche waschen konnte. Beim besagten viertenmal brach sie in Tränen aus: ständig der Ärger, wo sie doch berufstätig und auf eine funktionierende Waschmaschine angewiesen wäre. Zu allem Überfluss fiel ausgerechnet heute auch noch das Bügeleisen herunter und zerbrach dabei. Da sah der Servicemann seine Chance, schenkte ihr ein Bügeleisen aus dem Firmenbestand für all die Unbill, die sie bisher erlitten hatte.

Den Ärger hatte dann allerdings der Servicemann. Wer ihn befugt habe, das Bügeleisen zu verschenken, so sein Vorgesetzter. Das müsse er ihm vom Gehalt abziehen. Solche Eigenmächtigkeiten führten zur Anarchie. Völlig aus dem Häuschen reagierte aber der Servicechef: Nur er habe den Überblick und die Kompetenz, Geschenke als Wiedergutmachung zu verteilen. Wer wohl die Verantwortung dafür übernähme, dass die Techniker sich nicht den Kofferraum vollpacken und dann wie der Weihnachtsmann Freundin, Freunde und Verwandte beschenken würden? Ederers Konsequenz: Bei einer solchen Unkultur in einem Unternehmen, wo Kompetenzen wichtiger sind als Besucherzufriedenheit, die Bedenkenträger mehr zu sagen haben als die Mitarbeiter, die direkt mit den Besucher zu tun haben, wo die Mitarbeiter an der kurzen Leine gehalten werden müssen, weil sie ja alle potentielle Diebe sind, in einem solchen Unternehmen kann keine Besucherkultur entstehen (vgl. Ederer / Seiwert 1998: 42).

Im öffentlichen Kulturbetrieb übernehmen sehr häufig die Kameralistik bzw. die Tätigkeit der Rechnungsprüfungsämter die Rolle des oben geschilderten unflexiblen Servicechefs. Natürlich haben entsprechende Benutzungsordnungen und Gebührensatzungen ihren Sinn und sind deshalb die Grundlage des alltäglichen Handelns. Oftmals erschweren sie aber gerade im Kulturbetrieb rasches, kulantes Handeln mit dem unterstellten Vorwurf, irgend jemand wolle sich in unzulässiger Weise an Staatseigentum vergreifen – wo es doch nur um die Gewährung von Kulanz geht! Schnelle Reaktion auf Reklamationen, großzügige Kostenübernahme der Schadensbehebung, Kulanz bei der Erstattung von Folgekosten und mehr oder weniger symbolische Gesten der Wiedergutmachung durch Entschuldigungsschreiben, Warengutscheine etc. stehen unter dieser Zielsetzung des Recovery (vgl. Dehr / Biermann 1998: S. 58).

Die Kultureinrichtung, der alles dies zu aufwendig und mühsam ist, sei auf folgende empirische Ergebnisse der Kundenforschung verwiesen:

- Von denjenigen Kunden, die sich beschwert haben, werden 54 % bis 70 % wieder beim Unternehmen kaufen, wenn der Beschwerdegrund beseitigt wird.
- Dieser Wert erhöht sich sogar bis auf 95 %, wenn der Kunde das Gefühl hat, dass seine Beschwerde rasch erledigt wurde.
- Kunden die sich beschwert haben und deren Beschwerde zu ihrer Zufriedenheit erledigt wurde, berichten im Durchschnitt fünf anderen von der Behandlung, die sie erfahren haben (Kotler / Bliemel 1999: 29).

Bei alledem muss allerdings deutlich gesagt werden, dass Recovery, d. h. die Rückgewinnung, stets nur die zweitbeste Strategie ist. Im Sinne sowohl von Besucherorientierung und langfristiger Besuchergewinnung ist es auf jeden Fall produktiver, proaktiv auf die Bedürfnisse und Wünsche der Besucher einzugehen.

Bei starken Besucherrückgängen in Kultureinrichtungen ist sehr häufig festzustellen, dass die Leiter der Organisation auf entsprechende Befragung über die von ihnen vermuteten Gründe hierfür, meist wild herumspekulieren und Theorien aufstellen, ohne sich sonderlich um die Fakten zu bemühen. Eine der beliebtesten Theorien dieser Art ist der sog. demographische Faktor, der schlichtweg besagt, dass aufgrund des allgemeinen Bevölkerungsrückganges „logischerweise“ auch immer weniger Besucher für die jeweilige Kultureinrichtung vorhanden sind. Dies ist allerdings nur eine Scheinlogik, die vergisst, dass immer mehr Menschen an Bildung teilhaben und über mehr Freizeit und Geld verfügen, die sie durchaus in Kunst und Kultur investieren. Der Markt der Besucher wächst also – nur die jeweilige Kultureinrichtung partizipiert nicht davon!

Deshalb lohnt es sich schon, genauer hinzuschauen und zunächst zu fragen, warum bestimmte Besucher nicht mehr in die Kultureinrichtung kommen und sich dementsprechend Gedanken zu machen, wie diese ggf. zurückzuholen sind. Rückgewinnungsaktionen richten sich also explizit an die sog. Nicht-Mehr-Besucher (vgl. oben).

Grundlegende Voraussetzung für gezielte Rückgewinnungsaktionen ist erstens, dass die Kultureinrichtung über die Adressen der Nicht-Mehr-Besucher verfügt (bei Theater- und Konzertabonnenten, bei Kursteilnehmern in Volkshochschul- und Musikschulen, bei Bibliotheksnutzern usw. ist dies in der Regel kein Problem, vorausgesetzt es besteht eine ordentlich aufgebaute und entsprechend gepflegte Besucherdatei). Zweitens benötigt sie von ihr selbst festgelegte Indikatoren (d. h. hier in unserem Sinne „Frühwarnsysteme“), die darauf aufmerksam machen, dass ein Besucher die Kultureinrichtung verlassen hat oder über einen längeren Zeitraum nicht aktiv war (z. B. durch die Kündigung von Abonnements oder eines Kurses, durch die Nichtverlängerung von Unterrichtsangeboten, durch die längere Nichtbelegung von Kursen, durch das Unterlassen von Ausleihen).

So schreibt George Kerr für den Sektor der öffentlichen Bibliotheken: „Die Einführung computergestützter Buchungssysteme ermöglicht uns, das Kundenverhalten genauer zu verfolgen, und auch hier haben Detailanalysen bestätigt: die Tendenz ist eindeutig rückläufig. Trotz der aufrichtigsten Bemühungen um ein kundenorientiertes Leistungsangebot hält die Abwanderung von ehemals aktiven Kunden an – das Phänomen des ‚verlorenen Kunden‘“ (Kerr 1999: 7 ff.). Was hier speziell für Bibliotheken gesagt wird, gilt gleichermaßen für Musik- und Volkshochschulen, für Konzert- oder Theaterabonnements oder das kulturelle Angebot einer Stadthalle: Eine genaue Beobachtung des Besucherverhaltens kann *verlorene Kunden* aufspüren helfen.

Doch die Kultureinrichtungen müssen dem Phänomen des verlorenen Kunden keineswegs passiv bzw. resignativ gegenüberstehen. Allerdings sei in aller Ausdrücklichkeit auf ein in dieser Phase immer wieder zu beobachtendes Problem hingewiesen: Sehr leicht gerät die Kultureinrichtung in die Gefahr, ohne nähere Kenntnis der tatsächlichen Motive der verlorenen Kunden, Spekulationen hierüber anzustellen. Da ist dann sehr schnell die Rede vom demographischen Faktor, von der zunehmenden Konkurrenz, dem medialen Konkurrenzangebot durch Fernsehen und Internet, dem allgemeinen Wandel der Moden und ähnlichen Vermutungen. Mögen diese Faktoren alle auch die eine oder andere Rolle spielen: Viel aussagekräftiger sind die von den verlorenen Besuchern selbst vorgebrachten Gründe!

Deshalb sind diese auch die allerwichtigste und von daher allererste Adresse der eigenen Nachforschungen. Bei ihnen sollte nach den Gründen geforscht werden, die zur Abwanderung bzw. Passivität führten. Sind diese Gründe bekannt, kann die Kultureinrichtung prüfen, inwieweit sie selbst (bzw. ihre Leistungen und ihr Service) Ursache hierfür waren und inwieweit sie durch entsprechende Maßnahmen und Veränderungen die ehemaligen Kunden wieder zurückgewinnen kann.

Eine von der *Bertelsmann-Stiftung* unterstützte internationale Untersuchung zu Möglichkeiten der Rückgewinnung verlorener Kunden im Bibliotheksbereich stellte folgende Fragen bzw. Schwerpunkte in den Mittelpunkt:

- Lässt sich schlüssig und detailliert nachweisen, welche Möglichkeiten einer Bibliothek zur Verfügung stehen, um inaktiv gewordene Kunden zur Rückkehr zu bewegen?
- Lässt sich nachweisen, ob die ‚Rückkehrer' zu regelmäßigen Bibliotheksbenutzern werden? (Damit ist diese Studie in Wirklichkeit eine Kosten-Nutzen-Analyse. Kommen die Kunden nur ein einziges Mal zurück, oder, was noch schlimmer ist, werden sie wieder säumig, dann wäre eine solche Aktion nicht kosteneffektiv).
- Es sollen die anfallenden Kosten beziffert und die Kosten pro rückgewonnenem Kunden berechnet werden, um somit Aussagen über die allgemeine Kosteneffektivität zu machen.
- Es soll festgestellt werden, ob erneute Bibliotheksbesuche den Kunden zu einer veränderten Wahrnehmung der Bibliothek veranlassen konnten.
- Das Ausmaß des Kundenverlustes im Ausland soll untersucht werden, um festzustellen, ob es sich um ein lokales oder allgemeines kulturelles Problem handelt (Kerr 1999: 30).

Um das Phänomen Kundenverlust und seine Belebungsmöglichkeiten im Detail zu untersuchen, wurden Programme zur genauen Beschreibung verschiedener Besuchergruppen entwickelt. Die erste Einzelbetrachtung galt einer Gruppe, deren letzte Buchungsbewegungen sechs Monate zurücklagen, die zweite Gruppe war diejenige, deren letzte Buchungsbewegungen zwölf Monate zurücklagen. Eine dritte Gruppe diente als Kontrollgruppe.

- Ein Drittel erhielt per Post eine Zusendung mit folgendem Inhalt: Ein Einladungsschreiben, das sie zu einem Bibliotheksbesuch aufforderte; ein Faltblatt, aus dem die Veränderungen und Serviceverbesserungen seit ihrem letzten Bibliotheksbesuch hervorgingen; ein Informationsblatt mit einer Auflistung aller verfügbaren Dienste, Öffnungszeiten usw.; ein Geschenkgutschein für das kostenlose Ausleihen eines Spielfilms auf Video (Wert: 5 Pfund). Dieses Gratisangebot war für die Bibliothek kostenneutral, da ein Videoverleih ohnehin Bestandteil des Bibliotheksangebots ist.
- Ein weiteres Drittel erhielt eine ähnliche Zusendung wie die erste Gruppe, allerdings ohne den Geschenkgutschein.
- Das letzte Drittel wurde als Kontrollgruppe geführt; zu ihr wurde kein Kontakt hergestellt. An ihr sollte abgelesen werden, ob die Kontaktaufnahme durch die Bibliothek tatsächlich eine Verhaltensänderung bewirkte oder ob die Besucher auch ohne solche stützenden Maßnahmen zurückgekommen wären.
- Schließlich erhielt die kleine Gruppe der inaktiven Kunden, die einen Sperrvermerk wegen Überschreitung der Leihfrist erhalten hatten, ein freundliches Anschreiben. Es war so gestaltet, dass es die Empfänger beruhigen sollte. Kinder und ältere

Mitbürger, denen die Bibliothek keine Säumnisgebühren berechnet, erfuhren in diesem Schreiben, dass sie keine Strafe zahlen müssten, sondern nur die ausgeliehenen Bücher zurückbringen sollten. Erwachsenen Empfängern wurde mitgeteilt, dass, obwohl eine Säumnisgebühr erhoben würde, diese einen Höchstbeitrag nicht überschritte und zudem in kleinen wöchentlichen Raten abgezahlt werden könne. So sollte festgestellt werden, ob die Angst vor Säumnisgebühren eine Rolle für die Inaktivität der Kunden spielte.

Um nun die Wirkung dieser verschiedenen Kundenansprachen zu testen wurden für jeden einzelnen Kunden die Buchungsbewegungen nach Abgang des letzten Mailings abgefragt; diese Operation wurde mehre Wochen lang durchgeführt. Die Untersuchung wurde sowohl in der *West Lothian Library* in Schottland (die für dieses Experiment federführend war) als auch in 22 weiteren Bibliotheken weltweit organisiert. Zusätzlich zu dem allgemein durchgeführten Experiment wurde in der *West Lothian Library* eine Telefonbefragung aller Rückkehrer durchgeführt. Folgende Ergebnisse ergaben sich in dem weltweiten Experiment:

- Die internationale Studie hat gezeigt, dass die Kundenverluste ein weit verbreitetes, signifikantes Problem sind.
- Die ‚realen' Kundenverlustquoten sind geringer, als man zunächst annimmt, weil es auch eine gegenläufige Bewegung gibt. D. h. die ‚ungestützte Rückkehrbewegung' ist eine regelmäßige, beinahe vorhersehbare Rückkehr zur Bibliotheksnutzung, die bei einer kleinen Gruppe von zeitweise inaktiven Kunden auch unabhängig von Bibliotheksmarketing eintritt.
- Im Allgemeinen konnte nachgewiesen werden, dass eine Kontaktaufnahme die Rückkehrbewegung positiv beeinflusst; inaktive Kunden können zur Rückkehr bewogen werden. Der Rückkehreffekt ist bei 62 % der Zurückgekehrten mehr als nur eine kurzlebige Erscheinung.
- Bibliotheken können die Loyalität ihrer Kunden zurückerobern; diese Rückeroberung kann aber möglicherweise nur von kurzer Dauer sein, wenn sich die Bibliothek nicht prinzipiell kundenorientiert verhält. Die Bemühung um Kundenbindung ist daher ein fortwährender (und kostspieliger) Kampf.
- Kontaktaufnahme in Verbindung mit einem Werbegeschenk von signifikantem Wert war die effektivste Methode. Die Kundenverlustquote konnte über einen Marketingkontakt mit Werbegeschenk um 33 Prozent gesenkt werden.
- Frühere Kontaktaufnahme (etwa nach sechs Monaten Inaktivität) war erfolgreicher als eine spätere (nach zwölf Monaten). Ein hoher Anteil der zur Rückkehr bewogenen Leser war auch nach 8 Wochen noch aktiv; dies wird als sehr ermutigend eingeschätzt.
- Eine solche Aktion erweist sich als kosteneffektiv; die Kosten pro zurückgekehrtes Mitglied waren mit 1,60 Pfund sehr wirtschaftlich im Vergleich zu anderen Methoden wie Werbeanzeigen.
- Das verwendete Verfahren war überdies viel leichter auf seinen Erfolg hin zu prüfen.
- Das verwendete Verfahren war bei Kindern weit weniger wirksam.

- Kontaktaufnahme zu inaktiven Kunden verspricht dort größeren Erfolg, wo eine geringere Fluktuation in der Wohnbevölkerung zu verzeichnen ist.

Die Telefonbefragung erbrachte darüber hinaus folgende Ergebnisse:

- Ein hoher Anteil der Empfänger einer Sendung mit Werbegeschenk konnte zur Rückkehr bewogen werden.
- Empfänger von Infopaketen ohne Werbegeschenk waren weit weniger rückkehrwillig.
- Ein signifikanter Anteil nahm die Bibliotheksbenutzung aufgrund veränderter Lebensumstände von alleine wieder auf. Es ist schwer zu sagen, welchen positiven Beitrag die Bibliotheken in diesem Bereich leisten könnten.
- Über 95 Prozent gaben an, dass sie die Bibliotheksdienstleistungen weiter benutzen wollten; allerdings ergab die Auswertung von aktuellen Ausleihstatistiken, dass die Realisierung dieser Absicht mit nur 62 % deutlich niedriger ausfiel.
- Nur sehr wenige der angesprochen Personen kamen ausschließlich, um ihre Videogutscheine einzulösen; ein signifikanter Anteil bestätigte allerdings den Wert des Geschenk-Elements der Aktion. 30 % empfanden das Geschenk als eine angenehme Art, an die Bibliothek erinnert zu werden. 35 % bewerteten die Gutscheine als besonders wertvoll.
- Ein signifikanter Anteil (13,5 %) benutzt die Bibliothek nur, wenn ein spezieller Bedarf vorliegt. Sie betrachten sich als Bibliotheksbenutzer, obwohl technisch ihre Mitgliedschaft wegen ihrer geringen Nutzungsfrequenz immer wieder zum erliegen kommt.

Das Experiment ergab allerdings auch einige unerwartete Erkenntnisse bzw. hatte teilweise unerwünschte Nebenwirkungen:

- Stammkunden erfuhren von den Werbeaktionen und den Geschenksendungen an die inaktiv gewordenen Kunden und reagierten verärgert. Es wurde angeregt, nicht die inaktiven, sondern die aktiven Kunden zu belohnen.
- Einige Kunden wurden von der Bibliothek als inaktiv eingestuft. Es stellte sich allerdings heraus, dass sie lediglich die Karte ihres Partners bei gemeinsamen Bibliotheksbesuchen benutzten. Dies zeigt, wie trügerisch Statistiken sein können, wenn die Ergebnisse nicht sorgfältig hinterfragt werden.

Insgesamt zeigt dieses Beispiel, dass Rückholaktionen verlorener Kunden durchaus erfolgreich und vor allem auch kostengünstig sein können, wenn man sie mit sonstigen Werbemaßnahmen zur Gewinnung von Neukunden vergleicht. Deshalb sollte dieses wichtige Instrument der Kundenbindung überall dort eingesetzt werden, wo die Kultureinrichtung über ein entsprechendes Besucherverzeichnis (Abonnentenliste, Kursbelegungen etc.) verfügt und rückläufige Besucherzahlen in diesem Bereich festgestellt werden.

9. Database-Marketing und Virtuelle Kundenbindung

„Personal selling is the best selling", der persönliche Verkauf ist der erfolgreichste – so lautet eine altbewährte Marketingregel, die vor allem im Kulturbetrieb nach wie vor ihre besondere Wirksamkeit entfalten dürfte. Angesichts einer sich immer weiter verschärfenden Konkurrenzsituation und übersättigter Märkte – auch und gerade im Freizeitbereich – kommt der individuellen Ansprache und dem persönlichen Verkauf im Kulturbereich gesteigerte Bedeutung zu. „Der Mensch ‚Kunde', der Partner des Unternehmens, möchte heute nicht mehr als ein Teil der Masse gesehen werden, sondern als Held geführt, gewonnen und erhalten werden. Dies erfordert eine gezielte, eine individuelle Betreuung und Ansprache des (potentiellen) Kunden (...) Wie viele Verkaufsvorgänge in Deutschland enden mit der Bezahlung per Kreditkarte und wie viele bzw. besser wie wenige Kunden werden dann mit ihrem Namen angesprochen?" (Gündling 1997: 297).

Statt dieser geforderten direkten Kundenansprache passiert aber in der Regel das genaue Gegenteil – mit entsprechenden Konsequenzen. „Die Distanz in Werbung und Verkauf wächst. Die Ursachen liegen darin, dass sich Abnehmer einer Reizüberflutung mit Nachrichten aus verschiedensten Kanälen und zu unterschiedlichsten Themen gegenüberstehen. Weite Teile des Publikums haben aber bereits einen hohen Sättigungsgrad ihrer Bedürfnisse erreicht. Die Vermarktungsbedingungen werden dadurch immer restriktiver" (Pepels 1996: 173). Die Marktforschung geht davon aus, dass ca. 95 % aller angebotenen Werbeinformationen unbeachtet bleiben (Kroeber-Riehl 1993: 46-52). Deswegen werden durch das Direktmarketing neue Wege beschritten. „Je näher ein Hersteller nun am Abnehmer ist, desto schneller kann er reagieren und desto besser kann er auf dessen Bedürfnisse eingehen. Dies hat zum Boom für Direktmarketing geführt, weil man sich gerade diese Wirkung davon verspricht" (Pepels 1996: 173).

Dabei versteht man unter Direktmarketing alle Aktivitäten, die der Direktansprache und dem Direktverkauf dienen. Direktmarketing bedient sich hierbei neben der Kommunikation vor allem auch der Distributionspolitik. Ziel ist die Herstellung eines Dialogs mit (potenziellen) Marktpartnern und deren möglichst weitreichendes „Involvment", also Engagement und Begeisterung für die jeweilige Kultureinrichtung (Pepels 1996: 173).

Dies bedeutet eine grundlegende Qualitätsveränderung im Marketing. Während das herkömmliche (Massen-)Marketing darauf abzielte, möglichst viele Personen zu erreichen, geht es im One-to-One-Marketing vielmehr darum, mit ein und demselben Kunden möglichst viele Geschäfte zu tätigen, also einen möglichst großen Anteil an seinem Geschäftspotenzial zu erlangen. Interessant sind also nicht die *vielen* Besucher, die gelegentlich kommen (z. B. der temporäre Massenansturm zu der „Langen

Nacht der Museen"), sondern diejenigen Besucher, die möglichst häufig wieder kommen und die Angebote der Kultureinrichtung möglichst intensiv nutzen!

Direktmarketing, auch „One-to-One-Marketing" genannt (vgl. hierzu ausführlich Pepper / Rogers 1994; Peppers / Rogers / Dorf 1998), kann auf zweierlei Weisen erfolgen:

(1) Zum einen kann es tatsächlich im *direkten personalen Kontakt* realisiert werden. Bereits an anderer Stelle wurde unter dem Stichwort *Zufriedene Besucher werben neue Besucher* hierauf hingewiesen. Aktionen wie
   - *Jeder Abonnent gewinnt einen neuen* oder
   - *Die Musikschulschüler bringen ihre Klassenkameraden zu einem Schnupperunterricht mit* oder
   - *Jeder Sommerakademie-Teilnehmer, der einen neuen Teilnehmer wirbt, erhält eine Kostenreduzierung auf seine Teilnahmegebühren*

   kosten die Kultureinrichtung wenig und bringen in der Regel sofort spürbaren Erfolg. Den meisten Kultureinrichtungen bietet sich hier ein kostengünstiges, leider viel zu wenig genutztes Feld der Neubesucherwerbung.

(2) Direktmarketing, d. h. eine mehr oder minder direkte Kundenansprache, lässt sich aber auch mit Hilfe der modernen Datentechnik erreichen. Über *Onlinemarketing* ist es durchaus möglich, sich auf einzelne Besucher bzw. bestimmte Besucherprofile zu konzentrieren. „Die Internetvariante des klassischen Direktmarketing, das E-Mail-Marketing, ist für funktionierenden Kundenservice als Instrumentarium besonders geeignet (...) Die E-Mail ist dabei nicht nur ein schnelles und kostengünstiges Medium, es ist unter den Internetnutzern auch der beliebteste Online-Dienst überhaupt" (Bauer 2002).

Was für die Wirtschaft allgemein gilt, trifft auch für den Kulturbereich zu. Daher werden Direkt- bzw. Onlinemarketing auch im Kulturbereich immer wichtiger. Von zentraler Bedeutung ist dabei, dass es zwischen Anbieter und Nachfrager zu einer möglichst individuellen, interaktiven Beziehung kommt. „Direktmarketing ist ein interaktives System des Marketing, in dem ein oder mehrere Werbemedien genutzt werden, um eine messbare Reaktion bei den Kunden und / oder Transaktion mit den Kunden zu erzielen, die man an jedem beliebigen Ort erreichen kann" (Kotler / Bliemel 1999: 1108).

Durch Direkt- bzw. Onlinemarketing wird „versucht, *unmittelbar* mit dem Kunden zu kommunizieren. Werbung, Verkaufsförderung und Verkauf werden hier in abgewandelter und besonderer Form konzentriert eingesetzt, um gewünschte Kundenreaktionen zu bewirken und die Kunden aus ihrer Anonymität zu lösen. Systematisches Direktmarketing begann mit Werbebriefen und Versandhauskatalogen. Dann entwickelten sich weitere Formen des Direktmarketing wie z. B. Telefonmarketing und Direktreaktionsprogramme in Rundfunk und Fernsehen. Einhergehend mit dem technologischen Fortschritt und der Verbreitung von elektronischen Geräten und Systemen wie Fax, PC und lokale Netzwerke entstanden immer neue Formen des Direktmarketing wie z. B. das Online-Marketing."

Kein Theater und kein Museum kann es sich heute noch leisten, nicht mit einer eigenen Homepage im Internet präsent zu sein. Diese muss den Besuchern sowohl Informationen geben (Spielplan, Buchungsmöglichkeiten, Anreisewege, Öffnungszeiten etc.), als auch interaktive Kommunikationsformen (Kartenbestellungen, Reservierungen, Kundenwünsche, Vorschläge, Anregungen, Gästebuch etc.) vorsehen und anbieten. Dies ist eine Entwicklung, die vor wenigen Jahren kaum vorstellbar war.

So gaben noch 1998 bei einer Untersuchung des *Institutes für Kulturmanagement* ein Viertel der befragten deutschen Staats- und Stadttheater an, über keine eigene Homepage im Internet zu verfügen (Mayer 1999: 152). Dies war ein Zustand, der mittlerweile der Vergangenheit angehört, denn längst haben alle Theater in der Bundesrepublik eigene Darstellungen im Netz – wenn auch auf durchaus höchst unterschiedlichem Niveau (vgl. hierzu die Untersuchung von Raithel 2001). Der immer mobiler werdende Theater- oder Museumsbesucher möchte sich sowohl in seiner eigenen Region als auch vor dem Wochenendbesuch in einer fremden Stadt schnell und problemlos über das jeweilige Kulturangebot informieren und soweit dies möglich ist, entsprechend Karten usw. buchen.

Werden die Besucherwünsche und entsprechenden Verhaltensweisen der Besucher auch im Kulturbereich immer individueller, muss auch der Einsatz der entsprechenden Marketinginstrumente (was Werbung und Kommunikation, aber auch Distribution und Preisgestaltung, ggf. sogar die Produktgestaltung angeht), immer differenzierter werden. Die Tendenz wird in Zukunft immer mehr in Richtung One-to-one-Marketing gehen, ein Marketing also, das die individuellen Kundenwünsche möglichst optimal erkennt und befriedigt. Deshalb werden hier abschließend zunächst die Möglichkeiten eines *modernen Database-Marketing* vorgestellt (9.1) und anschließend die Chancen und Möglichkeiten der sog. *Virtuellen Kundenbindung* im Kulturbetrieb erörtert (9.2).

9.1 Database-Marketing

„Der Erfolgsfaktor von morgen liegt (...) nicht im Denken und Handeln in *Massen*, sondern darin, den (potentiellen) Kunden als *Menschen*, als *Individuum* anzusprechen und zu akzeptieren. Der Weg in die Zukunft kann deshalb nur *Individuelles Partnerschaftsmarketing* sein" (Gündling 1997: 17). Dieses *Individuelle Partnerschaftsmarketing* wird durch die rasanten Fortschritte in der modernen Informationstechnologie wesentlich erleichtert. Modernes Database-Marketing ist die notwendige Voraussetzung, um das oben angesprochene One-to-One-Marketing in großem Stil – neben dem „persönlichen" Gedächtnis der Kultureinrichtung bzw. ihrer maßgeblichen Personen und dem darauf aufbauenden Personal Selling – betreiben zu können.

Dabei wird unter Database-Marketing ein in den gesamten Marketing-Mix integriertes Marketing verstanden, das sich weniger am Markt bzw. bestimmten Segmenten, sondern vielmehr am einzelnen Kunden orientiert. Die ständig zu aktualisierende Datenbank (Database) speichert und liefert alle benötigten Informationen, um ein darauf aufbauendes, erfolgreiches und stets kundenorientiertes Marketing und einen mit dem jeweiligen Kunden möglichst individuellen Dialog durchführen zu können. Database-Marketing ermöglicht sowohl eine Beurteilung der Kunden und Interessenten hinsichtlich ihrer Bedeutung für die Organisation und ihrer Potenziale als auch eine individuelle Angebotserstellung und die Pflege von Kundenbeziehungen (Schlemm 2002: 5).

Durch das systematische Vorgehen sowie die Informationsspeicherung und -verarbeitung ermöglicht es das Database-Marketing, die oben skizzierten Grundgedanken des Direktmarketings nicht nur in großem Stil zu realisieren, sondern dessen mögliche Schwächen – nämlich die häufig zu beobachtende Reduktion auf einzelne, kundenintensive Aktionen – zu überwinden. „Während das klassische Direktmarketing stark auf Einzelaktionen bezogen ist, steht im Mittelpunkt des Database-Marketing eine kontinuierliche, kundenindividuelle Koordination sämtlicher Kundenkontakte über eine Kundendatenbank. Database-Marketing ist ein Regelkreis, in dem die Kundenreaktionen nach der Marketing-Aktion wieder in die Kundendatenbank einfließen und als Grundlage für eine weiterführende, noch gezieltere Kundenansprache dienen" (Wilde / Hickethier 1997: 476).

Database-Marketing bleibt somit die Grundlage für ein effizientes kundenindividuelles Direktmarketing, bei dem die Kunden nicht mit für sie uninteressanten Angeboten überschüttet werden, sondern im Idealfall lediglich diejenigen Informationen erhalten, die sie interessieren und die sie haben möchten. Die Realität selbst in kommerziellen Wirtschaftsunternehmen sieht in Deutschland allerdings vielfach leider noch ganz anders aus. Zwei Studien aus dem Jahr 2001 kamen zu dem Ergebnis, „seitens der Informationstechnik werfe die systematische und strukturierte Aufarbeitung der Daten die größten Schwierigkeiten auf. Die Kundendaten seien zwar prinzipiell im Unternehmen vorhanden, würden aber nicht bewusst und gezielt für das Management von Kundenbeziehungen genutzt" (Zum Management von Kundenbeziehungen 2001).

Um die Besucher ganz gezielt und so individualisiert wie möglich ansprechen zu können, ist daher eine entsprechende Datenbank und ein hierauf aufbauendes Database-Marketing unerlässlich. Einige Beispiele aus der Wirtschaft können dies verdeutlichen:

- Die Fluggesellschaft *American Airlines* hatte Ende der 70er Jahre festgestellt, dass zirka 20 % der Kunden für 80 % des Umsatzes verantwortlich sind (ein weiteres Beispiel für das oben erwähnte *Pareto*-Prinzip!). Das Unternehmen erarbeitete daraufhin 1981 das erste Vielfliegerprogramm, in dem besondere Boni und Dienstleistungen für Vielflieger bereitgehalten werden. Verwaltet wurde das Programm der *American Airlines* in einer Mitgliedschafts-Datenbank. Schnell entdeckten andere amerikanische Unternehmen, die in anderen Märkten arbeiteten, die eigene Datenbank als den neuen Erfolgsfaktor ihrer Marktbearbeitung.
- Das Unternehmen *Chrysler* verkaufte 1984 130.000 Pkws und Lkws an seine eigenen Kunden, nur aufgrund eines Mailings, in dem der Vorstandsvorsitzende des Unternehmens sich bei den Kunden für die Treue, die diese dem Unternehmen gehalten hatten, bedankte und einen Gutschein über 500 US$ beilegte.
- Mit der Marketing-Datenbank *MARSHA* (*Marriott Automated Reservation Systems für Hotel Accomodations*) erhöhte die *Mariott*-Hotelgruppe 1984 den Wert der langfristigen Kundenbindung durch ein speziell ausgearbeitetes Kundenbindungsprogramm mit dem Namen *Honored Guest Awards*.
- Seit 1994 testete die Kreditkartengesellschaft *American Express* in Europa und Kanada ein neues Konzept des Individuellen Partnerschaftsmarketings, wodurch die Umsätze mit den Kreditkartenkunden um 15 bis 20 % gesteigert werden konnten (Gündling 1997: 299).

Dabei reicht es heute längst „nicht mehr aus, soziodemographische Daten zu sammeln. Gezieltes Marketing braucht Informationen über die Präferenzen und die Nachfragestruktur einzelner Besucher, um auf deren Bedürfnisse zugeschnittene Angebote unterbreiten zu können. Dies ist ohne eine gut geführte Besucherdatenbank nicht realisierbar. Keine Firma wird im Wettbewerb der Zukunft bestehen können, ohne gezielt wichtige Kundendaten zu sammeln und auszuwerten. Die Datenbank ist das Unternehmensgedächtnis, welches hilft, individuelle Transaktionsbedürfnisse und Verhaltensinformationen festzuhalten, zu analysieren und zu gruppieren. Sie hilft, diese Informationen zu nutzen, um diejenigen operativen und strategischen Entscheidungen zu treffen, die von einem Unternehmen in einer bestimmten Situation und Umwelt zum Überleben verlangt werden" (Butscher 1999). Dies hat zwingende Konsequenzen: „Das Ziel, das mit dem Aufbau einer Datenbank verbunden ist, ist für jedes Unternehmen eindeutig: die Basis für ein Individuelles Partnerschaftsmarketing zu schaffen" (Gündling 1997: 299).

Eine ganze Reihe von Kundenmerkmalen lassen sich nur durch gezielte Besucherbefragungen ermitteln (vgl. hierzu ausführlich Kap. 3). Darüber hinaus ergibt aber bereits die sorgfältige und systematische Auswertung der bei einer Buchung einer Eintrittskarte anfallenden Daten eine ganze Reihe wichtiger Aufschlüsse über die Besucher einer Kultureinrichtung. Diese Daten, entsprechend ausgewertet und aufbereitet, ermöglichen eine zielgerichtete Besucheransprache.

Ein einfaches Beispiel mag dies verdeutlichen. Man stelle sich vor, ein Kunde bucht für sich und seine Frau Anfang März per Internet zwei Eintrittskarten für die Aufführung der „Zauberflöte" am 30. Juli desselben Jahres bei den *Salzburger Sommerfestspielen*. In diesem zunächst recht banal anmutenden Vorgang fallen eine ganze Reihe von wichtigen Informationen quasi nebenbei an, die wichtige Rückschlüsse auf den Besucher zulassen.

- Zunächst liegt die *Adresse* des Besuchers vor; somit können diesem in den folgenden Jahren die jeweils aktuellen Angebote zugesandt werden.
- Durch eine entsprechende Sortierung der Postleitzahlen lassen sich die *Einzugsgebiete* für bestimmte Angebote besser fassen; dies kann relevant sein für kurzfristige Sonderangebote bei nur mäßig ausgebuchten Veranstaltungen.
- Im Namen sind ggf. bestimmte *Titel* (Prof., Dr., M.A., Dipl.Ing. usw.) enthalten, die bestimmte Rückschlüsse auf *Ausbildung* und somit auf *Status* bzw. *Einkommen* zulassen können.
- Die Ortsangabe der Adresse zeigt überdies, dass der Kunde bereit ist, für eine entsprechende Produktion eine weite *Anreise* (wahrscheinlich mit *Übernachtung*) in Kauf zu nehmen; dies lässt ebenfalls Rückschlüsse auf die Finanzkraft zu.
- Die *Zahl* der georderten Tickets gibt an, dass die Veranstaltung zu zweit nachgefragt wird. Es kann somit festgestellt werden, ob das Angebot alleine, zu zweit oder vielleicht in einer Gruppe nachgefragt wird.
- Darüber hinaus verrät die Buchung etwas über den *Besuchergeschmack*: Der Kunde interessiert sich für eine Mozart-Oper, ist also wahrscheinlich eher klassisch orientiert.

- Die gebuchte *Preiskategorie* informiert darüber, was der entsprechende Kunde bereit ist, für eine Theateraufführung zu bezahlen; auch dies lässt Rückschlüsse auf das Einkommen zu.
- Die Buchung erfolgte über das *Internet*; der Kunde verfügt also wahrscheinlich (privat oder beruflich) über einen Internetzugang und nutzt diesen auch aktiv für Buchungen. Wird die Adresse gespeichert (oder ihm eine Möglichkeit der Adressenniederlegung auf der Homepage der Kultureinrichtung gegeben), so kann er zukünftig kostengünstig über diese Informationsquelle (z. B. mit einem elektronischen Newsletter) angesprochen werden.
- Die Bezahlung erfolgte mit *Kreditkarte*; diese Zahlungsart kann Aufschluss geben über den möglichen *Lebensstil* des Besuchers.
- Die *frühe Buchung* signalisiert möglicherweise, dass der Kunde entweder mit seiner Buchung möglichst sicher gehen will oder aber, dass er in längerfristige Terminplanungen eingebunden ist. Für kurzfristige „Sonderangebote" kommt dieser Besucher weniger wahrscheinlich in Frage.

Selbstverständlich bewegen sich diese Überlegungen, die anhand einer einzigen Buchung angestellt wurden, noch im Bereich der Spekulation, die mehr oder weniger plausibel sein kann. Werden allerdings unter dem Namen des Besuchers mehrere Buchungen erfasst und systematisch ausgewertet, so ergeben sich ganz bestimmte Buchungsmuster, die sich für ein entsprechendes Kulturmarketing nutzen lassen.

Voraussetzung für ein möglichst gezieltes, besucherorientiertes One-to-One-Marketing ist daher, dass die entsprechenden Informationen nicht nur erfasst und gesammelt, sondern auch aufbereitet und entsprechend rasch zugänglich bzw. problemlos bearbeitbar sind. Die hierfür aufzubauende Datenbank geht dabei in Inhalt und Umfang allerdings weit über die in den meisten Kultureinrichtungen vorhandene, mehr oder weniger gut gepflegte bloße Adressenkartei hinaus. Sie hat vielmehr das Ziel „dem Besucher Angebote zu unterbreiten, die Reaktionen von Einzelbesuchern und Zielgruppen zu erfassen, die Aufträge zu erfüllen und langfristig ergiebige Kundenbeziehungen herzustellen" (Kotler / Bliemel 1999: 1118).

Eine Besucherdatenbank für das Direktmarketing im Kulturbetrieb ist eine systematisch organisierte Sammlung von Daten über einzelne Besucher, Interessenten oder mögliche Interessenten, die für Marketingzwecke zugänglich ist und die die Kultureinrichtung handlungsfähig macht. Zu den Marketingzwecken gehören insbesondere das Aufspüren und Beurteilen von qualifizierten Interessenten, das Anbieten entsprechender Veranstaltungen und Produktionen sowie die Pflege der Kundenbeziehungen. Database-Marketing beinhaltet somit den Aufbau, die Pflege und die Benutzung von Kundendatenbanken und anderen Datenbanken zum Zweck der Kontaktherstellung und Besucheransprache (vgl. Kotler / Bliemel 1999: 1118).

„Individuelle Bedürfnisse wollen laufend analysiert werden, die richtigen Angebote, zum richtigen Zeitpunkt, dem richtigen Segment unterbreitet und verkauft werden (...) Dies ist nur möglich, wenn alle relevanten Daten und Informationen kontinuierlich gesammelt, analysiert, aufbereitet, bewertet und wieder eingesetzt werden. Der Schlüssel hierzu ist eine unternehmenseigene Datenbank. Mit Hilfe der Datenbank kann das Unternehmen zudem die Zufriedenheit seiner (potentiellen) Kunden feststellen, seine Segmente definieren und weiterentwickeln, und aufbauend auf allen Daten und Informationen erst einen individuellen Dialog mit seinem Partner (potentieller) Kunde führen“ (Gündling 1997: 18).

Weiß man mehr über das spezifische Verhalten bestimmter Besuchergruppen, können sehr viel gezielter Angebote (bzw. Angebotspakete) entwickelt und vermittelt werden. Statt also beispielsweise undifferenziert Sonderangebote für alle auf den Markt zu werfen, werden diese besonderen Angebote ganz gezielt an ganz bestimmte Zielgruppen gerichtet. Dies können beispielsweise sein:

- Es können speziell zugeschnittene Programminhalte für spezielle Zielgruppen in Verbindung mit einer inhaltlichen Diskussion zu dem angesprochenen Problem kreiert werden. Neben die „zielgruppengerechte Aktion“, die von bestehenden Zielgruppen ausgeht, kann auch die „aktionsgerechte Zielgruppe“ (Schüring 1991: 188-192) treten. Es ist also möglich, eine passende Aktion für eine vorgegebene Zielgruppe zu kreieren oder umgekehrt, diese Zielgruppe durch ein spezifisches Angebot erst zu kreieren. Je nachdem, ob ein Besucher zum ersten Mal das Theater betritt, häufiger Vorstellungen besucht oder bereits zur Stammkundschaft zählt, ob er sich lieber per Internet informiert oder einen persönlichen Brief bevorzugt, können unterschiedliche Mittel zur Pflege der Kundenbeziehungen eingesetzt werden (Schlemm 2002: 8f).
- Die genaue Analyse der Kundeninteressen ermöglicht auch das Ziehen von Rückschlüssen auf das künftige mögliche Kaufverhalten und die Auslotung von Crossselling-Potenzialen. Wenn z. B. ein Konzertveranstalter von einigen seiner Besucher weiß, dass sie große Verehrer eines bestimmten Komponisten sind, bildet dies einen guten Ansatzpunkt, um sie beispielsweise zur (Ur-)Aufführung einer Komposition von einem seiner Schüler unter Bezugnahme auf seinen Lehrer einzuladen.
- Im Bereich der *Value Added Services* können bestimmte Sonderleistungen (zu besonderen Preisen!) angeboten werden. Manche Theater bieten bereits sog. *Packages* an, die z. B. ein exklusives Dinner in einem kooperierenden Restaurant mit Limousinen-Transfer beinhalten und die zusammen mit der Theaterkarte bezogen werden können. Bei Kenntnis der Geburtstags- oder Hochzeitstage könnte dieses Datum zum Anlass für das Angebot eines exklusiven Jubiläumspakets im Theater genommen werden. Ebenso bietet sich auch die Ausrichtung eines Kindergeburtstages unter Einbindung eines Kindertheaterstückes an (Schlemm 2002: 10).
- Es können Karten für eine bestimmte Theateraufführung zu einem günstigeren Preis als üblich an bestimmte Zielgruppen, etwa für die Zielgruppe Jugendliche (Einsteigerangebote) oder für neuzugezogene Bürgerinnen und Bürger (zum Kennenlernen der Einrichtung) angeboten werden bzw.
- Oder genau umgekehrt können zu einem wesentlich höheren Preis Angebote an Stammbesucher in Verbindung mit gezielten Zusatzangeboten wie Gespräch mit dem jeweiligen Regisseur, Theaterführung, Empfang durch den Intendanten usw. gemacht werden.

Um ein funktionierendes Database-Marketing für eine Kultureinrichtung aufzubauen sind zunächst die entsprechenden technischen Voraussetzungen (PC und entsprechende Datenbank-Software) zu schaffen. Die zu sammelnden Daten sind in drei große Kategorien einzuteilen:

(1) Grunddaten; hierzu zählen vor allem die oben erwähnten soziodemographischen Daten wie Name, Titel, Geschlecht, Adresse, Geschlecht, Beruf, Alter, Bildung, Familienstand usw., soweit sie für das Marketing relevant sind; von besonderer Bedeutung sind darüber hinaus vor allem die

(2) Reaktionsdaten der Kunden, in erster Linie also die verhaltensorientierten Merkmale des Besucher wie: Zeitpunkt der Buchung, Zeitpunkt der Erstbuchung des Abonnements bzw. eventuell Kündigung, Änderungen der Mitgliedschaft, Langfristigkeit der Buchung, Beschwerden oder Lob an die Kulturorganisation, gegebene Spenden usw. sowie schließlich

(3) Aktionsdaten; hierunter fallen alle von der Kulturorganisation an die jeweiligen Interessenten gerichteten Aktivitäten, wie Telefonanrufe (Telefon-Marketing), Briefe (Mailing-Aktionen), ggf. sogar Kundenbesuche und vor allem feststellbare Reaktionen hierauf.

Der Aufbau bzw. die permanente Pflege des Datenmaterials lässt sich durch folgenden Kreislauf veranschaulichen:

(1) Gewinnung der relevanten Daten von Mitgliedern bzw. Interessenten (z. B. durch Anmeldeformulare, Preisausschreiben, Telefonanrufe, eMails usw.)	
(5) *Reaktionen* der Mitglieder bzw. Interessenten dienen der ständigen Aktualisierung der Daten bzw. versorgen die Datenbank mit neuen Informationen.	(2) Die Daten werden in einer Datenbank jeweils nach *Grund-*, *Reaktions-* und *Aktionsdaten* eingeteilt und erfasst.
(4) Die so gewonnenen Daten werden für die Entwicklung *zielgruppenspezifischer Produkte / Programme* und eine entsprechende *zielgruppenspezifische Kommunikation* genutzt (z. B. die Entwicklung neuer Abo-Reihen, Online-Kommunikation, Angebots-„Pakete" usw.)	(3) Die Daten werden nach bestimmten Gesichtspunkten zusammengefasst, um verschiedene *Profile* der Besucher bzw. *Segmente* des Marktes („Typen") beschreiben und bearbeitbar machen zu können.

Abb. 37: Database-Marketing

Gündling (1997: 310) gibt einige wichtige Hinweise, wie die Datenbank erfolgreich im Sinne des individuellen Partnerschaftsmarketings entwickelt werden kann.

- Man sollte jeden persönlichen Kontakt mit den (potenziellen) Besuchern suchen, um zusätzliche Informationen über ihre Bedürfnisse und Wünsche zu erhalten. Am besten ist dies natürlich in Gesprächen zu erreichen, seien sie persönlich (etwa an der Kasse, beim Kartenabriss, im Foyer usw.) oder telefonisch (bei Kartenbestellungen, bei Informationsanfragen, aber auch bei Beschwerden). Jeder dieser Kontakte sollte optimal genutzt werden – nur so kann der Besucher dauerhaft zufriedengestellt werden bzw. lassen sich u. U. längerfristig entwickelnde (neue) Besucherbedürfnisse entdecken. Hier wird wiederum deutlich, wie wichtig es ist, dass *alle* Mitarbeiterinnen und Mitarbeiter in die Besucherbindung mit einbezogen werden.

- In der Datenbank sollte ein Frühwarnsystem eingebaut sein, das auf massive Veränderungen im Buchungsverhalten reagiert: etwa bei Abonnementskündigungen bzw. bei Nichtverlängerungen, bei Abmeldungen von Kursangeboten usw. Nur wenn dieses Warnsystem zeitnah (und nicht am Jahresende!) reagiert, kann rechtzeitig nachgefasst werden und können *verlorene Besucher* ggf. zurückgewonnen werden.
- Die Datenbank sollte so gestaltet sein (Eingabemaske!), dass sie für alle Mitarbeiter, die Kontakt mit (potenziellen) Besuchern haben, zugänglich und vor allem auch verständlich ist. Jeder, der Besucherkontakt hat, sollte die Möglichkeit haben, die neu gewonnen Kenntnisse über Wünsche und Bedürfnisse entsprechend einzugeben und allen anderen verfügbar zu machen.
- Man sollte nicht nur aus *heutiger* Sicht relevante Daten aufnehmen, sondern auch langfristig wirkende (ob sich z. B. abzeichnet, dass familiärer Nachwuchs ebenfalls Interesse an Angeboten hat, z. B. bei jüngeren Geschwistern in der Musikschule, die in diesem Falle dann gezielt angesprochen werden könnten).
- Es muss ein Konzept erarbeitet werden, das für alle Mitarbeiter verständlich definiert, was mit dem Datenbankmarketing erreicht werden soll. Grundlage hierfür sind die Ziele und Aufgaben, die in dem gemeinsam mit den Mitarbeitern erarbeiteten Konzept Individuelles Partnerschaftsmarketing der Kultureinrichtung festgelegt sind.

Database-Marketing sollte darüber hinaus im Kulturbetrieb langfristig sinnvollerweise in ein geschlossenes Kundenbindungsprogramm (Kundenclub, Mitgliedschaft, Förderverein usw.) integriert sein statt ein jedem zugängliches, weniger fokussiertes, eher auf die Masse abzielendes, offenes Kundenbindungsprogramm (Kundenkarte) zu präsentieren (vgl. zum Folgenden ausführlich Butscher 1999), und zwar aus mehreren Gründen:

- Die Mitglieder in einem geschlossenen Kundenbindungsprogramm sind eher bereit, Informationen über sich preiszugeben, da sie eine höhere Affinität und ein größeres Vertrauen zu dem Produkt oder der Organisation haben. Durch den Beitritt in das Programm erlauben die Mitglieder implizit oder erwarten sogar, dass über sie bestimmte Informationen gesammelt werden, was vorhandene Bedenken über Datenschutz und Eingriff in die Privatsphäre reduziert. Dieses Vertrauen darf natürlich nicht mit ständigen Direktmails und Produktangeboten missbraucht werden. Dementsprechend ist der Weiterverkauf dieser Daten an Dritte natürlich ausgeschlossen, denn dies wäre der wohl denkbar schlimmste Vertrauensbruch.
- Die Affinität zeigt sich auch in einer eher emotionalen Beziehung zu dem Produkt oder der Organisation. Daher brauchen die Daten in diesem Falle nicht allein auf

soziodemographische Fakten beschränkt bleiben, denn Mitglieder von geschlossenen Kundenbindungsprogrammen sind eher bereit, ihre Einstellungen und persönlichen Präferenzen mitzuteilen, wenn sie gefragt werden. Die Mitglieder solcher Programme sind in der Regel auch Nutzer der Produkte, so dass Daten über Produktwahrnehmung und -nutzung, Kauffrequenz usw. über einen längeren Zeitraum hinweg verfolgt werden können

- Schließlich haben die Daten aus geschlossenen Kundenbindungsprogrammen auch eine höhere Zuverlässigkeit und Qualität – einfach dadurch, dass die Besucher immer wieder in Kontakt mit der entsprechenden Kultureinrichtung treten.

Hinsichtlich des Einsatzes von Database-Marketing gilt es unabhängig von allen Akzeptanzfragen durch die Besucher die in Deutschland geltenden rechtlichen Bestimmungen zu beachten (vgl. zum Folgenden auch Schlemm 2002: 45ff). Rechtsgrundlagen sind hier vor allem das *Bundesdatenschutzgesetz* (BDSG) sowie die in den einzelnen Bundesländern geltenden *Landesdatenschutzgesetze*, die mit dem BDSG inhaltlich weitgehend übereinstimmen (vgl. hierzu ausführlich Wittig 1997).

Ziel des BDSG ist es, „den Einzelnen davor zu schützen, dass er durch den Umgang mit seinen personenbezogenen Daten in seinem Persönlichkeitsrecht beeinträchtigt wird" (§ 1 Abs. 1 BDSG) und ihm somit ein „Schutz auf informelle Selbstbestimmung" zu garantieren. Deshalb ist das Speichern und Nutzen von personenbezogenen Daten grundsätzlich verboten, sofern es nicht durch gesetzliche Regelung gesondert erlaubt wird oder der Betroffene seine Einwilligung hierzu gibt. Diese Einwilligung muss schriftlich und zweckgebunden erfolgen, d. h. der Einwilligende muss darüber aufgeklärt werden, zu welchen Zwecken seine Daten genutzt werden.

Der § 33 BDSG schreibt eine *Benachrichtigungspflicht* vor, d. h. wenn der Betroffene nicht auf andere Weise Kenntnis von der Speicherung seiner Daten erlangt bzw. sie öffentlichen Quellen entnommen werden können, ist er über die datenmäßige Speicherung zu informieren. Bei einem Preisausschreiben muss der Teilnehmer sowohl auf die Speicherung und die weitere Verwendung zu Werbezwecken als auch die Freiwilligkeit seiner Angaben hingewiesen werden (Wittig 197: 852, 858f). In den meisten Fällen kann dies in Form eines klein gedruckten Zusatzes erfolgen. Im Rahmen der Informationsgewinnung per Internet ist ein sog. *Privacy Statement*, also eine Erklärung des Anbieters, dem Datenschutz Rechnung zu tragen, zu empfehlen.

In § 34 BDSG ist – neben der Benachrichtigungspflicht – darüber hinaus auch ein *Auskunftsrecht* des Betroffenen gesichert, d. h. er kann jederzeit Auskunft darüber verlangen, welche Daten zu welchem Zweck gespeichert werden, woher die Daten stammen und an wen sie ggf. übermittelt werden.

Wenn der Kunde gemäß § 28 Abs. 3 BDSG *Widerspruch gegen die Speicherung* seiner Daten einlegt, so ist dem unbedingt Folge zu leisten, weil eine Verwendung der Daten dadurch unzulässig, eine Übermittlung an Dritte (z. B. Adressenaustausch) sogar strafbar ist. Als Widerspruch gilt bereits die Rücksendung eines adressierten Werbebriefes mit dem Vermerk „Annahme verweigert"! Ein Abgleich der eigenen Kundenkartei mit der vom *Deutschen Direktmarketing e.V.* geführten Listen jener Verbraucher, die generell gegen die Verwendung ihrer Adressen zu postalischen Werbezwecken widersprochen haben (sog. *Robinson-Liste*) kann sehr hilfreich sein, um unnötige Verärgerungen zu vermeiden.

Zulässig ist nach § 28 Abs. 1 BDSG die Speicherung der Daten „im Rahmen der Zweckbestimmung eines *Vertragsverhältnisses* oder *vertragsähnlichen Vertrauensverhältnisses* mit dem Betroffenen.“ Dies bedeutet, dass während der Dauer einer bestehenden oder sich anbahnenden Geschäftsbeziehung – begonnen bei der Anforderung von Informationsmaterial bis zur Beendigung bzw. Nichtverlängerung eines Abonnements, der Mitgliedschaft in einem Kundenclub, der Schülerschaft in einer Musikschule usw. – die Speicherung und Nutzung von Besucherdaten, die zur Vertragsabwicklung und Aufrechterhaltung der Kundenbeziehung vonnöten sind, unproblematisch sind (Gran 1995: 221).

Es kann davon ausgegangen werden, dass dies die Grund-, Aktions- und Reaktionsdaten betrifft. Problematisch wird es sicherlich hinsichtlich der psychographischen Daten; hier muss zwischen den Marketinginteressen des Theaters und den entgegenstehenden, schutzwürdigen Interessen der Besucher eine sehr sorgfältige Abwägung getroffen werden (Wittig 1997: 857). Keinesfalls darf es unerlaubt zur Erstellung eines individuellen Persönlichkeitsprofils kommen; die Registrierung des jeweiligen Konsumverhaltens bleibt davon jedoch unberührt (Gran 1995: 225f).

Mit der *Beendigung des Vertragsverhältnisses* (also der Kündigung eines Abonnements, dem Enden einer Mitgliedschaft in einer Musikschule usw.) oder dem Nichtzustandekommen einer Kundenbeziehung gemäß § 28 Abs. 1 BDSG entfällt die Grundlage für die Speicherung der Daten. Allerdings ist an gleicher Stelle auch geregelt, dass die Speicherung erfolgen darf, „soweit dies zur Wahrung berechtigter Interessen der speichernden Stelle erforderlich ist und kein Grund zu der Annahme besteht, dass das schutzwürdige Interesse des Betroffenen an dem Ausschluß der Verwendung überwiegt.“ Schließlich regelt § 28 Abs. 1 auch, dass die Aufnahme von personenbezogenen Daten auch dann zulässig ist, wenn sie „aus allgemein zugänglichen Quellen entnommen werden können, es sei denn, dass das schutzwürdige Interesse des Betroffenen an dem Ausschluss der Verwendung offensichtlich überwiegt.“

Insgesamt sollte die Kultureinrichtung, die ein Database-System aufbaut, vom *Grundsatz der Datensparsamkeit* ausgehen. Es dürfen nur solche Daten erhoben und gespeichert werden, die zur Durchführung der Leistung unbedingt benötigt werden. So sollte beispielsweise die Abfrage einer Telefonnummer oder einer E-Mail-Adresse vermieden werden, wenn der Besucher selbst auf gar keinen Fall telefonischen Kontakt wünscht oder per E-Mail kontaktiert werden will. Unbedingt ist der vertrauliche Umgang mit den Daten zu gewährleisten, d. h. es müssen die technischen Voraussetzungen hinsichtlich der Zugangsberechtigung getroffen werden (Passwort!) und alle Personen, die mit personenbezogenen Daten arbeiten, müssen auf das Datengeheimnis verpflichtet werden.

Schließlich ist nach § 36 Abs. 1 und 2 in allen Betrieben mit mehr als fünf Arbeitnehmern ein betrieblicher *Datenschutzbeauftragter* zu bestellen (vgl. zum gesamten Komplex ausführlich Schlemm 2002: 46-49).

Bei der Frage der Einführung eines Database-Marketing Systems in einer Kultureinrichtung (vgl. zum Folgenden Schlemm 2002: 51ff.) und der technischen Umsetzung muss diese zunächst ganz grundsätzlich entscheiden, ob sie eine *Inhouse-Lösung* vorzieht (bei der sie einen permanenten Zugriff auf die eigenen Daten hat, diese dann aber auch selbst verwalten muss) oder ob sie eine *Outsourcing-Lösung* wählt (bei welcher die Datenbank von einem EDV Dienstleistungsunternehmen verwaltet wird). Letztere Lösung hat vor allem den Vorteil, dass die Kultureinrichtung permanent aktuelles technisches Know-how und einen leistungsfähigen Fachservice mitgeliefert bekommt.

Darüber hinaus muss geklärt werden, ob auf eines der auf dem Markt gängigen *Standard-Programme* zurückgegriffen werden soll oder ob eine *spezielle Software* für den eigenen Betrieb entwickelt werden muss. Auf dem Markt sind verschiedene Standard-Produkte für Database-Marketing erhältlich, die für produzierende und Dienstleistungsgewerbe entwickelt wurden. Diese können an den jeweiligen Kulturbetrieb angepasst werden, indem die entsprechenden Merkmalsfelder individuell definiert werden. Allerdings decken diese Standardprogramme nicht unbedingt alle gewünschten Funktionen ab. Solche Standardprogramme sind beispielsweise *Datema-Business Manager* der Firma *Datema business computing GmbH* in Nürtigen (www.datema.de) oder *Intermail* der Firma *Relate GmbH* (www.relate.de) in Starnberg.

9.2 Virtuelle Kundenbindung

„Das Internet ist zweifelsohne ein ganz besonderes Medium. Kein anderes Medium hat es geschafft, in so kurzer Zeit in zumindest einigen Ländern der Welt massenmedialen Charakter zu erreichen. So brauchte das Radio fast 40 Jahre, um weltweit 50 Millionen Nutzer zu erreichen, das Fernsehen immerhin 13 und der PC 16 Jahre. Dem Internet ist dies – so zumindest vermeldet es der *Human Development Report* der *Vereinten Nationen* – innerhalb von weniger als fünf Jahren gelungen" (Ridder 2002: 121).

Einige weitere Daten können verdeutlichen, welche Bedeutung die Nutzung des Internets in Gegenwart und naher Zukunft haben wird (vgl. hierzu Martin 2003). Der Verkehr im Internet verdoppelt sich alle hundert Tage. Für Ende 2004 sagen Experten voraus, dass eine halbe Milliarde Menschen im Internet sein wird; Europa wird ein Drittel dieser Gemeinschaft repräsentieren – oder umgerechnet ungefähr 170 Millionen Menschen. In Deutschland sind gegenwärtig etwas mehr als 33 Millionen Menschen online, und es wird vorhergesagt, dass es 2004 etwa 47,9 Millionen sein werden, mehr als in Frankreich und Italien zusammen.

Eine noch schlagkräftigere Aussage liefert allerdings der prozentuale Vergleich der Internetnutzer bezogen auf die Bevölkerung. Es wird prognostiziert, dass 57,3 % der Deutschen 2004 Zugang zum Netz haben werden. Deutschland ist damit, was die Verbreitung des Internets betrifft, sehr dicht an Canada und den Vereinigten Staaten von Amerika.

Ein anderer wichtiger Datenkomplex befasst sich mit dem Zugang zu *Breitbandkabel.* Breitband ist eine Internetverbindung mit einer Download-Geschwindigkeit von über 200 Kilobytes pro Sekunde. Die meisten Heimmodems arbeiten gegenwärtig noch mit zwischen 42 und 57 Kilobytes pro Sekunde. Breitband ist von daher der Schlüsselzugang zu Audio- und Videostreaming und fortgeschrittener Netzsoftware. Durch diese neue Technik können in Sekundenschnelle nicht nur Texte, sondern Videofilme, Musik usw. von den entsprechenden Websites herunter geladen werden – ein wunderbares Instrument für ein Opernhaus, um kleine Kostproben aus Arien der neuen Produktion den Interessenten frei Haus zu liefern.

Gegenwärtig haben ein wenig mehr als eineinhalb Millionen Haushalte in Deutschland Zugang zu Breitband, aber vorausgesagt ist ein sechsfaches Wachstum auf neun Millionen im Jahr 2004. Während gegenwärtig nur fünf Prozent der Haushalte in Deutschland Breitband-Zugang haben, wird erwartet, dass dies 2004 auf ein Viertel aller Haushalte anwachsen wird. Das bedeutet, dass 2004 fast die Hälfte derjenigen Haushalte, die Internetzugang haben, auch Breitbandzugang haben werden. Dies ist ein sehr wichtiger Faktor für die Internetnutzung.

Einige inhaltliche Prognosen über die Entwicklung des Internets können dessen Bedeutung auch für den Einsatz innerhalb der Kundenbindung in Kulturbetrieben weiter verdeutlichen. Erstens werden die Computer insofern „menschlicher" werden, als sie gesprochene Sprache verstehen werden, also Spracherkennungsprogramme entwickelt werden. Zweitens werden Netzwerke allgegenwärtig sein und jede vorstellbare Systemvariante, Hardware und Ausrüstung miteinander verbinden. Das Netz wird drittens „smarter" werden in dem Sinne, dass es mehr und mehr über den Gebrauch des Internets durch den jeweiligen Nutzer „weiß" und ihm helfen wird, sehr viel schneller und effizienter denjenigen Inhalt zu finden, den er gerade sucht. Dies war bereits in der Entwicklung der sog. *Cookies* zu sehen und beim Gebrauch von dynamischen Webseiten – Webseiten, die auf Database-Ebene zusammengestellt werden und deren Inhalt darauf basiert, was der Nutzer jeweils bei seinem vorherigen Besuch im Netz gesehen und getan hat (vgl. hierzu beispielsweise die persönlichen Buchempfehlungen bei *amazon.com*). Und viertens wird die Unterhaltung immer digitaler, nicht nur die digitalen Steigerungsformen von Film und Fernsehen, sondern auch Unterhaltungsformen, die speziell dafür entwickelt werden, im Netz angesehen zu werden.

Angesichts dieser Entwicklung ist es auch für die verschiedenen Kulturbetriebe unerlässlich, sich mit den neuen Medien und ihrem Einfluss auf das Besucherverhalten, den Chancen und den Risiken, intensiv und differenziert zu beschäftigen (vgl. zu diesem Thema auch ausführlich Klein 2001: 455-469).

Wer sind die Nutzer des Internet? Folgt man den Forschungsergebnissen der verschiedenen *Online-Studien* von *ARD* und *ZDF*, so sind in Deutschland von den Online-Nutzern „59 Prozent männlich und 41 Prozent weiblich. Knapp zwei Drittel der Onliner befinden sich in der Ausbildung, 21 Prozent sind berufstätig und 14 Prozent sind nicht oder nicht mehr berufstätig. Während 19 Prozent Volks- oder Hauptschulabschluss besitzen, hat ein gutes Drittel weiterführende Schulen besucht. Der Rest, immerhin noch fast die Hälfte der Onliner, haben Abitur oder Studium. Entsprechend ‚jung' ist auch die Alterszusammensetzung der Onliner: Rund 80 Prozent sind unter 50, knapp 20 Prozent älter als 50 Jahre. Die Altersgruppen zwischen 20 und 49 Jahren sind am stärksten vertreten" (Ridder 2002: 122).

Zweifelsohne dürften mit dieser soziodemographischen Beschreibung ziemlich genau jene Zielgruppen erfasst werden, die sich auch für Kunst und Kultur interessieren. So kann es auch kaum verwundern, dass 21 Prozent der Online-Nutzer angaben, das Internet mindestens einmal wöchentlich genutzt zu haben, *um Informationen aus dem Kulturbereich* zu erhalten (immerhin etwa ebenso viele prozentuale Nennungen, wie angaben, *Unterhaltungsangebote* bzw. *Verbraucher- und Ratgeberinformationen* oder *aktuelle Veranstaltungshinweise* und *Informationen aus der Region* abzurufen und erstaunlicher Weise deutlich mehr als etwa *Wetter*- und *Reiseinformationen* nachfragten). Und 31 Prozent äußerten *Interesse* daran, *Kulturinformationen* via Netz abzurufen (ebenso viele wie *Sportinformationen*!) und einen *Online-Kartenservice* zu benutzen (vgl. Ridder 2002: 127)!

Oehmichen / Schröter (2002: 388) beobachten in ihrer Auswertung der *ARD/ZDF Online-Studie* eine „überraschend prägnante Spaltung der Nutzerschaft, die die Onliner in zwei gleich große Gruppen aufteilt: in jene, die aktiv und relativ souverän mit den Möglichkeiten des Mediums umzugehen gelernt haben, und jene, die eher zurückhaltend, teilweise unsicher, generell aber mit eingeschränktem Nutzungshorizont den Umgang mit dem Internet pflegen.“ Sie beschreiben diese beiden Hauptgruppen folgendermaßen detaillierter (2002: 378ff):

(1) Auf der einen Seite sehen sie eine Gruppe von Internetnutzern, die durch ein *aktiv-dynamisches* Verhalten gekennzeichnet sind, die relativ häufig und kontinuierlich online sind, deren Vielseitigkeit der Nutzanwendungen und deren Aufgeschlossenheit für das Medium erkennen lässt, dass sie ein fortgeschrittenes Aneignungsniveau des Mediums erreicht haben und ihren Erfahrungs- und Nutzungshorizont stetig zu erweitern suchen.
Tendenziell sind die aktiv-dynamischen Onlinenutzer jünger, männlich und verfügen über einen höheren formalen Bildungsgrad. Die dynamischen Nutzer sind fast zur Hälfte (46 Prozent) täglich online und ihre Internetsitzungen sind werktäglich fast 2 ½ Stunden (147 Minuten) lang. Sie gehen recht zielgerichtet mit dem neuen Medium um, setzen Suchmaschinen und eigene Bookmarks zum Wiederauffinden von Seiten souverän ein und nutzen das Medium außerordentlich vielfältig, was ihrem eher breiten Interessenspektrum entspricht.

(2) Auf der anderen Seite ist eine Nutzergruppe zu beschreiben, die das neue Medium eher *selektiv-zurückhaltender*, das heißt auf wenige Funktionen und Inhalte beschränkt, wahrnimmt und nutzt. Das Internet ist hier vergleichsweise wenig in den Alltag integriert, spielt im Zeitbudget eine geringere Rolle und der Umgang damit erfolgt weniger routiniert und souverän. Der selektiv-zurückhaltende Nutzertyp ist eher älter, eher weiblich und verfügt über einen geringeren Bildungsgrad. Es handelt sich um eine Gruppe, die in der Regel später zu diesem Medium Zugang gefunden hat. Sie ist erst durchschnittlich gut drei Jahre online, knapp die Hälfte dieses Typus surft auf einem Erfahrungshintergrund von nur ein bis drei Jahren. Das Internet wird sehr selektiv und nur ab und zu genutzt. Lediglich 21 Prozent der Gruppe gehen täglich ins Internet. Die werktägliche Internetsitzung ist knapp 1 ½ Stunden (84 Minuten) lang.

Im Zusammenhang mit der Frage „Wer sind unsere Besucher?“ wurde bereits ausführlich auf das Verfahren der *Lebensstilsegmentierung* eingegangen und die *MedienNutzer-Typologie* der *ARD/ZDF*-Studien erwähnt. Besonders interessant ist nun unter dem Gesichtspunkt der Internetnutzung und virtuellen Kundenbindung die Frage, welche Lebensstilgruppen überdurchschnittlich das Internet nutzen – und von welchem Interesse diese für die einzelnen Kultureinrichtungen sind.

Die Studie von Oehmichen / Schröter (2002: 380f) macht deutlich, dass es vor allem vier Lebensstilsegmente sind, in denen der *aktiv-dynamische* Typus besonders überdurchschnittlich vertreten ist:

- die *Jungen Wilden*; diese Gruppe umfasst jüngere Personen mit einem Durchschnittsalter knapp über 20 Jahren, für die die persönliche Entfaltung im Mittelpunkt steht und deren Verhalten als aktionistisch, hedonistisch und spannungsorientiert beschrieben werden kann;
- die *Erlebnisorientierten*; diese sind im Durchschnitt ca. 30 Jahre alt, unterscheiden sich von den *Jungen Wilden* durch mehr Realismus und ein höheres Maß an Berufsorientierung; eine hedonistische Grundhaltung (Spaß haben) bleibt jedoch typisch;
- die *Leistungsorientierten* sind weltoffen, urban, karriereorientiert, in ihrer Weltsicht nüchtern und sachlich. Sie verfügen über ein hohes Bildungskapital und sind ökonomisch gut gestellt. Ihr breites Allgemeininteresse schließt Politik, Wissenschaft/Technik und Kultur ein, ihr Durchschnittsalter beträgt Mitte 30;
- die *Neuen Kulturorientierten*; sie unterscheiden sich von den *Leistungsorientierten* durch ein höheres Maß an kultureller Aktivität (Neue Kulturszene), durch Kreativität und Intellektualismus. Sie sind weltoffen, reflexiv und eher postmateriellen Werten verpflichtet; ihr Durchschnittsalter beträgt Anfang 40.

Diese Gruppen nutzen, wie gesagt, überdurchschnittlich aktiv-dynamisch das Internet und seine Möglichkeiten. Demgegenüber stehen die eher selektiv-zurückhaltend orientierten Nutzer: hier sind die Gruppen der *Unauffälligen*, der *Häuslichen*, der *Zurückgezogenen* und der *Aufgeschlossenen* deutlich überrepräsentiert.

Betracht man die sonstigen Verhaltensweisen der aktiv-dynamischen Nutzer im einzelnen, so steht zu vermuten, dass diese Gruppen auch eher an Angeboten in Kunst und Kultur interessiert sind. Die Konsequenz daraus kann daher nur lauten: Will eine Kultureinrichtung die oben genannten Zielgruppen erreichen, muss sie sich aktiv mit den Möglichkeiten der virtuellen Kommunikation befassen und sich mit den Wünschen und Bedürfnissen dieser Zielgruppen aktiv auseinandersetzen.

Eine Zielgruppe, die für Kultureinrichtungen ebenfalls von ganz besonderem sein dürfte, fällt allerdings deutlich aus diesem Schema heraus: die Zielgruppe der *Klassisch Kulturorientierten*. Diese repräsentieren am ehesten das klassische Bildungsbürgertum: ihre Mitglieder sind geistig beweglich, weltoffen, selbstbewusst bis elitär mit großem Interesse am kulturellen Geschehen (klassischer Kulturbegriff), mit einem eher traditionellen und konservativen Weltbild ausgestattet und einem Durchschnittsalter von Anfang 60.

Zwar ist ihr Nutzeranteil deutlich höher als bei der Gruppe der *Häuslichen* und *Zurückgezogenen* und zweifelsohne hat diese Gruppe das neue Medium schon recht prägnant und zielorientiert in seinen Alltag integriert. Die Neigung zum Surfen, zu unbestimmten Surfbewegungen im Netz bleibt dagegen vergleichsweise gering. Eine allgemein skeptische Grundhaltung gegenüber dem Internet ist den *Klassisch Kulturorientierten* zu eigen, was zumindest teilweise die geringe Anschlussdynamik ans Netz in dieser Gruppe erklärt, die eigentlich über die bildungsmäßigen und ökonomischen Voraussetzungen hierfür verfügt, vom großen Interessenspektrum ganz zu schweigen (Oehmichen / Schröter 2002: 386).

„Ihr Informationsbedürfnis befriedigen die *Klassisch Kulturorientierten* vornehmlich über Bücher, Tageszeitungen, Hörfunk und Fernsehen. Das Internet wird von ihnen als zusätzliches Medium angesehen, das über die bereits genutzten Medien hinaus kaum einen weitergehenden Nutzen verspricht. Entsprechend lohnt es sich für viele *Klassisch Kulturorientierte* nicht, sich mit dem Internet abzugeben – es sei denn, eine berufliche Notwendigkeit rechtfertigt den Aufwand des Internetzugangs" (von Eimeren / Gerhard / Fees 2002: 349).

So, wie oben der dringende Hinweis an die Kultureinrichtungen angebracht war, das Internet und seine Möglichkeiten intensiv zur Erreichung der angesprochenen Zielgruppen zu nutzen, so deutlich muss an dieser Stelle darauf hingewiesen werden, dass eine Kulturorganisation schlecht beraten wäre, wenn sie sich *ausschließlich* auf diese Medien verlassen würde. Denn gerade die Gruppe der *Klassisch Kulturorientierten* dürfte nach wie vor das Hauptkontingent an Besuchern von Kultureinrichtungen stellen – und diese zu vernachlässigen könnte für den Kulturbetrieb fatale Folgen haben!

Die hier interessierende Frage der Kundenbindung im Netz bzw. die *virtuelle Kundenbindung* stellt nun eine ganz spezifische Herausforderung auch und gerade für die Kulturbetriebe dar, die weit über die traditionelle Besucherbindung hinausgeht. Denn auf der einen Seite eröffnet die Welt des Internets völlig neue Möglichkeiten der Kundenbindung, auf der anderen Seite gilt auch: „Der virtuelle Kunde im Internet ist flüchtig" (so der bezeichnende Titel eines Artikels in der *Frankfurter Allgemeinen Zeitung* vom 14.12.2000; vgl. Wirtz 2000).

„Die rasante Entwicklung des Internet führt zu grundlegenden Veränderungen in Wirtschaft und Gesellschaft: Geschäftsprozesse können verbessert, Kundenbeziehungen optimiert, Lieferantenbeziehungen kostengünstiger gestaltet und neue Märkte erschlossen werden. Im Electronic Commerce gewinnt das Management der Kundenbeziehungen vor dem Hintergrund der technologischen Innovationen und hiermit verbundener Anwendungspotenziale zur Individualisierung von Geschäftsbeziehungen wesentlich an Bedeutung. Neue Unternehmensbefragungen zum Electronic Commerce zeigen, dass der Kundenorientierung und der Kundenbindung die höchste Bedeutung unter allen Unternehmenszielen im Electronic Commerce beigemessen wird. Der Grund: Der virtuelle Kunde im Internet ist von flüchtiger Natur. Dass er dieses Naturell besitzt, liegt zu einem Großteil an den ökonomischen Eigenheiten des Internet selbst. Die hohe Markttransparenz und Wettbewerbsintensität haben im Internet inzwischen eine Art Hyperkonkurrenz entstehen lassen" (Wirtz 2000).

Wirtz (2000) diskutiert die Chancen und Risiken der Auswirkungen des Electronic Business auf die Kundenbindung; zu den Chancen rechnen:

- die Verbesserung des kundenindividuellen Dialogs,

- die individualisierte Ansprache eines Massenpublikums,
- die Erhöhung der Wechselbarrieren durch individualisierte Angebote,
- die Kundenbindung durch positive Netzeffekte sowie
- interaktive, lernende Kundenbeziehungen.

Dem stehen allerdings unübersehbar Nachteile hinsichtlich der Kundenbindung gegenüber; hierzu zählen:

- die „Free-Lunch"-Mentalität vieler Internet Benutzer,
- die Preissensivität durch hohe Markttransparenz,
- die Senkung der Wechselbarrieren durch Angebotsvielfalt,
- die hohe Wettbewerbsintensität durch geringe Markteintrittsbarrieren,
- die Entstehung von „Winner takes it all"-Märkten durch Netzeffekte und kritische Masse.

Interessanterweise tauchen hinsichtlich der virtuellen Kundenbindung ganz ähnliche Phänomene, die bereits im traditionellen Marketing vorhanden sind (und in vorherigen Kapiteln diskutiert wurden), auch im Internet auf und werden dort – zumindest zunächst noch von vielen – mit den herkömmlichen Lösungsversuchen angegangen. So werden z. B. auch im Internet viel zu häufig noch *Gebundenheitsstrategien* (an Stelle von Verbundenheitsstrategien) eingesetzt oder ist zu oft noch die Bereitschaft vorhanden, hohe Kosten in die *Neukundengewinnung* zu investieren anstatt auf Kundenbindung zu setzen.

„Viele Internet-Unternehmen versuchen den flüchtigen Kunden durch ‚lock in'-Strategien zu binden. Hierbei wird versucht, die Wechselbarrieren für Kunden gezielt zu erhöhen. Ein Beispiel hierfür ist der Aufbau von technologischen und ausbildungsbezogenen Wechselbarrieren. *Oracle* etwa hat durch die Etablierung eines technologischen Standards für Internet-Datenbanken bewirkt, dass seine Kunden zum Teil hohen Investitionen in Software tätigen und entsprechende Ausbildungskurse belegen und damit fast zwangsläufig an das Unternehmen gebunden werden, da bei einem Anbieterwechsel diese Aufwendungen verloren wären" (Wirtz 2000).

Aber auch die hohen Kosten der Neukundengewinnung, die an anderer Stelle im traditionellen Marketing angesprochen wurden, werden auch im Internet ganz offensichtlich nicht gescheut. „Nach dem Motto ‚viel hilft viel' werden bis zu 70 % der Gesamtausgaben für Marketing und Werbung ausgegeben, ohne nach ökonomisch sinnvollen Strategien zur Erzielung von E-Loyality zu suchen. Dass diese Vorgehensweise sehr teuer und ökonomisch kaum noch zu rechtfertigen ist, belegen die Akquisitionskosten der Neukundengewinnung im Internet. So werden schätzungsweise 150-300 Dollar für die Gewinnung eines Neukunden im Internet-Geschäft aufgewendet. Stellt man nun diesen Kundenakquisitionskosten die erzielten Umsätze entgegen, so ergibt sich aus einer einfachen Beispielrechnung ein erstaunliches Ergebnis. Der weltweit größte Onlinedienst *AOL* hat beispielsweise einen Umsatz je Onlinekunde von etwa 290 Dollar im Jahr; hiervon entfallen allerdings 190 Dollar auf Nutzungsgebühren und etwa 100 Dollar auf Werbe- und E-Commerce-Erlöse. *Amazon*, der weltweit größte Online-Händler, gibt an, etwa 130 Dollar Umsatz je Kunde und Jahr zu erzielen. Betrachtet man nun auch noch, dass nur ein Teil des Umsatzes wieder in die Gewinnung von Neukunden investiert werden kann, wird schnell deutlich, wie lange der virtuelle Kunde an das Internet-Unternehmen als Stammkunde gebunden werden muss, damit hier Gewinne in der Kundenbindung erzielt werden können. Das Ergebnis ist deutlich: In der Internet-Ölonomie werden dauerhaft nur die Unternehmen erfolgreich sein, denen es gelingt, eine überlegene Form der Kundenbeziehung und Kundenbindung aufzubauen“ (Wirtz 2000).

Martin (Martin 2003) spricht in diesem Zusammenhang von vier „fundamentalen Internet-Gesetzen“, die es auf jeden Fall zu beachten gilt, will man im Netz erfolgreich sein:

(1) Das Gesetz von „*Ziehen und Stoßen*“ (*The Law of Push and Pull*); zunächst muss das Publikum auf die eigene Website der Kultureinrichtung gezogen werden, indem ihm attraktive und nützliche Inhalte angeboten werden. Ist der Kunde so gewonnen, können ihm dann schließlich ganz regelmäßig mehr und mehr und umfangreichere Informationen – etwa per E-Mail – gesandt werden.

(2) Das „*Gesetz der Sackgasse*“ (*The Law of Dead-End Street*). Einkäufer schlendern nicht „zufällig“ in ein Geschäft am Ende einer Sackgasse. Ebenso wenig werden Internet-Surfer „zufällig“ auf eine bestimmte Website stoßen, wenn sie zu Hause durch das Netz surfen. Sie müssen motiviert sein, diese zu besuchen. Die Lösung hierfür ist ein durchdachtes Marketingkonzept für den eigenen Netzauftritt. Die eigene Web-Adresse muss in allen etablierten Suchmaschinen registriert sein (*Google*, *Yahoo*, *Hotbot*, *AltaVista* etc.). Darüber hinaus sollten auf der eigenen Website Links zu vergleichbaren anderen Websites vorgesehen sein und deren Verwalter gebeten werden, Gleiches für die eigene Website zu tun. Es müssen Events mit Neuigkeitswert geschaffen und die eigene Netzgestaltung (z. B. interessante Nachrichten) genutzt werden, um die Website zu bewerben. Der Schlüssel für Wiederholungsbesucher ist der Inhalt (Content); folglich muss die eigene Website etwas von Wert enthalten, damit die Menschen auf sie zurückkommen.

(3) Das „*Gesetz von Geben und Nehmen*“ (*The Law of Giving and Selling*). Den Menschen muss etwas auf der jeweiligen Website gegeben werden, das ihre Aufmerksamkeit erregt. Das kann u. U. nur eine wichtige Information sein; das können aber auch Rabattgutscheine für den Ticketverkauf sein; es kann auch die Chance auf ein zusätzliches Ticket (z. B. in einem Gewinnspiel) sein. Ihnen muss etwas von Wert angeboten werden, das sie veranlasst, Zeit auf der entsprechenden Website zu verbringen und dadurch mehr an die Kulturorganisation gebunden zu werden.
In gleichem Sinne schreibt Wirtz (2000): „Einer der überlegensten Wege zu E-Loyality ist die Schaffung eines substanziellen Nutzen- oder Konsumvorteils für den virtuellen Kunden. Hier hat das Internet eine Vielzahl intelligenter Geschäftsmodelle hervorgebracht, die den virtuellen Kunden das Leben vereinfachen. Die ursprüngliche Internet-Suchmaschine *Yahoo!* bietet ihren Usern neben einer hervorragenden Navigations- und Suchmöglichkeit ein sehr reichhaltiges Angebot an personalisierten Leistungen, wie etwa ein umfassendes Spiele-, Content- und Commerceangebot. Hier wird durch eine Bündelung verschiedener, persönlich adressierter Leistungen der Kunde umfassend an das Angebot des Internet-Unter-

nehmens gebunden. Neben diesen integrierten Kundenbindungsansätzen bringt die Internet-Ökonomie auch intelligente Fokusangebote hervor. So hat etwa *Priceline.com* durch die Suche und das Angebot von absoluten Niedrigpreisen für eine Vielzahl von Leistungen einen erheblichen Mehrwert für preisbewußte Konsumenten geschaffen. *Ebay*, der Pionier für Internet-Auktionen, ist ein weiteres Beispiel, wie durch die Schaffung eines überlegenen Kundenvorteils eine dauerhafte Form der Kundenbindung im Cyberspace erzielt wird."

Die Beachtung aller dieser Gesetze kann jedoch umsonst sein, wenn das vierte Gesetz missachtet wird:

(4) Das „*Gesetz des Vertrauens*" (*The Law of Trust*). Betrug wird zunehmend zu einem kritischen Problem im Netz. Die Menschen müssen der Kultureinrichtung vertrauen können, wenn sie ein Geschäft mit ihr machen sollen, was auch immer die Basis sein mag, und dies gilt speziell für das Netz. Die jeweilige Kulturorganisation muss deshalb zeitlich und räumlich verankert sein. Deshalb müssen volle Kontaktinformationen vorgesehen sein, am besten Fotos der jeweiligen Gebäude (Theater, Museum, Konzerthaus, Musikschule, soziokulturelles Zentrum usw.), des Personals (Direktion, Kassenpersonal, Garderobe, Technikmitarbeiter usw.) und Beispiele der eigenen Arbeit (Aufführungen, Proben, Arbeitsalltag). Diese Informationen müssen auf einfache und umfassende Weise gegeben werden, dass heißt, es darf den Netzbesuchern nicht schwierig gemacht werden, etwas über die Einrichtung herauszufinden, sonst werden sie misstrauisch. Und am wichtigsten: es müssen sichere finanzielle Zahlungsweisen vorgesehen und diese durch die Werbung deutlich gemacht werden.

Bisher wurde zunächst allgemein über die „virtuelle Kundenbindung" im Internet gesprochen. Im Folgenden sollen nun zwei Besucherbindungsinstrumente genauer betrachtet werden: Die Kundenbindung per *E-Mail* und die *Website* einer Kultureinrichtung.

- **Kundenbindungsinstrument E-Mail**

Immer mehr setzt sich auch in Kultureinrichtungen das mailing per E-Mail als Kommunikationswerkzeug und als Instrument der Kundenbindung durch, ist es doch ein ausgesprochen kostengünstiges und schnelles Medium. Wurden die Besucher eines Museums oder die Abonnenten eines Theaters bislang durch Printmedien angesprochen, so kann dies nun weitaus kostengünstiger über E-Mail erfolgen. So nimmt beispielsweise die Pariser *Opera de la Bastille* interessierte Besucher kostenlos in ihren Newsletter-Verteiler auf und informiert sie in regelmäßigen Abständen über neue Produktionen oder kurzfristig über noch zur Verfügung stehende Karten. Dies geschieht quasi per Knopfdruck, denn in einer einzigen Aktion werden blitzschnell eine Vielzahl von Besuchern erreicht.

Das *Deutsche Historische Museum* beispielsweise will mit seiner deutschprachigen E-Mail-Liste *„demuseum"* die Kommunikation der im Museumsbereich Tätigen bzw. am Museumswesen Interessierten fördern. Diese E-Mail-Liste wurde als Abonnement aufgelegt. Die Abonnenten versuchen einander in spezifischen Museumsfragen weiterzuhelfen, etwa bei der Frage nach einer geeigneten Klimaanlage anlässlich einer Gebäudesanierung, bei der Frage nach Schulungen für Aufsichtskräfte oder bei Nachforschungen nach weniger bekannten Künstlern. Hier ist ein sehr lebendiges Forum entstanden, dessen Teilnehmer einander helfen und unterstützen, sowohl in zum Teil ganz banalen Alltagsfragen als auch bei anspruchsvolleren musealen Belangen (vgl. Schuck-Wersig 2000: 7).

Eine ebenso wichtige andere Lücke schließt die *VL Deutschland* mit ihrem E-Mail-Verzeichnis. Dieses Verzeichnis enthält Adressen und Aufgabenfelder von Museologen und Fachleuten im Museumswesen, die auch online erreichbar sind und ist somit ein gigitales „Who is who" des deutschsprachigen Museumswesens (vgl. Schuck-Wersig 2000: 7).

Die Kostengünstigkeit und Schnelligkeit des E-Mailing birgt indes auch unübersehbare Gefahren. „Ein professioneller Kundendienst per E-Mail erfordert viel Fingerspitzengefühl. Der vermeintlich geringe Mitteleinsatz bei zugleich maximaler Distribution verführt schnell zu einem leichtfertigen Umgang mit dem machtvollen Marketinginstrument. E-Mail wird sensibel wahrgenommen. Bei unsachgemäßer Anwendung können hohe Kosten entstehen – nicht durch den Versand, sondern als Folge des Verlustes von Kunden." Was hier im Blick auf den Konsumgütermarkt gesagt wird, gilt umso mehr noch für den besonders sensiblen Kulturbetrieb und seine Nutzer, die sich dagegen wehren, mit sie nicht interessierenden Informationen zugeschüttet zu werden. Daher seien im Folgenden – in Anlehnung an Christian Bauer (2002) – einige wichtige Regeln für die Online-Kundenbindung per E-Mail formuliert.

- Besucherorientiertes E-Mail-Marketing erfordert zunächst eine *klare Zielformulierung*, denn vergleichbar dem klassischen Marketing ermöglicht es durchaus konkrete Erfolgsmessungen. Daher sollte sich die Kultureinrichtung mittel- und langfristige Ziele setzen, die sowohl den Mitteleinsatz als auch die Erwartungen festlegen: wer und was sollen erreicht werden? Welche spezifischen Zielgruppen können ausgemacht werden? Welche Interessen und Vorlieben haben diese? Wie können sie optimal erreicht werden? Dabei sollte vor allem auf Anregungen der Nutzer und Besucher eingegangen werden: Was erwarten und wünschen sich diese? Und auf jeden Fall sollte deutlich sichtbar darauf hingewiesen werden, wie sich der Nutzer aus dem Verteiler wieder löschen kann (sonst wird er sich im Zweifelsfall gar nicht erst registrieren lassen!).
- Das Versenden von E-Mails sollte nach *wohlüberlegtem Plan* geschehen, d. h. es ist ein strategisches Werkzeug. Zu bedenken ist dabei: Wendet man sich an Neukunden oder wird es als Kundenbindungsmaßnahme für bereits erreichte Kunden eingesetzt? Wie ist die Erreichbarkeit der Nutzer? Wie ist ihr Nutzungsverhalten? Ggf. sollte nachgefragt werden, wie häufig der Nutzer E-Mail-Nachrichten von der Kultureinrichtung erwartet, bzw. wann es ihm lästig wird (denn genau so schnell,

wie der Nutzer sich in den Verteiler aufnehmen lässt, kann er sich selbst daraus löschen – deshalb ist hier ein sehr sensibles Verhalten notwendig).

- Der *Wert der Nutzerdaten* muss respektiert werden, d. h. E-Mail-Daten sind sehr sensibel. Empfänger reagieren weit empfindlicher auf Werbe-E-Mails als auf Postwurfsendungen, dringen diese doch quasi in die Privatsphäre ihres PC's ein. Deshalb sollte nie „auf die Schnelle" ein E-Mailing (es gibt dafür bereits den bezeichnenden Begriff „Junkmail", also der „Abfallmails", die erst gar nicht mehr geöffnet werden) gestartet werden, weil der Verlust des Vertrauens der Zielgruppe riskiert wird. Dieses Zutrauen ist indes unabdingbare Voraussetzung, um langfristig Erfolg zu haben. Mit jedem Bruch dieser Regel werden Teile der Daten wertlos. Die Kultureinrichtung sollte sich daher vor der permanenten Versuchung schützen, Tausende von E-Mails leichtfertig per Mausklick zu versenden.
- Dem *Sammeln der Adressen* sollte höchste Aufmerksamkeit geschenkt werden. Die E-Mail-Adressen sollten zunächst auf klassischem Wege gesammelt werden (z. B. bei Befragungen, persönlichen Anmeldungen und Buchungen usw.). Dabei sollte der E-Mail-Adresse der gleiche Stellenwert wie der persönlichen Telefonnummer des Nutzers beigemessen werden, denn damit wird der Besucher ganz direkt erreicht. Darüber hinaus sollte auf der eigenen Website, auf die gleich eingegangen wird, eine Möglichkeit vorhanden sein, mit der der Nutzer seine eigene E-Mail-Adresse registrieren lassen kann, um in Zukunft Informationen von der Kultureinrichtung zu erhalten.
- Die *Stil- und Formelemente* einer E-Mail müssen beachtet werden, denn zunächst sieht jede E-Mail im Postkasten als Nachrichtenankündigung auf den ersten Blick gleich aus. Deshalb sollte einige Zeit auf die Formulierung der *Betreff*-Zeile verwandt und hier das Interesse des Empfängers geweckt werden. Die einzelnen Textbausteine sollten kurz und übersichtlich gehalten sein. Es sollten die einfachsten Gestaltungsmerkmale eingesetzt und die Verwendung von GROSSBUCHSTABEN sehr zurückhaltend eingesetzt werden. Darüber hinaus ist unbedingt auf die korrekte Rechtschreibung zu achten; fehlerhafte E-Mails sind nicht nur peinlich für die versendende Kultureinrichtung, sondern auch für den empfangenden Leser eine Qual. Bei der Wahl des Sprachstils (z. B. der Verwendung des „Du") ist unbedingt auf den Sprachstil und die Gepflogenheiten der jeweiligen Zielgruppen zu achten.
- Der *Nutzen* der E-Mail-Information muss „auf den Punkt" formuliert werden, d. h. die fehlenden bzw. stark begrenzten gestalterischen Mittel innerhalb der E-Mail erfordern eine hohe inhaltliche Konzentration. Die zentrale Information der E-Mail sollte im ersten Satz formuliert werden, weniger relevante Details gehören an das Ende des Textes. Nur wenn die Kernaussage sofort erfasst werden kann und gleichzeitig den tatsächlichen Erwartungen des Empfängers entspricht, wandert die E-Mail nicht in den Papierkorb. Wenn die E-Mail mehrere Informationen erhält, sollte sie optisch in deutliche Absätze gegliedert werden.
- Nutzerorientierung bedeutet auch, dass einfach eine *Antwort* auf die versandte E-Mail gegeben werden kann. Umgekehrt sollte von der Kultureinrichtung auf eingegangene E-Mails möglichst umgehend reagiert und entsprechende Antworten versandt werden.

- Der Empfänger sollte wenn irgend möglich *persönlich mit seinem Namen* angesprochen werden. Im klassischen Direktmarketing ist die korrekte Ansprache eines Interessenten eine Selbstverständlichkeit; gleiches gilt für eine E-Mail. Die Aufmerksamkeit eines Empfängers steigt dann, wenn eine Serien-E-Mail zur persönlichen Ansprache wird. Hier sollte auf eine intelligente Software zurückgegriffen werden; eine Ansprache wie „Sehr geehrter Herr Bernhard Dr. Mayer" verrät rasch den Massencharakter der Aussendung!
- Die *Inhalte* eines Mailings sollten so weit wie irgend möglich *klassifiziert* werden. Jeder Empfänger hat ein unterschiedliches Informationsbedürfnis. Für den einen mag ein Angebot der entsprechenden Kultureinrichtung von sehr großem Interesse sein, für einen anderen Abonnenten überhaupt nicht. Die neueste Produktion des Kindertheaters wird eine Familie mit Kindern wahrscheinlich eher interessieren, als das kinderlose Senioren-Ehepaar; umgekehrt wird die Operngala für den Abonnenten eines Jugend-Abos eher von geringerem Interesse sein. Daher gilt auch hier, was bereits an anderen Stellen gesagt wurde: Zielgruppen sollten segmentiert und die Inhalte auf die entsprechenden Zielgruppen zugeschnitten werden.
  Um die spezifischen Interessen der Besucher zu erfragen, kann auf der Website der Kultureinrichtung ein kleiner Fragebogen positioniert sein, der entsprechende Interessen abfragt und per Mausklick beantworten lässt:
  (a) wie der Besucher informiert werden möchte, z. B. telefonisch / per Fax / brieflich / per E-Mail
  (b) für was er sich spezifisch interessiert, z. B. Oper / Operette / Konzert / Musical / Schauspiel / Tanztheater / Kinder- und Jugendtheater / Sondergastspiele usw.
  Auf diese Weise kann ein Filter entwickelt werden, durch den nur die relevanten Informationen an den Interessierten gelangen.
- E-Mail-Dialog heißt auch *WWW-Dialog*. Die E-Mail sollte sich auf die wesentlichen Inhalte, die dem jeweiligen Empfänger mitgeteilt werden sollen, konzentrieren und sein Interesse hierfür wecken. Daneben stehen für weiterführende und ausführliche Informationen die jeweiligen Websites einer Kultureinrichtung zur Verfügung und die E-Mail sollte auf diese verweisen.

• Kundenbindungsinstrument Website

Sinnvoll gestaltete Websites dienen – neben den angesprochenen E-Mails – als zweites wichtiges elektronisches Kundenbindungsinstrument für Kulturbetriebe, denn „Internet-Angebote werden immer intensiver genutzt" (so der Titel einer Analyse in der *Frankfurter Allgemeinen Zeitung* vom 4.1.2001). Besonders im Bereich des E-Commerce, also des Ver- und Einkaufs per Internet, kommen den Websites neben der bloßen Informationsvermittlung steigende Bedeutung zu.

Butscher / Keller / Litfin (2000) unterscheiden im Bereich E-Commerce – durchaus vergleichbar der o. a. Online-Nutzer-Typologie – zwei Arten von Kunden: *Kaufende*

Kunden und *noch nicht kaufende Kunden*. Sie fordern nachdrücklich, für beide unterschiedliche Kundenbindungsaktivitäten zu planen.

(1) Sie konstatieren bei der ersten Gruppe, den kaufenden Kunden, die um jährlich ca. 40 % wächst, ein typisches Surfverhalten, aus dem zusätzliche Schwierigkeiten für den Verkauf von Produkten über das Internet resultiert. Empirische Untersuchungen haben ergeben, dass diese Gruppe nur zögerlich surft und sich erst einmal eine grobe Marktübersicht mit Hilfe von Suchmaschinen, Portalen usw. verschafft. In diesem Stadium werden nur die wenigsten Surfer zu kaufenden Kunden. Interessante Websites werden in das *Bookmark-Verzeichnis* („Lesezeichen") aufgenommen und Angebot und Zuverlässigkeit zu einem späteren Zeitpunkt überprüft. Die Informationskreise werden bis zum eigentlichen Kauf immer enger gezogen. Bereits in dieser Phase muss aktive Kundenbindung betrieben werden, um die Erstbesucher zum Wiederkehren zu motivieren.
Die dazu notwendigen Konzepte sollten besonderen Wert auf Inhalte und Service legen, denn durch nüchterne Unternehmens- und Produktinformationen können die Server in der Regel kaum zur Rückkehr bewegt werden. Hier sollten viel eher nützliche Inhalte und personalisierte kostenfreie Services angeboten werden, die – wie oben angesprochen – einen Wert für den Nutzer darstellen. Die regelmäßige Nutzung der kostenfreien Services schafft Vertrauen in den Anbieter und baut Barrieren gegenüber konkurrierenden Angeboten auf. So können auf der Website beispielsweise kostenlose Demo-Versionen zur Verfügung gestellt sowie Live-Chats und kostenlose Online-Spiele ermöglicht werden.

(2) Erfahrene Internet-Server schlendern allerdings meist nicht mehr gemächlich durch die online-Shops, sondern greifen gezielt auf ihre Bookmarks oder intelligente Suchmaschinen bzw. Software-Agenten zurück, um nach für sie jeweils geeigneten Produkten zu suchen. Bei dieser gezielten Suche steht das jeweilige Produkt und nicht mehr der Anbieter mit seinem ganzen Sortiment im Zentrum. Bei gezielt suchenden Nutzern und aktuell kaufenden Kunden liegt daher der Rückgriff auf formellere Kundenbindungsprogramme nahe, wie z. B. Bonusprogramme und Kundenclubs, um mit deren Hilfe dem Kunden monetäre und nicht-monetäre Anreize zum wiederholten Kauf zu bieten und die Vergleichbarkeit von Angeboten zu verringern. Unabhängig von der Form des Kundenbindungsprogrammes gilt jedoch immer, dass die Inhalte zählen. Rein monetäre Anreize sind selten langfristig erfolgreich; nur die Kombination von monetären und nicht-monetären Leistungen führen letztendlich zum Erfolg.

Die Unternehmensberatung *McKinsey* und das Markforschungsunternehmen *MMXI* haben eine sehr viel differenziertere Nutzertypologie entwickelt, indem sie von insgesamt sieben Nutzergruppen ausgehen (vgl. *Frankfurter Allgemeine Zeitung* vom 9.11.2000: „Einteilung der Internet-Nutzer schafft die Basis für erfolgreiches Online-Marketing").

(1) Die *Schnupperer*; diese bilden mit ca. 26 % die stärkste Gruppe im Netz. Sie haben keine Lieblingsseiten im Netz, sondern gehen sehr schnell auf neue Angebote ein

(*Nutzungstreue*, d. h. die verbrachte Zeit auf persönlichen Top-10-Angeboten in Prozent: 71 %).

(2) Die *Kontakter*; diese Gruppe (ca. 22 % der Internet-Nutzer) sind noch recht unerfahren mit dem Internet und nutzen dieses vor allem als Mittel der Kommunikation. In den wenigen Online-Stunden im Monat schreibt und liest der meist weibliche Kontakter vorwiegend E-Mails und verbringt fast seine gesamte Zeit im Web bei seinen persönlichen Lieblingsangeboten. Kontakter wandern jedoch mit zunehmender Erfahrung in die Kategorie der *Schnupperer* hinüber (Nutzungstreue: 94 %).

(3) Die *Bequemen*; diese Gruppe, zu der ca. 21 % gehören, sucht im Netz nach Angeboten, die das Leben erleichtern, zum Beispiel den bequemen Bücherkauf. Diese Nutzer besuchen meist die Sites der Internet-Händler, Finanzdienstleister und der Reiseanbieter. Sie sind treue Kunden und tätigen überdurchschnittlich viele Transaktionen (Nutzungstreue: 85 %).

(4) Die *Info-Leser*; die meist männlichen Nutzer (insgesamt gehören ca. 14 % in diese Kategorie) nutzen bevorzugt Seiten mit hohem Informationsgehalt, vor allem Wirtschafts- und Finanzinformationen. Die Nutzer dieser Gruppe neigen dazu, Informationen direkt am Bildschirm zu lesen. Sie beschränken sich auf wenige Websites und bevorzugen Angebote wie *Spiegel.de* oder *Focus.de* (Nutzungstreue: 92 %).

(5) Die *Surfer*; der meist männliche Surfer hat bereits viel Erfahrung und verbringt viel Zeit im Internet (ca. 11 %). Er springt schnell von Seite zu Seite und nimmt überdurchschnittlich viele verschiedene Angebote im Netz wahr (Nutzungstreue: 57 %).

(6) Die *Schnäppchenjäger*; die Mitglieder dieser Gruppe (ca. 3 %) sind meist im Netz auf der Suche nach interessanten Angeboten. Diese Gruppe verbringt relativ viel Zeit im Internet und bevorzugt Auktionen wie *Ebay* und *Ricardo* oder Co-Shopping Sites wie *Letsbuyit*. Diese Gruppe tätigt überdurchschnittlich viele Transaktionen (Nutzungstreue: 85 %).

(7) Die *Unterhaltung-Suchenden*; diese (ca. 3 %) konzentrieren sich im Netz auf ihre Hobbys, zum Beispiel Computerspiele, Sport, Kino, oder Schach. Sie verbringen zwar relativ viel Zeit im Netz, besuchen aber nur wenige Websites. Dort verweilen sie dann aber extrem lang. Zu den Lieblingsangeboten gehören Seiten wie *MP3.com*, *Sport1.de* und *RTL.de*. Wegen der stark fallenden Tarife für die Internet-Nutzung wird die Zahl der Online-Spieler aller Voraussicht nach bald wachsen (Nutzungstreue: 89 %).

Diese Typologie bietet hinsichtlich der virtuellen Kundenbindung eine große Herausforderung. Abhängig davon, welche Nutzergruppe jeweils angesprochen werden soll (bzw. welche Nutzergruppen typisch sind für ein Theater, ein Museum, ein soziokulturelles Zentrum, eine Musikschule usw.) müssen ganz spezifische Kundenbindungsinstrumente entwickelt und im Netz eingesetzt werden. Butscher / Keller / Litfin (2000) fordern deshalb „intelligente Kundenbindung im E-Commerce".

„Intelligente Kundenbindung im E-Commerce ist mit reinen Kundenbindungsprogrammen alleine nicht zu erzielen. Vielmehr gehört dazu ein perfekter Web-Auftritt (...) Dem Kunden ist das Gefühl zu vermitteln, dass er alle bei einem Kauf wissenswerten Informationen bei seinem Anbieter erhält. Nur so kann verhindert werden, dass er zu anderen Websites clickt, um seine Informationsbasis zu vervollständigen (...) Aber umfangreiche Inhalte allein reichen nicht aus. Diese Inhalte müssen für Internet-Surfer gleichzeitig bequem und schnell erreichbar sein. Neben Navigationshilfen gewinnt hier, vor allem im Hinblick auf die Kundenbindung, die Individualisierung des Angebots zunehmend an Bedeutung (...) So bieten *Comdirect.de* und *Bank24.de* ihren Kunden die Möglichkeit, ihr persönliches Depot auf der Startseite darzustellen und damit auf einen Blick Zugang zu Kurs- und Hintergrundinformationen der relevanten Unternehmen zu haben. Der Kunde verfeinert seine Seiten mit steigender Nutzungsdauer immer weiter und erhöht die Barriere für einen Wechsel zu einem anderen Anbieter.

Einen Schritt weiter gehen Konfigurationsprogramme, bei denen nicht nur Informationen, sondern auch Produkte maßgeschneidert angeboten werden. Bei *Dell* kann der bestellte Computer mittels standardisierter Komponenten individuell vom Kunden zusammengestellt werden. Ein ähnliches Konzept findet sich mit dem Car-Configurator von *BMW*. Der Kunde wählt aus einer Million möglicher Kombinationen seinen *BMW* aus. Diese Interaktion ermöglicht es in noch höherem Maße, die Kundenbedürfnisse zu erfüllen und die Kunden somit an das Unternehmen zu binden.

Zur Differenzierung und Individualisierung des Angebotes ist auf Instrumente des One-to-One-Marketing wie *Collaborative Filtering*, *Clickstream Analyse* oder *Cookies* zurückzugreifen. Hinter diesen Konzepten steht die Idee, Nutzerprofile zu erstellen, um kundenspezifische Angebote unterbreiten zu können. Als Datenbasis dienen aktiv oder passiv gesammelte Informationen über Kunden. Während das eigene Surfverhalten bei der Clickstream Analyse und den Cookies zur Profilerstellung genutzt wird, dienen beim Collaborative Filtering andere Nutzer mit ähnlichen Präferenzen als Grundlage für Empfehlungen“ (Butscher / Keller / Litfin 2000).

Wer jemals bei *Amazon.com* ein Buch bestellt hat, wird dort plastische Beispiele für diese Möglichkeiten finden. Der Kunde wird per Mail darüber informiert, wenn der Autor eines Buches, das er bei *Amazon* bestellt hat, ein neues verfasst hat; gibt er seine Interessengebiete ein, erhält er gezielt Informationen über diese. Und er bekommt Hinweise auf Bücher, die andere Kunden geordert haben, die dasselbe Buch wie man selbst bestellt haben.

Butscher / Keller / Litfin (2000) kommen zu dem Fazit: „Im Internet ist Kundenbindung so wichtig wie nie zuvor. Der Grund sind einerseits die hohen Kosten, Kunden zu gewinnen und andererseits der geringe zeitliche und finanzielle Aufwand für die Kunden, Angebote zu vergleichen und zwischen Anbietern zu wechseln. Die einfache Übertragung der klassischen Kundenprogramme, wie z. B. das Sammeln von Bonuspunkten oder exklusive Sonderangebote ist kurzsichtig und verkennt die enormen Potenziale, die in der Interaktion, der Individualisierung und in virtuellen Communities stecken. Die klassischen Methoden der Kundenbindung sollten deshalb aber nicht frühzeitig für tot erklärt werden. Wichtig ist vielmehr die Erkenntnis, dass sie nicht als Insellösungen genutzt werden dürfen, sondern als Bestandteil einer umfassenden Strategie zu sehen sind. Der Kern dieser Strategie ist, im Internet qualitativ hochwertige Informationen über den Kunden zu sammeln und häufig mit ihm in Kontakt zu treten. Die dabei gewonnenen Erkenntnisse sind so zu nutzen, dass für den Kunden ein Mehrwert entsteht, den er mit einer langfristigen Bindung an das Unternehmen honoriert."

Auch wenn für viele Kultureinrichtungen manche dieser Aussagen noch wie Zukunftsmusik klingen mag, so sei noch einmal daran einmal erinnert, dass der Besucher eines Theaters, eines Museums, eines Konzertes, der Kursteilnehmer an einer Volkshochschule oder einer Musikschule kein anderer ist als derjenige, der ansonsten die Angebote der produzierenden und dienstleistenden Wirtschaft in Anspruch nimmt. Und dieses In-Anspruch-nehmen setzt bei ihm bestimmte Ansprüche frei: Warum kann er sein Flugticket im Internet buchen, nicht aber die Theaterkarte? Warum erhält er vielfältige Hotelinformationen rund um die Welt, von seinem eigenen Stadttheater aber nur die notdürftigsten?

Raithel (2001: 32ff.) hat anhand seiner Analyse der Websites der deutschen Theater Kriterien entwickelt, auf die bei der Gestaltung für Websites von Kultureinrichtungen unbedingt zu achten ist.

- *Prägnanter Domainname*; ein prägnanter Domainname, der in direktem Zusammenhang mit dem Namen des Theaters steht, ist einprägsam und umso besser kann der Besucher ihn sich merken. Beispiele sind etwa: www.theater.augsburg.de oder www.buehnenkoeln.de oder www.theater.ulm.de; weniger glücklich sind komplizierte Domainnamen wie www.rostock.de/stadtverwaltung/kultur/start/htm oder www.cityinfonetz.de/LTT (für das Landestheater Württemberg-Hohenzollern) oder www.bielefeld.de/de/kf/theater/theater_bi. Ein einprägsamer Name bietet Vorteile beim Kommunizieren der Adresse über Werbeträger und Multiplikatoren bzw. beim Nennen am Telefon. Für Verwirrung (und entsprechende Fehlleitungen) sorgt die Verwendung von verschiedenen Zeichen (z. B. *Punkt* und *Minus*-Zeichen).
- *Eigene Website*; ein Theater bzw. jede Kultureinrichtung sollte über eine eigene Website verfügen, die nicht integriert ist in den Internetauftritt des jeweiligen Trägers, also eines Bundeslandes oder einer Kommune; sie kann mit diesem durch einen entsprechenden Link problemlos verbunden werden. Die direkte Verknüpfung mit dem Internetauftritt des Trägers führt in vielen Fällen zu den o.a. Negativbeispielen bei den Domainnamen.
- *Aktualität*; eine der zentralen Eigenschaften des Internet ist seine Aktualität. Spielplanankündigen, Restkartenhinweise, Veränderungen im Angebot usw. haben auf dem neuesten Stand zu sein. Eine Internetpräsentation, deren Entstehungsdatum („letzte Aktualisierung") für den Besucher deutlich sichtbar Wochen oder gar Monate zurückliegt, wirkt nur abschreckend. Websites sollten nach Möglichkeit Tagesaktualität haben.
- *Benutzerführung*; Das Online-Medium impliziert – anders als bei den Printmedien – eine andere Art des Lesens: Die hypertextuelle Architektur der Website bedingt eine Interaktion des Anwenders mit dem Medium, d. h. der Nutzer muss vorgegebenen Verweisen folgen, um untergeordnete Seiten zu erreichen. Daher ist die Benutzerführung von größter Bedeutung, da sie der Übersichtlichkeit, der Strukturierung und somit auch der Nutzbarkeit dient.

Ein Negativbeispiel, das dies unmittelbar deutlich macht, gibt Dan J. Martin (2003: 98ff.): „Neulich veröffentlichte die *New York Times* einen Artikel darüber, wie die ‚Suchfunktion' (Search) zum berüchtigtsten Charakteristikum der *IBM*-Website wurde. Die Menschen konnten nämlich nicht finden, was sie auf der *IBM*-Site suchten, weil die Suchfunktion beschwerlich, plump und völlig überdesigned war. Das zweitpopulärste Charakteristikum auf dieser Website war daher der Hilfe-Button (Help) – und dies ganz einfach deshalb, weil die Suchfunktion nicht klappte! (...) Die Mitarbeiter unternahmen verschiedene Maßnahmen, unter anderem die Entwicklung einer zusammenhängenderen und einheitlicher strukturierten Website, die auf einheitlichen Schablonen aufgebaut war, so dass jede Seite den gleichen Rahmen hatte; das Grunddesign der gesamten Site wurde neu strukturiert, um Brüche zu vermeiden. Das Ergebnis? In der ersten Woche, als die neue Site installiert wurde, sank der Gebrauch des Hilfe-Buttons um 84 % und der Verkauf steigerte sich um 400 %. Die Site ist immer noch nicht perfekt – sogar weit davon entfernt – aber es war eine ungeheure Verbesserung."

- *übersichtliche Startseite*; die Startseite einer Online-Präsentation dient dem klaren Überblick über die zur Verfügung stehenden Inhalte. Sie ist somit der erste Berührungspunkt zwischen Nutzer und Anbieter. Eine klar strukturierte, auf den ersten Blick verständliche Startseite lädt den Besucher zum Verweilen ein; eine unübersichtliche, verwirrende dagegen schreckt ab und vertreibt Nutzer.
- *verständliche Tasten-Namen und übersichtliche Anzahl*; für den Nutzer sollte eindeutig und auf den ersten Blick erkennbar sein, welche Informationsbestandteile bzw. -schwerpunkte sich hinter den Rubriknamen (Buttons) der Navigationspunkte verbergen (z. B. *Programm*, *Kartenbestellung*, *Lageplan* usw.). Dabei sollte eine benutzerfreundliche Seite auf maximal sieben Rubriken beschränkt sein; diese können dann in Unterpunkten weiter differenziert werden.
- *ständig sichtbare Navigationsleiste*; eine ständig sichtbare Navigationsleiste, die während des Benutzens der Seite permanent sichtbar am selben Ort bleibt, trägt wesentlich zur Übersichtlichkeit bei. Der Benutzer sollte zu jeder Zeit erkennen können, wo er sich gerade befindet und wo er noch hingehen kann. Eine *Sitemap* (Seitenorganigramm), also eine Art Index, gibt einen systematischen Überblick über die verschiedenen Inhalte einer Seite.
- *ständig sichtbare Home-Taste*; die Home-Taste ermöglicht die schnelle Rückkehr auf die Startseite zu jedem Zeitpunkt und von jeder Ebene aus und sollte daher integraler Bestandteil einer jeden Seite sein.
- *durchgehende Rückführmöglichkeit innerhalb der Textfelder*; viele Textfelder beinhalten eine Fülle von Informationen, die den Nutzer dazu zwingen, häufig die Bildlaufleiste zu betätigen („Scrollen"). Das durchgehende Angebot klar definierter Rückführmöglichkeiten in Form von „Zurück" oder „Zum Seitenanfang" betitelter Tasten vermindert diesen Scroll-Aufwand.
- *übersichtliche hypertextuelle Binnenstruktur*; eine Möglichkeit, übergroße Textfelder zu vermeiden, besteht darin, lange Texte in mehrere Einzeldokumente zu untergliedern und diese mit Hyperlinks zu verbinden; dadurch wird der Broschürencharakter überlanger Texte vermieden.

- *Vorhandensein einer Suchfunktion*; je klarer die Struktur einer Homepage ist, desto weniger sind Hilfsfunktionen und -angebote von Bedeutung. Trotzdem ist eine Suchfunktion (Search) ein nützliches Zusatzangebot, das dem Nutzer Zeitersparnis bringt und ihn zielgerichtet zu den entsprechenden Informationen führt. Die Hilfefunktion (Help) dient in erster Linie als Unterstützung für unsichere Nutzer und Neulinge.
- *klares Webdesign*; eine klare und übersichtliche Struktur soll sicherstellen, dass die verwendeten textlichen und graphischen Elemente so angeordnet sind, dass der Benutzer schnell einen Überblick über die angebotenen bzw. gesuchten Inhalte findet. Hierzu gehört vor allem eine einheitliche Darstellung (Farben, Typographie etc.). Die einheitliche Gestaltung von Farbe, Form, Text und Graphik stellt die Grundlage für den Wiedererkennungswert der Seitendarstellung dar.
- *klares Corporate Design*; die Website muss ein spezifisches visuelles Erscheinungsbild erkennen lassen; das Corporate Design stellt die graphische Identität einer Website dar. Ein erkennbares Corporate Design ist dann gegeben, wenn eine einheitliche graphische Darstellung (Graphiken und/oder Verwendung eines Logos) sowie eine einheitliche typographische und farbliche Gestaltung der Website erkennbar ist.
- *Lesefreundlichkeit in Farbe, Schrift und Kontrasten*; Lesefreundlichkeit ist dann gegeben, wenn die Schrift und ihre Größe in Verbindung mit Farbgebung und Kontrasten ein leicht lesbares Ganzes ergeben. Dabei sollte möglichst auf die Verwendung von Komplementärkontrasten und grellen Farben verzichtet werden. Schriftarten und Schriftgrößen sollten einheitlich strukturiert, Kontrast und Hintergrund möglichst wenig aufdringlich sein.
- *stimmiges Text-Bild-Verhältnis;* die Texte sollten durch entsprechende visuelle Unterstützung durch Fotos, graphische Elemente usw. erhalten. Bilder als Informationsträger können gerade im Kulturbereich visuelle Zusatzinformationen bereitstellen, die mit Worten nicht zu vermitteln sind. Allerdings darf die Größe und Anzahl der Fotos die Lesbarkeit der Texte nicht beeinträchtigen.
- *angemessene Ladegeschwindigkeit;* lange Ladezeiten (Download) sind unbedingt zu vermeiden, damit der Nutzer schneller an die gewünschten Informationen gelangt bzw. den Kommunikationsvorgang nicht vorzeitig abbricht. Vor allem die Startseite sollte sich in angemessener Zeit aufbauen. Dies impliziert den Verzicht auf überdimensionierte Graphiken.
- *Sicherstellung der Funktionen*; das reibungslose Funktionieren einer Website ist von elementarer Bedeutung. Ein Download, der sich nicht aktivieren lässt oder ein Bild, das sich nicht öffnet oder Seiten, die breiter als der Bildschirm sind, machen das Internet-Angebot unattraktiv. Um eine Website für den Nutzer attraktiv zu machen, ist eine garantierte Sicherstellung der Funktionalität aller technischen Elemente Grundvoraussetzung. Auch sollten die technischen Dimensionen einer Website so ausgelegt sein, dass der Besuch auch für Nutzer mit einfacher oder teilweise veralteter Technologie möglich ist.
- *Einsatz von Animationen*; der Einsatz bewegter Bilder setzt ein entsprechendes plug-in voraus und benötigt teilweise – besonders bei älteren PC's - längere Warte-

zeiten. Manche Animationen sind im Zusammenhang der Vermittlung von Informationen eher Spielereien, erzeugen Unruhe und lenken mehr ab, als dass sie die Information unterstützen.

- *Möglichkeiten der Kontaktaufnahme*; direkt auf der Startseite sollte nach Möglichkeit ein *Kontaktbutton* zur direkten Kontaktaufnahme per E-Mail angebracht sein; ebenso kann dort ein Newsletter-Button sein, der das Herunterladen des aktuellen *Newsletters* der Kultureinrichtung ermöglicht.
- *Dialogorientierung und Interaktivität*; das für das Medium Internet charakteristische Merkmal der Interaktionsmöglichkeit sollte genutzt werden. Gerade im Sinne einer umfassenden Besucherorientierung und einer angestrebten Besucherbindung sollte den Besuchern die Möglichkeit gegeben werden, ihre Gedanken, Wünsche und Bedürfnisse problemlos und direkt der Kultureinrichtung zu vermitteln. Möglich ist hier die Nennung spezieller Ansprechpartner, Hinweise auf Beschwerdeannahmen, das Einrichten von Communities, die zu bestimmten Themen diskutieren oder ein Gästebuch, in dem Besucher zwanglos ihre Meinung sagen können.

Websites bieten den Kultureinrichtungen bislang kaum gekannte Möglichkeiten der Selbstdarstellung und der Besucherbindung. Insbesondere die Websites US-amerikanischer Museen leisten hier eine beachtenswerte Vorreiterrolle. So hat beispielsweise das New Yorker *Guggenheim-Museum* bereits seine gesamte Sammlung ins Netz gestellt und den interessierten Besuchern zugänglich gemacht. Aus vielen amerikanischen Museen kann der – virtuelle! – Besucher Freunden und Bekannten eine elektronische Postkarte mit einem Bildmotiv aus dem entsprechenden Museum schicken. Der Besucher gewinnt dadurch – vor allem aber das Museum: die E-Mail-Adresse des Besuchers ebenso wie die E-Mail-Adresse des Bekannten: eine gute Möglichkeit, beide über die eigenen Ausstellungsaktivitäten zu informieren.

Gerade die neuen digitalen und interaktiven Medien fordern Kunst- und Kulturschaffende heraus, neue Ideen und Angebote zu entwickeln, um jetzigen und zukünftigen Besuchern den Besuch und den Aufenthalt, kurz: die Interaktion und Kommunikation mit der jeweiligen Kultureinrichtung so angenehm wie möglich zu machen, ganz nach dem Motto: „Damit Sie gerne wiederkommen“!

Literaturverzeichnis

Almasan, A., E. von Borzyskowski, H.-J. Klein und S. Schambach (1993): Neue Methoden der Ausstellungsplanung, Karlsruhe

Argyris, Chris und Donald A. Schön (1999): Die lernende Organisation. Grundlagen, Methode, Praxis, Stuttgart

Atteslander, P.: (1995) Methoden der empirischen Sozialforschung, Berlin / New York

Badisches Landesmuseum Karlsruhe (2001): Erlebnisort Museum, Stand 2001

Bandemer, S. u. a. (Hrsg.) (1998): Handbuch zur Verwaltungsreform, Opladen

Banning, Th. (1987): Lebensstilorientierte Marketing-Theorie. Analyse und Weiterentwicklung modelltheoretischer und methodischer Ansätze der Lebensstilforschung im Marketing, Heidelberg

Barnard, Ch. (1938): The functions of the executive; Cambridge / Mass.

Bauer, Chr. (o. J.): Leitfaden Online-Marketing; www.marketingmarkt.de/Grundlagen

Beck, U. und E. Beck-Gernsheim (1990): Das ganz normale Chaos der Liebe, Frankfurt a. M.

Becker, F. G. (1994): Lexikon des Personalmanagements, München

Bennis, W. G. and B. Nanus (1985): Leaders: The strategies for taking charge, New York et. al.

Bericht der Kommission *Zukunftsperspektiven gesellschaftlicher Entwicklung* (1983), erstellt im Auftrag der Landesregierung von Baden-Württemberg, Stuttgart

Berry, L. L. and A. Parasuraman (1991): Marketing Services. Competing Through Quality, New York et. al.

Bitgood, S. und H. Shettel (1993): Ausstellungs-/Programm-Evaluation: Ein Teilnehmer-Workshop. In: Klein, H.-J. (1993)

Blanchard, K. und P. Hershey (1992): Situational Leadership, New York

Bliemel, F. W. und A. Eggert (1998): Besucherbindung – die neue Sollstrategie? In: *Marketing ZFP*, 1. Quartal 1998

Bolte, M. (1998): Die Zuschauer von morgen gewinnen. Zukunftsmarketing für Theater am Beispiel des Schulprojektes enter vom Nationaltheater Mannheim, (unveröffentlichte Wissenschaftliche Arbeit für die Magisterprüfung im Fach Kulturwissenschaft im Aufbau-Studiengang Kulturmanagement an der PH Ludwigsburg), Ludwigsburg

Bolwin, R. (1994): Theatermarketing. Jungbrunnen für eine alternde Schönheit? In: Krzeminski, M. und C. Neck (Hrsg.) (1994): Praxis des Social Marketing. Erfolgreiche Kommunikation für öffentliche Einrichtungen, Vereine, Kirchen und Unternehmen, Frankfurt a. M.

Borun, M. (1992): Front-end evaluation. Handout in a pre-conference workshop Baltimore, Maryland, prior to the American Association of Museums Annual Meeting

Borun, M. (1993): Vorab-Evaluation: ein Instrument für die Ausstellungs- und Programmplanung. In: Klein, H.-J. (1993)

Bourcart, J. J. (1874): Die Grundsätze der Allgemeinen Industrie-Verwaltung. Ein praktischer Leitfaden, Zürich

Boyd, H. W. and S. J. Levy (1967): Promotion. A behavioral View, Englewood Cliffs

Brauneck, M. und G. Schneilin (1992): Theaterlexikon. Begriffe und Epochen, Bühnen und Ensembles, Reinbek bei Hamburg

Bruhn, M. (1999): Kundenorientierung. Bausteine eines exzellenten Unternehmens, München

Bruhn, M. und H. Meffert (Hrsg.) (1998): Dienstleistungsmanagement. Grundlagen, Konzepte, Erfahrungen, Wiesbaden

Bundesverband der Phonographischen Wirtschaft (2000): Phonographische Wirtschaft Jahrbuch 2000, Starnberg

Butscher, S. (1996): Germany provides a blueprint for customer clubs. In: *Direct Marketing International*

Butscher, S. (1997): Kundenclubs als Marketinginstrument, Ettlingen

Butscher, S. (1998): Handbuch Besucherbindungsprogramme & Besucherclubs, Ettlingen

Butscher, S. (1999): Basis für strategisches Database Marketing, *Database Magazin*

Butscher, S., P. Keller und Th. Litfin (2000): Kundenbindungskonzepte im Zeitalter des Internet. In: *Trend 2000*

Chung, H.-B. (1989): Die Kunst dem Volke oder dem Proletariat? Die Geschichte der Volksbühnenbewegung in Berlin 1890-1914, Frankfurt a. M.
Colbert, F. (1994): Marketing Culture and the Arts, Montreal
Daiber, H. (1976): Deutsches Theater seit 1945, Stuttgart
Das Theater als Behörde. In: *Der Spiegel* Nr. 29 / 2000
Dauschek, A. (2000): Museumsmanagement in den USA. Neue Strategien und Strukturen kulturhistorischer Museen, *(Studienbrief der Fernuniversität Hagen Museumsmanagement)*, Hagen
Deal, T. B. und A. A. Kennedy (1982): Corporate Cultures, Reading / Mass.
Dehr, G. und Th. Biermann (1998): Marketing-Management. München / Wien
Deutsche Gesellschaft für Qualität (1995): Kundenorientierung. Bausteine eines exzellenten Unternehmens, München
Deutsche Shell Aktiengesellschaft Hamburg (1995): Die Ereignisse um BRENT SPAR in Deutschland. Darstellung und Dokumentation mit Daten und Fakten. Die Hintergründe und Einflußfaktoren. Kommentare und Medienresonanzen, Hamburg
Deutscher Bühnenverein (2000): Berufe am Theater, Köln
Deutscher Kulturrat (1996): Ehrenamt in der Kultur. Stand und Perspektiven ehrenamtlicher Arbeit im Kulturbereich, Bonn
Diekmann, A. (2002): Empirische Sozialforschung. Grundlagen, Methoden, Anwendungen, 8. Aufl., Reinbek bei Hamburg
Diller, H. und F. Frank (1996): Ziele und Zielerreichung von Kundenclubs, Arbeitspapier Nr. 45 des Lehrstuhls für Marketing an der Universität Erlangen-Nürnberg, Nürnberg
Dubrau, C., E. Oehmichen und E. Simon (2000): Kultur in Hörfunk und Fernsehen: Publikumsinteressen, Senderimages und -bewertungen. In: *Media Perspektiven* 2/2000
Eckert, S. (1994): Rentabilitätssteigerungen durch Kundenbindung am Beispiel eines Buchclubs, Diss. Universität St. Gallen, Bamberg
Eco, U. (1977): Das offene Kunstwerk, Frankfurt a. M.
Ederer, G. und L. J. Seiwert (1998): Das Märchen vom König Kunde, Offenbach
Etymologisches Wörterbuch des Deutschen (1995). Erarbeitet im Zentralinstitut für Sprachwissenschaft, Berlin unter der Leitung von Wolfgang Pfeifer, München
Fayol, H. (1929): Allgemeine und industrielle Verwaltung, Berlin
Fischer-Lichte, E. (1997): Die Entdeckung des Zuschauers. Paradigmenwechsel auf dem Theater des 20. Jahrhunderts, Tübingen / Basel
Frank, B., G. Maletzke und K. H. Müller-Sachse (2001): Kultur und Medien. Angebote – Interessen – Verhalten. Eine Studie der ARD / ZDF Medienkommission, Baden-Baden
Friedrichs, J. (1990): Methoden empirischer Sozialforschung, Opladen
Feldmann, D. und J. Meuser (1998): Der Verein als Instrument der Kulturförderung. In: *Handbuch Kultur & Recht*, Düsseldorf
Friedrich, W. J. (1996): Vereine und Gesellschaften, München
Foot, D. K. (1996): Boom, Bust & Echo. Profiting from the demographic shift in the 21 century, Toronto
Gablers Wirtschaftslexikon (1993), Wiesbaden
Gärtner, M. (1988): Die Geschichte der Volksbühnenbewegung. In: *Bühne und Parkett*, Heft 1, 1988
Geiger, H. u. a. (1996): Beck'sches Rechtslexikon, München
Gerken, G. und M.-A. Konitzer (1996): Trends 2015. Ideen, Fakten, Perspektiven, München
Göschel, A. (1991): Die Ungleichzeitigkeit in der Kultur. Wandel des Kulturbegriffs in vier Generationen, Stuttgart / Berlin / Köln
Gluchowski, P. (1987): Lebensstile und Wandel der Wählerschaft in der Bundesrepublik Deutschland. In: *Aus Politik und Zeitgeschichte*, Beilage zur Wochenzeitschrift *Das Parlament* 1987,12
Gran, C. (1995): Die rechtlichen Grenzen des Einsatzes von Kundendatenbanken. In: Link u. a. (1995), S. 217-238
Gross, P. (1994): Die Multioptionsgesellschaft, Frankfurt a. M.
Gündling, Chr. (1997): Maximale Kundenorientierung. Instrumente. Individuelle Problemlösungen. Erfolgsstories, 2. Aufl., Stuttgart
Hägele, C. (1998): Besucherorganisation und Theater. Bestandsaufnahme einer Zusammenarbeit. Marketingstrategien zur Steigerung der Besucherzahlen (unveröffentlichte Wissenschaftliche Arbeit für die Magisterprüfung im Fach Kulturwissenschaft im Aufbau-Studiengang Kulturmanagement an der Pädagogischen Hochschule Ludwigsburg), Ludwigsburg
Häusser, T. und M. Friedrich (1997): Ökonomische Sekundäreffekte auf den örtlichen Einzelhandel sowie Gastronomie- und Beherbergungsbetriebe durch Ausstellungsbesucher der Kunsthalle Tübingen. In: Heinrichs, W. und A. Klein (1998): Deutsches Jahrbuch für Kulturmanagement 1997, Baden-Baden

Halpin, A. W. and B. J. Winer (1957): A factorial study of the LBDQ. In: Stogdill, P. and A. Coons (Hrsg.) (1957): Leader behavior: Its description and measurement, Ohio State University
Hansen, U. und I. Schönheit (1987): Verbraucherzufriedenheit und Beschwerdeverhalten, Frankfurt a. M.
Hein, D. und A. Schulz (Hrsg.) (1996): Bürgerkultur im 19. Jahrhundert. Bildung, Kunst und Lebenswelt, München
Heinrichs, W. (1993): Einführung in das Kulturmanagement, Darmstadt
Heinrichs, W. (1996): Publikumsbefragungen im Kulturmarketing. Methodische Grundlagen zur Informationsgewinnung für Kulturinstitutionen. In: *Handbuch Kulturmanagement*, Stuttgart
Heinrichs, W. (1997): Kulturpolitik und Kulturfinanzierung. Strategien und Modelle für eine politische Neuorientierung der Kulturfinanzierung, München
Heinrichs, W. (Hrsg.) (1997): Macht Kultur Gewinn? Kulturbetrieb zwischen Nutzen und Profit, Baden-Baden
Heinrichs, W. und A. Klein (2001): Kulturmanagement von A-Z, 2., völlig überarbeitete Auflage, München
Herzog, R. (1996): Zum 150. Jubiläum des Deutschen Bühnenvereins. Bonn 1996 (*Presse- und Informationsamt der Bundesregierung*: Bulletin Nr. 46 vom 10. Juni 1996)
Hoffmann, H. (1981): Kultur für alle. Perspektiven und Modelle. Aktualisierte und erweiterte Ausgabe, Frankfurt a. M.
Homburg, Chr. (1998): Kundennähe von Industriegüterunternehmen. Konzeption – Erfolgsauswirkungen – Determinanten, 2. Aufl., Wiesbaden
Homburg, Chr. und M. Bruhn (1998): Kundenbindungsmanagement – Eine Einführung in die theoretischen und praktischen Überlegungen. In: Bruhn / Homburg (Hrsg.) (1998)
Homburg, C. und M. Faßnacht (1998): Kundennähe, Kundenzufriedenheit und Kundenbindung bei Dienstleistungsunternehmen. In: Bruhn / Homburg (1998)
Homburg, Chr. und H. Werner (1998): Kundenorientierung – Mit System. Mit Customer Orientation Management zu Profitablem Wachstum, Frankfurt a. M. / New York
Honneth, A. (Hrsg.) (1995): Kommunitarismus. Eine Debatte über die moralischen Grundlagen moderner Gesellschaften, Frankfurt a. M.
Hradil, S. (1993): Schicht, Schichtung und Mobilität. In: Korte, H. und B. Schäfers (Hrsg.) (1993): Einführung in Hauptbegriffe der Soziologie, 2. Aufl., Opladen
Hugo-Becker, A. und H. Becker (1996): Psychologisches Konfliktmanagement. Menschenkenntnis, Konfliktfähigkeit, Kooperation, 2. Aufl., München
Irmler, G. (1997): Der Zuschauer läßt sich nichts vormachen! Zum Publikumserfolg der Musicaltheater. In: Heinrichs (1997)
Joachim M. P. (1997): Kunst für alle – aber mehr noch für den einzelnen. In: Rheinisches Archiv- und Museumsamt, Abteilung Museumsberatung, S. 98-109
Jörder, G. (2001): Publikumsverweigerung. In: *Die Zeit* vom 15.03.2001
Kakabadse, A. P. (1984): The politics of management, Aldershot
Kastin, K. S. (1995): Marktforschung mit einfachen Mitteln. Daten und Informationen beschaffen, auswerten und interpretieren, München
Kerr, G. (1999): Kundenbindung in Öffentlichen Bibliotheken, Gütersloh
Kets de Vries, M. F. R.(1998): Führer, Narren und Hochstapler. Essays über die Psychologie der Führung, Stuttgart
Kets de Vries, M. F. R. und D. Miller (1986): Personality, culture and organization. In: *Academy of Management Review* 11/1986, S. 266-279
Kipphoff, Petra (2001): Servicewüste Kunst. Ausstellungen bleiben neuerdings lieber unter sich. In: *Die Zeit* vom 8.11.2001
Klein, A. (1993): Kinder. Kultur. Politik. Perspektiven kommunaler Kinderkulturarbeit, Opladen
Klein, A. (2002): Die Nicht-Besucher. In: *Handbuch KulturManagement*, Stuttgart
Klein, Armin (2005): Kulturmarketing. Das Marketingkonzept für Kulturbetriebe, 2. überarb. Aufl., München
Klein, Armin (2007): Der exzellente Kulturbetrieb, Wiesbaden
Klein, Armin (Hrsg.) (2007): Starke Marken im Kulturbetrieb, Baden-Baden
Klein, H.-J. (1991): Evaluation für Museen: Grundfragen – Ansätze – Aussagemöglichkeiten, Karlsruher Schriften zur Besucherforschung, Heft 1, Karlsruhe
Klein, H.-J. und S. Neumann (1996): Kunstabonnement, Wertung und Ausblick nach einer fünfjährigen Modellphase im Spiegel der Aussagen von Teilnehmern, ehemaligen Teilnehmern und Interessenten. Institut für Soziologie der Universität Karlsruhe, Karlsruhe
Klein, H.-J. (1999): Besucherorientierung und Evaluation als Leitlinien und Instrumente des Museums- und Ausstellungsmarketing. In: Museumsmanagement. Materialien für eine berufsbegleitende Weiterbildung. Hrsg. vom *Deutschen Museumsbund*, gefördert von der *Robert Bosch Stiftung*, Berlin

Kommunale Gemeinschaftsstelle (1989): Die Museen. Besucherorientierung und Wirtschaftlichkeit, Köln
Kommunale Gemeinschaftsstelle (1997): Von der Kulturverwaltung zum Kulturmanagement im Neuen Steuerungsmodell. Aufgaben und Produkte für den Bereich Kultur, Köln (Bericht 3/1997)
Kommunale Gemeinschaftsstelle (1997): Kundenbefragungen. Ein Leitfaden, Köln (Bericht 1997/13)
Kotler, N. und Ph. Kotler (1998): Museum Strategy and Marketing. Designing missions. Building audiences. Generating revenue and ressources, San Francisco
Kotler, Ph. (2000): „Die meisten Werbekampagnen sind reine Geldverschwendung!". In: *Frankfurter Allgemeine Zeitung* 11.9.2000
Kotler, Ph. und F. Bliemel (1992): Marketing-Management. Analyse, Planung, Umsetzung und Steuerung, 7. Aufl., Stuttgart
Kotler, Ph. und F. Bliemel (1999): Marketing-Management. Analyse, Planung, Umsetzung und Steuerung, 9. Aufl., Stuttgart
Kotler, Ph. und J. Scheff (1997): Standing Room only. Strategies for Marketing the Performing Arts, Boston MA
Kroeber-Riel, W. (1993): Zukunftsperspektiven der Werbung. In: *Absatzwirtschaft* 4/1993, S. 46-52
Kromrey, H. (1994): Empirische Sozialforschung, Opladen
Kulturverhinderer und Kartenhökerer. Besucherorganisationen im Streit mit den Theatern. In: *Frankfurter Rundschau* vom 21.4.1981
Kundendaten als Marketinginstrument erfolgreich einsetzen. In: *Frankfurter Allgemeine Zeitung* vom 12.5.1999
Leuschke, S. (1998): Mitgliederbefragung an der TheaterGemeinde Berlin, Berlin
Levinson, J. C. (1995): Guerilla-Marketing. Offensives Werben und Verkaufen für kleinere Unternehmen, München
Link, J. u. a. (Hrsg.) (1995): EDV-gestütztes Marketing im Mittelstand. Freie Berufe und mittelständische Dienstleister vor neuen Möglichkeiten, München
Link, J. u. a. (Hrsg.) (1997): Handbuch Database-Marketing, 2., korr. Auflage, Ettlingen
Lobscheid, H. G. (1994): Mitarbeiter einvernehmlich führen, München
Luhmann, N. (2000): Vertrauen. Ein Mechanismus der Reduktion sozialer Komplexität, 4. Aufl., Stuttgart
Macoby, M. (1981): The leader, New York
Maentel, T. (1996): Zwischen weltbürgerlicher Aufklärung und staatsbürgerlicher Emanzipation. Bürgerliche Geselligkeitskultur um 1800 In: Hein / Schulz (1996)
Makowsky, A. (1995): Neues Leben in der Nacht. Willkommen in Fun City. In: *Süddeutsche Zeitung* vom 14.1.1995
Martin, D. J. (2003): Kulturmarketing und neue Technologien. In: Klein, A. (Hrsg.) (2003): Innovatives Kulturmarketing, Baden-Baden
Maul halten, zahlen. In: *Der Spiegel* Nr. 26/1994
Mayer, K. E. (1999): Zum Stand des Marketings in deutschen Staats- und Stadttheatern. In: Heinrichs, W. und A. Klein (Hrsg.) (1999): *Deutsches Jahrbuch für Kulturmanagement 1998*, Baden-Baden, S. 141-160
McGregor, D. (1960): The human site of enterprise, New York
Meffert, H. (1999): Marketing. Grundlagen marktorientierter Unternehmensführung. Konzepte, Instrumente, Praxisbeispiele, 8. Aufl., Darmstadt
Meier, R. (1998): Führen mit Zielen. Fördern – Fordern – Motivieren, Regensburg
Meyer, A. und D. Oevermann (1995): Kundenbindung. In: Tietz, B., R. Köhler und J. Zentes (Hrsg.): Handwörterbuch des Marketing, Stuttgart, Spalte 1341
Müller, R. (1999): Das Reizwort der Branche heißt Marketing. Eine Stuttgarter Tagung setzt sich mit dem „Theater und seinem Publikum" auseinander – Kulturmanager an die Macht? In: *Stuttgarter Zeitung* vom 18.3.1999
Newman, D. (1996): Subscribe Now! Building Arts Audiences through Dynamic Subscription Promotion, New York
Niebisch, P. und B. Betz (1996): Einstellungen von Konsumenten zum personellen Service in verschiedenen Handels- und Dienstleistungsbranchen. Ergebnisse einer Untersuchung im Auftrag des Nachrichtenmagazins *Focus*, Starnberg
Noschka-Roos, A. (1994): Besucherforschung und Didaktik. Ein museumspädagogisches Plädoyer, *Berliner Schriften zur Museumskunde* 11, Opladen
Noschka-Roos, A. (1996): Referierende Bibliographie zur Besucherforschung, *Materialien aus dem Institut für Museumskunde* Heft 44, Berlin
Oehmichen, E. und Chr. Schröter (2002): Zur Habitualisierung der Onlinenutzung. In: *Media Perspektiven* 8/2002, S. 376-388

O'Neill, Chr. (1998): Membership and Audience Development at the Art Institute of Chicago. In: Lord, B. and G. Dexter Lord (1998): The Manual of Museum Management, London
Ott, S. (1996): Vereine gründen und erfolgreich führen, München
Payne, A. und R. Rapp (1999): Handbuch Relationship Marketing. Konzeption und erfolgreiche Umsetzung, München
Pepels, W. (1996): Lexikon des Marketing. Über 2500 grundlegende und aktuelle Begriffe für Studium und Beruf, München
Peppers, D., M. Rogers and B. Dorf (1998): The One to One Fieldbook. The Complete Toolkit for Implementing a 1 to 1 Marketing Program, New York
Peters, Th. J. und R. H. Waterman (1995): Auf der Suche nach Spitzenleistungen. Was man von den bestgeführten US-Unternehmen lernen kann, 5. Aufl., Landsberg am Lech
Peymann gegen alle. Eine „Abrechnung" in Wien. In: *Frankfurter Allgemeine Zeitung* vom 16.12.1998
Peppers, D. und M. Rogers (1993): The One To One Future. Building Relationships. One Customer at a Time, New York / London / Toronto / Sydney / Auckland
Platz, J. (2001): Feines Trüppchen. Leser der Anderen Bibliothek auf Reisen: In Speyer. In: *Stuttgarter Zeitung* vom 29.05.2001
Pohl, A. und D. Dahlhoff (1998): Auch zufriedene Kunden werden untreu. In: *Frankfurter Allgemeine Zeitung* vom 14.9.1998, S. 37
Pommerehne, W. W. und Bruno S. F. (1993): Museen und Märkte. Ansätze einer Ökonomik der Kunst, München
Popcorn, F. (1999): Clicking. Der neue Popcorn-Report. Die neuesten Trends für unsere Zukunft, München
Preuss, J. W. und L. Wortmann (1977): Theater, Besucherorganisationen und Abonnement-Systeme in der Bundesrepublik Deutschland, Berlin
Pröhl, M. (Hrsg.) (1996): Wirkungsvolle Strukturen im Kulturbereich. Zwischenbericht zum Städtevergleich der Kunstmuseen, Gütersloh
Raithel, J. (2001): Online-Marketing und Theater. Neue Chancen zur Kundenbindung und Kommunikation mit der Öffentlichkeit (unveröffentlichte Wissenschaftliche Arbeit für die Magisterprüfung im Fach Kulturwissenschaft im Aufbau-Studiengang Kulturmanagement an der Pädagogischen Hochschule Ludwigsburg), Ludwigsburg
Reese, Schäfer, W. (1995): Was ist Kommunitarismus, Frankfurt a. M.
Rehlen, A. (2001): Fördervereine und Memberships. Besucherbindung in Kunstmuseen (unveröffentlichte Wissenschaftliche Arbeit für die Magisterprüfung im Fach Kulturwissenschaft im Aufbau-Studiengang Kulturmanagement an der Pädagogischen Hochschule Ludwigsburg), Ludwigsburg
Reichheld, F. F. (1996): The Satisfaction Trap. Essays on the Relationsship between loyalty and profit, Boston
Rheinisches Archiv- und Museumsamt, Abteilung Museumsberatung (1997): Das besucherorientierte Museum, Köln
Ridder, Chr.-M. (2002): Onlinenutzung in Deutschland. Entwicklungstrends und Zukunftsprognosen. In: *Media Perspektiven* 3/2002, S. 121-131
Rischar, K. (1991): Schwierige Mitarbeitergespräche erfolgreich führen, München
Richter, R. u. a. (Hrsg.) (1995): Unternehmen Kultur. Neue Strukturen und Steuerungsformen in der Kulturverwaltung, Hagen
Roethlisberger, F. J. und W. J. Dickson (1939): Management and the worker, Cambridge / Mass.
Rubenstein, R. (1993): Der Werdegang der Vorab-Evaluation. In: Klein, H.-J. (1993)
Rüden, P. v. (Hrsg.) (1979): Kulturgeschichte der deutschen Arbeiterbewegung 1848-1918, Frankfurt a. M. / Wien / Zürich
Rühmkorff, P. (1989): Einmalig wie wir alle, Reinbek bei Hamburg
Schäfer, H. (1997): Wie besucherorientiert darf / muß ein Museum? Das Beispiel des Hauses der Geschichte der Bundesrepublik Deutschland als Museum für Zeitgeschichte. In: Rheinisches Archiv- und Museumsamt, Abteilung Museumsberatung
Schein, E. (1985): Organizational culture and leadership: A dynamic view, San Francisco
Schlemm, V. (2002): Database-Marketing im Kulturbetrieb. Am Beispiel des Theaters (unveröffentlichte Wissenschaftliche Arbeit für die Magisterprüfung im Fach Kulturwissenschaft im Aufbau-Studiengang Kulturmanagement an der Pädagogischen Hochschule Ludwigsburg), Ludwigsburg
Schmidt, K. (1998): Mit Phantasie und Effizienz gegen die Finanzmisere. Ergebnisse der Leistungsvergleiche Kultur, Gütersloh (*Bertelsmann-Stiftung)*
Schmidt, K. (2000): Ist der Service gut, freut sich der Museumsbesucher. Ergebnisse eines Servicetestuntersuchung in 21 deutschen Museen. In: *Handbuch KulturManagement*, Stuttgart

Schneck, O. (1993) Lexikon der Betriebswirtschaft, München

Schöne, A. (1960): Genossenschaftsartige Vereinigungen der Theaterbesucher. Eine unternehmens-morphologische Analyse, Göttingen

Schreyögg, G. (1998): Organisation. Grundlagen moderner Organisationsgestaltung. Mit Fallstudien, Wiesbaden

Schuck-Wersig, P. (2000): Deutsche Museen im Internet. In: *Handbuch KulturManagement*, Stuttgart

Schuck-Wersig, P. und G. Wersig (1988): Museen und Marketing. Marketingkonzeptionen amerikanischer Großstadtmuseen als Anregung und Herausforderung, *Materialien aus dem Institut für Museumskunde* Heft 25, Berlin

Schuck-Wersig, P. und G. Wersig (1992): Museen und Marketing in Europa. Großstädtische Museen zwischen Administration und Markt, *Materialien aus dem Institut für Museumskunde*, Heft 37, Berlin

Schuck-Wersig, P. und G. Wersig (1999): Museumsmarketing in den USA. Neue Tendenzen und Erscheinungsformen, Opladen (*Berliner Schriften zur Museumskunde* Band 15)

Schulze, G. (1993): Die Erlebnisgesellschaft. Kultursoziologie der Gegenwart, Frankfurt / New York (Studienausgabe)

Seifter, H. und P. Economy (2001): Das virtuose Unternehmen. Aktivieren Sie das Potential Ihrer Mitarbeiter mit der Methode des Orpheus Chamber Orchestra, des einzigen dirigentenlosen Orchesters, Frankfurt a. M. / New YorkSenge, Peter M. (2001): Die fünfte Disziplin. Kunst und Praxis der lernenden Organisation, Stuttgart

Siebert, G. und S. Kempf (1998): Benchmarking. Leitfaden für die Praxis, München / Wien

Simon, H. (1996): Die heimlichen Gewinner. ‚Hidden Champions'. Die Erfolgsstrategien unbekannter Weltmarktführer, München

Sinus-Sociovision (2001): Kurzinformationen zu den Sinus-Milieus 2001, Heidelberg

Sobania, M. (1993): Vereinsleben. Regeln und Formen bürgerlicher Assoziationen im 19. Jahrhundert, S. 170-190

Stadelmaier, G. (1993): Letzte Vorstellung. Eine Führung durchs deutsche Theater, Frankfurt a. M.

Städte in Zahlen (1998): Ein Strukturbericht zum Thema Kultur und Bildung. Verband Deutscher Städtestatistiker, Oberhausen

Staehle, W. H. (1994): Management. Eine verhaltenswissenschaftliche Perspektive, 7. Aufl., München

Stauss, B. (1999): Kundenzufriedenheit. In: *Marketing ZFP*, 1/1999

Stauss, B. und W. Seidel (1998): Beschwerdemanagement. Fehler vermeiden – Leistung verbessern – Kunden binden, 2. Aufl., München

Steinmann, H. und G. Schreyögg (1991): Management. Grundlagen der Unternehmensführung. Konzepte, Funktionen und Praxisfälle, Wiesbaden

STERN-Bibliothek (2000): MarkenProfile 8, Hamburg

Stichwort: Beziehungsmarketing; www.marketingmarkt.de/Grundlagen

Strambowski, A. (1978): Bund der Theatergemeinden, Düsseldorf

Tannenbaum, R. and W. H. Schmidt (1958): How to choose a leadership pattern. In: *Harvard Business Review* 35/1958, 2

The Museum of Modern Art (1999): Annual Report, New York

Theater muss wie Fernsehen sein. (2002) In: *Süddeutsche Zeitung* vom 6.3.2002

Tichy. N. M. und M. A. Devanna (1986): The tranformational leader, New York

Tominaga, M. (1997): Auf der Suche nach deutschen Spitzenleistungen, Düsseldorf / München

Tourismuszentrale Hamburg GmbH (1996): Konzept Hamburger Sommer-Pass, Stand 15.01.1996, Hamburg

Treinen, H. (1997): Museumsbesuch und Museumsbesucher als Forschungsgegenstand: Ergebnisse und Konsequenzen der Besucherorientierung. In: Rheinisches Archiv- und Museumsamt, Abteilung Museumsberatung

„Trete ein, mein Gast." Ein Gespräch mit dem Theatermanager Tom Stromberg. In: *Stuttgarter Zeitung* vom 31.7.1999

Ullmann, T. und E. Peill (o. J.): Beschwerdemanagement als Mittel zur Kundenbindung. In: *Versicherungswirtschaft*, Nr. 21, S. 1516-1519

Umbach, K. (1998): Schwabens neuer Stern. In: *Der Spiegel* 41

Verlagsbeilage *Customer Relationship Marketing* (2001) der *Frankfurter Allgemeinen Zeitung* vom 30.10.2001

Von Eimeren, B., H. Gerhard und B. Frees (2002): Entwicklung der Onlinenutzung in Deutschland: Mehr Routine, weniger Entdeckerfreude. In *Media Perspektiven* 8/2002, S. 346-362

Wagner, B. (1991): Lifestyle ohne Emission? Die Lebensstildiskussion in der Kulturpolitik. In: Lebensstil und Gesellschaft – Gesellschaft der Lebensstile? Neue kulturpolitische Herausforderungen (*Dokumentation 39 der Kulturpolitischen Gesellschaft e.V.*) Hagen / Loccum, S. 197-206

Wagner, Bernd (Hrsg.) (2000): Ehrenamt, Freiwilligenarbeit und bürgerschaftliches Engagement in der Kultur, Bonn / Essen
Walzer, M: (1992): Zivile Gesellschaft und amerikanische Demokratie, Hamburg
Weber, M. (1972): Wirtschaft und Gesellschaft, Tübingen
Wilde, K. und E. Hickethier: Erfolgsbestimmung im Database-Marketing. In: Link u. a. (1997), S. 467-488
Wille, B. (1890): Aufruf zur Gründung einer ‚Freien Volks-Bühne'. In: *Berliner Volksblatt* vom 23.3.1890
Wilson, J. R.(1991): Mund-zu-Mund-Marketing, Landsberg
Witz, B. W. (2000): Der virtuelle Kunde im Internet ist flüchtig. In: *Frankfurter Allgemeine Zeitung* vom 14.12.2000
Wittig, P. (1997): Rechtliche Aspekte des Database-Marketing. In: Link u. a. (1997), S. 849-861
Wolfe, T. (2001): Ein ganzer Kerl, Reinbek bei Hamburg
Zahlmann, Chr. (Hrsg.) (1994): Kommunitarismus in der Diskussion, Hamburg
Zaleznik, A. (1977): Managers and Leader: Are they different? In: *Harvard Business Review*, May / June 1977
Zemke, R. und Ch. R. Bell (1996): Mangement des umwerfenden Service, Frankfurt a. M. / New York
Zemke, R. und K. Anderson (1997): Coaching für den umwerfenden Service, Frankfurt a. M. / New York
Zemke, R. und K. Anderson (1997): Umwerfender Service. Die Bibel für den direkten Kundenkontakt; Frankfurt a. M. / New York
Zimmer, A. (1996): Vereine – Basiselemente der Demokratie, Opladen
Zugmaier, B. (2001): Die magische Kraft des Theaters. In: Ulmer Theater: Spielzeit 2001/2002, Ulm
Zum Management von Kundenbeziehungen (2001): Zum Management von Kundenbeziehungen fehlt noch die Datenbasis. In: *Frankfurter Allgemeine Zeitung* vom 8.1.2001
Zuwenig Programme zur Kundenbindung. Vernachlässigung des Loyalitäts-Marketings in Deutschland. In: *Frankfurter Allgemeine Zeitung* vom 19.5.1999